U0468451

The Story of the West

话说西方·第一卷

希腊的故事

The Story of Greece .

The Story of the West Volume 1

第一卷　希腊的故事

希腊的历史、文化与地理

文聘元·著

上海社会科学院出版社

序文聘元：《话说西方》

文怀沙

吾家聘元穷十年之功，其所著《话说西方》终于杀青。这是当前出版界的大喜事，聘元高兴，我也高兴，受其嘉惠的读者群众当更为高兴。聘元嘱为之序，我义不容辞。

书名《话说西方》，足以说明聘元不事虚华，谦虚又朴实。他把自己定位为类似演史的说书人，其实他是一个很有个性的、勤奋的、刻苦自励的、下笔摇曳生姿的年轻学问家和通才。我乐于与他接触、倾谈，更多的不是由于我能给他什么，而是我往往能从他那里学到什么。

我建议《话说西方》改名《聘元话说西方》或《文生话说西方》，因为这丛书区别于一般通俗读物，而是往往在不经意处寓"一家之言"于"普及知识"之中，也就是我认为的"个性"。所以书名《话说西方》前冠以"聘元"或"文生"为好，但聘元力避狂悖之嫌，只索罢了。

《话说西方》至少有三不易：

规模宏大，此一不易也。《话说西方》凡12卷，300余万字，另附插图5000余幅。要知道文聘元才30多岁，竟成就如此规模之钜构，实属不易。

内容丰富，此二不易也。《话说西方》涵盖历史、哲学、文学、艺术、科学与地理诸多领域，除辞典与百科全书外，在同一书中囊括如此富瞻者，前所未之见也（也许是我孤陋寡闻）。

更为难得的是，《话说西方》所涉领域虽广，但对每一领域的论述，皆无浮泛空谈，而是把握精粹，并能作较深入之分析，此所谓三不易也。显然，三不易中尤以此不易最为不易。例如介绍康德之章，聘元能够将晦涩艰深、概念歧义纷繁著称的康德三大批判，特别是《纯粹理性批判》娓娓道来，竟能做到遣辞用语流畅，条理井然，分析丝丝入扣。聘元悟性如此，真令人赞叹。

《话说西方》曾出早期香港版本，扬誉海外。兹编乃香港版本之基础上加以全面修订改写而成，其内容与文字更臻完善，雅俗共赏之作也。我谨向诸位读者慎重推荐。

吾家聘元博学，令我心醉。如能由"博"而"约"，异日成就讵可限量？我曾写赠一联曰："道文期一贯，精博欲兼之。"

是为序。

2008年1月31日灯下于北京云何寂孤斋

房龙的风格　杜兰的气派

——序文聘元：《话说西方》

张广智

　　案头堆放着聘元君的大作《话说西方》，凡12卷，300余万字，皆出一人之手，令人钦羡，不胜惊叹。翻阅其作，一种别开生面的感觉扑面而来，它在叙事中闪现历史的灵动，在求实中藏着思想的火花，我既为作者的才华所折服，又为读书界而高兴，正如文怀沙先生所言："受其嘉惠的读者群众当会更为高兴。"

　　这是一部什么书？一部历史书，一部专门讲述西方的历史书。昔日，曾以皇皇巨著《罗马帝国衰亡史》而闻名后世的英国近代史家爱德华·吉本尝言，他要使他的书成为人们最喜爱的读物，既要摆在学者们的书斋里，也要摆在仕女们的梳妆台上。在这里，个人期盼聘元的《话说西方》也能达到这样的境界。

　　这是一部视野广阔且丰盈充实的历史书。就内容而言，《话说西方》贯通古今，连接五洲，纵观古希腊迄至当代西方文明的历史进程，告诉我们它的历史、文化与地理的故事，也就是作者所说的"西方文明的整体形态"和"西方文明的生活形态"。它向我们娓娓道来，且看："光荣的希腊"，接踵而来的"伟大的罗马"，正是它们直接衍生出了后世的西方文明；在中世纪"黑暗与光明"的双重变奏中，孕育了近代文明；近世以降，意、法、英、德，群雄纷争，逐鹿天下；战火的洗礼，世局的剧变，导致俄苏沉浮，欧洲诸强重温旧梦，最终以美国的崛起与繁荣为"压轴"。西方文明终结了？当然没有。西方文明向何处去？这不是《话说西方》的任务，它只能随人类历史的发展而发展，"且听下回分解"吧。

　　在《话说西方》所揭示的这个历史长篇中，事件与人物互动，文化与社会相连，历史与地理交叉。在那里，流动的历史，厚重而又鲜活，多彩的文化，灿烂而又辉煌；多姿的地理，百态而又迥异。尤其是历史人物，真是个个生动而又有个性，不是吗？盲诗人荷马带着他的诗篇，蹒跚地朝我们走来；继之者，苏格拉底、柏拉图和亚里士多德师徒仨联袂而行；凯撒、奥古斯都、拿破仑、华盛顿，不断地向我们走来；继而他们的步伐距我们更近了，我们似乎可以看到罗斯福和丘吉尔的背影，听到希特勒与墨索里尼歇斯底里的声音……在《话说西方》那里，历史人物栩栩如生，再也不是一个刻板的符号，一个固定的脸谱，而是有血有肉，充满内在的张力，也不乏丰盈的历史细节。我在读书中的许多章节时，常常令我拍案叫绝，真是欲罢不能。

　　这是一部深入浅出且又雅俗共赏的历史书。这是本书区别于"正宗"历史著作的显著特点。这里仅就述史方式而言，《话说西方》更具特色，它的叙述简明而又生动，畅达而又易懂，令读者耳目一新。中国新时期以来，随着改革开放的春风，域外各种风格的史著亦纷至沓来，从黄仁宇的《万历十五年》到史景迁的《王氏之死》、《追寻现代中国》，从房龙的《宽容》、《人类的故事》到威尔·杜兰的《世界文明史》等等，这些"另类的"且又别开生面的历史著作，受到了我国广大读者的广泛欢迎，这让我们悟到，历史著作还可以这样写，还可以用讲故事的方式述史而引人入胜。这里就房龙、杜兰再说几句。房龙随他的系列通俗的历史作品，走红了现代中国，影响了几代中国人，受到了像郁达夫、曹聚仁等老一辈读者的青睐。房龙的风格是什么？简言之，即是运用通俗流畅的文笔，通过一个又一个生动有趣的故事，叙述人类的历史。杜兰的11卷38册的《世界文明史》，曾耗去他毕生的心血，在畅达的历史叙述中，显示其体大思精与恢宏无垠的气派。如此对照起来，个人以为，说聘元以12卷大作《话说西方》，似房龙的"风格"，亦近杜兰的"气派"，庶几可矣。

　　有道是"史无定法"。然而，学界对那些用通俗的笔法、用讲故事的方式述史，易读有趣的作品抱有偏见，有的甚至不屑一顾，以为那不是"历史著作"，那不是"学问"。在这里，我想了现代英国史家屈维廉的话，也许可以回应上述偏见，他这样说："有一种说法，认为读起来有趣的历史一定是资质浅薄的作品，而晦涩的风格却标志着一个人的思想深刻或工作严谨。实际情况却与此相反。容易读的东西向来是难以写的……明白晓畅的风格一定是艰苦劳动的结果，而在安章宅句上的平易流畅，经常是用满头大汗换来的。"诚哉斯言。"容易读的东西向来是难以写的"。以个人近年来的写作体验，可为之作证。由于日渐厌倦写"高头讲章"的"八股论文"，为要躲避"艰涩"，疏离"深奥"，我曾尝试用"明白晓畅的风格"去"煮字烹文"，常常是颇费心力，累得"满头大汗"。不信，你也来试试。好吗？

　　其实，在我个人看来，通俗性与学术性、大众文化与精英文化，在它们之间并不是截然对立的，而是存在着某种相互依存、相互制约、相互补充与相互转化的辩证关系。既然如此，龙虫并雕，大小由之，雅俗由之，精英文化与大众文化由之，并行不悖，相映成趣，何必要拘泥于一格呢。在历史的百花园中，放眼望去，倘若全是千尺长松，参天古柏，而没有小草碧毡，灌木花丛，那这园地也会显得很冷清与单调的。因此，在我看来，专业性的述史方式固然有其价值，但像《话说西方》这样的述史方式，也应占有一席之地。

这还是一部颇具现实意义与催人奋进的历史书。《话说西方》陈述了西方文明的历史轨迹：它的起源与繁衍，它的辐射与变异，它的曲折与坎坷，它的危机与前景，在漫长的人类文明史上，留下了色彩斑斓的历史篇章。我们知道，在人类文明史上，中华文明独具异彩与自身的特点，如果从比较史学的角度，只有西方文明可与源远流长的中华文明相媲美。换言之，将中西文明放在一起作比较，是学术研究的课题，更是对国人进行历史教育的题中之义。有比较才能有鉴别，只有把中华文明放在人类历史的坐标系上，与西方文明作比较，不管是历时性的，还是共时性的，才能促使我们以高屋建瓴之势洞察分析、以振聋发聩之情敏于思考：在当下，我们应当如何发扬中华文明的优良传统？近世以来，中华文明又如何与西方文明碰撞而落伍？在现代化进程中，我们如何振兴中华文明，又应当从西方文明的历史经验中汲取哪些有益的东西？诸如此类，不一而足。我想，历史研究或历史教育，在提高全民族国民素质方面，将会起到重大的推动作用，这正是我们历史研究工作者的光荣使命。如此说来，多卷本《话说西方》的面世，将不仅帮助广大读者了解与认识西方文明，而且还可以从比较的角度，进一步了解与认识中华文明，从而为提高全民族历史素养作出贡献。不知读者诸君以为如何？

这篇小文行将结束之际，蓦地从电视里传来了吟咏楚辞的雅言，噢，原来是文怀沙先生在上海电视台艺术人文频道播讲"汉语音韵之美"。只见文老须发飘逸，双目炯炯，正聚精会神地吟哦道：

路漫漫其修远兮，

吾将上下而求索。

为祝贺聘元君《话说西方》大作的出版，我正在寻思写点什么鼓励的话，现在好了，我就以屈原《离骚》中的句子赠之，并与作者共勉。

是为序。

2008年2月于复旦书馨公寓

卷首语

　　古希腊文明的最精彩之处在哪里呢？在于它不仅仅是西方文明的发源地——任何一种文明都有发源地，就像任何一个人都有父母亲一样——而在于以下的两个原因。

　　第一个原因是由古希腊文明所繁衍出来的子文明是如此的繁荣而强盛。我们知道，虽然人类历史上曾经诞生过无数古代文明，但这些文明有的已经在历史的长河里湮没无闻，有的虽然至今存在，然而也一度式微，这其中也包括我们中华文明。从清朝后期开始，我们中华文明也走过了百年的衰退期。那么，是哪一种文明最强烈地塑造了今日人类文明的整体形态呢？就是西方文明。可以说，无论人类现代文明的整体形态，还是人类个体的生活形态，都主要是由西方文明所塑造出来的，而这个西方文明，就是由古希腊文明直接繁衍发展而来的。这就是我们今日还如此重视古希腊文明的原因，也是这部著作如今存在的根本原因。

　　古希腊文明的第二个最精彩之处是古希腊文明本身所具有的特征。

　　人类历史上曾经诞生过的诸种文明形态都有自己的特色，例如古埃及文明曾经诞生了伟大的建筑艺术，金字塔如今仍傲然屹立；古代印度文明则有伟大的艺术与宗教；古代中国文明更为全面，文学、艺术、哲学等都是我们的强项，尤其我们还有了不起的汉字，这种记录文明最基本的工具。从3000余年前的商代甚至可能更早起，这种文字就一直明确地流传到现在，虽然有很大的变动，然而毋庸置疑地是同一种文字。

　　不过，我们也应当承认，就文明的全面发展而言，它们都比不上古希腊文明。古希腊文明所具有的全面发展确实要超越任何一种其他的文明形态，这我们从后面的介绍就可以明确地看到。无论是文学、哲学、艺术还是科学，都在古希腊得到了高度的发展，至今仍令人高山仰止、叹为观止。

　　最后，我也要对本书自夸几句。至今以汉语来记录古希腊文明的书籍可谓汗牛充栋、数不胜数，然而，这些著作大都是记录古希腊文明的某一领域，例如历史、文学、艺术、科学或者哲学，但本书不一样，本书全面地记叙了古希腊文明的精华，囊括其历史、哲学、文学、艺术、科学等各个领域。我可以自信地说，虽然因为篇幅所限，本书不能在每个领域都深入地分析，但在每个领域都不是隔靴搔痒、泛泛而谈，而是萃取了古希腊文明各个领域中最优秀的成果，进行了相对深入的记录与阐释。

　　读了本书之后，您就了解了古希腊文明各个领域的菁华，而如果您想更进一步地了解古希腊文明，这本书也是一个不错的出发之点。

目 录

序文聘元：《话说西方》文怀沙/1
房龙的风格　杜兰的气派
　　　　——序文聘元：《话说西方》张广智/2

卷首语/5
第一篇·历史篇/1
第一章　远古的希腊史/3
　　　　——两个伟大的发现者证明了原来传说都是真的
第二章　双城记/17
　　　　——雅典与斯巴达是古希腊文明的伟大代表
第三章　一个年轻人的不朽传奇/30
　　　　——亚历山大大帝东征记

第二篇·哲学篇/41
第一章　步入圣殿/43
　　　　——古希腊哲学的一般线索
第二章　世界似水火，万物皆原子/49
　　　　——赫拉克利特与德谟克里特哲学的故事
第三章　死且不朽/55
　　　　——苏格拉底的故事
第四章　完美的智者/64
　　　　——柏拉图的故事
第五章　理想与理念/69
　　　　——柏拉图哲学的故事
第六章　博学与逍遥/88
　　　　——亚里士多德的故事
第七章　一个哲学家眼中的世界/90
　　　　——亚里士多德思想的故事

第三篇·文学篇/115
第一章　神话/117
　　　　——古希腊神话是古希腊文学之母
第二章　人类的诞生/126
　　　　——黄金、白银、青铜、黑铁时代的人类
第三章　古希腊最伟大的英雄/131
　　　　——赫拉克勒斯的故事
第四章　西方文学的第一座巅峰/139
　　　　——特洛伊战争与荷马史诗
第五章　古希腊悲剧（上）/169
　　　　——埃斯库罗斯与《奥瑞斯提亚》
第六章　古希腊悲剧（中）/184
　　　　——索福克勒斯与《俄狄浦斯王》
第七章　古希腊悲剧（下）/196
　　　　——欧里庇德斯与《美狄亚》

第四篇·艺术篇/211
第一章　遥远的时代，古老的艺术/213
　　　　——米诺斯与迈锡尼期的古希腊文明
第二章　走向完美/228
　　　　——希腊古典期的雕刻艺术
第三章　神庙/243
　　　　——神庙是古希腊艺术的主要载体
第四章　古希腊艺术之巅峰/256
　　　　——雅典卫城巡礼

第四篇·科学篇/267
第一章　何为宇宙之中心/269
　　　　——古代希腊的天文学
第二章　数学是美与和谐的统一/279
　　　　——古希腊的数学
第三章　阿基里斯永远追不上乌龟/299
　　　　——古希腊的物理学

第五篇·地理篇/303
第一章　希腊地理/305
　　　　——希腊多山而贫瘠，昔日辉煌，今日是西方的穷国
第二章　希腊的考古之旅/318
　　　　——希腊有许多地方我们已经久仰大名，现在就带您一览它们的庐山真面目

第一篇·历史篇
The Story of History
No.1

古希腊文明有着悠久的历史，但与别的文明，如中国文明的不同之处是，古代希腊从来没有形成统一的帝国，甚至没形成过一个真正的大国，古希腊是由许多个小小的所谓"城邦"组成，有两三万人就是大城邦了。古希腊历史就是这许许多多城邦的历史，因此，也可以说，古希腊没有统一的历史。古希腊的历史与其说是一般而言的政治的历史，不如说是一种文明的历史，是古希腊这种文明的诞生、发展、衰亡的历史。在这部历史之中，有一个比较具体的核心，那就是雅典，它的历史在很大程度上就是希腊与希腊文明的历史，与雅典联系在一起的则是斯巴达，这个以尚武著称的城邦，它与雅典一起，构成了伟大的古希腊文明的核心。

古希腊文明终结于马其顿人对整个希腊的征服，正是在这种征服之下，全希腊第一次统一在一个政权之内。然而，马其顿人的征服与其说是希腊文明的终结，不如说是它的新生，因为它将这种文明带往遥远的地方，在远隔希腊千万里的地方开枝散叶。

第一章
远古的希腊史

两个伟大的发现者证明了原来传说都是真的

海伦，你的美貌
仿若昔日尼西亚的小船，
在芬芳的海上轻泛，
疲惫的游子
转舵驶往故乡的海岸。

久经海上风浪，惯于浪迹天涯，
海伦，你美丽的容颜，你紫蓝的秀发，
你那仙女般的丰姿令我深信
光荣属于希腊，
伟大属于罗马。

这是爱伦·坡一首赞美古希腊和古罗马的诗。

从现在开始，我们要来讲述西方的故事了，我希望能像伟大的荷马一样，用竖琴般优美的语言述说一块美丽的土地、一些伟大的人和一个优美的故事。

从神话说起

话说在欧洲南部有个地方叫希腊，她的西面，隔着亚得里亚海，是活像只靴子的意大利，东面是爱琴海——我想如果译作"爱情海"会更动听一点，也更恰当一点，因为希腊人是很善于谈情说爱的，就像他们善于搞哲学一样。爱琴海上的岛屿多得你大可以从西岸的希腊起从一个岛跳到另一个岛，一直跳到东岸的小亚细亚半岛。

希腊的北面现在是个叫马其顿的国家，马其顿这个名字大家可能有点陌生，因为这个国家成立才不过数年，是从也位于希腊北面的南斯拉夫

·古希腊文明的象征——雅典卫城

◎ 历史篇／第一章／远古的希腊史　3

· 远眺美丽的希腊海岛

分离出去的，小得很，但在古代它可非常有名，因为它出了一个伟大的王叫亚历山大大帝，他带领一支小小的军队，从马其顿一直打到印度，建立了一个地跨亚非欧三大洲的大帝国，是西方历史上第一个伟大的征服者，我们后面还要详细地讲述他短暂而传奇般一生。

希腊的南面是地中海，它被西面和北面的欧洲、南面的非洲与东面的亚洲紧紧包围，像被塞在大块陆地的中间一样，所以叫地中海。

地中海一年四季碧波万顷，少有惊涛骇浪，便于航行，希腊人很早以前就开始借着这个大海四处讨生活了，用另一个词来说就叫"殖民"。它在西面的小亚细亚半岛、东面的意大利南部建立了许多的殖民地。

这些殖民地是一座座城市，它们通常比母邦富有，也不怎么爱母邦。有时还大打出手，著名的特洛伊战争就是这样发生的，这是大家最熟悉的有关古代希腊的事儿了。

特洛伊战争是怎么回事呢？这还得从三个女神说起。

俗话说，爱美之心，人皆有之，这个"人"改成"神"也是对的——爱美之心，神皆有之。话说有一天，三个女神，天后赫拉、智慧女神雅典娜、爱神阿芙洛狄忒也就是维纳斯扎到了一堆。她们都是神中间顶顶有名、也顶有本领的人。这三个女人在奥林匹斯山上，吃饱喝足了信众供奉的香火后，像爱唠叨的女人一样，聚到一起开始叽叽喳喳。不知什么原因，也不知是谁，赫拉呢，还是雅典娜或者维纳斯，开始吹起自己的美貌来了。这三人谁怕谁呀，听别的女人竟敢自吹是最美的女人，当然不服，于是三个人便都吹起来，不用具体说她们怎么吹自己——我也没听见——总之是吹自己才最美，别人是东施，自己是西施。就这样，吹啊吹啊，不知吹了多久，结果当然是没有结果，三个人谁也不服谁。终于，她们决定请个第三者来当裁判。这时，也是天缘凑巧，那个傻瓜帕里斯来了，他是特洛伊国王普里阿摩斯最小的儿子。

三位女神摆出最美的姿势，求帕里斯说自己最美。帕里斯这时已经被这些美女们弄得三魂出窍、七魄归天、分不清东西南北了。不用说，她们三个都是顶顶美丽的，再加上甜言蜜语，就是十个帕里斯也要晕了。三个美女说呀说呀,又摆姿势又抛媚眼,过了好久,可帕里斯只是这个看看,那个瞧瞧,怎么也说不出谁最美来。这时候,雅典娜不愧是智慧女神,眉头一皱,计上心头,她把帕里斯拉到一边,说:"帕里斯呀,你知道我是谁吗?我就是专管你们凡人脑子的雅典娜呀,你要是说我最美,我就让你有天下最聪明的脑袋!"她想这小子四肢发达,头脑简单,肯定想脑子也发达一点。帕里斯果真中计了,张口就要说雅典娜最美。这时一只纤纤玉手悄悄蒙上了他的嘴,原来是天后赫拉,她岂有不知雅典娜的鬼主意之理,她将帕里斯拉到一边,说:"帕里斯啊,你真傻,要智慧有什么用呢?你看普天之下的君王,有几个脑瓜子顶用?他们的臣子哪个不比他们聪明?可国王们高高在上,威权赫赫,哪个臣子不匍匐在他面前?要是你判我为最美的女人,我将令你权倾天下,成为一国之君。"帕里斯一听,大感有理,于是就要将天后判为最美丽的女人。此时,一直在旁边冷笑的爱与美之神开口了,她说:"帕里斯啊,且请你听我一言,再作评判。请你闭上双眼,审视心灵深处,想想看,在一切你所渴望的东西之中,最想要的乃是什么?请你想想,难道是聪明头脑或者赫赫王权?它们虽然华贵诱人,但哪个是你心灵最深处的渴求?在你如火躁动的青春肢体内,最渴求的是什么呢?只要你有勇气面对自己,你会发现,那难道不是如玉花颜?——我将给你的正是这个,只要你判我是天上最美的女人,我将给你人

· 鲁本斯名作《帕里斯的裁判》

◎ 历史篇 / 第一章 / 远古的希腊史 5

间最美的女人。"

帕里斯一听，毫不犹豫地将最美的称号授予了维纳斯，奖品是一只苹果。

有人说帕里斯是个傻瓜，竟然把女色看得比智慧和国家还重要。我不知道您以为如何？但我有时扪心自问，如果我是帕里斯，我会怎样做呢？我会选择智慧和权力吗？真是难说，但凭直觉我知道自己可能会像帕里斯一样选择，我相信大多数的男士也会作这样的选择，当然女士不会，但如果要她们也在智慧、权力与赫拉克力斯——那古希腊最伟大的英雄，也堪称最出色的美男——三者之间择其一，我相信大多数女士会像青春女神赫柏一样，选择赫拉克力斯。

这件事就是特洛伊战争的祸根。因为后来，维纳斯履行自己的诺言，在帕里斯去斯巴达时，用神力令斯巴达王的妻子爱上了帕里斯，使她离开了夫君，悄悄跟着帕里斯私奔到了特洛伊。

这斯巴达王的妻子就是人间最美丽的女人——海伦。

为了报夺妻之恨，斯巴达王墨涅拉俄斯去找他的哥哥，希腊最强大的城邦迈锡尼和阿尔戈斯的王阿伽门侬，阿伽门侬听到这消息，气不打一处来，率领全希腊勇士们前来讨伐特洛伊，特洛伊也起而抵抗，由此爆发了长达10年的特洛伊战争。荷马史诗就是对这场古代西方最辉煌的战争的记录，其中动人情节、英雄事迹真是不少，像阿喀留斯的脚踵、木马计等，但在这里不能详述，否则真的会像懒婆娘的裹脚布一样，又长又臭了。若是您感兴趣，可以去读读原著，国内有罗念生、王焕生两先生的译本，译得还是不错的，也可以参考此书后面的专章《荷马史诗》。

几千年以来的欧洲人，包括古希腊人自己，虽然从小听着特洛伊战争的故事，但都把荷马史诗当作是一部"小说"，从没去想过历史上真有这回事——就像我们不会真的去北京城里找大观园一样。为什么呢？因为荷马史诗里所说的这个希腊在很早很早以前就消失了，迈锡尼等城市很早很早以前就湮没在萋萋荒草丛中，留下的只是

·迈锡尼遗址

·荷马像，从某个角度上说，欧洲的历史是从荷马开始的

一部文学作品，远在我们常称的古希腊，也就是柏拉图与亚里士多德的古希腊时，人们已经将荷马史诗当作纯粹的传说、当作与历史事实无关的神话了。

但现在我们知道，荷马所说的一切，包括那些城市与战争，除了男神女神的事迹之外，大都是历史的事实。

那将荷马史诗由美丽的传说变成历史的真实的人，他的名字叫海因里希·施里曼。

两个了不起的发现

英文里有一个怪词"Serendipity"，只有在GRE考试里才能见到，它的意思是"偶然发现珍宝的幸运"，这个怪模怪样的词儿是英国作家华坡勒造出来的，也许引自他小时候读过一篇童话，叫《赛兰迪普的三位王子》，赛兰迪普就是如今的斯里兰卡，过去又叫锡兰，位于印度南面一个不大不小的岛上，现在还是世界上宝石最多的地方。这三位王子经常由于"偶然和睿智"而发现财宝。

海因里希·施里曼就是典型的"Serendipity"，他出生在德国北部，后来入了美国籍。他本来是个穷小子，父亲是个牧师，他像很多欧洲人一样，从小爱读荷马，从小就听惯了特洛伊的故事，知道了特洛伊的王普里阿摩斯是大阔佬，阿伽门侬的迈锡尼城里也有数不清的金银财宝。小施里曼对史诗里所说的每句话都信以为真，发誓要找到特洛伊，发财致富，摆脱贫穷。

长大后，他没有上学，到了隔壁村子里一个杂货店当学徒，学做干奶酪和梅子生意，但不久觉得做这生意一辈子也甭想发财，就像当时大多数有志青年一样，上山下乡，漂洋过海到南美洲去了。他在船上做服务员，这样就不用买船票了。他去南美也是为了金子，那时欧洲都知道南美曾有一个印加帝国，在今天的秘鲁境内，是有名的"黄金之国"。

·施里曼肖像

1533年西班牙人皮萨罗征服它时，曾经将印加的末代皇帝关在一间大屋里，命令印第安人用黄金填满这间屋子。可惜的是施里曼没有皮萨罗的运气，他的船没有到达黄金之国，而是沉到海里去了。他只好回到欧洲，在阿姆斯特丹一家商行里帮人记账糊口。但他没有放弃自己的理想。像现在的大学生一样，他知道想找好工作首先得学好外语，他用晚上的时间搞自学，一口气学了八种，包括俄语。后来他的老板便将他派到俄国的圣彼得堡——苏联时代叫列宁格勒。他到那里后不久便自己开公司，专门

◎ 历史篇／第一章·远古的希腊史

·今日的特洛伊就是这个样子

个希腊城市，现在属于土耳其了。

发现特洛伊

做茶叶和蓝靛生意。恰在这时，克里米亚战争爆发了，很惨烈，两个敌人一面是俄国，另一面是土耳其、英国、法国以及撒丁尼亚。施里曼抓紧这个机会签了许多军事合同，大发其财。战争刚结束，美国西部的加利福尼亚又发现了金子，掀起了有史以来最疯狂的淘金热，他便毫不犹豫地加入了淘金者的队伍，又大发了一笔，终于成为百万富翁。

一个梦想成真之后，他又记起了另一个更遥远的梦想，于是回到了欧洲。

他先到了当时土耳其帝国的首都君士坦丁堡，他曾经与土耳其人做过生意，知道想在那里办事首要的不是产品，而是与官方的关系，只要同官僚们搞好了关系，什么生意都做得成，否则什么都不行。他大把大把地送钱给帝国官僚们，得到了通行证。

至于为什么要从土耳其弄通行证？原因很简单，特洛伊所在的那块地盘，虽然千年前曾是一

施里曼来到了小亚细亚西部，靠近爱琴海的地方，但去哪里发掘呢？他知道有个法国学者勒舍瓦里曾经说古代特洛伊就在现在一个叫布纳尔巴希的村子。他到了那里后，却发现那里不可能是古代特洛伊的所在，那里的地形与荷马所说的完全不一样。例如《伊利亚特》里说，一天之内，希腊战士可以在自己的海边军营与特洛伊城之间来回往返几次，他们甚至可以听到特洛伊人悠悠的长笛声。这说明特洛伊距海不远，布纳尔巴希却离大海足有13公里之遥，而且布尔纳巴希周围有好多悬崖峭壁，这样的话，那被阿喀留斯追得屁滚尿流的赫克托尔怎能围着特洛伊城兜圈子呢？

施里曼断定特洛伊肯定不在这里，他在小亚细亚半岛的爱琴海沿岸漫游起来，后来到了一个叫希萨尔雷克的小山脚下，他立即发现这里就是特洛伊的所在，因为它的地理位置、周遭环境与荷马所说的简直一模一样！

·这是一幅古画，描绘了木马计

◎ 历史篇／第一章／远古的希腊史

费尽千辛万苦、送了无数钱财给土耳其各级官员后，他终于得到了苏丹的许可，开始了对特洛伊的发掘，条件是将发掘到的财宝的一半送给苏丹。

施里曼开始发掘了，他的发掘过程是很罗嗦的，这里不具体说，总之他的发现比他想要发现的多得多。他在这座不起眼的小山上一共找到了7座城市，这些城市不是一座挨着一座，而是叠罗汉般一座压在另一座上面，每座都是在前一座被毁灭之后在它的废墟上建立起来的。在第二层，他发现这里宽阔的大街上到处铺满了灰烬，他认为这就是最后在大火中被烧毁的特洛伊城了，不久他又在那里找到了巨量的金银珠宝，联想起荷马所说的大阔佬普里阿摩斯，他更确信这里就是特洛伊古城了。

可怜的施里曼，到死都不明白，他所发掘的"特洛伊"，实际上与发生特洛伊战争的地方远着哩！不是空间上的远，空间上的确是同一个地方，而是时间上的远，就像汉朝与宋明之间一样远，他所谓的特洛伊实际上是比真正的特洛伊早得多的当时还全然不为人所知的另一种文明。

施里曼死后，他的助手费尔德主持继续发掘，他写了一本叫《特洛伊与伊里翁》的著作，将在特洛伊发掘的城市分成9层，它们是9个一层叠一层，像千层饼的城市。他认为发生特洛伊战争的地方是第六层。费尔德与大老粗施里曼不一样，是训练有素的考古家，他什么都对了，单单没有找对特洛伊。他的分层是正确的，但特洛伊不在他所说的第六层，而在第七层，精确地说，是在第七层的初期。这里才是真正的普里阿摩斯与帕里斯的特洛伊，是更伟大的阿喀琉斯把伟大的赫克托尔追得屁滚尿流、最后被箭射中脚踵而死的地方，是世上最美丽的女人海伦曾经生活过十载的地方，是最后被狡猾的希腊人用木马计胜了并化为灰烬的地方。因为的的确确地，考古家们发

· 空中鸟瞰迈锡尼

现，这个一度伟大的城市于公元前1200年被一场大火毁灭！

发现迈锡尼

我们知道，特洛伊战争中的一方是以普里阿摩斯为王的特洛伊，另一方则是以阿伽门侬为统帅的希腊盟军。阿伽门侬是迈锡尼的王，迈锡尼是古代希腊最强大的城邦。

找到特洛伊后，施里曼带着满身小亚细亚的征尘，风尘仆仆地来到了希腊。像一个猎人，他的下一个猎物就是迈锡尼。

与找特洛伊时大费工夫不同的是，迈锡尼是不用去找的。因为，荷马所说的巍峨、庄严的迈锡尼的狮子门，虽然历经了2000余年的风吹日晒，依旧傲然挺立在伯罗奔尼撒的大地上，像一个骄傲的公主，等着施里曼这位白马王子来找她哩！

古希腊有一个旅行家，名叫波桑尼阿，他在1000多年前曾经到过迈锡尼，看了狮子门，后来写了本《希腊纪事》，施里曼就像信荷马一样相信波桑阿尼。

我们知道阿伽门侬在灭了特洛伊回国后，被他的老婆克里腾涅斯拉和老婆的奸夫埃吉斯图斯给杀了。所以波桑尼阿说，在迈锡尼城内城外都有墓，但城外是不配葬在城里的奸夫淫妇的，城内才是阿伽门侬的墓。施里曼来时迈锡尼的城内

· 这是在迈锡尼王官里发现的线性文字—B泥板文书，写于公元前12世纪左右，这种文字现在尚未识读

城外还都有古墓,他相信波桑尼阿,就没理睬城外的古墓,而专心在城内的古墓挖了起来。他真是福大命大造化大,发现了足有五座古墓,里面直直地立着古代的英雄们——施里曼相信这5位英雄就是阿伽门侬王和他的朋友们,其中一个人身材特别高大,骷髅旁边放了大量的青铜武器。他断定这就是伟大的阿伽门侬,统率希腊英雄们毁灭特洛伊的人。对于他更加重要的是尸体旁边的东西:盔甲、酒杯、饭碗、许多小饰品,甚至有能戴在整张脸上的大面具——这些东西统统是金子做的!这更加印证了施里曼的想法:这些墓就是希腊英雄们的。因为荷马早就说过,迈锡尼有的是金子。

像在特洛伊一样,施里曼什么都对了,只有一样错了,他找到的并不是希腊英雄们的墓,而是另一些希腊人的墓,他们比阿伽门侬大了足足400岁!

我们有理由相信,这些人也是古代的英雄,他们也许曾经与阿伽门侬一样有过伟大的业绩,曾经是一国之君,但他们的英名,像那逝去的时光一样,已经永远消失了,沉没在历史遗忘的长河里。

最后我们随便谈谈施里曼的第三个发掘:梯林斯,就是荷马所说的"有围墙的梯林斯"。

我们知道古希腊有围墙的城市不多,英雄的希腊人认为根本无需用围墙去保护他们的城市。他们的海军足可以御敌于国门之外。但梯林斯是个例外,它不但有围墙,而且很厚,厚得可以在城墙上建房子。而建城墙最小的石头,像波桑尼阿所言,"两匹骡子也拉不动"。到施里曼扛着锄头跑过来时,这些两匹骡子也拉不动的石头还摆在那里。

施里曼就像在特洛伊一样挖开来,不过找到的东西远没有特洛伊与迈锡尼的多,本来他就不想,因为梯林斯王哪有阿伽门侬阔呢,他只找到了一些陶器、少许青铜器,几个野兽与女人的泥巴小雕像。

· 迈锡尼人所用文字"线形文字B"

施里曼的发掘到这里就结束了,有几句话还该说个明白。施里曼发现特洛伊后,他的工作给他带来英名的同时也带来了骂名。许多考古学家说施里曼与其说是一个发掘者,不如说是一个破坏者。他们这样说当然有一点道理。因为施里曼不是考古家,顶多算得上一个考古爱好者,他在挖掘特洛伊和梯林斯的过程中,都是在山丘上找个顺眼的地方,一锄头刨下去,一直挖到他要找的东西,并将这些东西堆在一块儿,这样就把不同地层、不同时代的东西乱七八糟地混在一块儿,像间杂货铺。这可是考古发掘最大的禁忌。因此科班出身的考古学家们骂得不无道理,但不知他们想过没有,要不是施里曼的发掘,他们能找到特洛伊吗?要知道,特洛伊战争几千年以前,还在柏拉图的古希腊时代就已经只被当作纯粹的神话传说了!我相信只要看过荷马的人一般也会这样,谁能想到一本里面满是神仙鬼怪的书原来描述的是历史事实呢?但施里曼凭一己之信念,用自己的巨额财产作经费将传说变成了现实。试问，有哪个考古学家愿意这样做并且能这样做呢？况且，施里曼的目的虽然是找金银财宝，但他同样也想要证明古希腊，就是那个远在亚里士多德与伯利克里之先，当时还根本不为人所知的古希腊的存在！

也正是由于他的辛勤工作，我们才知道了西方文明的真正源头！

古希腊的历史就这样在施里曼、他的第一助手费尔德等人的锄头下挖出来了。

除了施里曼，对发现古希腊贡献最大的是英国人伊文思，他的功劳也值得一书。

又来了一个发现者

在本书的起始，当我们进入西方故事的大门时，我讲了欧罗巴美女的故事。但那个故事还没有完：请问，宙斯在将欧罗巴搞定后，将她怎样了呢？莫非像现在许多青年人一样，将女朋友的肚子弄大后，说声"拜拜"就潇洒地一走了之？

没有，宙斯比起现在的许多年轻人来，还是挺负责任的。他把欧罗巴好好地安置在以她的名字命名的地方，还与她生了好几个儿女，其中有一个叫米诺斯，成为了英明的统治者，他的功绩

· 伊文思正在检查一个发掘出来的陶瓶

· 伊文思

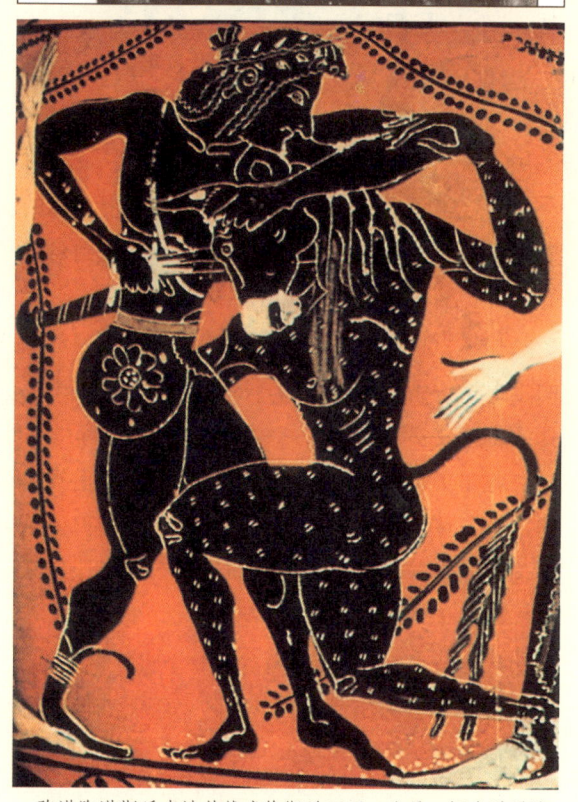

· 弥诺陶诺斯后来被英雄忒修斯杀死了，这是一幅古希腊陶瓶画，描绘了这件事

◎ 历史篇／第一章／远古的希腊史　13

曾为希罗多德与修昔底德所赞颂。

米诺斯的功绩之一是建立了极其雄伟的克诺索斯城，在城里使代达罗斯，他是古代西方的鲁班，建筑了著名的"迷宫"，用来关他的老婆与一头牛相好生的儿子、一个牛头人身的怪物，名叫弥诺陶洛斯，大家可以在后面讲古希腊的艺术时欣赏到那宏伟之极的迷宫之丰采。

他统治的地方是克里特岛。

美丽的克里特岛位于希腊半岛的南面，岛上树很多，土地也挺肥沃，是发展经济的好地方。但克里特人发展经济的主要手段似乎主要是做强盗，在海上抢劫商人们的货物。在那个时代，做商人与做强盗都是挺受人尊敬、再正当不过的职业，与做商人比起来，不过收货的办法不一样而已，说不定强盗还更受人尊敬哩！所以一个国王曾客客气气地问奥德修斯的儿子忒勒科马斯："你是商人还是强盗？"

一度辉煌的克里特，也像迈锡尼和特洛伊一样，几千年前就已消失在断垣残壁之中，是伊文思使它重见天日的。

与苦孩子出身的施里曼大不一样，伊文思的老爸是阔佬，收藏了许多古物，他从小受到良好的教育，搞考古发掘前曾在牛津的博物馆当过多年文物保管员，后来决心向施里曼学习，到外面的世界去探索一番，他的目的地是施里曼尚未发掘的古希腊另一座大城——克诺索斯。

施里曼也曾想发掘这与特洛伊和迈锡尼齐名的城市，可惜的是他被克里特人赶走了。但他刚走，伊文思跟着便来了。不知用什么手段让克里特人同意了他的发掘要求，我想八九是凭着大英帝国的威势，要知道那时的英国是全世界的老大，犹胜今天的美国，早已经没落的希腊人焉敢不答应这位英国绅士的要求！

伊文思的发掘方式比施里曼的要科学得多了，他不但找到了大量文物，还将发现的一切分

门别类地整理好，甚至把宫殿都复原了，我们在后面讲古希腊人的艺术时会看到，米诺斯王宫可是比普里阿摩斯的大得多，满室是富丽堂皇的壁画。后来他将这些发现写成了一本书，叫《克诺索斯的米诺斯王宫》，足有四大卷。

伊文思的结论是什么呢？简单地说，他认为克里特文明是欧洲文明的真正源头，是整个西方文明的祖宗，它从公元前3000年一直延续到公元前1200年，此后它神秘地消失了。在伊文思发掘它们之前，好像不曾存在过一样。

至此，我们终于可以总结伟大的古希腊文明的整个过程了，我将尽量让它像画卷一样明白地呈现在大家面前。

希腊史的五个分期

在施里曼之前，欧洲的历史是从希腊，也就是亚里士多德的希腊开始的。毛泽东在《延安文艺座谈会上的讲话》中的"言必称希腊"指的就是这个希腊。

有千年之久，欧洲人都把这个古希腊当作自己的人文初祖而加以大肆崇拜，施里曼的发掘使他们恍然大悟：原来传统的希腊人不但不是最先登上古代西方文明舞台的，反而是最后的呢！在它们之前的特洛伊人、迈锡尼人与克里特人，早在雅典人为雅典卫城奠基之前几千年，就已经建立了高度发达的文明社会，拥有了文明社会所应有的一切：文字、法律、规模宏大的宫殿以及精美的艺术，等等。

前面我们已经讲述了施里曼和伊文思的发掘，也就是讲出了真正的古希腊的基本历史轮廓，但我们讲述的是发掘历史的经过，而非历史本身，现在该讲明历史本身了。

我们可以简明扼要地将整个古希腊的历史分

· 克诺索斯宫遗址

· 爱琴海的夕阳

◎ 历史篇／第一章／远古的希腊史　15

成以下五个时期：

第一个时期叫"爱琴期"。

这实际上是西方文明的"史前期"，它比米诺斯王宫还要早。

大约距今6000年之前，在爱琴海地区已经有人居住了，人们使用磨制的石器，后来又用上了铜和青铜，人们生活在爱琴海一带、从小亚细亚半岛直到克里特的辽阔土地上，这是一个极漫长的时期，延续了大约4000年之久。

第二个时期就是前面我们说过的米诺斯时期了。

为什么称米诺斯时期呢？因为这个时期虽然到处有了文明的踪影，但米诺斯王无疑是这段时期的"海霸"——他控制着爱琴海，拥有最先进的文化，他的首都克诺索斯则是今天的纽约和巴黎。它从公元前2000年左右开始延续了约五六百年，史称克里特文明。

第三个时期是迈锡尼时期。

迈锡尼的发展据说是建立在它的先人的衰亡基础上的。与米诺斯时期的海洋民族克里特人不一样，迈锡尼人是生活在希腊半岛上的大陆人。他们本来比克里特人要落后得多，后来他们接受了克里特文化，"师夷长技以制夷"，慢慢强大起来，终于变得比那些沉溺于文明的安乐窝里的克里特人更强了，接着毫不客气地向他们文明的老师发动了攻击、征服了它，将昔日的海霸变成了自己的殖民地。这个时期持续了大约500年。

还有另一个说法，认为克里特文明与迈锡尼文明实际上不是前后相接，而是左右平行的。他们同时繁荣，时期大约是公元前2000年到前1000年，共持续了约1000年。不过为了方便好记，我们还是接受前面一种说法。

在这之后呢？

这之后，我们突然失去了克里特人和迈锡尼人的踪影。就像昨天还是熙熙攘攘的大街今天突然冷冷清清、空无一人，爱琴海文明莫明其妙地消失了。

这就是第四个时期——"黑暗"时期，它长达近500年之久。现在我们看这段时期的历史就像看没有星星也没有月亮的夜空一样，漆黑一片。

第五个时期就是我们最熟悉的古希腊了，我们称之为希腊的"古典时代"，在这个时期，伟大的希腊文明达到了它的巅峰。

对于这个如此伟大的时期，把它的历史略过不谈显然是不合理的，所以我将专门好好说说这个伟大时代的来龙去脉，以及它那无比辉煌灿烂的文化。

我们首先将讲述古希腊两个主要城邦——雅典和斯巴达——的故事，并将之作为伟大的希腊古典时代历史之代表。

然后，我们要述说这个时代伟大的文明和那些缔造文明的古典巨人们：

——伟大的哲学家苏格拉底、柏拉图、亚里士多德。

——伟大的作家与诗人埃斯库罗斯、索福克勒斯、欧里庇德斯。

——伟大的艺术家菲狄亚斯、米隆、坡力克里特。

等等，等等，犹如夏夜繁星，美不胜收、数不胜数。

第二章
双城记

雅典与斯巴达是古希腊文明的伟大代表

迈锡尼人从历史舞台退出去后，希腊文明确实进入了一个黑暗期。这时，整个希腊回到了更为原始的状态，既没有发达的文明，也没有强大的国家。这段时期约从公元前1000年开始。

这段时期的希腊人有两大支：一支是毁灭了迈锡尼文明的多利安人，他们住在原来迈锡人住的希腊半岛上；另一支叫伊奥尼亚人，他们住在小亚细亚半岛西部和爱琴海中多如牛毛的大小岛屿上。

小国寡民的城邦

像特洛伊战争时代的古希腊一样，这些新希腊人——多利安人和伊奥尼亚人——也分成一个个很小很小的国家，也称为"城邦"（polis），其实就是一个个的小城市和它周围的小块农村，要是某个城邦有3万人，就是大国家了。

这些国家都各自为政，相互隔绝，过的日子正如老子所言："小国寡民，鸡犬之声相闻，民至老死，不相往来。"要是老子知道了在西方有这么一片乐土，说不定不会出函谷关，而要移民古希腊哩。

希腊半岛并不是块肥沃的宝地，相反，它到处是石头山，绝大部分土地十分贫瘠。加上希腊人性欲旺盛，又不懂得避孕措施，那孩子生了一个又一个，慢慢地平静的日子给太多的孩子打破了，他们饿得嗷嗷叫。

怎么办呢？希腊人只好将目光瞄准了辽阔的大海。

他们离开故乡，来到爱琴海上，有的去做商人，有的去当海盗，有的则去做殖民者。大部分

· 骄傲的雅典——落日余晖下的雅典城

· 橄榄是希腊的主要物产之一，橄榄榨出来的油是最上等的食用油

人是三者都做，它们都是正当不过的职业，在这时候的希腊人看来，要是有艘满载粮食金银的船过来了，不去抢一把，那简直是天字第一号傻瓜蛋呢。

做殖民者的人们去了东面的小亚细亚、西面的意大利、西班牙和高卢，在那里建立起一座座城市，这些城市都是希腊人的城市，也称为希腊城邦，同他们希腊本土的母邦没什么两样。几百年后，地中海周围到处有希腊人建立的城邦了。

众多城邦的建立必然促进交通和贸易的发展，那些海外城邦里的小伙子要回母邦去看娘，远在希腊本土的老爸也想到小亚细亚的儿子那里去瞧瞧。还有，诸城邦之间的气候、土质不相同，有的橄榄产得多，有的葡萄质量好，橄榄多的城邦就用橄榄去换些葡萄来酿酒喝，产葡萄的城邦则要橄榄来榨油。

这些城邦之间的发展程度也大不相同，有的城邦很强大，像今天的美国一样；有的则很弱小，像今天的非洲小国一样。

后来慢慢地，出现了两个最大的城邦，它们使希腊走出了黑暗时代。

这两个城邦就是我们久仰大名、如雷贯耳的雅典和斯巴达。

我们就来说说这两个城邦崛起的大体历史，首先说斯巴达。

斯巴达人的勇敢举世无双

斯巴达，有时也被称为拉西梦第或拉哥尼亚，位于希腊南部的伯罗奔尼撒半岛，他们的祖先就是毁了迈锡尼文明的多利安人。

斯巴达人自古以来就酷爱打仗，他们先住在肥沃的欧罗塔斯河流域，后来，大约是公元前8世纪，又征服了同样肥沃的麦西尼亚平原，按照老习惯把那里原来的居民变成了奴隶，斯巴达人称他们为希洛人。从此这些斯巴达人便洗心革面，不再到处侵略了，安心过起奴隶主的悠闲日子来。

斯巴达人的生活方式举世闻名，纵贯古今，从来没有一个种族或国家的生活方式受到如此之多的关注和如此之隆的赞誉，在那些赞誉它的人当中有两个我们熟悉的名字：柏拉图和希特勒。

下面我们将全面地介绍这种奇特得几乎只有在"理想国"当中才能存在的生活方式。

生活在斯巴达的人有三个分明的等级：希洛人、裴里欧齐、斯巴达人。

希洛人占了总人口的大部分，他们是奴隶，

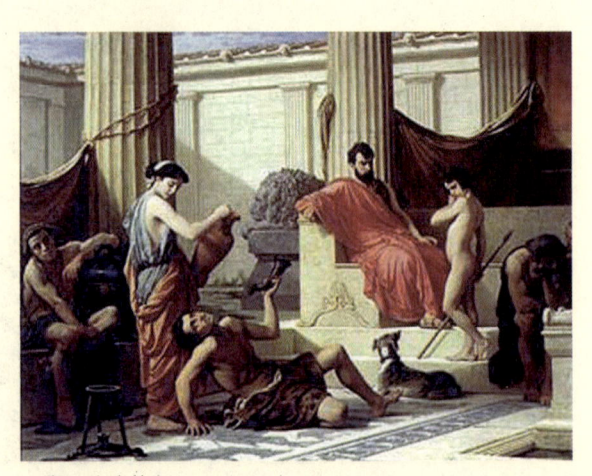

· 斯巴达的教育

但处境很怪。一方面，他们要替斯巴达人耕种土地，供养主人。另一方面，他们的生活却相当优裕而且自由。平时主人绝不会去地里监工，用鞭子逼他们干活。他们每年只要将相当有限、数量固定的一部分收获交给主人，其余的全归自己。他们都有相当数量的私有财产，主人绝不会肆意勒索他们。不过他们也有危险，由于希洛人生活好，养得起孩子，他们的人口往往比斯巴达人增长得还快。他们痛恨奴隶的生活，一有机会就起来造反。为了削弱希洛人，斯巴达人每年都会向希洛人搞一次"宣战"，这时斯巴达人有权随意杀死那些身强体壮、可能造反的人。

裴里欧齐是自由民，他们自耕自作，不是奴隶，但也没有政治权利、不能做官。

斯巴达人则是斯巴达的主人，他们是奴隶主，占有几乎所有土地，享有所有政治权利。

斯巴达人有一个特点，就是极其鄙视生产劳动，甚至用法律来禁止斯巴达人干活，他们终生只有一项工作——战争。

为了这项唯一的工作，斯巴达人采取了许多令人匪夷所思的措施，也许正是这些措施令斯巴达人存在时威名远播、消失后百世流芳。

我们下面就来谈谈斯巴达人是怎么古怪地教育自己孩子的。

一个斯巴达人，当他刚生下来时，会被送到家族长老面前去，长老们会仔细检查他的身体，倘若面色红润、哭声响亮，才会交回父母手中，如果看上去不那么健康，就会立即被扔进深潭里喂鱼。

长到7岁，他们就得离开自己的父母，开始上学了。不过他们上的与其说是学校，不如说是军营。在这"学校"里他们过的是这样一种生活：他们被分成一组一组，每组选出一个胆儿大的孩子当老大，负责指挥。他们也要"学习"，但这"学习"的内容可不是书本知识，斯巴达人认为读书识字不但不值得学，连懂都不好意思呢。他们学习的只是对造就一个战士有用的东西，像如何在没有粮食的荒山野岭中辨认可以吃的东西、

·电影中的斯巴达武士

如何忍受痛苦和饥饿，以及打斗击剑之类。另一项重要的内容是学习怎样服从，对于斯巴达人，与勇敢同样重要的是纪律，具有钢铁一般的纪律性乃是斯巴达战士之所以强大的主要原因之一。他们12岁以后就不穿外衣，大部分时间都赤身裸体地在一起游戏，浑身脏兮兮，龌龊得令人作呕。他们一年只洗两三次澡，睡在草床上。大人们还教唆他们去偷东西，但如果被捉到了就要受处罚——不是因为偷东西，而是因为偷得太笨。

在这样的学校里一直呆到20岁，这以后他们就是一名准斯巴达战士了，他们住到"男子之家"，在这里被训练成一个真正的斯巴达战士，直到年满30岁。

30岁后他们就成为一个正式的斯巴达公民，不过他们仍要过集体生活：他们每个人都吃公共食堂，所有人，包括国王，都在这里吃大锅饭。

不用说，饭肯定管吃饱，斯巴达人绝不会没有粮食，但也仅此而已。在斯巴达没有公民富有，正如没有公民贫穷。他们每个人都由国家分配一块大小相同的土地，由他们的希洛人去耕种，他们的一切收入仅此而已。他们的土地不能买卖，他们甚至连金子银子都不许拥有。为了限制大家做生意，他们的钱是用铁做的，如果想要一头羊，也许得拿比羊还重的铁去买。邻邦的商人们当然也不会要这样的钱，所以他们从不来斯巴达做生意。

斯巴达人认为外面的世界奢侈腐朽，所以不允许自己的公民到外邦去，外邦的公民如果没有特许也不许踏进斯巴达的土地。

在斯巴达还有一个有趣的现象，在女性普遍受歧视的古代社会，斯巴达人对女性却非常尊重，妻子在家里绝不是附庸，例如2/5的家庭财产是属于她们的，她们经常鼓励丈夫和孩子要做一个真正的勇士。如果他们没有做到这点，她们会公开地鄙视他们，甚至把丈夫从床上赶下去。

国家鼓励她们多生孩子，越多越好，如果她们没有生育，那么她们有权到其他男人那里去试试，看另一个男人是不是更行，她们的丈夫绝不会吃醋。也许从来没有一个文明国家的男人比斯巴达的勇士们更不吃醋，上面的情形他们固然不会吃醋，其他情形也不会。例如某个男人看上了一个有夫之妇，按伟大的历史学家普卢塔克的说法，他会大大方方地走到那位丈夫面前，"请求她的丈夫让他和她同床，使他得以开垦这块丰富的土地，并且播下宁馨佳儿的种子"。要是一个人老了，他的妻子还年轻，他就会请别的男人替自己在妻子身上耕耘一番，让他"不劳而获"。

斯巴达人也从来不认为裸体有什么不好意思，在他们看来，一个人裸体还是穿衣服纯粹是小事一桩，连姑娘们也这样：

少女们也应该练习赛跑、角力、掷铁饼、投标枪,其目的是使她们后来所怀的孩子能从她们健壮的身体里汲取滋养,从而可以茁壮成长,而且她们也由于这种锻炼增强了体质,可以免除分娩时的痛苦。……尽管少女们确乎是这样公开地赤身裸体,然而其间却绝看不到,她也绝感不到有什么不正当的地方,这一切的运动都充满着嬉戏之情,而并没有任何春情或淫荡。

现在西方还有这样的地方,欧美各国都有,这些地方被称为天体营,在这里的每个男女赤身裸体、一丝不挂,但并不宣示淫荡或滥交。

· 斯巴达王李奥尼达

· 这块古希腊浮雕描绘了一场战斗,左边是攻城者,右边是守城者,可以想像它正类似于温泉关之战的情形

◎ 历史篇/第二章/双城记 21

凭着上面的一切，斯巴达人培养出了堪称古往今来最强大的战士。虽然斯巴达公民最多时也不过1万，其中能打仗的不过几千，但他们称霸希腊几百年之久。以一当十是一个形容勇敢的词儿，对于斯巴达战士们却是最经常不过的事实。每次战斗，斯巴达战士无不以一当十甚至当百。

他们的无数次战斗中最为有名的当数温泉关之战了。

公元前480年，波斯大军第二次大举入侵希腊，斯巴达也参预了抵抗异族侵略的行列，斯巴达王李奥尼达率领300名斯巴达战士驻守温泉关，它是从北面进入希腊的唯一通道。

战斗艰苦无比，波斯士兵的数目超过斯巴达人百倍，斯巴达人英勇奋战，一直打了整整3天，波斯人一次又一次地发起疯狂的冲锋，除了在关前留下小山般的尸体，没能前进一步。狡猾的波斯人开始打别的主意了，他们找到一个熟悉地形的当地农民，用大量金子贿赂了他，这个农民便告诉他们，有一条小路可以通往温泉关后面。

以后的战斗就不用说了，波斯大军从后面攻来，团团包围了温泉关，斯巴达战士们没有后退一步，也没有一个投降或者被俘的，他们英勇战斗，直至全部壮烈牺牲。

此前，有两个人因为得病到后方治疗去了，听到温泉关失守的消息，一个，他的眼睛已经瞎了，命令他的希洛人把他牵到战场，他乱舞着刀剑冲向波斯人，马上被砍成了肉酱。另一个已经病得动不了了，就没有去。他回到斯巴达后，成了人人鄙视的对象，被称为"特瑞萨斯"，意思是"逃命的家伙"。

第二年，这个"逃命的家伙"在反抗波斯入侵的米拉太亚战役中勇敢非凡，战死沙场，洗刷了耻辱。

后来，在温泉关的旧战场，人们竖起了一块纪念碑，上面刻着这样的诗句：

亲爱的过客，请告诉拉西梦第人，我们忠于他们的嘱托，在此地长眠。

打败波斯人后，斯巴达人又在另一场战争中显示了他们的力量，不过，前面的一场战争给希腊带来了福音，后面这场战争却给希腊带来了灾难。

这场战争就是伯罗奔尼撒战争，起因是斯巴达人与另一个伟大的希腊城邦——雅典——之间的争霸。

关于这场可悲的战争没有多少好说，战争从公元前431年开始，持续了近30年，开始相持不下，后来斯巴达取得了胜利，雅典城被毁。斯巴达人的这场胜利却是整个希腊文明的失败，一度如日月之辉煌的希腊文明从此衰落。

击败雅典使斯巴达人成为整个希腊的霸主，

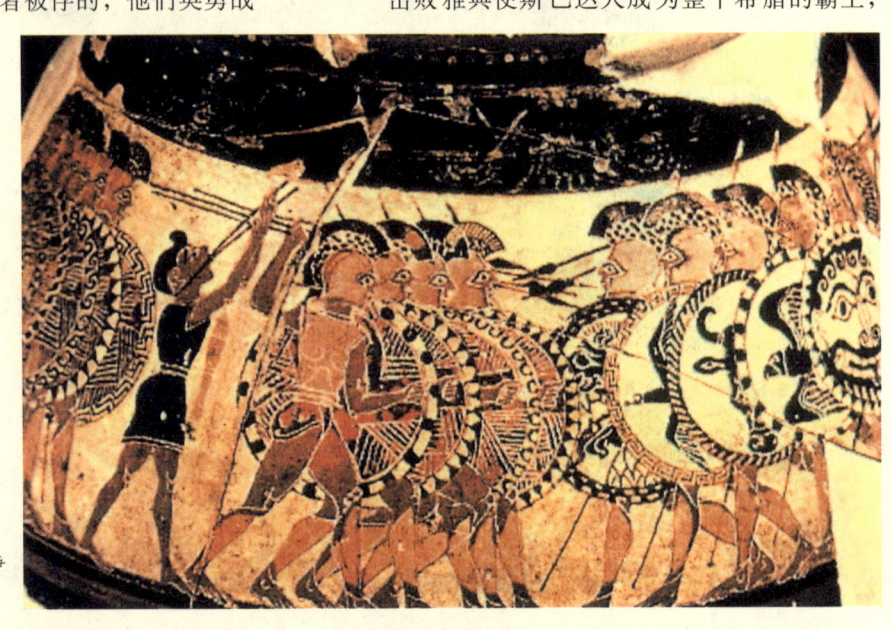

· 描绘伯罗奔尼撒战争的古希腊陶瓶画

但他们的霸权并没有持续多久，希腊的城邦们联合起来反抗它的压迫，公元前371年，底比斯人使斯巴达人遭受了前所未有的惨败。

斯巴达从此一蹶不振，赫赫威名消失在希腊大地。

雅典人智慧而傲慢

与斯巴达人完全不一样，雅典人并不是外来入侵者，而是自古以来就生活在希腊的，具体地说，是希腊的阿提卡半岛。

像斯巴达一样，阿提卡半岛也位于希腊南部，不过比斯巴达要靠北一点。这是一个狭长的、棍子样的半岛，土地十分肥沃，商业也很发达，当然，更发达的是令雅典永垂不朽的文学、哲学与艺术。

雅典人对于自己古老的血统万分骄傲，他们称自己是赫楞的后裔，希腊这个词就是从赫楞转化而来的。这赫楞是何方神圣呢？他乃是丢卡利翁的儿子，这丢卡利翁相当于《圣经》里的挪亚，他驾着他的船儿来到帕尔纳索斯山，这里住着太阳神阿波罗、还有最浪漫的文艺女神缪斯。

听惯了苏格拉底、柏拉图和斐狄亚斯的诸位可能以为雅典人是高尚又漂亮的人儿，但实际上并不是这么回事,普通的雅典人大概有三个特点：

一是极其傲慢。除了神，他们认为世上的一切都在他们之下，然而神是看不见的，所以凡看得见的一切都在他们之下，他们可以任意研究探讨，无需害怕。

二是他们相当势利。他们行事的原则不是什么道义，而是力和利。一方面，他们为了得利可以与任何坏蛋谈生意；另一方面，对于力不如他们的人，则毫不客气地加以压榨。例如，有一次他们伟大的领袖伯利克里派人到一个小城邦讨便宜，直截了当地说，你们不要罗嗦什么，你们知道我们来不是凭什么道义，而是凭实力，你们还是老老实实地听话吧。所以大家千万不要因为雅典人创造了伟大的哲学与艺术就对他们崇拜得五体投地，仿佛他们是世上最完美

· 梭伦雕像

的人。事实上雅典人从来不是道德的表率，他们做的坏事多着呢。例如雅典三个最伟大的人物：苏格拉底、柏拉图与亚里士多德，都曾被他们害得很惨，道德高尚的苏格拉底还给他们杀了。

雅典人的第三个特点是他们对世间的一切事物都很好奇。他们从不害怕，他们走近大自然，向它索要一切的秘密，他们做起事来很认真，观察也非常仔细,敢于打破一切旧规矩进行新创造。

这些好与不好的特点加起来使得雅典人创造了灿烂的希腊古典文明。

雅典并非一开始就这么牛的，它的崛起与其历史颇有点儿关系，现在我们就来谈谈它的历史吧，尤其是它那富有特色的政治制度史。

一开始雅典只是希腊许多小城邦中的一个，实行君主政体，由国王和贵族们进行统治。后来改由好几个执政官一起做老大，最大的就是首席执政官。

在君主政体或贵族政体下，土地可以自由买卖，有钱人经常乘别人急需钱用时把他们的土地买下来，或者借人高利贷，当借钱者还不起时就把他们的土地夺过来甚至把他们变成奴隶，即债务奴隶。

·古代插画中的梭伦像

很多雅典公民就此失去了土地，随着失去土地的人越来越多，他们的力量也越来越大，当他们感到自己打得过那些阔佬时，就起而反抗，他们获得了许多普通平民的支持，大家一起要求改革，获得了成功，这就是"梭伦改革"。

梭伦在公元前594年时做了雅典的首席执政官，他的改革措施很简单也很严厉，具体内容大家从中学课本中早已知道了，这里不再多说。中心之一是废除债务奴隶制，使那些因欠债成了奴隶的公民重新成为自由人；之二是让那些没有财产的公民也能参加公民大会，成为最高权力机构中的一员。

在改革中得到最多好处的当然是平民们，地主贵族们则吃了大亏。他们哪会心甘情愿地听从摆布呢？他们不停地反抗，想夺回失去的权利。在这种情形之下，平民们便仗着人多势众，发展出了一种新的政体——僭主政体。

僭主是一些靠武力上台的人，他们的靠山就是人多势众的平民，上台后，他们采取了一系列措施来劫富济贫。

第一个僭主叫庇西特拉图，他约在公元前560年成为僭主，掌权后，他把贵族地主们的土地抢将过来，划成小块分给平民们。

庇西特拉图死后，出现了另一个更有力量的僭主，叫克里斯梯尼。他几乎彻底剥夺了贵族们的权力，他建立了一个新的权力机构——500人会议，它掌握了几乎所有大权，更重要的是，所有年满30岁的公民，不管有钱没钱，都可以当会议代表，这种形式与今天欧美民主社会的议院制也差不多了。

到公元前500年左右，雅典终于发展出了一整套民主制，它为雅典走向文明之巅奠定了牢固的基础。

使雅典最终成功登上文明之巅的是希波战

·波斯武士形象

争。

　　希波战争是希腊与波斯之间的战争。波斯人是亚洲人,生活在小亚细亚半岛,他们建立了世界历史上第一个跨洲大帝国——波斯帝国。它的第一个伟大的王叫居鲁士,第二个叫冈比西斯,是居鲁士的儿子,第三个叫大流士,他是冈比西斯一个大臣的儿子。他到处征服,建立了一个横跨亚、欧、非三大洲的庞大帝国,将整个小亚细亚、叙利亚、埃及、地中海东岸等直到印度河都收进了帝国版图,中间包括许多古老著名的王国,像吕底亚、赫梯、亚述、巴比伦,等等。

　　从公元前6世纪中期开始,波斯人开始征服生活在小亚细亚希腊城邦里的伊奥尼亚人。这些城邦便向希腊半岛上的母邦求助,得到了响应,使大流士的征服受阻,为了一劳永逸地解决希腊人问题,他决定进攻希腊本土。

　　他先派使者到希腊去向各城邦索要土和水,这意思大家明白,就是要他们臣服。许多城邦因为畏惧都答应了,但斯巴达人把使者扔到了井里,雅典人

· 希波战争中希腊士兵的战斗形象

· 大流士浮雕像

把使者扔进了海里,叫他们自己去取土和水。

　　大流士派出了大军,在公元前490年发动第一次希波战争。

　　波斯大军是从海上登陆希腊的,在它们庞大的舰队中有专门运输骑兵马匹的大船,他们在一个叫马拉松的地方登陆,给他们引路的是一个希腊人,它是死了的雅典僭主庇西特拉图的儿子,波斯人答应他,如果他们征服了希腊,他就可以做雅典的僭主。

◎ 历史篇/第二章/双城记　25

·马拉松战役的一个场面（想像图）

在此之前，希腊人只要听到波斯人的名字就两腿发抖，许多城邦因为害怕投降了。只有雅典人奋起反抗,同时派出使者向强大的斯巴达求援。

这个使者名叫裴第庇特斯，古代希腊著名的神行太保，他跑啊跑啊，不到两天就跑到了斯巴达，他对斯巴达人说：

拉西梦第人啊，雅典人请求你们不要让赫嫩人中最早建立的这座古城落到野蛮人的奴役之下；因为现在连厄瑞特里亚都被奴役了，赫拉斯因为这座名城的陷落——已经变得更软弱了。

据古老的传说，说罢这句话之后，裴第庇特斯就倒地死了。为了纪念这位伟大的长跑家，后来古希腊人的奥林匹克运动会上便有了马拉松长跑这个项目，它的距离就是从马拉松到斯巴达的距离，直线距离约有160公里，实际路程要远得多，裴第庇特斯不到48小时就跑完了。

现在的马拉松赛跑只有42.195公里，只有裴第庇特斯跑的1/4。

斯巴达人立即派出了2000名战士奔赴马拉松，3天之后到了，那时战争已经结束，雅典人已经打败了波斯人，赢得了马拉松战役的胜利。

战役的经过很简单，雅典人毫无惧怯地扑向波斯人，在雅典人这种不要命的作战风格面前，波斯人第一次尝到了害怕的滋味，他们坚持了一会，就逃跑了，逃到停泊在海岸附近的船上去了，然后启程回了波斯。

之起源的另一个说法。

前一个说法是"历史之父"希罗多德老人家说的，后一个却是传统说法，大家可以用自己的眼光去选择。

10年后，波斯大军再次猛扑过来。

这次斯巴达人早早参加了进来，他们知道波斯人想征服的不仅仅是雅典，而是整个希腊。这次战斗前面已经讲过了：斯巴达王李奥尼达率领300斯巴达勇士在温泉关英勇抵挡10万波斯大军，由于奸细出卖，被波斯人抄了后路，最后全部英勇战死。

波斯人乘胜前进，占领并洗劫了雅典城。

但决定战争胜负的并不是雅典一城之得失，

·波斯士兵的彩色釉画像，发现于波斯王陵

这次他们的损失并不大，他们会再来。

这时便有了另一个关于马拉松起源的说法：雅典人取得胜利后，一个使者被派往雅典城报喜，他不停地跑啊跑啊，一口气跑到了距马拉松约40公里的雅典，向等在广场上的父老乡亲说了句："我们胜利了！"就倒下了，力竭而死。

为了纪念这位伟大的神行太保和这次伟大的胜利，以后希腊人便在每届奥林匹克竞技会都跑这么一次，这是马拉松长跑

·萨拉米斯湾海战想像图

◎ 历史篇/第二章/双城记　27

当波斯人到达时雅典差不多是空城了。不久,以雅典为首的希腊联军海军在雅典南面的萨拉米斯湾与波斯海军展开大决战。虽然波斯海军舰只数倍于希腊联军,然而波斯海军是由无数个种族组成的大杂烩,纪律涣散且缺乏斗志。战斗一爆发,在希腊人的勇猛进攻之下,不久便大败而逃。

这幕景象被在岸上高处观战的波斯王薛西斯看得清清楚楚,像拜伦在一首诗里面所说的一样,波斯王一觉醒来,发现他繁星般的舰队已经灰飞烟灭。

不久,在另一次大战——普拉太亚之战中,希腊联军又赢得了陆战与海战的双重胜利,终于打败了世界上第一个伟大的帝国,取得了希波战争的最终胜利。

希腊世界从此安宁了,它们将视线转向了和平与创造。

由于雅典是希波战争的实际领导者,战争结束后,雅典成了整个希腊的霸主。它联合希腊诸城邦,加上爱琴海中的各个岛屿和小亚细亚半岛上的希腊城邦,建立了提洛同盟,实际操控着整个同盟和盟友们交纳的入盟金。

到公元前450年左右,雅典城邦实际上已经变成了雅典帝国,它的实力从希腊半岛一直扩展到大西洋,而雅典的财富也空前地多了起来。

雅典进入了它的黄金时代,整个古希腊文明也是如此,它的文学、哲学与艺术更是如此!

这时,正如他们的伟大统帅伯利克里所说,雅典成了"整个希腊的学校",他说:

我们的政体并不与他人的制度相敌对。我们不模仿我们的邻人,但我们是他们的榜样。我们的政体的确可以称为民主政体,因为行政权不是掌握在少数人手里,而是掌握在多数人手中。当法律对所有的人都一视同仁、公正地调解人们的私人争端时,民主政体的优越性也就得到了确认。一个公民只要有任何长处,他就会受到提拔,担任公职,这是对他优点的奖赏,跟特权是两码事。贫穷也不再是障碍,任何人都可以有益于国家,不管他的境况有多黯淡。

这段话即使搁到现在,也是对民主制度优越性非常得体的诠释。

伯利克里统治雅典30余年,为雅典建立了由全体男性公民组成的公

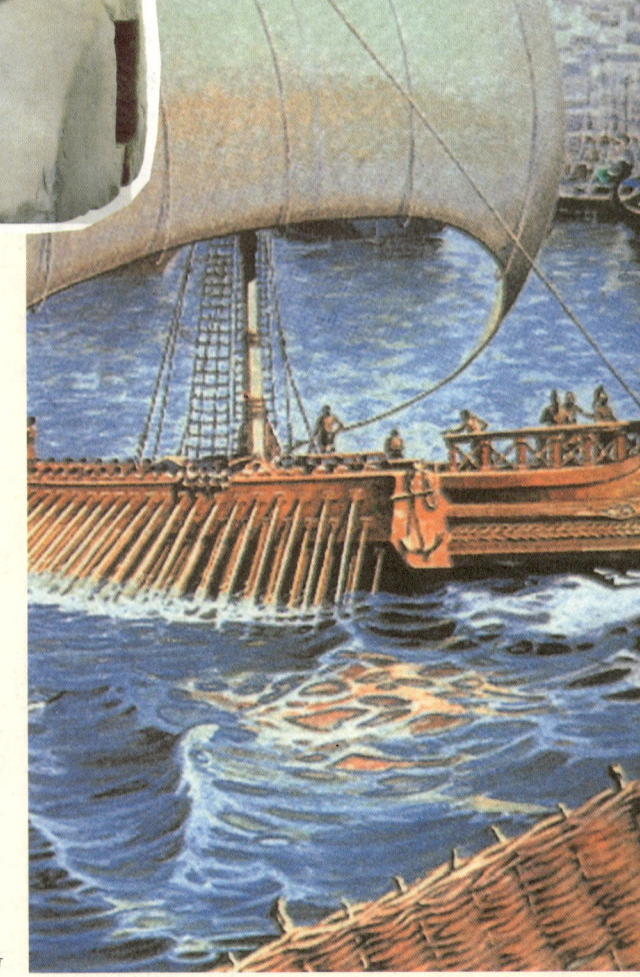

· 伯利克里

· 希腊海军的3层桨战船

民大会,把国家最高权力集中到它手中,让每一个雅典人都自由地生活、尽情地创造。

伯利克里统治的这段时期乃是希腊古典文明的巅峰,也是整个西方古代文明的巅峰时刻。在这个时期雅典产生了许多伟大的事物,包括人和物、文学、哲学与艺术,这些我们要在本书的后面一一述说。

雅典因为强大和成功而得意洋洋,但它的高兴并没有持续太久,因为另一个同样强大的城邦——斯巴达——不高兴了。

公元前431年开始,爆发了持续10年之久的伯罗奔尼撒战争。战争一开始不相上下,因为斯巴达的陆军举世无双,雅典的海军也天下无敌,斯巴达在陆上逞好汉,雅典人在海上显英雄。

但一场天灾改变了一切。公元前429年,雅典爆发了空前大瘟疫,整整一半人死了,包括他们的伟大领袖伯利克里,实力大打折扣,战争中开始处于下锋。

14年后,雅典决定派海军远征西西里,那里是斯巴达的粮仓,但雅典的整个海军如修昔底德所言:

舰队和军队统统从地球表面消灭掉,什么也未能保全下来。

雅典又顽强地抵抗了10年之后,于公元前404年,在弹尽粮绝之下,终于投降。

古希腊后事

我们知道战争是最耗钱财的,伯罗奔尼撒战争的结束并没有给斯巴达人带来好处,相反,它使整个希腊世界变得一穷二白,失去了活力。

希腊完了,整个西方文明的黄金时代也过去了。

后来,被打败的雅典人并没有甘心服输,它联合底比斯人展开了反击,公元前371年,底比

· 盛殓腓力二世骨灰的陶棺,上贴厚厚的金叶,雕刻技艺堪称精湛

斯人彻底击败了斯巴达人,把他们几百年来的威名扫个一干二净。

这以后希腊的历史如同中国的春秋战国一样,群雄乱战,甚至连一个霸主都没有,乱成一团,直到公元前388年,马其顿国王腓力二世在喀罗尼亚之战中大败雅典和底比斯联军,将整个希腊并入了自己的版图,希腊第一次真正统一在一个政权之下。

公元前338年,腓力二世被暗杀,他的儿子执掌了王权,他就是伟大的亚历山大大帝。

这一年也是整个西方古典时代终结的一年。

希腊文明的光荣年代大约从公元前500年到前336年,对于历史这是短短的一瞬,但就在这短短的百余年之中,希腊人缔造了整个西方文明的基础。直到今天,它的许多东西,如文学、哲学与艺术,还被认为是不可超越的——如果您肯费神读读荷马史诗、读读柏拉图与亚里士多德的哲学著作,或者看看米诺斯的维纳斯、掷铁饼者这些古希腊的艺术作品,我相信您也大有可能得出类似的结论。这倒有点像我们中国人看待从前的"伏羲之世"或者先师孔子的道德文章,都是没法儿超越、只能顶礼膜拜的。

第三章
一个年轻人的不朽传奇
亚历山大大帝东征记

讲亚历山大大帝要从马其顿讲起。

在今天的欧洲地图上，大家在希腊东北面可以看到一个小不点国家，它就是马其顿。不过大家要小心点看，否则就看不到了，因为它实在太小太小。

这个如今小得不值一提的国家就是亚历山大大帝的故乡。

马其顿人是一个很古老的民族，很早以前就在那片傍着大海，满是苍苍翠翠的森林和肥得流油的土地上繁衍生息了。他们与希腊人大体是同一个种族。虽然希腊人一向有点看不起北面的邻邦，觉得他们有点儿野蛮。然而他们没有想到，这种野蛮正是他们希腊人所缺乏的，也正是因为他们缺乏这种素质，所以他们从来都没能够征服异族，建立起堪与他们优秀的文明相称的大帝国。

马其顿是在他们一个叫腓力二世的国王统帅下开始强大的。这个腓力二世虽然是马其顿人，但从小在底比斯当人质，这底比斯我们前面刚讲过，他们一劳永逸地打败了不可一世的斯巴达人。底比斯的生活使得腓力二世得到了希腊最好的教育，同时他也用自己的眼睛看到了希腊人的致命弱点——不团结。

这就像一个阔佬给别人看了他满是金银财宝的保险箱，同时告诉人说他的箱子不怎么牢固，怎会不激起人占而有之的欲望呢？腓力二世正是

· 古代马其顿人也有相当发达的文化，这是在其墓葬中发现的金面具，制作于公元前6世纪

· 发现于马其顿王陵的腓力二世像

· 腓力二世的箭囊

如此。

公元前359年，他当上了国王，立即着手把他从希腊学来的东西付诸实践：改造自己的国家，建立起强大的军队。他从朴实而勇敢的农民、猎人中招兵买马，训练他们掌握密集的底比斯方阵，并且作了不少改进，使之更加强大，史称马其顿方阵。

建立这支厉害无比的军队后，他就率领他们迈向第二个伟大的目标——统治全希腊。

当时希腊正处在各城邦相互混战之中，病入膏肓的雅典和斯巴达都已无力成为霸主，这种群龙无首的状态更配合了马其顿人的征服。公元前338年喀罗尼亚一役，腓力二世大败希腊联军，整个希腊再也没人敢同他挺腰杆子了。次年他在科林斯召开了全希腊大会，宣布建立全希腊大同盟，并将这个同盟置于腓力二世的监控之下。同时宣布腓力二世将统率希腊大军前去攻伐波斯帝国，掠夺它庞大的土地和财富。

当腓力二世正要启程去开始他伟大的征服时，一件事情决定他永远迈不开脚步了：当他参加女儿和小舅子的婚礼时，他的一个卫兵向主人举起了战刀。这年他不到50岁。

我们可以相信，如果他不死——这个年纪本来也不该死的，他完全可能干出与儿子同样伟大的事业，因为他已经万事俱备，只欠东风了——这东风只是简单地挥军直击东方。然而历史是不能假定的，命运决定他只能像摩西一样远远地看一眼行将征服的流奶与蜜之地，实际的征服事业则交给他的儿子——亚历山大大帝。

这一年，即公元前336年，亚历山大大帝只有20岁，命运却已把一副泰山般沉重的担子放到了他年轻的肩膀上。

然而，令人感到奇异的是，受命之后，亚历山大完全没有显出年轻人的幼稚，相反，他立即表现出他甚至是一个比其父亲更加强大的统帅与征服者。

我在这里要提醒一句，他父亲在他还是一个六七岁的顽童时就筹划对他的训练了，他做了一个国王和一个父亲所能做到的一切来教导他，一方面使他具备当时最先进的知识，另一方面使他成为一名伟大的统帅。我们只要从两件事就可以知道他如何为培养儿子而殚精竭虑了：他替他聘请了亚里士多德作家庭教师，并在他还是一个少年郎时就让他学习挥军作战。

皇天不负有心人，儿子以后的表现证明了父亲教导的成功，也许比他自己当初设想的还要成功。

继位伊始，亚历山大大帝立即着手父亲的未竟之业——远征亚细亚。但他深知攘外必先安内，对他而言，安内不是安定小小的马其顿，而是彻底压服希腊人，使他们不但不能乘他远在东方时在后院放火，还要他们成为他征服事业的大后方。因为他的母邦马其顿实在太小了，只是一袋米，怎么也成不了一座粮仓。

他压服希腊人的关键一役是毁灭提佛。

提佛是北希腊的一个城邦，当亚历山大大帝北上色雷斯时，他们乘机作乱，大帝立即回师希腊，向提佛杀去，结果可想而知，提佛陷落了。亚历山大大帝不是占领了它，而是毁灭了它，城中所有建筑物均被摧毁，绝大多数人民被杀，活下来的则被卖为奴隶。只有一样东西例外——他

· 青年时期的亚历山大大帝

◎ 历史篇/第三章/一个年轻人的不朽传奇　31

保全了著名诗人品达的居屋，以表达他对文明的尊敬。

一向文明的希腊人被亚历山大大帝的野蛮吓懵了，随即停止所有抵抗，老老实实地做起了大帝的附庸。

安定后方之后，亚历山大大帝立即将矛头指向了他期待已久的目标——波斯帝国。

公元前334年，他率领大军越过现在的博斯普鲁斯海峡，侵入波斯帝国。不久，在格勒奈克斯河畔遇上了波斯军队，大帝几乎像老鹰抓小鸡似地消而灭之。这更增添了他的信心，使他觉得消灭波斯帝国简直用不着多少奇谋诡计之类呢。

不过总的战略还是要有的，大帝的总战略是这样的：由于他没有海军，这时也没有得到希腊海军的直接援助，所以为了避免被波斯帝国海军抄后路，他必须先消灭之。

然而没有舰队的大帝如何去消灭海军呢？他的方法是这样的：他沿着海岸前进，沿途毁灭波斯每一处海军基地，这真是一个釜底抽薪的妙招，须知没了基地的海军还不等于剥了壳的乌龟。

接着他沿海岸进行了一系列攻城略地，把经过的帝国诸重要海港悉数占领。

出征第二年，也就是公元前333年，他发动了入侵波斯以来第一场真正的征服之战。

333这个数字好记，大家可以把它当作有关大帝的一个核心事件来记，只要这样记就行了："亚历山大大帝是公元前333年左右的人。"

大帝这时仍在沿海，波斯帝国的皇帝，名叫大流士——不过已经不是前面那个侵略希腊的大流士了，此大流士是个不折不扣的大屠头，他率军前来迎击马其顿大军，两军仅隔一重山。

亚历山大大帝知道波斯大军来到之后，并没

· 骑马奋战的亚历山大大帝

· 亚历山大大帝在耶路撒冷

做许多战备工作，只率领他的军队向波斯大军冲去，结果并不如许多书上所说是一场空前激烈的大战，大帝在这场战争中的表现更像是此后200年凯撒所说的一样："veni, vidi, viei"，翻译成汉语就是：

"我来，我看见，我征服。"

为什么这样说呢？这从当时双方军队的情形就知道了。一方是大帝久经沙场、士气高涨的常胜之师，另一方却是波斯皇帝只能用乌合之众来形容的所谓军队。不但士兵来自各个种族、无数个民族，彼此言语不通，情感不睦，压根儿谈不上什么统一的指挥和

· 油画《马背上的亚历山大大帝》

◎ 历史篇／第三章／一个年轻人的不朽传奇

严明的军纪。他们甚至还在军中带着成百上千的妇女儿童以及大批乐师仆侍之类。皇帝如此,皇帝的那些将领也是如此。

这样,后宫嫔妃大老婆小老婆丫鬟小姐成群结队跟在军队后面,打扮得花枝招展,好像不是来进行一场有关家国兴亡的血战,而是来看戏找乐子呢。

如此,两边战斗的情形可想而知了。甫一接战,亚历山大大帝的大军如虎扑群羊一样向数量庞大、但纯粹是散沙一盘的波斯大军杀去。波斯人呢,就像看到老虎扑上来的羊儿一样,惊呆了一会,回过神来,撒腿就跑。以后的战斗就纯粹是屠杀了,大流士从他的战车里跳将出来,骑上马发狂似地从战场逃走了。他的三宫六院、母后公主统统落到了马其顿人手里。

这就是古代历史上著名的伊苏斯之战。

战后,亚历山大大帝没有追赶大流士,他很宽厚地对待波斯王的妻子儿女,接着便掉转锋芒,重新回到了大海边,这次他要征服的对象是我们前面已经讲过的腓尼基,不过这时的腓尼基既不是一个国家,也不是一座城市,而是一片地区了。有点像我们现在所称的吴越之地一样,指的是江苏浙江上海一带、古代曾属吴国与越国的地区。大帝所注目的主要是两座城市——西顿和推罗。它俩,尤其是推罗,很早以前就是名城了,强大的新巴比伦之王尼布甲尼撒曾经围攻它整整14年而未能攻克。现在轮到亚历山大大帝了,他是否能打破推罗坚不可摧的美誉呢?

他首攻西顿,西顿不战而降,大帝由此获得了一支宝贵的舰队,不久从塞浦路斯又来了一支增援的大舰队。统领着新老军力,亚历山大大帝决心考验一下自己的攻城技法。

我们简单扼要地说说大帝的攻伐战略:由于推罗城位于一个小岛上,大帝的第一步就是用强大的海军取得制海权,把小岛团团围住。但下一步他并没有直接去攻城,他知道这样只能使他成为第二个尼布甲尼撒。他采取了一个令人难以置信的法子:他从大陆开始,筑了一道长城,筑得像推罗的城墙一样高,一直朝海上的推罗城延伸过去。当它接近推罗的城墙时,大帝下令在城墙

· 古代著名的镶嵌画《伊苏斯之战》,最左边的年轻人是亚历山大大帝,偏右前景的人是大流士

·古希腊着色的大理石雕塑，描绘亚历山大大帝猎狮的情形

上架起了高塔和巨大的撞城槌，这些巨大无比的雷神之锤砸坚厚的城墙就像我们用小锤子砸核桃一样。

这样推罗的命运就在亚历山大大帝的铁拳下粉碎了，由于愤怒推罗人的不识时务，大帝下令毁灭这座城市。

他的这种作法使我不由想起了成吉思汗，大家从《射雕英雄传》中读到过，他攻城掠地时也是这样：对不作抵抗者予以宽容，但若谁胆敢抵抗，那么抵抗一旦失败，迎接抵抗者的将是血腥的屠城。例如在撒马尔汗，为了挽救即将遭受如此命运的城中万千百姓，郭大侠连黄姑娘都不要了，还差点丢了脑袋。

顺便说一句，这撒马尔汗城就是由亚历山大大帝下令筑造的。

占领推罗后，大帝完全控制了大海，取得了可靠的后勤补给线。此后，他统军进入埃及。注意这个词是"进入"，不是"攻入"，因为埃及人并没有对亚历山大大帝进行任何抵抗，他们原来处在暴虐的波斯帝国统治之下，对较为文明的希腊人代替波斯人并不反感。尊贵的阿蒙神庙的僧侣们郑重宣布：亚历山大大帝乃是埃及的宙斯和上帝——阿蒙神——的儿子，是古代法老们的合法继承人。

大帝就这样简简单单地成了世界最古老文明的统治者。

他在埃及做的第二件大事是建立亚历山大城，后来那城一度是世界上最大最文明的城市之一，现在还是一座繁荣昌盛的大城。

离开埃及后，大帝挥军北上，直指又一个古老文明的发祥地两河流域。这两河就是底格里斯河与幼发拉底河，它俩像黄河和长江哺育古老的华夏文明一样哺育了也许更加古老的古巴比伦文明。

当他的大军到达古老的尼尼微城时——这时它便已经是一座十分古老的城市了，古老得沉睡

◎ 历史篇／第三章／一个年轻人的不朽传奇

在一片废墟之中。在这里大帝终于发现了他一直朝夕相待的波斯大军,这支大军是大流士在伊苏斯惨败后聚集起来的,不用说又是一群数量庞大的乌合之众。

战斗一开始,波斯帝国的军队就露出了他们技术上的致命弱点:他们采用的依旧是古老过时的战车,这些战车外面绑着锋利的刀刃,看上去吓人得很,但实际上是"银样蜡枪头",根本不实用,为什么?一是缺乏机动性,这是其致命弱点;另一个致命弱点是只要拉战车的几匹马之中有一匹受伤跑不动了,整个战车就完了,因为其他马总不能拖拉着受伤的马跑吧?而且上面的士兵们都披着厚铠重甲,一旦没有战车就成了任人宰割的羔羊。相对于波斯帝国的笨重,马其顿人的军队却灵活而勇敢,且军容严整。因此虽然人数上居于劣势,但无不以一当十,奋勇接战。

先发动攻击的是大流士,他命令他的战车朝马其顿的骑兵步兵们冲去,但刚一冲,战车的毛病一下就抖出来了,还没来得及冲到敌人面前,十辆就有八辆瘫在半路了,另外两辆则被一阵乱刀砍成了碎片。

亚历山大大帝的骑兵们随即劈波斩浪般向已经开始溃散的波斯中军冲去,直指在那里指挥作战的大流士,波斯人的阵线顿时波开浪裂,溃不成军,一看这情形,大流士不但没有组织抵抗,反而吓得魂飞魄散,像在伊苏斯之战中一样没命地逃走了。

失去了统帅的波斯大军像被捅了一棍子的马蜂窝,更加混乱了,在漫天黄沙笼罩下拚命飞逃,亚历山大大帝的士兵们像在舞台上表演一样任意地砍杀着,波斯人的血染红了莽莽黄沙。

这就是埃尔比勒之战,发生在公元前331年10月1日。这也许是迄今为止第一场精确到日的大战。之所以得到了这样精确的数据,是因为这场战争前双方占卜师都看到了一次月

· 著名的汉谟拉比法典石柱,上面雕刻着神将法典授予汉谟拉比的情形

蚀，而月蚀，无论是几千年之前发生的还是几千年之后发生的，天文学家们都可以精确地推算出来。

埃尔比勒之战中大奏凯歌后，亚历山大继续挥军前进，下一个目标是巴比伦。这个名字大家可谓"久仰大名，如雷贯耳"了。它是与咱们中华文明齐名的人类四个最伟大的古代文明之一。它出过一个伟大的领袖——汉谟拉比，他制定过人类历史上第一部成文法典《汉谟拉比法典》。不过当亚历山大大帝来到时，汉谟拉比古老的巴比伦已经消失了，连尼布甲尼撒大帝的新巴比伦也已经湮没在历史的萋萋荒草丛中，现在的巴比伦不过是波斯帝国辖下无数大城之一。

对大帝的到来巴比伦人没有作任何抵抗，他们就像更古老的埃及人一样，对于这些文明的后生子采取了一种麻木而顺从的态度，就像一个90岁的老头无心、也无力跟他20岁的重孙子斗一样。

亚历山大大帝没有为难驯服的巴比伦人，他越过巴比伦，直趋波斯帝国的首都波斯波利斯。在那里，他继毁灭弗、推罗之后又做了一件恶事。他将波斯帝国的首都，这座壮丽辉煌堪称当时举世无匹的宫殿之城一把火烧了个精光。他这样做的借口是波斯人曾经破坏雅典卫城，这件事我们上一章已经谈过了，它发生在160年前，亚历山大大帝声称这是他代表希腊人进行的报复。

现在，即使过了2000余年，我们仍可在伊朗看到波斯波利斯那荒凉然而仍不失壮丽的遗址，在夕阳照耀之下，那苍凉的景象与氛围同我们在圆明园感到的颇为相似。不同的是，波斯波利斯是在文明尚未成熟的半开化时代被烧毁的，烧毁圆明园的却是足足2000多年后号称拥有最发达文明的英国人和法国人。在亚历山大大帝时代，这样的烧杀是完全可以理解的，因为那时尚未有国际法，人们也不大懂自由平等博爱这些道理，英法却不但懂，而且这些道理还都是他们自己提出来的。

痛痛快快地放了一把火之后，大帝开始追逐大流士了。

这时的大流士呢？他在两次大战中的怯懦表现令他的将军们极度失望，他们不再听从他。当他因为害怕想向亚历山大大帝投降时，他们气得发狂，将这个令他们蒙受耻辱的王囚禁起来，胁持他往帝国的东方逃去。

大帝知道他们的去向，率领铁骑日夜不停地追击，最后，终于可以看到在前面奔逃的波斯人战车扬起的烟尘了。他们发出了喜悦的呐喊，冲将上去。波斯人呢，他们甚至到现在还带着老婆

· 波斯波利斯废墟

◎ 历史篇／第三章／一个年轻人的不朽传奇

孩子金银财宝，此时也只好扔下，骑着马没命地逃之夭夭了。

那些被扔下的除了美女财宝，还有一个人，当马其顿的士兵们跑到他跟前时，发现那个衣裳异常华丽的人已经死了，他胸前有一个可怕的洞，血都快流干了。他们告诉大帝，大帝奔来，一眼就看出来了，他就是号称"万王之王"的大流士。

一度统治欧亚非三大洲广大地区，作为世界上第一个超级大帝国的波斯帝国就这样覆灭了。这是公元前330年的事。

此后呢，消灭了波斯帝国的大帝还有什么可做？

我们可以相信，此时大帝自己也在为这个问题苦恼呢，这一年是公元前330年，他时年只有26岁，正是热血沸腾、豪气干云的时节，要他就此束手、化干戈为玉帛、安享皇帝权威太难了。他生来是个征服者，停止征服对他而言意味着生命失去意义。

于是他将鹰隼般锐利、饿狼般贪婪的目光投向了更遥远的东方。

那时，在那更遥远的东方，也就是现在的伊朗、阿富汗、巴基斯坦和印度北部一带居住着一些迄今为止西方人尚未谋面的民族，如粟特人、巴克特里亚人、帕提亚人，等等，多得很，他们是一些比希腊人落后不少的游牧或半游牧民族，原来大部分都归顺了波斯帝国，亚历山大大帝一来，没经过大战斗就将他们一一收服了，一直打到帕米尔高原的莽莽群山下后，他没有再东进，转而南下，直抵北印度。

我们不妨想像一下，要是他翻越帕米尔，继续东进，最后到达我们华夏之中原，会出现什么样的后果呢？他还能继续征服吗？还是会被咱们的老祖宗一举荡平？

大帝抵印度时，统治印度早已经不是那个建造伟大的摩亨佐—达罗城的四大古代文明之一的人们了，而是一群来自北方、自称"雅利安人"的人。

雅利安就是"高贵"、"高等"的意思。雅利安人这个词就是这么来的，后来的希特勒借用了这个称呼，称德意志人是雅利安人，而其他民族，如犹太人和斯拉夫人则是劣等民族，该消而灭之的。

这群雅利安人可不是那么好惹的，他们的自豪与勇敢殊不亚于马其顿人，当亚历山大大帝率军来到时，他们立即奋起抵抗。他们的领袖是个有着巨人般身材的人，名叫波鲁斯，领导着当时整个印度最强大的国家，他率领他的大军，包括由许多头大象组成的特殊骑兵，与亚历山大大帝决战。结果，一向以为天下无敌的波鲁斯始知强中还有强中手、一山更比一山高。他心悦诚服地

向大帝投降了，亚历山大大帝便着他仍旧领导他的人民，不过不再是国王，而是亚历山大帝国的总督了。

依着亚历山大大帝的脾气，他还要再往南下，去攻击那里从未面对过的民族，然而他的部下实在受不了了，越来越炙热的太阳、越来越茂密的森林、越来越密集的蚊虫令他们感到前所未有的恐慌，而且他们离开家乡已经差不多10年了，思乡之情与日俱增，坚决不肯再打下去了。

面对将士们坚决而愤怒的要求，大帝没辙了，只好同意回去。这时他们已经抵达印度文明的摇篮——恒河岸边了，这里成为大帝东征的最后一站。

在东征的过程中，亚历山大大帝除了东征西讨之外，还做了一件对历史有重大影响的事。由于大帝一贯自称是伟大的希腊文明的代言人，负有开化野蛮人的神圣使命，因此每到一地，他都要建立起新城市，把他带来的大批希腊人安置在里面，这些希腊人也把希腊当时先进的技术，例如制陶、榨油等等带了过来，在新城市里开铺子做起了生意。那些被征服的民族看到这些外来人不但会打仗，而且制作的东西也这般精巧，自然心甘情愿地当起学生来，并在各个方面，从语言习俗到衣食住行等都模仿希腊人。不仅如此，大帝还鼓励部下们同亚洲美女结婚，据说他曾举行过一次盛大的集体婚礼，他的90个将领同时娶了亚洲妻子，他自己也娶了大夏国公主罗克姗娜为妻，他的好几千名士兵也这样做了。大帝鼓励他们这样做，并给他们送了新婚礼物。他有意令欧亚合为一体，犹如夫妇。

诸如此类的措施最后造就了历史上一个重要的时代——希腊化时代。

这个时代在地理上属于东方，但在文化上则属于西方。

如何回去呢？要知道他们已经距故乡万里之遥，上山容易下山难，兴冲冲打过来时不知疲倦的亚历山大大帝和他的战士们这时却陷入了深深的苦恼。斟酌再三后，大帝采取了一个兵分两路的巧法子。

他组建了一支舰队，令其沿印度河顺流而下，他自己则率领陆军沿岸而行，两军就这样平行走着，直到大海，然后转而向西，也是舰队在海上航着，陆军在岸上走着，一直走到波斯湾。一路的困苦不用说了，无数人倒毙在炎炎烈日、莽莽黄沙下，没死的人继续在他们意志如钢的领袖带领下跋山涉水。

一路无话，有一天，终于走完了大海，看到了在波斯湾尽头飘荡的亚历山大大帝的军旗。这大约是公元前324年的事。

从公元前330年灭波斯帝国起到现在，在漫

· 这幅画描绘了亚历山大大帝与波鲁斯有大象的军队之间的大战

◎ 历史篇／第三章／一个年轻人的不朽传奇

长的6年之中,亚历山大大帝成了一个不折不扣的游牧民族首领,几乎每天都在奔波跋涉,寻找水草和敌人。这样的征服,我想,称得上是一部宏伟的史诗。

回来后,亚历山大大帝离开了征战连绵的日子,过上了和平的生活,这对于有些人是一种快乐,然而对于大帝是否如此就不知道了。他天天沉缅于无穷无尽的酒宴和娇妻美妾软绵绵的怀抱里,戎马倥偬的岁月已经与他无关了。

大家都知道,美女同美酒这两样东西固然迷人,然而也是害人的妖怪,正所谓酒色伤人,对普通人是如此,对伟大的帝王也是如此。

接下来的事就不用多说了,有一天,大帝像往常一样,喝得酩酊大醉,回宫后,突然感到不适,他新婚的妻子之一,国色天香的波斯公主,摸了摸他的额头,感到火热,立即召来了御医,然而大帝已是油尽灯枯,回天乏术了。

西方历史上第一个大帝,也是西方整个历史上最伟大的帝王和征服者之一的亚历山大大帝就这么快地死了,死在距家乡万里之遥的地方,年仅33岁。

他死后,他的帝国迅速地瓦解了,国土成了部将们任意争抢的战利品,帝国本来的继承人——他的儿子、弟弟、母亲和妻子不久后通通被杀,他所博得的一切对他而言已经荡然无存。

然而他毕竟仍拥有并将永远拥有一样东西,那就是不朽的荣誉。

· 这尊少年雕像发现于小亚细亚,是希腊化艺术的代表作之一,与以前古希腊雕像的差别是,它在表达一种细腻的情感

第二篇·哲学篇
The Story of Philosophy   No.2

　　古希腊之哲学在西方哲学甚至西方文明中的地位是毋庸置疑的，甚至可以说，整个西方文明都是奠基于西方哲学的，就这点而言，它是比古希腊的文学、艺术、科学等对于西方文明的意义都更为根本、也更为重要的。

　　也许可以说，古希腊哲学来自于古希腊人对世界的起源与本质的疑惑，这也是西方哲学的第一个基本问题——世界的起源或本质是什么，古希腊第一个哲学家泰勒士说世界起源于水，这常常被看作是古希腊的第一个哲学问题。

　　泰勒士之后，古希腊哲学可谓江山代有才人出，各领风骚数十年。泰勒士、阿那克西曼德、阿那克西美尼、毕达哥拉斯、赫拉克利特、巴门尼德、恩培多克勒、阿那克萨戈拉、德谟克利特、普罗泰戈拉，等等，有如夏夜繁星闪烁在哲学的天空。

　　在苏格拉底、柏拉图与亚里士多德三大师那里，古希腊哲学发展到了最高峰，这三个人至今都是西方哲学界与思想界的巅峰式人物，尤其是柏拉图，甚至有哲学家说，柏拉图之后的西方哲学只是跟柏拉图作注而已。

　　在我们阅读古希腊哲学之际，一定要注意的是，古希腊哲学远不仅仅是哲学，它乃是整个西方文明的思想基础，可以毫不夸张地说，没有古希腊哲学就没有现代西方的文明。

第一章
步入圣殿
古希腊哲学的一般线索

前面我们谈了古希腊的历史，从现在起我们将举步走入古希腊文化的辉煌殿堂。

我们知道，古希腊文化乃是整个西方文化之宗，内容极为丰富，用一整本书甚至一整套书也写不完的，因此我们在这里只能撷其菁华而言之。整体而言，我选了以下四个方面的内容：哲学、文学、艺术、科学，这四个方面应该已经概括了古希腊文明之精髓。

我们首先来看古希腊的哲学，这一部分也是整个古希腊文明中之最精华，也是最难懂的，不过我会竭力将它表达得通俗易懂。

怎么开讲古希腊哲学呢？

线索

哲学家们谈起哲学史来，大体可以分成两种形式：

一是以内容为中心，按专题讲。

如讲古希腊哲学，就找出古希腊哲学家们所关心的问题，再把这些问题一个个分别讲来。如将"世界的起源"列为一个问题，再分别讲泰勒士说世界是由水构成的、赫拉克利特说宇宙是一团永恒的活火，等等。用这种方式讲哲学史的优点是对于哲学史的问题弄得很清楚，缺点一是难，要将整个哲学史按问题清理出来那可不简单。二是弄出来的实际上只是一部哲学问题史，而对于哲学史本身不会很清楚。所以除了一些专题著作外，一般人是不会做这种背兄弟媳妇过河——吃力不讨好的事儿的。

第二种形式是以历史本身为中心，把历史看作一把尺子，时间就是它的刻度。绝大部分哲学史著作都采用这个多快好省的法子。

我们知道，每一个哲学家，不管他活多久，哪怕像罗素一样活他近百岁，也有个生死年份，这样他在那把历史的尺子上就有个固定位置了。用这样的方法去度量，每个哲学家都一定会在这把历史的长尺子上占据一个固定的位置，我们就可以依之来讲述他们人生与思想的故事了。

但这里又出了一个问题：仰观古希腊哲学的夜空，真是群星璀璨，令人眼花缭乱，我们是不是要将这些星星用时间的尺子一颗颗来量呢？

当然不行。我的方式是选取有限的几位哲学家，将他们的思想一一道来。大家不是专搞哲学的，用不着搞清楚古希腊所有哲学家都说了些什么，只要清楚古希腊哲学大概的内容就成了。待我们将这几位哲学家的思想一一道过之后，我相信大家对古希腊哲学就能明白个八九不离十了。

在具体说哪几个人之前，我们先来大致地看看古希腊哲学，好对它有一个总印象。

以苏格拉底为中心，古希腊哲学大体可以分成三个阶段：

第一个阶段是前苏格拉底哲学，这是古希腊

· 古希腊某位哲学家的头像，带有明显的沉思调子

◎ 哲学篇／第一章／步入圣殿

哲学的初级阶段。这一阶段里有米利都学派（其中包括第一个古希腊哲学家泰勒士、阿那克西曼德、阿那克西美尼等三位），还有毕达哥拉斯、赫拉克利特、巴门尼德、恩培多克勒、阿那克萨戈拉、德莫克利特、普罗泰戈拉等。

第二个阶段就是伟大的三师徒：苏格拉底、柏拉图、亚里士多德。这是古希腊哲学的黄金时代，也许是整个哲学史的顶峰，迄今为止好像没有哪个哲学家敢说他比这三位更行。

第三个阶段则是苏格拉底的徒孙亚里士多德之后的哲学，但这时已经不再是纯粹的古希腊哲学了，而是所谓的希腊化哲学，甚至包括古罗马哲学了。

由于我们以后不再会碰到这些哲学家，所以下面提几句，具体而言，这个阶段里有这样一些哲学家：

一是以第欧根尼为首的犬儒学派。因为这个第欧根尼要像一条狗一样地生活，故此在他的学派里也带上一个犬字。他生活在一个木桶里，也有人说是一个装死人的大瓮里，当亚历山大大帝走过来问他有什么需要时，他只说："只要你不挡住我的太阳光。"据说他最后拒绝呼吸，所以死了。

·泰勒士

·第欧根尼生活的情形

二是成天讲要快乐，自己却整天像林黛玉一样病病歪歪的伊壁鸠鲁和以他的名字命名的学派，马克思对这个人是研究得很透的，他的博士论文就叫《德谟克利特的自然哲学和伊壁鸠鲁的自然哲学的差别》。

三是斯多葛主义，它的创始者是

·第欧根尼

·伊壁鸠鲁

44　话说西方 *The Story of the West*

季蒂昂的芝诺，或者说是塞浦路斯的芝诺，季蒂昂是塞浦路斯的城市，其成员中还有个叫马可·奥勒留的，是罗马帝国的皇帝，并且是一个有名的贤君，被称作罗马帝国的"五贤帝"之一，在他统治之下，罗马人度过了有史以来最辉煌的日子之一。他不但是一个伟大的皇帝，也是一个出色的哲学家，写了一本相当不错的哲学著作，名叫《沉思集》。

对了，在古希腊有两个芝诺，第一个叫爱利亚的芝诺，他属于前苏格拉底哲学，提出了许多有趣的悖论，例如阿喀琉斯永远追不上乌龟。另一个就是这位斯多葛主义的创始人了，他被称为季蒂昂的芝诺，他比前面那个芝诺小了约160岁。

第四个就是普罗提诺了，他创立了新柏拉图主义，被称为古代伟大哲学家的最后一人。

毕达哥拉斯的生平

现在我们开讲古希腊哲学了，我们要讲的第一个哲学家就是毕达哥拉斯。

毕达哥拉斯是古希腊最早的一个重要哲学家，还是一个堪称伟大的数学家，他的某些影响一直达到现在。他出生在一个岛上，岛名叫摩萨。关于他的老爸有两种说法，有人说他是一个有钱的阔佬，名字叫姆奈萨尔，也有人说就是太阳神阿波罗。大家对此可以自由选择，因为目前尚无定论。当时他的家乡处在一个叫波吕克拉底的独裁者的统治之下，他是个专用自己的军队干海盗勾当的坏蛋。毕达哥拉斯不喜欢他，就离开故乡，到处流浪。他曾到过埃及，毕达哥拉斯在那里学到了大量的智慧。天南海北地逛够后，毕达哥拉斯就定居在了一个叫克罗顿的城市，它位于意大利南部，那时整个意大利南部有另一个名字——大希腊。

·毕达哥拉斯

克罗顿是个富裕地方，据说人口曾达30万之多，现在而言只是个小城市，但在当时可是不得了。它刚刚被叫劳克瑞斯的邻邦战败，但毕达哥拉斯一到，克罗顿的运气就来了，把敌人打得落花流水，这使他们将毕达哥拉斯当成了福星。

毕达哥拉斯和他的弟子们在克罗顿建立了一个团体，一度差点控制了城邦的大权，但受到权力更大的公民们的

·这幅画描绘了毕达哥拉斯派的克罗顿被外敌入侵的情形

◎ 哲学篇／第一章／步入圣殿　45

反对，于是他只好开溜，到了同样在意大利南部的梅达彭提翁，一直住到死。

关于毕达哥拉斯的生卒年月不是很清楚，但他的活动年份大约在公元前5世纪的前50年。

谈过了毕达哥拉斯的生平，我们现在来谈谈他的思想。

在谈他的思想之前，我必须首先说一下我对于讲述哲学家们思想的看法。众所周知，每个哲学家，既然他可以列入哲学史，那么他的思想肯定是丰富而深刻的。更何况本书所要叙说的都是些最伟大的哲学家，他们的思想当然就更深刻丰富了，但我们不可能将所有这些思想都一一叙说。

用什么法子来剪裁呢？我用的法子是三把尺，用这三把尺一量，合要求的就写上，否则就去掉。

这三把尺子一是重要性。我们想要明白一个哲学家的思想，并不意味着要知道他的所有思想，那是背磨子唱戏——吃力不讨好的事儿。我们所要知道的只是他的重要思想，那些对于哲学家本人是重要的，对于哲学史也是重要的思想。

第二把尺子是独特性。每个哲学家不可能每种思想都是他独有的，他有许多思想也来自于别人，他只是换句话说说，就像俗话说换汤不换药。对于这些思想我通常会省掉，放到第一个说这话的人身上去，而只会把那些属于这个哲学家本人的独特思想说出来。

第三把尺子是趣味性。我这本书与那些一本正经的教科书不一样，我只想把严肃的东西，不管它多么严肃，变得有人情味，最好是像笑话一样令人开心。所以如果某哲学家的某种思想很有趣，不管它重不重要，我都会记录下来，让大家笑笑。这样做有两个好处：一是大家读啊读啊，读得直打哈欠时，如果能笑一笑，会把哈欠给笑到一边儿去。二是对于长寿有益，不是有句俗话吗，笑一笑，十年少。

毕达哥拉斯的思想

我们分三部分来谈毕达哥拉斯的思想：

一是他的宗教思想。毕达哥拉斯有一个特点：他不但是一个哲学家，而且几乎被他的徒弟们当成神一样崇拜，就像基督教的耶稣一样。在他死后，关于他的种种神迹比比皆是，活灵活现。其中之一是他曾经订立一个规矩，凡他们这个团体作出的数学发现都属于绝密，不得告诉外人，但他的一个学生破坏了这个规矩，结果不久被淹死了。他建立的那个团体实际上也是个宗教团体，只是没有像基督教一样到处流传而已。

我们现在来看看他的团体的一些教义吧，这也是一些很可操作的行为规矩，就像和尚的不可喝酒吃肉搞男女关系一样：1.绝不可以吃豆子。2.东西掉到地上了，不准用手捡起来。3.不准碰白毛公鸡。4.不准用刀子将面包砍开，而且不准将整个面包全吃掉。5.不准跨过门闩。6.不准用铁棒拨火。7.不准走大路。8.房间里不准有燕子。9.如果把锅子从火上面拿下来，不要把锅底印子留在灰上，要把它仔细地抹掉。

这些规矩够古怪吧？这些规矩，加上毕达哥拉斯也自吹是半个神，是兼于神与人之间的东西，他的团体就变得神秘兮兮起来。我们知道，所有神秘的东西很容易被人崇拜，就像今天的气功和特异功能一样，毕达哥拉斯和他的团体也被许多人当成神崇拜起来，在很多地方获得了不少信徒，男女老少都有。靠着这些信徒，毕达哥拉斯和他的徒弟们在许多地方取得了军政大权，成为名副其实的统治者，建立起了一套圣人统治制度。这也许是人类历史上唯一真正由哲学家来做王的日子，只可惜是前不见古人，后不见来者。我们这些今天搞哲学坐冷板凳的只能叹毕达哥拉斯之神气，独怆然而涕下了。

· 希腊美丽的海滨风光

与毕达哥拉斯的宗教思想相关的是他的灵魂转世说。

现在来说个故事，据另一位古希腊哲学家色诺芬尼记载，有一次毕达哥拉斯闲逛时，看见一个人正在揍一条狗，他厉声说："住手，不要再打它。它是我一个朋友的灵魂，我一听见它的声音就知道。"

那么毕达哥拉斯到底认为灵魂是个什么东西、有什么特点呢？可以归纳成三点：

一是灵魂是永远不会死的，这与我们中国人的灵魂不灭说也差不离。

二是灵魂可以变成别的东西，如人的灵魂可以变成猪，这同中国的转世投胎说也一致，打我还在地上捏泥巴吃时我的奶奶就告诉我说如果做了坏事来世就会变成猪。

三是一切都是循环往复、周而复始的，没有什么东西是全新的，都是同样一些灵魂在变来变去，例如毕达哥拉斯本来是条牛，后来就变成了毕达哥拉斯，后来又变成了一只蜜蜂，后来又变成了我国汉朝一个书呆子，这样变来变去，直变到今天，变成了我文某人或者读者您。总之，按中国的古话说，所有的生命都是三生石上的旧精魂。

毕达哥拉斯的第三个思想是他的数学思想。我把它放到最后，但绝不说它是最不重要的，相反，它是毕达哥拉斯所有思想中最重要的。

毕达哥拉斯认为，万物都是数，是由数经由各种各样的形式构成的。亚里士多德曾如此引述毕达哥拉斯，说：

……在这些人之中，或在他们之前，有一些被称为毕达哥拉斯学派的人投身于数学研究，并最先推进了这门科学。经过一番研究，他们认为，数是一切存在的本原。

毕达哥拉斯还认为只有数才是和谐的、美好的。他找了各种各样的数，如长方形的数目、三角形的数目、金字塔形数目等，它们都是由一些数目小块构成的，具有美的形状。他还认为10是最完美的数，所以他认为天体的数目也应当是10。但那时人们能看到的只是9个，所以他又硬加了一个第十个，取名叫"对地"。

毕达哥拉斯的有些数学发现直到今天还在用着，如数的平方、立方这些词就是毕达哥拉斯造出来的。

毕达哥拉斯最有名的发现是毕达哥拉斯定理，就是直角三角形的两直角边平方之和等于第三边的平方，也就是中国的勾股定理。据说毕达哥拉斯发现这条定理之后，和弟子们杀了足足100头牛来庆祝。由此可见毕达哥拉斯的势力之大，要知道100头牛在当时可是一笔大得吓人的财产，一般的国王也拿不出来呢。

关于毕达哥拉斯这个半神半人我们就说到这儿，要是大家对他有进一步的兴趣可以去读专门的哲学史，例如黑格尔那了不起的《哲学史讲演录》。

· 希腊克里特岛的风光

第二章
世界似水火，万物皆原子

赫拉克利特与德谟克里特哲学的故事

这里我们先来讲毕达哥拉斯之后的一个大哲学家——赫拉克利特。

赫拉克利特的伟大之处在于他的思想在他死去千年之后仍深深地影响着西方的人们，包括黑格尔和马克思，他的作品不但充满了智慧的闪闪金光，而且是充满了火与雷电一样的灵感，也像火与雷电一样震撼人心。

刻薄的家伙

像毕达哥拉斯一样，我们现在对于伟大的赫拉克利特的生平知之极少。其实我们对于他的思想也知道得不多，只通过柏拉图的记载而略知了一些，而柏拉图之所以要记载他的思想，只有一个目的——反驳他。不过，即便赫拉克利特的思想经过了柏拉图的批判与过滤，我们看见的赫拉克利特仍然是一个伟大的哲人，充满了智慧与诗意。

关于他的生平，我们只知道赫拉克利特出生在以弗所的一个贵族家庭，以弗所位于伊奥尼亚，伊奥尼亚包括现在的小亚细亚半岛沿海地区和地中海中一些岛屿，古代是希腊人的殖民地。他的生辰年月大约是公元前540—前480年。

对他的生平我们知道得很少，对他的性格我们知道得倒多一点儿。但我首先要声明，下面这些对他的性格的说法可能并不符合事实，因为它的依据只是赫拉克利特的著作片断，而这些片断只是柏拉图为了批判赫拉克利特而从他的长篇大论中选出来的。

据柏拉图和他之后那些附和着讥讽赫拉克利特的人说，赫拉克利特是个相当刻薄的家伙，喜欢说别人坏话，他认为人是"宁愿要草料而不要黄金"的蠢驴。他看不起别人，认为人都是天生的懒汉，所以即使是为了他们自己的利益，也只有用鞭子抽打他们才能让他们去努力工作。

他骂的对象中包括自己的乡亲。他曾说过这样的话："以弗所的成年人应该把他们自己都吊死，把他们的城邦让给未成年的少年去管理，因为他们放逐了赫尔谟多罗，放逐了他们中间最优秀的人，并且说：'我们中间不要有最优秀的人；要是有的话，让他到别处去和别人在一起吧'。"

但赫拉克利特的乡亲们似乎对赫拉克利特的感觉与赫拉克利特对他们的感觉

· 一尊古老的希腊男子立像

不一样，至少过了千把年后是如此，在公元4世纪时，以弗所就出了雕有赫拉克利特头像的钱币，这应当算是一个挺大的荣誉。

对乡亲们尚且如此，对别人就更不用说了，赫拉克利特一概加以批判讽刺，当他谈到伟大的荷马时，毫不客气地说应该用鞭子抽他一顿；谈到毕达哥拉斯，他说那是个缺乏理解力、只会死记硬背的家伙，压根儿算不上有智慧。

在极少数对他说过好话的人中，有个叫条达穆斯的，赫拉克利特称条达穆斯是"比别人更值得重视的人"。为什么呢？只因为条达穆斯像他一样，认为"绝大多数人都是坏人"。

世界是一团火

我们关于赫拉克利特的思想比他的生平就要知道得多了。他的思想简直像黑格尔的哲学一样深刻，还像泰戈尔的诗歌一样优美，像马丁·路德·金的演说一样富有感染力，他的基本哲学理论是：世界是一团永恒的活火，其他的理论都从这里衍生出来。

一切皆斗 赫拉克利特的第一个思想是他信仰战争，并且鼓吹战争。他认为战争是万物之父，也是万物之王。它能让一些人成为神，而使另一些人成为奴隶。

他认为战争就是正义，因为战争对一切人都是共同的，大家凭各自的力量去争取胜利，很是公平。

与赫拉克利特对战争的信仰联系在一起的是他的斗争学说，他认为万事万物都相互斗争，这正是万物存在的根据，一切都是通过斗争而产生的，就像一切都是通过斗争而消灭的一样。

他的这种思想与我们所熟悉的现代哲学家尼采很相近，作为希特勒的"老师"之一，尼采也十分信仰战争，劝说人们："我不忠告你们工作，只忠告你们争斗。我不忠告你们和平，只忠告你们胜利。让你们的工作只是战斗，而你们的和平则是胜利罢！"如果读读尼采的《查拉斯图拉如是说》，大家会发现，尼采的文风也和赫拉克利特一样，充满了激荡人心的诗意。

对立统一：万物都像钱币 但赫拉克利特并不是一味地讲斗争的人，就像他鼓吹战争并不说明他是战争贩子一样。他的斗争更确切地说是一种"对立统一"。

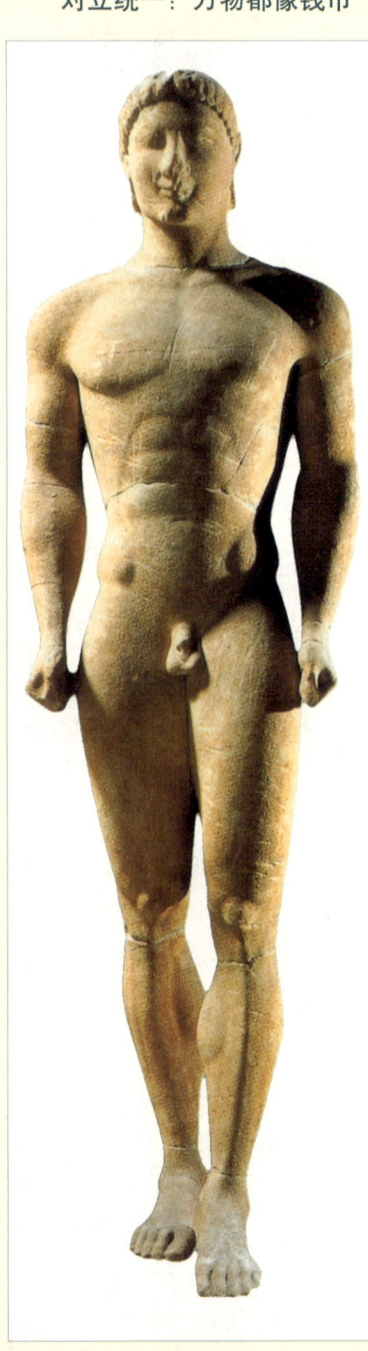

他认为事物都有对立面，这就像一个钱币的两面一样，这两个对立面是相互分立、相互斗争的，但这种斗争并不是一味的不和与争斗，而是对立中有统一。因为在斗争中对立面会相互结合，相互结合就会产生运动，而运动就

· 一尊显得更加强壮的古希腊男子立像

会走向和谐。于是就构成了这样一副图景：对立（不和谐）→运动→统一（和谐）。所以他说："对立对于我们是好的。"而万物都是这种对立统一的结合物。他说：

结合物既是整个的，又不是整个的；既是聚合的，又是分开的；既是和谐的，又不是和谐的；从一切产生一，从一产生一切。

我们可以用一句中国俗话说明赫拉克利特的这种思想，这句话就是"不打不成相识"。两个不相识的人碰到一起了，由于某种原因产生了对立，于是就有了运动——打架，一打发现对方原来是个武功高手，或者是条真汉子，于是两个人就"统一"了，大家和和气气，成了朋友，就像《三国演义》里的关羽战黄忠一样。

赫拉克利特这个思想对后来的黑格尔大有影响，通过黑格尔又大大影响了马克思

万物皆流 前面我们谈了赫拉克利特的斗争与对立统一，大家请想想，这斗争和对立统一有什么共同特点呢？

那就是一个字"变"。

赫拉克利特认为，万物的一个本质特点就是变。他说过这样一句名言："万物都在流变着。"他认为，万物从产生的一刻直到消灭的一瞬，都在不断地变化着，从没有停止的一刻，世界上没有什么东西是不变的、永恒的，如果说有的话，那就是变本身，只有它才是不变的、永恒的。

我想大家都听说过他的一句名言：

踏入同一条河流里的人们，流过他们的水是不同的，永远是不同的。

这个意思用另一句来说，就是"人不能两次踏进同一条河流"。

为什么这样说呢？因为在我们第二次踏进这条河流时，里面的水已经不是你第一次踏进时的水了。

大家可以猜猜看，人怎样才能两次踏进同一条河流？

答案很简单：将河的上游下游都堵住。

火是本源
赫拉克利特说过这样几句话：

一、这个世界对于一切存在物都是同一的，它不是任何神或任何人所创造的；它过去、现在和未来永远是一团永恒的活火，在一定的分寸上燃烧，在一定的分寸上熄灭。

二、一切事物都换成火，火也换成一切事物，正像货物换成黄金，黄金换成货物一样。

·古希腊著名的雕像——克雷提斯少年

三、火生于气之死，气生于火之死；水生于土之死，土生于水之死。

四、火的转化是：首先成为海，海的一半成为土，另一半成为旋风。

从这四句话我们可以看出些什么来呢？

一、火是万物的本原，万物都是由火而生成的。

二、火与其他万物之间是一种相互转换的关

哲学篇／第二章／世界似水火，万物皆原子　51

系，一方面万物由火转换而来；另一方面万物也可以重新转换为火。

三、除火之外，还有其他三种基本元素：水、土、气。万物首先由火变成这三种基本物质，再变成花鸟虫鱼、金银铜铁等万事万物的。

四、这一转换的具体过程是这样的：火→水→土→气，因为海是由水构成的，而风是气。

到这里我们可以联想一下古希腊其他哲人关于万物起源的说法：最早，泰勒士认为万物来自于水，而阿那克西美尼认为是气，毕达哥拉斯则提出数才是本原，到这里赫拉克利特找到了火，到后来的恩培多克勒，就是那位为了证明自己是神而跳进火山口被烧成灰的家伙，把以前人们的说法综合起来，可以干脆说水、火、土、气都是万物的始基。

以上就是赫拉克利特的四个主要思想。当然他的思想不止这四个，例如他也反复地提到过一个"上帝"，并且认为那上帝才是最聪明的，上帝看我们这些人，哪怕是最聪明的人，也像成年人看小孩子一样，是最幼稚不过的。他说："最智慧的人和上帝比起来，就像一只猴子，正如最美丽的猴子与人类比起来也会是丑陋的一样。"

浪游者德谟克里特

有一个人，我个人对他不怎么感兴趣，但却不得不考察，并且要相当仔细地考察他的思想，因为倘若忽略了他，我们对古希腊哲学的理解与判断就会出现失误，这个人就是德谟克里特。以他为代表的原子论在古希腊也许没有太高的地位，但在今天却获得了空前的认可，原因就在于2000多年前德谟克里特的理论被20世纪的物理学证明有着惊人的准确性。

关于德谟克里特的生平比前面的毕达哥拉斯和赫拉克利特要清楚一些。他同另外一位有名的古希腊哲学家、最大的"智者"普罗泰戈拉一样，是色雷斯人，色雷斯位于今天的马其顿共和国，色雷斯是块出人才的宝地，如果您高中历史学得好，一定知道另一位伟大的色雷斯人，他就是奴隶起义领袖斯巴达克思。

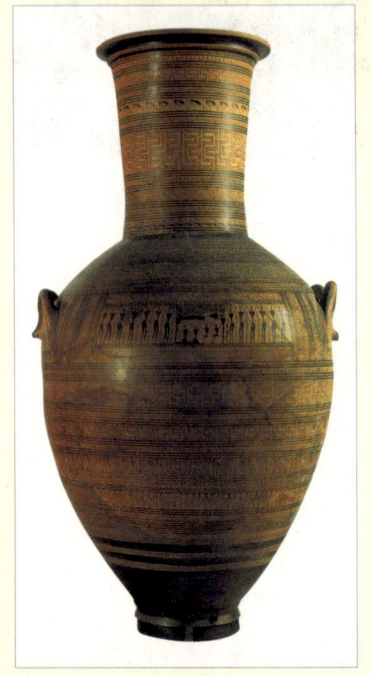

· 色雷斯人具有悠久而独特的文明，这是从古代色雷斯人墓葬里出土的银杯

· 这只古老的希腊大陶瓶几乎像人一样高

德谟克里特很喜欢旅行，年轻时就开始到处游历，从南面的克里特直到东面的波斯，他的目标也许是到处找老师追求知识，也许是到处找美女追求艳遇，谁知道呢？要知道这两种人在古希腊多得很，今天也一样。他也一定到过雅典的，只是当他到雅典后，发现竟然没有一个人听说过他的鼎鼎大名，不由怅然若失，很久后还愤愤不平地说："我到了雅典，可是没有一个人知道我。"

天南海北逛够后，德谟克里特又回到了故乡，色雷斯的阿布德拉，并且住在那里直住到老死。

德谟克里特具体的生日和卒日同样不清楚，但可以确定他精力充沛的年份大约在公元前420年左右。

没有永恒的世界，只有永恒的原子

关于德谟克里特的思想，我想大家至少对这个名字是熟悉的，那就是原子论。但这原子论可不像听起来的那么简单，要真正说清楚还真得费点口舌。

依据德谟克里特对原子的描述，我们可以这样大致地想像原子的形态。

形状：原子是一些有着各种各样形状的小粒粒，方的圆的扁的长的都有。

硬度：它们是不可分的，内部没有一点空隙，无论用多锋利的刀也休想砍开。

数目：原子的数目比撒哈拉沙漠中的沙子还要多，数都数不清。

种类：与数目一样，原子的种类也无限地多。

大小：有的大，有的小。

温度：原子们有的热如火，有的冷如冰。

重量：有的重，有的轻。

寿命：原子与天同寿，与地齐庚，不可毁灭。

除了上面这些特点外，原子有一样更为根本的特性——永恒的运动。

原子自从产生起——那是与宇宙的产生一起的，就在不停地运动着，永无止息。

原子的运动有什么特性呢？有两种可能性：

首先，原子像一只苹果掉到地上，是从上往下坠落的，而且永远在坠落着。但他们坠落的速度并不相同，有的原子轻，如鸟羽飘落般慢；有的原子重，则如砖头下坠般快。由于这快慢相异的缘故，有些重原子后发而先至，赶上那些先落但因轻而慢的原子，这样就发生了"碰撞"，于是原子们就会像两个碰到一起的乒乓球一样，往外弹开来。

第二种可能性是原子的运动压根儿没规律，就像没头的苍蝇或者热锅上的蚂蚁一样乱窜，用科学术语来说，是一种随机运动。

原子与虚空

那么，这个世界是到处充满了原子呢，还是除了原子之外还有虚空？这是一个问题。

德谟克里特早就看到了这个问题，他的答案

· 黑绘式科林斯陶罐

◎ 哲学篇／第二章／世界似水火，万物皆原子是：茫茫宇宙，渺渺太空，除了原子之外还有虚空。

德谟克里特这样说的原因不言而喻：因为原子是运动的，而在毫无空隙的地方它无法运动。就像我将一块石头扔向那只鸟儿，如果没有虚空，也就是说在我与这只鸟儿之间有什么东西阻拦，那么石头就没办法打到那只鸟儿——不仅如此，那只鸟儿也没法子飞了，人也没法子走了。

这个虚空究竟是什么东西一直有争议，古希腊，也许除了恩培多克勒之外，并不知道在似乎空无一物的空间中还有一种看不见的东西——空气，所以他们只看见虚空，也凭经验知道没有这虚空运动就无法存在。即使在知道了空气的存在之后，从文艺复兴直到牛顿，都认为存在着所谓的绝对空间，我们也许可以把它们类似地看作古希腊人眼中的虚空。但爱因斯坦通过他的相对论告诉我们所谓绝对的空间是不存在的，就像以太不存在一样，这也就给古希腊的虚空观念打上了句号。

原子生成万物，德谟克里特认为原子是万物的本源，也就是说万物都是由原子组成的。那么原子是如何组成万物的呢？

我们前面刚说过，原子是永恒运动着的，既然无数的原子都同时在运动，就不可能不产生一个结果：碰撞。这样碰来碰去就形成了一个个的漩涡，就像我们通常在流水中看到的一样，它能将许多草叶啊、树枝啊什么的聚集到一块儿，原子这种漩涡运动也能把大量原子聚集到一堆。这些成堆的原子聚集到一起后，就不再是单纯的一堆原子，而会形成与原来的原子大不相同的各种各样的物体。

德谟克里特的这个说法是大有道理的，千年之后，科学家们所得出的结论至少在表面上同他的结论差不多，也认为物体有的是由分子组成的，但分子又是由原子组成的，有的物体则是直接由原子组成的。总之一句话，物体都是由原子组成的，是由好多原子组合而成的。

这样物体不断地产生、不断地增多，渐渐地就变成了整个世界。

不但原子说有道理，德谟克里特关于漩涡运动产生物体乃至世界的思想也是不折不扣的天才设想。2000多年后，伟大的哲学家康德写了一本《宇宙发展史概论》，在这部杰作里康德就是用漩涡运动来说明天体起源的。甚至于他的描述与德谟克里特所说的也大致一样，先是一些宇宙尘埃，漩涡运动把它们聚到了一起，最后形成了星系，我们地球与太阳都是这样形成的。

古希腊著名的陶瓶画《阿喀琉斯与大埃阿斯下棋》，很可能是古希腊著名陶艺家欧克塞基的原作

由上可见，就远见卓识而言，德谟克里特在哲学家之中也许是前无古人、后无来者的。

德谟克里特还有一个奇怪但极有意思的观点：他认为除了我们这个世界外，原子还构成了许许多多的其他世界，有许多世界就像有许多座房子、许多头牛羊一样。这些世界就像这群牛羊一样，有些正在生长，有些却已衰老，有些可能天上有好几个太阳月亮，有的则可能一个也没有。

总之，世界就像一个人，有生有死，没有永恒的世界，只有永恒的原子。

54　话说西方 *The Story of the West* >

第三章
死且不朽
苏格拉底的故事

从现在起，我们要进入古希腊哲学的高潮了，有3个伟人将登上我们这小小的哲学舞台，他们至今也被哲学家们看作是哲学的喜马拉雅山，领受着全体西方人的崇拜。

这3个伟大的名字就是苏格拉底、柏拉图和亚里士多德。

我们首先来谈苏格拉底。

对于苏格拉底，我们总的感觉是模模糊糊，好像雾里看花。为什么呢？当然是因为我们不大了解他。我们不大了解他的缘故是因为苏格拉底从来没写过任何东西，有关他的所有东西都来自于别人的记载，主要是他的两个学生色诺芬和柏拉图的记载。不过，虽然记载的是同一个人，但他们两个人的记录却大不相同，要不是分明地冠着苏格拉底的大名，我们无论如何不会想到他们所记述的乃是同一个人呢。并且两人的记载都不大可信，色诺芬是军人，有强壮的体魄和简单的头脑，多半不能理解苏格拉底深刻的思想，经他转述之后，苏格拉底的话是否是他原来的意思大可怀疑，这就像一个半文盲听了一场哲学讲座之后，他所作出的评价的准确性令人怀疑一样。柏拉图则相反，他是一个天才的作家和哲学家，具有超人的想像力，然而，众所周知的是，他所记录的大量所谓"苏格拉底说"其实只是用苏格拉底的名字说他自己的话而已。

因此，我们虽有大量有关苏格拉底的记述，它们之中有哪些是真苏格拉底呢？谁也不能断定，这就是苏格拉底如此著名又如此朦胧的原因。

为了给读者一个关于苏格拉底的真印象，我

· 苏格拉底

这里将只谈他的人生，不谈他的哲学，他的哲学与柏拉图的哲学是不可分的，我们将在下一章里一起谈。关于苏格拉底思想之外的其他方面的记载则八九不离十，我们大体可以相信它。

苏格拉底之生

谈苏格拉底的人生，我们所要谈的不仅是他的生，更是他的死，即使我们不知道苏格拉底的思想，仅他的死就足以使他永垂不朽了！

在叙述苏格拉底之死前，我们先来谈苏格拉底之生。

为了更清楚地了解苏格拉底，这位整个古希腊哲学也可以说是整个西方哲学的真正鼻祖，我们将分五个部分描写他的生，这五个部分是：外表、家庭、日常行为、主要事迹，最后谈几点他的思想。

丑八怪

苏格拉底的外表同他的死一样，也许是哲学史上独一无二的，那独一无二之处就是丑。

连他最有名的两个学生之一，希腊将军色诺芬都说他比滑稽戏里最丑的丑汉还要丑三分。依据他那传下来的形象看，他的确美不到哪里去。他个子不高，脑袋却不小，脸庞更是大得吓人，好像要故意将他的丑摆给所有人看，让大家看得清清楚楚、明明白白：

他有一个基本无毛的秃顶，眉毛在额头高高

◎ 哲学篇／第三章／死且不朽　55

突起，眼窝却又在眉毛下面深深地陷了进去，像两口井；双眼瞪得老大，呆呆地望着前面，就像现在的小青年发现一个绝色美女时的样子。眼睛两边是一对招风大耳，夸张地往左右远远伸出去，再往下是一个出众的酒糟鼻子，说它出众，因为它特别地大而且扁，而且据说鼻孔朝天。鼻孔下边则是一张宽阔的嘴巴，像塞得下一整只鸡。再往下就是一大把又脏又乱的胡子，大概生下来就不曾看见过剪刀。

对于自己的尊容，苏格拉底曾经很自豪地说过这样一段话，意思是说起五官来，没有人比我的更实用了，请看：我的脑袋硕大智慧就盛得多；眉骨高突像屋檐就可以挡住雨水，不让它伤了眼睛；耳大招风，就利于听声；鼻孔朝天，鼻涕就不易流出来，弄脏了街道；至于嘴大，那更有好处了：一是吃得多；二是说话快。由于有这些好处，苏格拉底对自己的相貌是颇为满意的。

形象如此，他的衣服也与形象交相辉映。像那时所有的古希腊人一样，他们的衣服像一整块布，从脖子开始将身体包裹起来。但包苏格拉底的这块布与其说是一块布，不如说是一张鱼网，因为它总是破破烂烂，露出许多洞洞，而且像他的胡子一样，似乎从生下来就没脱过，也没同水打过交道，脏得无以复加。

最下面则是一双大脚，从来不穿鞋子。

家有悍妻

像普通人一样，苏格拉底有妻子和孩子。

他的妻子是哲学史上最有名的妻子，名叫桑蒂普（Xanthippe），她之有名在于她的性格，她的性格之特点就是一个字——"悍"，那与苏格拉底之丑可谓比翼齐飞、相映成趣。

关于苏格拉底太太的悍有一个美丽的传说：有一次，桑蒂普不知为了什么又大骂起老公来，苏格拉底像平常那样一言不发，任她骂去，过了一会儿，桑蒂普索性抄起一盆洗脚水向夫君兜头泼来，把苏格拉底淋成了落汤鸡，她的夫君呢？只抹了抹脸上的水珠，不慌不忙地说："我知道，打过雷后一定要下雨的。"

这位桑蒂普女士凶是凶，但也怨不得她。苏格拉底是个只爱智慧不爱家的人，成天在外找这

苏格拉底

个找那个"辩证",用今天的流行话来说,叫"侃大山",从来没有给过妻子爱的温暖,对孩子也不闻不问,像没有一样。他自己常上学生家吃宴席,但从来不管家里只有白水的锅。就冲这点,桑蒂普就该泼他洗脚水,好让他清醒清醒头脑。何况桑蒂普女士对他并不是一味地泼洗脚水,相反是外表冷若冰,心里热如火,最突出的表现就是当苏格拉底被处死之后,她虽然已是满头白发,却仍伤心得肝肠寸断,泣不成声。

沉思与辩论

现在我们来谈谈苏格拉底的作息时间表。

苏格拉底的日常生活那真是要多简单有多简单,他所做的事只有两个:沉思与辩论。

每天,清早起来后,苏格拉底就在雅典的大街小巷串来串去,找这个,找那个,上自将军法官,下至皮匠乞丐,与他们进行对话、辩论,以寻找他所要找的真理,或者也有一段时间,想找一个比他自己更聪明的人。

他的身边经常围着一大帮人,三教九流应有尽有,有的是未来的将军,有的是穷措大,还有的是像柏拉图一样的阔少。这群人把苏格拉底当成老师,把他的每一句话铭记在心。苏格拉底经常带着他这群学生各处兜风,让他们听听他如何把将军、贵人、执政官们弄得下不了台,只有承认自己是笨蛋。

正如苏格拉底自己所言,他就像只牛虻一样,总能找到别人皮薄的地方,狠狠地咬上一口。

他通常是向别人提一个问题,让他回答,然后从其滔滔雄辩中找漏洞,问一句"tò tí?"意思是"它是什么",如果别人回答了,他又再问,如此下去,他总能找到别人回答中的薄弱之点,直问得人张口结舌,没了下文。当然,在这类考问中苏格拉底最后总能找到他所要求的答案,例如什么是正义与善之类。但那被问者却不会因此而欣喜——当真理与胜利相较时,一般人总会觉得胜利更可心一点。

除了辩论,苏格拉底做得最多的另一件事就是沉思,他经常不知不觉地陷入沉思,忘却了整个世界。这里也有一个故事:

> 有一天早晨苏格拉底在想着一件他不能解决的事,他又不愿意放下这件事,所以他不断地从清早想到中午,——他站在那里一动也不动地想着。到了中午人

· 一幅17世纪画作《苏格拉底和他的学生们》

们就注意起他来了，来来往往的人传说着苏格拉底从天一亮就站在这里想事情。最后，晚饭以后天黑下来，有几个伊奥尼亚人出于好奇（我应该说明这样的事不是发生在冬天而是夏天），就搬来他们的铺盖，睡在露天里，为的是要守着苏格拉底，看他究竟会不会站一整夜。他就站在这里一直站到第二天早晨。天亮起来，他向太阳做了祈祷，才走开了。

这件事记录在柏拉图的《会饮篇》里。

辩论与沉思，这就是苏格拉底主要的日常行为。他当然也像我们这些常人一样需要吃喝拉撒，就如喝酒吧，他平时是不大喝酒的，但一喝起来，谁都不是他对手。对吃喝玩乐这一套，他不是爱，也不是不爱，而是打心眼里不关心，不是不在乎，是压根儿没这念头。

他的日常行为与他的思想是完全一致的，他为了追求智慧而活，不是为了追求生活而活。

真正的军人

除了他最后的死外，苏格拉底确切的事迹有两个：一是他曾被神证明是最有智慧的希腊人；二是他曾从军。

我们先说第一件。由于苏格拉底经常地在雅典城各处游荡，找人辩论，但谁也辩不过他。这种活动在古希腊是非常流行的，就像今天的街头棋局一样，棋盘一铺就开战，两个人下10个人看，你要是不服气，也可以上去杀一盘，最厉害的就号称"棋霸"。苏格拉底则是古希腊的"辩霸"，往大街上一站，随便找个人，有时人也找他，就辩起来，看谁辩得过谁，结果是，胜者洋洋得意，负者垂头丧气。尽管有理由相信苏格拉底不是个赢了辩论就洋洋得意的人，但输给他的人却总难免垂头丧气，对胜者恨之入骨。就如后来他自己在受审判时所说，这是他之所以被判死刑的原因

· 古希腊黑绘式陶盘，描绘了在船上的酒神狄奥尼索斯

之一。

也许是由于他从来没有被辩输过的缘故吧，就有好事者——多半是苏格拉底的手下败将——去阿波罗神庙求谶了，也许他是想知道有谁比苏格拉底更聪明，好找来给自己出口气。但阿波罗神借他祭司的口回答说：

"再没有比苏格拉底更有智慧的希腊人了。"

对此苏格拉底的回答是："我只知道一件事，那就是我一无所知。"

这个阿波罗神庙在德尔斐，它的门楣上面有句名言："人啊，你要认识自己。"

苏格拉底的事迹之二就是他曾经是一名战士，而且是一名优秀的战士，曾冒着生命危险在战场救过战友的命，有一个叫阿尔西拜阿底斯的战友是这样描述苏格拉底当兵时的情形的：

我们的供应被切断了，所以就不得不枵腹行军，这时候苏格拉底的坚持力真了不起，——在战争中常常会发生的这类情势之下，他不仅比我，而且比一切人更卓绝：没有一个人可以和他相比。

……他忍耐寒冷的毅力也是惊人的。曾有一次严霜，——因为那一带的冬天着实冷得可怕，——所有别的人不是躲在屋里，就是穿着多得可怕的衣服，紧紧把自己裹起来，把脚包上毛毡；这时只有苏格拉底赤着脚站在冰上，穿着平时的衣服，但他比别的穿了鞋的兵士走得更好；他们都对苏格拉底侧目而视，因为他仿佛在鄙夷他们呢。

这就是苏格拉底，一个真正的士兵，就像他是一个真正的哲学家一样。

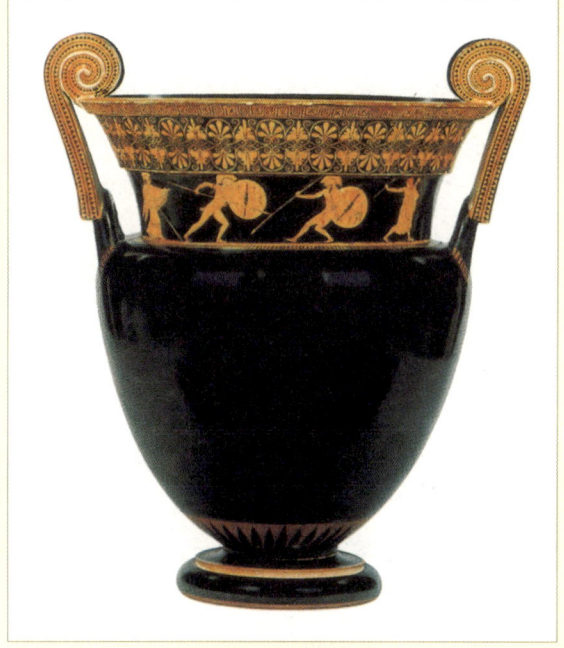

·这个古希腊红绘式的酒爵，主体是黑色，只在瓶颈部位画出了一对格斗的人物——赫克托耳与阿喀琉斯的决斗

伦理学之祖

为什么苏格拉底是一个哲学家，我们却很少谈他的哲学思想呢？原因前面已经提过，是因为他的思想主要来自他最伟大的学生柏拉图的记载。但这些记载有一个共同特点：很难说清楚哪些是柏拉图自己的，哪些才是苏格拉底的。作为一个天才作家和哲学家，柏拉图曾说过永远不会有什么柏拉图的说，而只有苏格拉底的说，但他的这苏格拉底之说实际上就是柏拉图之说，不过是借苏格拉底之口而已。所以我就干脆地将苏格拉底的说与柏拉图的说一同放在后面，都当作柏拉图的说来说。

但如果对苏格拉底的说只字不提，那也未免太过，因此在这里我就聊说两点，这两点大致被公认为是真正的苏格拉底的思想。

苏格拉底著作的方式我前面也已经说过了，他是从不写一个字儿的，总是用找别人聊天的方式来探讨他的哲学，而且也并不是填鸭式地告诉人家真理是怎么回事，而只是用提问题的方式让别人来作答，来找出所希望的答案。因此，苏格拉底将自己比作接生婆，而将他问的人比作孕妇，所要寻求的答案就是未出世但已然存在于孕妇腹中的胎儿了。

至于苏格拉底所探讨的东西，也与前面毕达哥拉斯和德谟克利特等人的不一样，不是万物的由来或者世界的本质之类，苏格拉底说过自己对物理学是十窍通了九窍，也就是一窍不通。他对宇宙万物的本原是水还是土毫不关心，他所关心的乃是什么是善、什么是正义等，也就是今天的伦理学所关注的问题。

因此，苏格拉底可称是哲学三大分类之一的伦理学的鼻祖。

他对于这些问题的一个共同观点是：在正义、善与最好的国家等这类德行与知识之间存在着紧密联系，人是因为无知而犯罪，智慧则可以消除罪恶。

苏格拉底之死

现在我们要谈苏格拉底一个最主要的问题了：他的死。

对于苏格拉底而言，对于古希腊哲学史而言，也许对于整部西方哲学史而言，很难说有比苏格拉底的死更震撼人心的事件。

我将分三节讲述这个悲壮的故事。

被捕

有一天，苏格拉底被逮捕了，故事从这里开始。

苏格拉底为什么会被捕？官方所说的他的罪状是这样的："苏格拉底是一个作恶者，是一个怪异的人，他窥探天上地下的事物；把坏的说成好的，并且以这一切去教导别人。"

简而言之就是说他教坏了青年们。

但谁都知道这是莫须有的罪名，是欲加之罪。他被捕的真实原因是因为他乃是雅典民主制的敌人，是与雅典民主制相对立的贵族造反派的精神领袖。

因此，苏格拉底一天没死，民主制的当政者们就一天不安。

因此，他们要找苏格拉底算账。至于罪名，像所有时代、所有国家的当政者一样，这是最简便的事。

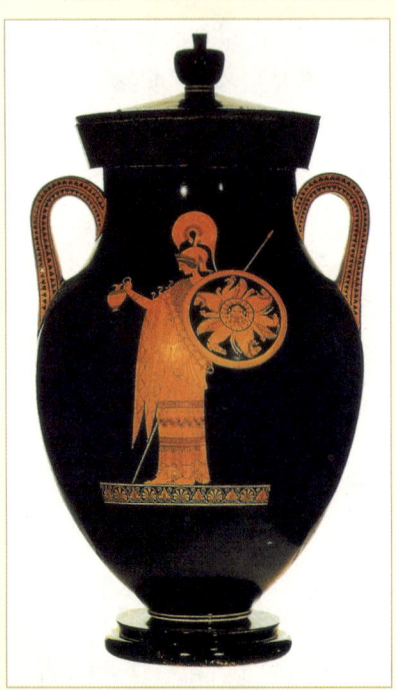

听到这个，您也许立马对苏格拉底产生了恶感，认为他是拥护专制的坏蛋。我本人也是民主的坚决拥护者，但在这里，我得说明我们所拥护的乃是今天的民主制，而非那时雅典的民主制。要知道，那种民主制与我们现代的民主制压根儿不是一码事，不过倒是一种彻头彻尾的民主制。在民主的雅典，所有官员，尤其是将军与法官等大官，都不是经由什么民主选举产生，而是经过抽签抽出来，它们也随时随地可能被公民升官、罢职甚至处决。一句话，在治国者与治国才能之间根本没有什么关系。

古希腊著名喜剧家阿里斯托芬在他的《骑士》一剧里形象地描绘了这种民主制的特色。剧情是这样的，一个将军试图劝一个卖香肠的人去夺取当时民主派的领袖克里昂的职位，下面是他们的对白：

卖香肠的人：请告诉我，像我，一个卖香肠的人，怎样才能成为那样的大人物？

将军：这是世上最容易的事。你已经具备一切应有的条件：卑贱的出身，受过在市场中买卖的锻炼，蛮横无礼。

卖香肠的人：我想我还不够格。

将军：不够格？看来你似乎有一个非常好的良心。你父亲是一位绅士吗？

卖香肠的人：老天爷作证，不是的！全家老小都是无赖。

将军：幸运儿！你要担任公职的话，已有一个多么好的开端啊！

卖香肠的人：可我几乎不识字。

将军：唯一的麻烦就在于你什么都知道。适于做人民领袖的不是那些有学问的人，或者诚实的人，而是那些无知而卑鄙的人。千万不要错过这个绝好的机会。

这虽然有点儿夸张，但雅典民主制实际上也与这差不多，苏格拉底反对的就是这点，他认为像补鞋要找懂得补鞋的匠人一样，治国也要找懂

· 一个古希腊红绘式陶瓶画，画的是智慧女神雅典娜

·被审判的苏格拉底

得治国之道的智者，所以他公开地讽刺、反对这种民主的治国方式。

这就是他被捕的真实原因。

审问

被捕之后，开始审讯了。

法官与陪审团成员自不必说，都是当权的民主派，他们大多数人判他有罪。

这时，按照雅典民主制的法律，有两种可能的方式：一是苏格拉底自认有罪，并可以要求较轻的处罚；二是由法官与陪审员们来定罪定罚。

若这时苏格拉底提出一种法官们认为勉强合适的惩罚方式，他本来可以免于死刑的，但他提出的却是这样一种惩罚：30米尼罚金。

这30米尼不知到底有多少，也许相当于我们的300来块钱吧，反正不是个大数目，这笔钱他

的学生们，包括柏拉图，答应为他担保。但法庭不但没有同意，反而被大大激怒了，他们认为这是苏格拉底有意轻视他们。

按规矩，判决由雅典的最高法院"迪卡斯特里法院"来执行，而法官就是参加审判的公民们，其成员有1000名之多，绝大多数判决处苏格拉底以死刑，判他饮鸩毒而死。

就刑

苏格拉底其实一开始就知道他真正被捕的原因是什么，他也为自己作了出色的辩护，根本就不承认所指控的罪名，可惜的是，他的辩护太出色了，所以民主派就更要处死他了。

即使在狱中的时候，苏格拉底也有机会轻易地逃之夭夭，他的弟子们已经帮他买通了所有可能阻挡他逃脱的人。但苏格拉底断然拒绝了——他不愿违反法律。他认为法律一旦制定，不管合理与否，作为一国之公民就必须遵守。

死的一天终于来了，他的弟子伟大的柏拉图是这样叙述的：

他站起来，叫我们稍候，就和克里同一块儿走进浴室去了。我们一边等待，一边说着话，大家都沉浸在巨大的悲痛之中。他就像一位我们正在失去的父亲，而我们就要孤独地去度过自己的余生了……太阳落山的时刻临近了，他在里面已经呆了很长时间。终于，他出来了，又和我们坐在一起，……大家只是相对无言。很快，狱卒走了进来，站在他身边，说道："苏格拉底，在所

◎ 哲学篇／第三章／死且不朽 61

·法国画家大卫的名作《苏格拉底之死》

有来过这里的人当中,您要算最高尚、最温和、最善良的一个了。我每次服从当局的命令,吩咐其他犯人服毒,他们就像发了疯似地把我骂个狗血淋头,您是不会和他们一般见识的。其实我明白您不会生我的气,因为您知道错在他人,不在我。我这就向您告别,死生有命,请您尽量想开点。我这份差事,您是知道的。"说罢,只见他眼泪夺眶而出,转身出去了。

苏格拉底望着他说:"您的好意我心领了,我听您的吩咐。"然后他转过身对我们说:"这个人多可爱呀,这些天来,他没少来看我……看看刚才他向我表示遗憾时是多么慷慨吧。我们必须按照他的吩咐去行事,克里同,看看鸩酒准备好了没有,如果准备就绪,就叫人端来。"

"可太阳还在山头上呢,"克里同说,"许多人都是一拖再拖,就是宣布叫他们就死之后,他们也要大吃大喝,寻欢作乐一通才肯罢休。您又何必这么忙,还有的是时间呢。"

苏格拉底回答说:"是的,克里同,你说的那些人这样做是对的,因为他们认为通过拖延时间可以有所得。不过我不这样做,也是对的,因为我不认为晚死一会儿自己就能得到什么。我吝惜和挽救的生命已经奄奄一息了,要是那么做,我只能感到自己可笑。请按照我的话去做吧,不要拒绝我。"

听见这话,克里同朝仆人做了个手势。仆人走进内室,过了一会儿,便和端着一杯鸩毒的狱卒出来了。苏格拉底说:"您,我的好朋友,是有经验的,就请教教我这事儿该怎么进行吧。"狱卒回答说:"您只要来回走动,等到走不动了,再躺下来,那时毒性就发作了。"说着,他把杯子递给苏格拉底。苏格拉底轻松自如、温文尔雅地接过杯子,毫无惧色地说:"您说我可以用这杯酒来祭奠神灵吗?能还是不能?"狱卒回答说:"我们就准备了这么多,苏格拉底,再也没有了。""我明白了,"他说,"不过我可以而且必须祈求众神保佑我在去另一个世界的旅途中一路平安——但愿我的祈求能得到满足。"说完,他把杯子举到唇边,高高兴兴地将鸩毒一饮而尽。

至此,我们尚能节制自己的悲哀。然而,当我们眼见他一口气把鸩酒喝完时,都禁不住潸然泪下了。我用双手捂住脸,泪水却像泉水般从指缝间涌流出来,我是在为我自己哭泣。因为我确实不是在为他而哭泣,而是一想到自己就要失去这样一位良师益友,一种大难临头的感觉便使我悲恸不已。不独我是这样,克里同也止不住泪如雨下,忙起身躲到一边去了。这时,一直在一旁悄然啜泣的阿波罗多罗斯突然失声痛哭起来,于是大家顿时都失去了勇气。只有苏格拉底泰然自若:"这么哭哭啼啼干什么?"他说:"我不让女人呆在这里,就是怕她们来这一手。你们也许知道人应该在平静中死去这个道理吧。那就安静耐心一点儿吧。"听见这话,我们都感到羞愧,于是便忍住了眼泪。他在房间里来来回回地踱起步来,直到走不动了,才遵照指示,躺下身来。给他送来鸩毒的狱卒不时地查看着他的双脚和双腿。少顷,他使劲在苏格拉底脚上捏了一把,问他有没有感觉。苏格拉底回答说:"没有。"就这样,狱卒顺着脚踝一路捏上来,向我们表明苏格拉底已经僵硬冰凉了。苏格拉底自己也感到了,他说:"鸩毒一到达心脏,一切就结束了。"他的下腹周围开始变凉了,这时他撩开盖在身上的被单,露出脸来说——这成了他的临终遗言——"克里同,我还欠阿斯克勒庇斯一只公鸡,你能记着替我还清这笔债吗?""我一定替您还清,"克里同说,"您还有其他吩咐吗?"没有回音,一切又复寂静。过了一会儿,我们听见他动弹了一下,狱卒掀开被单,只见他的目光已经凝滞了。克里同替他合上了双眼和嘴巴。

　　苏格拉底就这样死了。

· 古希腊白底线描式陶瓶画,描绘一位即将出征的武士在向妻子辞行,制作于公元前5世纪

第四章
完美的智者
柏拉图的故事

在所有哲学家之中，柏拉图很可能是最伟大的一个，就哲学而言，甚至苏格拉底与亚里士多德都要稍逊于柏拉图，所以有哲学家说整个西方哲学都是在为柏拉图作注，也有人说倘若将哲学看作是形而上学的话，那么柏拉图哲学不仅是形而上学，而且是唯一的形而上学。

历史的距离就像空间的距离一样，隔得越远就越朦胧，越近就越清楚。我们的哲学家随着时光的走近，也逐渐清楚起来。当我们走到柏拉图面前时，发现他一生的事迹已经相当清楚地呈现在我们面前。

柏拉图与苏格拉底是老乡，都是雅典人，但与苏格拉底出身贫寒不一样，柏拉图于公元前428年生在一个贵族世家，家世高贵

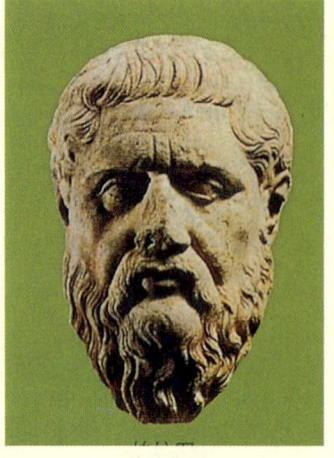

· 柏拉图

而富有。他的老爸叫阿里斯顿，是古雅典王族的嫡系，不过在柏拉图还是个孩子时就死了，他的老妈名叫伯里克蒂娥妮，丈夫死后嫁给了叔叔毕里兰伯，这位毕里兰伯是雅典最伟大的统治者伯利克里的朋友。柏拉图实际上是在他的继父，同时也是叔外公的抚养之下长大的。

前面说柏拉图的老妈嫁给了叔叔，您千万不要感到奇怪，要知道这种现在看来简直是乱伦的婚姻在古希腊是常见的事儿。为了不让财产落到别的家族手里，古希腊人是兄弟姐妹乱嫁乱娶一气的。

柏拉图不但出身跟老师作对，相貌也与老师唱反调——苏格拉底丑陋无比，柏拉图却十分英俊。他的名字，柏拉图，据说就是宽肩膀的意思。到这里我们可以感觉柏拉图的整体形象了：他是一个面貌英俊，有着宽阔的双肩的帅小伙。

· 现代画作中的柏拉图形象

64　话说西方 *The Story of the West*

他不但英俊，而且孔武有力，曾经两次在古希腊的奥林匹克运动会上摘取奖牌。

柏拉图青年时期热衷于各项体育运动，但遇到苏格拉底改变了他的一生，他从身体的运动场上脱身出来，步入了思想的运动场，全心全意地追求智慧，成了苏格拉底狂热的崇拜者。他曾说过这样的话：

"我感谢神明，使我托生为希腊人，而不是野蛮人；自由人而不是奴隶；男人而不是女人。不过最主要的还是，我出生在苏格拉底时代。"

不幸的是，苏格拉底犯事了，前面我们刚说过，当苏格拉底饮毕鸩毒，闭上双眼那年，柏拉图还只有28岁，本想再跟着苏格拉底学上十来年的。苏格拉底死后，柏拉图便成了孤儿、思想的

· 在庞贝发现的古罗马镶嵌画，描绘柏拉图正在学园里讲课

孤儿。

　　这件事对柏拉图一生影响至大：在思想方面，使他更加痛恨民主制了，并且在此后的一生中致力于寻找一种最好的国家制度——理想国，我们后面就会知道，这种国家什么都是，但绝不是民主制的。在行动方面，逼年轻的柏拉图远走异乡。

　　由于在苏格拉底被判死刑后，柏拉图花了大量银子去行贿，要把苏格拉底救出来，让他逃走，他终于成功了，可惜万事俱备，只欠东风——苏格拉底不愿逃。

　　这些事引起了民主派们的愤怒，他们要将这个胆大妄为的家伙绳之以法。柏拉图可不是苏格拉底，一见大事不妙，就脚板底抹香油——溜了。

　　公元前399年，柏拉图离开雅典，开始了他的漫漫长旅。

　　他先在梅加纳躲了一段时间，决定干脆到外国去见见世面，开开眼界。他先去了埃及，那时的埃及已经是文明的老大哥了，较它而言希腊还是嘴上没毛、办事不牢的毛头小子，简直说不上有文化。金字塔下那些博学的白胡子祭司们也是这样看待年轻的柏拉图的，不过柏拉图倒没生气，他学生做惯了，再多称几次老师也无妨，他对埃及人面狮身金字塔一样稳固的国家制度感到无比兴奋。

　　接下来他去了哪里呢？这就是个问题了。有两种说法，一是他去了犹太人的国家，就是今天的巴勒斯坦地区，向犹太先知们学习，然后还去过遥远的恒河之滨，在现在的印度，跟释迦牟尼的弟子们学佛，最后才回到欧洲。第二种说法是他离开埃及后就扬帆北上，跨过地中海，回到了欧洲。他先到了西西里岛，那里有大量的希腊殖民地，住的都是希腊人。又从西西里继续往北，到了意大利，在那里和毕达哥拉斯的后世弟子们切磋治国良方。

· 西西里岛的古希腊剧场

· 17世纪画作《柏拉图和他的学生们》

· 夕阳映照下的古希腊海神庙

在异国他乡飘泊了12年之久后，也就是公元前387年，他回到了故乡雅典。

他在雅典干吗呢？

他办了一所学校，这所学校是真正的学校，学校的唯一目的是传授知识、开启智慧。

学校位于雅典城外西北角的一片小树林里，离城只有3里多。由于这片土地与一个传奇英雄阿卡德摩斯有关，便取名叫阿卡得米（Academy）。这个词儿现在还用，不过可不能随便用，只能用在最了不起的地方，如中国科学院、美国国家科学院这样的机构名称上。

我们前面已经讲过毕达哥拉斯，知道他也建

◎ 哲学篇／第四章／完美的智者　　67

· 柏拉图学园

立了一个团体，团体成员们在一起研究数学，可以看作是一所原始的阿卡得米，现在柏拉图的学校也大教数学，包括算术、平面几何、立体几何等，另外还有天文学、和声学等课程，学校的大门上刻着一句话：

不懂几何学者不得入内。

在阿卡得米教了20年书后，柏拉图再次出国，公元前367年，他到了西西里岛上的锡腊库扎，该地也译作叙拉古。以后，伟大的阿基米德就是从这儿的澡堂子里赤着身子跳将出来，大喊："我发现了！我发现了！"后来又在这里被罗马士兵一刀杀了。柏拉图这次来是为了教育年轻的国王狄奥尼索斯二世，但这小伙子显然不认为几何学对他治理国家有什么好处，所以柏拉图只好走了，回到他的阿卡得米继续教书。过了6年，他又到了锡腊库扎，这次是为了让西西里岛上的希腊人团结起来对付迦太基人，但他还是失败了，呆了一年之后只好又回到了他小树林里的学校。

12年后，也就是公元前348年，柏拉图在他的阿卡得米安然辞世，享年80岁。

他学校的第一批弟子中有伟大的亚里士多德。

柏拉图逝世后，他的学校继续存在下去，直到887年后，公元529年才被东罗马帝国皇帝查士丁尼关闭。

欧洲的黑暗时代随之降临。

第五章
理想与理念
柏拉图哲学的故事

与前面所有的哲学家比起来柏拉图的思想是迥然不同的，不仅是质的不同，也是量的不同。

具体说，柏拉图著作的数量较之前面讲过的所有哲学家，包括毕达哥拉斯、赫拉克利特、德谟克利特和苏格拉底等等所有的人加起来还要多得多，至少就现存数量来看是如此。所以我们也要长篇大论地讲柏拉图的思想，希望大家不要烦，我可以负责地告诉大家，你们不会后悔的，因为柏拉图的思想不但有用，而且相当有趣。

概要

我要把柏拉图丰富的思想分成四个部分来讲，分别是：

一、乌托邦理论，讲柏拉图想建立一个什么样的理想国家，所谓共产共妻，就是柏拉图第一个在这里提出来的。

二、理念论，讲在所有的人（包括我与读者您）以及所有的狗（包括你家的狮子狗与我养的麻点子花斑狗）的背后有一种共性吗？即它们背后有一个理念的人或者一条理念的狗作现实的人与狗的模子吗？

三、灵魂不朽论。这个意思你我都懂，但柏拉图说的可与你我不一样。

四、宇宙起源论。你们听说过大西洲吗？我很早以前就听说这是一片古代的大陆，是真正的人间天堂，但后来整个大洲神秘地消失在大西洋的滔滔巨浪中，人类自此失去了唯一乐园。这大西洲就是柏拉图在《蒂迈欧篇》中第一个提出来的，正是在这一篇里柏拉图还提出了他的宇宙起源论。

在详细讲上面所说的之前我还要讲几句废话，说说柏拉图的思想都受过一些什么人的影响。我们都不是忘恩负义的人，柏拉图更不是，他是特重师生情谊的。由于做过苏格拉底的学生，他就一生都把苏格拉底挂在嘴边，甚至说从来没有，以后也不会有什么柏拉图的思想，只有苏格拉底

· 这幅英国古画描绘了一个理想的乌托邦

◎ 哲学篇／第五章／理想与理念　　69

的思想，将自己辛辛苦苦得来的思想一股脑儿全送给了老师。因此对柏拉图影响最大的当然是苏格拉底。他学着苏格拉底，将伦理学看得极重，甚至可以说是他整个思想的"终极靶标"，例如他之所以要建立乌托邦，无非是为了找到终极的正义与善。

除了苏格拉底这个人之外，对柏拉图影响最大的不是一个人而是一个国家——斯巴达。

斯巴达的有关情况我们已经说过了，在古代西方世界它与雅典齐名，但它之闻名千古不在于在拉溪梦第的土地上诞生了伟大的哲学家或艺术家，而是因为其国家制度与公民生活方式等等是整个人类历史上独一无二的，而且，从某个角度而言，这确实是一种理想的生活方式，斯巴达也是一个理想的国家。

我们在前面说过，斯巴达人的生活方式有以下几个特点：

一、斯巴达人没有私有财产。

二、斯巴达人的孩子在出生时会受长老检验，强壮的养下来，体弱的被扔入深潭。

三、斯巴达的男人们过着共产主义生活，包括一起在公共食堂吃大锅饭。

四、斯巴达公民终生只有一件事：战争。

斯巴达人的这些生活方式对柏拉图的乌托邦思想影响巨大，在他的理想国里，许多生活方式与斯巴达人的生活方式几乎如出一辙。

· 柏拉图像

理想国

乌托邦是柏拉图最有名的思想，他在这里详细地回答了一个我们许多人都想知道答案的问题：一个理想的国家应当是什么样的？

这就是柏拉图的乌托邦理论。

我们将从这个乌托邦的公民、教育、宗教与哲学王等几个方面来看看柏拉图这个理想之国。

像柏拉图的其他著作一样，《理想国》也是一场对话，这场对话是在一个叫瑟福勒斯的阔佬家发生的。参加的人有柏拉图的两个兄弟格劳孔和阿德马特斯，还有忒勒叙马科，一个动不动就

· 这幅画的名字叫《阿卡狄亚》，阿卡狄亚是古代传说中的理想国

火冒三丈的家伙，主要对话者当然是苏格拉底了。这个苏格拉底也可以说就是柏拉图自己，不过借苏格拉底之口说了柏拉图的话而已。

三等公民 柏拉图认为，理想国的公民应当分成三个部分：普通人、士兵和护国者。

普通人是些头脑最简单的人，也是数量最多的一群，他们的职责是养活士兵和护国者。理想国的所有职业中，除了作战和作王而外，都由他们来干，如种田、经商、皮匠铜匠铁匠之类。他们是些爱钱的家伙，一心只想发财。

士兵则是一些直接管理国家的人，实际上不仅仅有士兵和军官，还包括一些辅助王来治国家的人，如各级官员。他们的地位比普通人高，也不如普通人那么爱钱，但还有点贪心。讲人数他们比普通人少，但比护国者多。

护国者就是所谓的哲学王了。柏拉图在《理想国》中大谈特谈的就是这类人。

由此可见，柏拉图的理想国绝不是一个民主社会，而是贵族社会。但与斯巴达的寡头制不一

· 雅典卫城的露天剧场——酒神剧场

◎ 哲学篇／第五章／理想与理念　71

样,理想国里的贵族并不是世袭的,而是人人有份。一个普通人的儿子只要努力奋斗,并且有一定天赋,就完全可以荣升为士兵甚至哲学王。

柏拉图有一个特别的观念,认为只要这三类人能够各自安心各自的工作,不作非分之想,就是达到了宝贵的正义。

这正义观念与我们所想的不一样吧?是不一样,柏拉图甚至还说过强权即正义(一把强权胜过一口袋公正)、道德是弱者用来掠夺强者的工具之类"可恶"的话哩。

教育与甄别 我们刚说过,理想国的公民由三种人组成,而且并不是世袭的,是凭个人能力来决定的,那么这时就有了一个大问题:如何将这三种人分别从全体公民中甄别出来呢?

这就轮到柏拉图大谈特谈的教育来说话了,柏拉图说,是教育使我们能够做到这一点的。

柏拉图的教育是分步骤、按部就班进行的。

首先我们要假定理想国是从一个不是理想国的地方从零开始建立的,我们不妨这样假设:有一天,某城邦的王死了,他是个热爱哲学的人,曾拜读过柏拉图的大作,遗嘱死后由柏拉图接掌王位,柏拉图大喜,便来到他的新王国,登基称王,史称柏拉图一世,立国号为理想,国名为理想之国。登基伊始,他随即着手筹建国家。

他的具体步骤如下:

第一步是将10岁以上的公民全部送到乡下去,因为柏拉图一世国王认为10岁以上的人们已经是朽木不可雕也,按乡下的俗话说是"稀泥巴糊不上墙"了,教育当从儿童开始。

第二步是用教育对儿童们进行洗脑子。这是第一期的教育,分体育与音乐两部分。不过他的体育与音乐同我们现在所称的体育课与音乐课大不一样,范围要广得多。

我们先来谈体育。

柏拉图认为,身体是革命的本钱,所以理想国的小公民们首先要培养的就是牛一样的体魄,否则一切都是白搭。

怎样教体育呢?柏拉图没有具体说明,但可以这样一言以括之:一切运动都是体育,甚至包括游戏,因为孩子们的游戏也是锻炼身体的方式,而且是非常好的方式,像相互追逐嬉戏不就是跑步吗?这是最起码的体育运动。

· 柏拉图在他的学园里教育未来的哲学王

柏拉图的这番高论要是给现在的孩子们听到了,他们会高喊:"柏爷爷万岁!"

与体育运动相配合的是食谱,在柏拉图眼中没有比烤鱼烤肉更好的食品了,所以公民们只准吃这些东西,而且烤时绝不许加任何佐料,柏拉图发誓说吃这样原汁原味鱼肉的人绝不会生病。

一个公民是否像牛一样强壮了就行了呢?当然不行,四肢发达、头脑简单的公民绝不是理想国的好公民。柏拉图要求理想国的公民们不但有野蛮的体魄,还要有文明的精神,他认为培养公民文明的精神的最佳方法就是音乐教育。

柏拉图的音乐与我们现在所讲的音乐就更不是一回事了,它包括一切非体育的教育,实际上我们现在一切的"文化课"都位于柏拉图的"音乐"之列。

柏拉图的音乐教育有两个特征:一是反对强制性教育,强调要把最难学的课程也变得轻松活泼，课本则要编得"像诗歌一样优美"。他在《理想国》中这样说：

在儿童时期就应该进行基础教育，不过不是强制性的灌输，因为一个自由人在获取知识时也应该是个自由人……在强制的情况下获得的知识是不稳固的，因此不要使用强制手段，而应该让早期教育成为一种娱乐活动，这样才会使你更好地发现孩子的天赋。

二是对教育的内容要进行严格的审查，绝不许自由放任

柏拉图是如何检查什么可讲什么不可讲的呢？

首先一条总规矩就是：官方准讲的东西才可以讲，其他一概不准，包括母亲给孩子讲的童话、听的音乐。

例如在古希腊几乎人人都会背诵的荷马史诗是不准讲的。为什么呢？因为在史诗里，神们所干的并不都是好事，也并非完美无缺的。柏拉图认为神，既然是神，就应当是完美的，是凡人的道德准则，所以任何说神有错的东西都是不准讲的，否则孩子们也学起神们的坏榜样来可不得了，做了坏事还会振振有词地说："这是神教我干的。"

还有，柏拉图认为放声大笑是不文雅的，而《伊利亚特》里面的神们曾经"幸福地大笑不止"，这还得了！

因此，柏拉图认为荷马是绝不许讲给孩子们听的。

还有，柏拉图认为必须将所有戏剧家从理想国驱逐出去。因为戏剧里大都有好人坏人，坏人也要好人来演，而他是坚决反对好人模仿坏人的，所以干脆将戏剧从他的理想国中赶出去得了。

最后，做父亲和老师的也绝不准讲好人不幸而坏人反而幸福的故事，因为这可能让孩子们觉得："做个坏人也不错啊，那咱长大后也做个坏人得了。"

至于就具体的音乐来说，吕底亚和伊奥尼亚的乐曲是不准奏的。因为吕底亚的音乐老是愁眉苦脸，听起来叫人丧气，孩子们听了弄不好也要多哭几声，没一点教育意义，不准听！

这第二步的音乐教育要花上足足10多年时间，到孩子们20岁为止。

在第二步结束之后，就要来一场期末考试了，目的是要将所有的孩子区分成两部分：通过考试的就继续学下去，通不过的就被淘汰，去做第一

· 亚里士多德正在教育年轻的亚历山大大帝

◎ 哲学篇／第五章／理想与理念　73

类公民——普通人。

这场考试是彻底的、公正的，对任何人都不带任何感情色彩，绝对公平，不管你的老爸是农民还是国王，做不做普通人完全凭能力而定。

第三步：顺利通过淘汰赛的人将再次开始他们的学习，要对他们的体质、思想甚至性格进行更全面的、更严酷的训练。这一过程长达10年，10年之后就进入第二轮考试了，同样地严厉而且公正。没有通过这一轮考试的人就去做第二类公民——士兵，而通过了第二轮考试的人就可能进入最高的等级——护国者了。

第四步：通过第二次考试仅仅是提供了成为护国者的可能。他们接下来又要开始学习，这轮学习学习的乃是柏拉图的治国之道：哲学。这时他们已经整整30岁了。为什么要等到这么晚才让他们学习哲学？因为在柏拉图看来，学习哲学是一种极大的快乐，而让这些年轻人"过早地品尝哲学那种难得的快乐不是明智之举……因为年轻人在初次尝到哲学的滋味时，常常为了取乐而争辩不休，并且老想顶撞和驳倒对方……就像小狗崽儿对凡是走近它的人都喜欢扯一扯、拽一拽那样"。

学习哲学的过程也有5年，目的是要在哲学的训练中培养处理复杂事物并且随时能保持清醒头脑的能力，在这一点上柏拉图是对的，要是诸位有谁能在学了5年哲学之后还保持头脑清醒，那肯定是个人物。

5年之后，这些身强体壮、受过良好的音乐教育，还懂哲学的完人们就可以做护国者——哲学王了吗？

不，早着哩！

第五步：这也是最后一步，但也许是最难的一步。

这些理想国的精英们将遭受更严厉无情的锤炼——生活之锤炼。

他们将被抛入生活的熔炉，成为一个普通人，成为商人、匠人或者农人。他们要学会在市场上同最狡猾的商人们讨价还价，要在铁匠铺里抡动沉重的大铁锤，要头顶炎炎烈日在田地里摸爬滚打，为一日三餐流尽汗水。

但即使在饿得头昏眼花，累得走不动路，也要想着自己是未来的护国者，在最困苦的环境下也要永远保持清醒的头脑，去理解做一个哲学王所要具备的一切品质与技能。

也许他们中有的人会忍受不住生活的锤炼，被生活锤得稀烂，但那些经受住了这最后考验的人们，将是真正的、完美的护国者——哲学王。

这就是柏拉图的教育程序，在这些程序完成

· 亚里士多德的政治理念是非民主的，这是他曾经批判过的雅典民主政治的核心"阿高拉"，雅典的公民就在这里实行他们的民主政治

· 在西西里发掘的农神得墨忒耳像

之后，全体公民将各得其所，成为匠人、士兵，或者护国者。

金属人 柏拉图认为，为了保持理想国的安定团结，为了使那些被划为普通人或者士兵的人不致起来造反，妄图成为更高等级的人，就必须将这一切说成是神意——并不是他柏拉图要将公民分成三个等级，而是神要将他们分开，所以他们每个人成为什么等级的人乃是神的意旨，他们必须谨遵神命，不得胡思乱想。我们前面刚说过，柏拉图认为神应当是完美的，而传统古希腊的神是不完美的，所以不能成为理想国的神，为了达到这个目的，他便扯出了一个完美的神，说是这个神创造了人。并且他在造人时用了4种金属：金、银、铜和铁，其中护国者是用金子做的，所以是最上等的公民，士兵是用银子做的，而普通人只是用铜和铁做的，所以地位最低。他说：

他们虽然是一土所生、亲如手足的兄弟，但是神在塑造他们时，在有些人身上加入了黄金，这些人因而是最宝贵的，是统治者。在辅助者（军人）身上加入了白银。在农民及其他技工身上加入了铁和铜。但是又由于同属一类，虽则父子天赋相承，有时不免金父生银子，银父生金子，错综变化，不一而足。所以上天给统治者的命令最重要的就是要他们做后代的好护卫者，要他们极端注意在后代灵魂深入所混合的究竟是哪一种金属。如果他们的孩子心灵里混入了一些废铜烂铁，他们决不能稍存姑息，应当把他们放到恰如其分的位置上去……须知，神谕曾经说过"铜铁当道，国破家亡"。

怎么样？有趣吧？柏拉图就是这样创立了一种宗教，连哄带吓地叫理想国的公民俯首贴耳。

◎ 哲学篇/第五章/理想与理念　75

但我想，即使柏拉图的理想国搞成了，他的这套理论又哄得了谁呢？古希腊聪明人多得很，谁比谁傻多少？古今中外乌托邦的创造者们、政治领袖们都有这个毛病：认为别人是傻瓜，会按他们造出来的模子去生活。

哲学王 对于理想国的三类公民，柏拉图实际上只对最高的一级——护国者，也称哲学王——作过详细的分析，从前面的教育程序中也可以看到，他在理想国中实际上阐述的主要只是一个问题：如何为国家培养哲学王？

关于这一点我们已经说过了，现在来说说那哲学王被培养出来后，他们将过着怎样一种"王"的生活呢？我们将从三个方面来说：经济生活、家庭生活与婚姻生活。

在这里我首先要指出一点：理想国里的哲学王并不是一个，而是若干个，到底多少柏拉图并没有加以说明，但在三类公民中他们的人数肯定是最少的。关于哲学王们的生活，柏拉图是这样说的：

> 首先，除了仅够维持生活的必需品之外，他们绝对不能拥有财产，也不能拥有装着门闩和插销、让找上门来的人吃闭门羹的私人住宅。他们得到的给养应该仅够满足一批训练有素、吃苦耐劳的武士们之需要。他们愿意从全体公民那里领取固定的报酬，这笔钱足够他们一年的花销，但绝无积余。他们要像军营中的士兵那样，吃一样的饭、睡一样的铺。……在所有的公民中，唯独他们不能去接触或处理跟金银有关的事情，不能跟金银待在同一个屋顶下，不能佩带金银制做的饰物，也不能用金银器皿来饮一点儿酒。他们就这样来拯救他们自己，拯救他们的国家。

所有哲学王必须住在一起，住的是小房子，吃最简单的食物，就是前面说过的没有任何佐料的烤鱼烤肉，而且还不能多吃，不饿就得了。

他们什么都不多，但也不少，柏拉图认为富有与贫穷一样有害。

哲学王们的家庭生活也是共产主义的，所有哲学王，如果是男的话，他的妻子是全体男哲学王共有的，如果是女的话，她的丈夫也是全体女哲学王共有的。

大家也许会大吃一惊：难道理想国里还有女哲学王吗？

不错！女士们应当感谢柏拉图，他可以说是第一个彻底的女权主义者、第一个主张男女完全平等的人。

在理想国里男女完全平等，一切事情，凡男的可以做，女的同样可以，包括做战士。在甄别全体公民的考试中，以及在平常的训练中，男女是完全不分的，女孩与男孩有同样的机会成为普通人、战士或者哲学王。他曾说过：

> 造就一个男子成为一个优良的护国者的教育，也同样会造就一个女子成为一个优良的护国者；因为他们的本性是一样的。

大家可以看出来，柏拉图之所以主张男女平等，并不是出于对弱者的怜悯，而是打心眼里认为"他们的本性都是一样的"，这才是真正意义上的男女平等，是比我们现代社会里的男女平等还要彻底的平等。

家庭生活如此，与家庭生活息息相关的婚姻生活又如何呢？我们可以从两个角度上看这问题：一是性生活；二是婚姻。

下面所说的不单是哲学王们的，也是普通人和士兵的婚姻生活。

在柏拉图的理想国里，婚姻的年龄是有限制的，女子在20岁到40岁之间，男子在25岁到50岁之间。在这个年龄段的男女谁嫁谁、谁娶谁既不讲父母之命、媒妁之言，也不讲自由恋爱，而是像雅典人选将军一样，用抽签来决定，哪位男士抽上哪位小姐就要由她做老婆，小姐也是一样。

至于在这年龄段之外的男士女士，性生活完

全自由，唯一不准的就是生小孩，怀上了也要打掉，万一生下来了就杀掉。

但柏拉图又有另一个主意，这些婚姻表面上是由抽签决定的，但实际上却是内定了的，也就是说，要由最健壮聪明的男人与最漂亮动人的女人婚配，而且要让这些人生的孩子最多。这就是柏拉图的优生原则，柏拉图也是历史上第一个提出"计划生育"的人，认为应该依据粮食来决定人口数量，否则人太多，粮食太少国家就会乱。所以不但要优生、还要少生。

从上面我们可以看到一个矛盾：既然要共产共妻，那么怎能还去抽签决定谁配谁，搞优生学

· 描绘古希腊神话的鲁本斯名作《劫夺吕西普的女儿们》

◎ 哲学篇/第五章/理想与理念　77

呢？所以理想国的婚姻实际上是这样的：

哲学王们是共产共妻的，他们用不着抽什么签来婚配。

普通人和士兵则要经过抽签来婚配，在国家进行婚配的年龄段中间也不能随便与妻子丈夫之外的女人男人乱来。

孩子怎么办呢？

一句话：决不能让孩子知道自己的父母是谁，孩子生下来后，要马上将他们秘密地送到某个地方去，由国家统一抚养，像上面说过的一样进行教育，如此循环往复，生生不息。

柏拉图这套理想的婚姻制度看起来蛮诱人的，要是真有这种地方搞这种制度一定有许多人愿去，但可惜只能是镜花水月，没办法实现，如果有什么现实的地方，那就是让最优秀父母生得最多。

奇妙的理念

俗话说，千里搭长棚——没有不散的筵席，我们讲柏拉图的理想国也是如此，虽然理想国是柏拉图最有名，也许最好玩的理论，但总得有个结束，我们现在就用开讲他的另一个有名的理论——理念论——来把理想国给颠覆了吧。

我们先来讲个笑话。

据说柏拉图的一个学生，在阿卡德米学习了几年后，回家去看老爸，顺便要点钱。他老爸看到独生子挺高兴，杀了只鸡款待儿子。

· 描绘街头音乐家的马赛克画作

席间，老爸问："孩子啊，你跟伟大的柏拉图学习哲学也有几年了，你能告诉我学哲学有什么用吗？"

儿子愉快地回答说："成啊，爸。"

他顺手指着桌上的鸡，问："爸，你看这桌上有几只鸡？"

"一只呀，儿子。"他爸不假思索地回答。

儿子笑了，颇有点得意地说："爸，在你看来只有一只，在我看来却有两只哩！一只是你用眼睛看到的个体的鸡，还有一只是老师告诉我的理念的鸡。"

他爸听了，一把将盘子端到了自己面前，说："儿啊，你的哲学真有用，好，现在你就吃你的理念的鸡吧，我来吃个体的鸡。"

这虽然是个笑话，却表达出了柏拉图理念说的几个要点：一是理念是与个体的物不同的东西。二是理念与个体物有些相似之处，如理念的鸡也是只鸡——不但是，而且柏拉图认为比我们看见的鸡还要鸡哩！

等下我们会详细地说这些，但先得将理念的来龙去脉弄清楚。

不真实的个体 10多年前，当我初次步入哲学的大门，初次阅读哲学著作，尤其是那些西方哲学教科书时，我有一个深切的感受：这些人都是在自说自话、东拉西扯，缺乏系统，弄得我常丈八金刚——摸不着头脑。这样不但没能理解哲学，而且对哲学心生畏惧与厌恶。

这样的原因并不在于哲学本身，而在于我们表达哲学的方式。——正因如此，我将以一种清楚的、符合逻辑的方式来表达哲学。

也就是说，我将努力把本书的一切，包括下面的理念论，说得清清楚楚，明明白白。

具体地说，一是在结构上我将把哲学理论逻辑化，看看哲学家们是如何从简单到复杂地推出一个个理论来的，最好是从一些大家都同意的常识入手。二是文字上尽量将每句话都说得明明白白、清晰如画，绝不弄一点儿玄虚、玩一点儿深沉。——当然，这是我说给您的方式，如果是您对女朋友说，那就不必如此了。

题外话说得够多了，我们现在开始谈理念。

柏拉图的一个基本观点是认为：个体事物，也就是我们用肉眼凡胎看到的万事万物是不真实

· 一幅极为稀罕的保存相当完好的古希腊绘画，也画在一块木板上，描绘献祭的场面

◎ 哲学篇／第五章／理想与理念

的。

为什么有这样的观点呢？因为柏拉图认为：

凡真实的事物，必须是不自相矛盾的，也就是说，它必须要么是美的、要么是不美的；要么是正义的、要么是不正义的，否则就不是真实的。

我将这句话用黑体标示出来，因为它就是柏拉图理念论的前提，柏拉图正是由此而步步推进地提出了理念论的其他思想。

那么我们所看到的具体事物具有什么特点呢？

柏拉图认为它们具有如下特点：有时，它们看来是美的，但有时，它们又好像不美；有时，它们看来是正义的，但有时，它们好像不正义。真善美都是如此，在此时此地此个角度看是真的善的美的，但换了彼时彼地彼角度看就不真不美不善了。

总之，具体事物永远是矛盾的，具有自相矛盾的特性。

我想大家对于柏拉图的这个观点是可能理解的。有句俗话说，金无足赤，人无完人，人这万物之灵尚且如此，何况他哉！

实际地，我们能否从生活中，从整个视野中找出一个绝对好的事物来呢？人好，物也好，事也好！或者转过来，是否能找出一个绝对坏的事物来呢？人好，物也好，事也好！

我们试试看吧，先说绝对好的。

——我根本想不出来，只好问朋友："你能想出一样东西来吗？它绝对地好，没有一点儿不好？"

——答："不能。"

那么我们找绝对坏的吧！

——我也想不出来，又问朋友们。

过了一会，有个朋友说："希特勒，行吗？"

我笑笑："希特勒绝对地坏吗？那为什么当时几千万德国人都把他当作救世主？

另一位朋友严肃地说："我来给你找一点希特勒的好处吧！他给烧死后，他的骨灰是上好的肥田料。"

哄堂大笑。

但读者您能否认这确是一个好处吗？

这个例子告诉我们：世界上一切个体事物都

不是完美的。

这所谓的不完美也就是说：在它的好里有不好，在不好里有好，总之任何东西都是既好又不好，既不好又好。

所以柏拉图说得对，世间一切个体事物都是自相矛盾的，永远具有相反的特性。

他又认为：凡自相矛盾的东西都是不真实的。

所以，世间一切个体事物都是不真实的。

这是一个简单的三段论：

大前提：凡自相矛盾的事物是不真实的。

小前提：一切个体事物都自相矛盾。

所以，一切个体事物都是不真实的。

什么是理念 在我们定义理念以前，我必须举出一些理念的例子。这样大家会发现，柏拉图听起来那么神秘兮兮的理念原来并不难理解。

我们拿狗，这人类最温柔忠诚的朋友来作例子吧。

很可能您家养过狗，至少我们都看过许多狗，有毛绒绒的狮子狗、长耳朵的哈巴狗、大嘴巴的斗狗、一脸深沉的沙皮狗。这些狗很可能像我家的白狗一样，有自己的名字，如白毛的就叫老白，黄毛的就叫阿黄。有个哲学家养了条狗，叫"宇宙精神"；有个科学家养了两条狗，一条取名叫爱因斯坦，另一条叫牛顿。

总而言之，这些都是个体的狗。

但如果有人问你：什么是狗？你会怎样回答他呢？

我们一起来回答这个看似简单、实则棘手的问题好吗？我们把"狗"与"个体的狗"，例如老白比较，可以看出这"狗"有什么特点。

一、我们可以肯定这"狗"与每个"个体的狗"是不同的。

二、它必须具有我们所看到的所有"个体的狗"的一般性质，反过来说，每条个体的狗也有"狗"的性质，否则个体的狗就当不成狗了。

三、推理一下，我们也可以知道，每条个体的狗会死，但这"狗"是不会死的。

当然这"狗"还会有其他性质，如看不到摸不着，但我们就说这些吧。

到这里，我们就可以说什么是理念了：上面的"狗"就是理念、是狗的理念或者理念的狗。

柏拉图认为，不光狗，所有个体事物，从狗阿白、猫花花直到这些桌椅板凳，都有类似的理念，如猫的理念、桌子的理念，等等。

这些理念也都具有上面狗的理念那些性质，

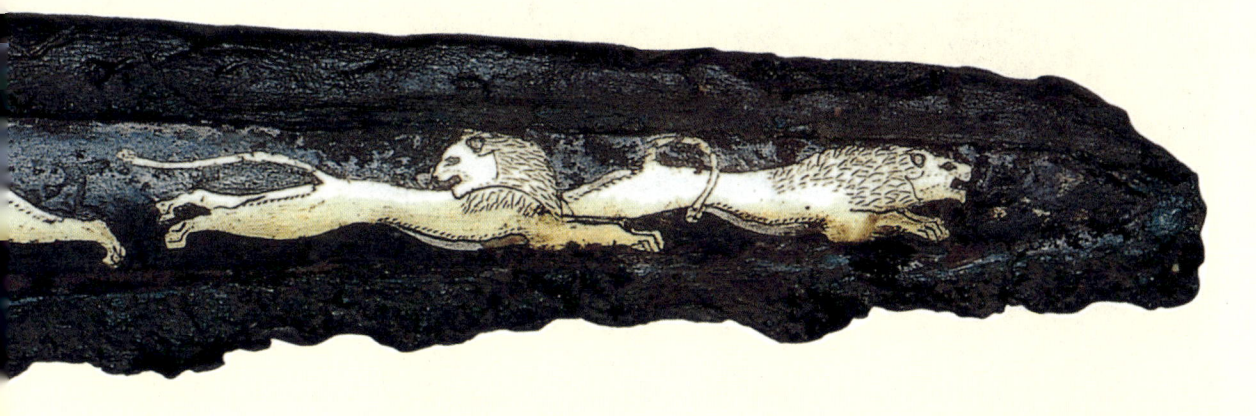

· 这把迈锡尼墓出土的短剑剑身嵌入了青铜，两侧饰有乌金乌银，上面还有精美的雕刻，足以说明持有者身份的高贵

只要把"狗"换成"猫"就成了。

大家现在该明白什么是理念了吧？理念，说穿了就是我们平常所说的概念，是每一类事物的共性，或者用专业一点的名词来说，是"共相"。

神创理念 现在我想问个问题：您猜是先有这个理念的狗呢，还是先有个体的狗？

这个问题太难了，我不作回答，大家可以自己去想，这也许是个信仰的问题，也许是个常识的问题，也许是个蛋和鸡的问题，因人而异，我这里只说柏拉图的观点。

柏拉图认为，如前所言，所有个体的东西都是不真实的，那什么才是真实的呢？当然是理念了。只有理念的狗、理念的猫、理念的桌椅板凳才是真实的，至于我们所看到的具体的阿狗阿猫桌椅板凳，都只是理念在我们眼中那块

· 古希腊雕刻中正在出征的希腊战士形象，约制作于公元前5世纪

玻璃体上的虚假映像，是不真实的。

在此柏拉图提出了著名的"洞穴之喻"。

他在比喻里说，我们假定有这么一个洞穴，某些人生下来就被关在这个洞穴里。他们的脖子被牢牢锁住了，只能朝一个方向看。在他们背后，一堆熊熊大火正在燃烧，在他们面前是一面墙，火把他们的影子投在墙上，他们终生就只看见这些影子。于是，不可避免地，他们会将这些影子看作实在的东西，但对于造成这些影子的东西，无论是火还是他们自己，都毫无知觉。

柏拉图说，人，尤其是不懂哲学——具体地说就是不懂他的理念说——的人就像这些囚犯一样，而那些影子就是我们所看到的个体之物，囚犯将影子看作实在，不懂理念的人将虚假的个体之物看作真实，他们对那造成个体之物的、真实的理念一无所知。

这里再用我家老白打个通俗点的比喻：理念的狗是真正的狗，而我家老白这具体的狗只是理念的真狗在镜中的像而已，当然是假狗。

但这个假狗为什么还叫狗呢？那是因为它分有了真狗——理念之狗——的某些性质，所以才成了狗，其他，如为什么有些个体的事物看起来也真、也善、也美呢？这也是因为它们分享了理念的真、善与美。就像拿破仑的儿子为什么生下来就是伟大的罗马王呢？这是因为他分享了拿破仑的伟大性；或者我的儿子为什么生下来就有许多的书看呢？那是因为他老爸让他分享自己的书。

那又为什么只有这个理念的狗才是真实、完美的狗呢？这是因为理念的狗，像其他一切的理念一样，乃是神创的，所以才完美、真实。至于为什么神创的才是完美的就没什么道理可讲了，我们可以把神比作一个神乎其技的巧匠，他所造的东西当然是完美的了。

您一定会问：那么不完美的个体又是谁造的呢？是神吗？

倘若您问这样的问题，那就触及神学与哲学一些最基本的难题，如既然神是至善，而世界又是由神创造的，那为什么神要创造恶呢？因为恶无疑也存在于神创的世界之中。又如倘若神是万能的，那么神为什么要创造一个不完美的世界，而不是相反，创造一个完美的世界、完美的万物呢？或者用一个有名的悖论说，万能的神能否创造一块自己搬不动的石头？

这类问题看似简单，然而最简单的问题往往存在于最艰深的哲学之中。

在《巴门尼德斯篇》中，巴门尼德对当时还是嘴上没毛的柏拉图的理念论进行了一系列的诘问，弄得柏拉图颇有点儿尴尬。*

柏拉图理念论的内容，正如关于对它的诘问一样，都是很丰富的，可以延伸到整个哲学史，从柏拉图直到弗雷格、卡尔纳普和罗素，大家可以进一步阅读，但我们暂且说到这儿，因为这已经不错了。我们且往下说其他，看柏拉图还说了些什么。

只有哲学家能够升天

柏拉图的这个理念比前两个要简单一些。柏拉图认为，人是由肉体与灵魂构成的，人的肉体像木头一样易于腐朽，但人的灵魂是永恒的。

我想这种思想不难理解，因为这类思想我们已经听得太多了，现在也还有许多人相信。

为了证明灵魂是永恒的，柏拉图提出了两个证明。

第一个证明是这样的：首先，万物都有对立面，这是前提。

那么生与死当然也有对立面了。生的对立面呢当然是死，死的对立面也就是生。于是一个人死了，就一定会有另一个生了，那个生的是什么呢？当然只可能是灵魂了。所以，人死后，他们的灵魂一定是在某个地方活生生地呆着，并且一有机会，就会转世投胎。——这与咱们中国人古来就有的说法够相像了吧？

第二个证明是：柏拉图认为知识就是回忆。意思就是我们来到这个世界上后学到的所有东西其实早已经呆在我们的脑子里了，只是我们自己不知道而已。

这里就出现了一个疑问：是谁、什么时候把那些知识塞进我们的脑子里的呢？

柏拉图说，很显然，只能是我们前世的灵魂。

柏拉图用这两个证明证明了灵魂的存在与永恒。

他并没有止于此，他接着又说：永恒并不意味着永福，人死了灵魂有三个地方可去：天堂、炼狱与地狱。具体说是：好人升天，坏人下地狱，不好不坏的人去炼狱。

那什么样的人才是真正的好人呢？

柏拉图的结论我很赞同，但肯定不赞同的人更多，因为他说好人乃是"哲学家"。

柏拉图认为，唯有真正的哲学家死后才能升天。他说：

凡是不曾研究过哲学的人以及在逝世时并不是全然纯洁无瑕的人，没有一个是可以与众神同在的；只有爱知识的人才能够。

这样，柏拉图给升天提出了两点要求：一是要有德行；二是要爱知识。

这里也许您会说："那还不容易，这两种人多得很，就像我，既是个好人，也爱知识——所以我才读你这破书！"

但柏拉图的回答可能会让您失望了。因为柏拉图的知识可不是我们平常所说的知识，我们平常所说的知识，即对于外界个体事物的认识，在柏拉图看来根本不是**知识**，而只是**意见**！知识乃是关于永恒之物的，也就是理念，只有爱这个的人们才可以说是有**知识**的。

有这种知识的人当然只能是哲学家了，于是，只有哲学家，并且是真正的哲学家，即在品德上纯洁的哲学家，才能升天。

具体地说，这样的哲学家必须将所有尘世的欲望抛到九霄云外，既不准想美女，又不准发财，还不许吃山珍海味，唯有老老实实地受穷受苦，一门心思搞哲学。

现在我来说柏拉图对人类最后的审判，大底是这样的：真正的哲学家死后要到天上去，和神仙们住在一块儿享福；那些没有德行的人则要下地狱，再变成荒坟里的孤魂野鬼，或者变成驴、狼、鹰这类坏动物；那些有德行但成不了哲学家的人则要去炼狱，再变成蜜蜂、蚂蚁等大家一块儿过活、相亲相爱的好动物。

宇宙是如何创造出来的

· 古罗马演说家西塞罗

像古希腊其他哲学家一样，柏拉图对于我们这个世界的来源也深感兴趣，对之进行了一番挺有意思的探讨。

我们知道，柏拉图的著作是以"对话"形式写出来的，在他的所有对话之中，最早影响了西方世界的其实并不是《申辩篇》、《斐多篇》或者《巴门尼德斯篇》这些盛名之作，而是另一篇——《蒂迈欧篇》。

《蒂迈欧篇》为什么有这么大的力量呢？有两个方面的原因：一、它是柏拉图的众多对话中第一篇被西方人看到的，因为伟大的古罗马演说家西塞罗把它译成了拉丁文。二、它的内容是关于宇宙起源的，我们就会看到，它与《圣经》的说法像得很。

此外，《蒂迈欧篇》还有一项有名的内容——关于大西洲的传说，这里就不多说了。

神创宇宙 这里要先说明一点，下面所有的观点都是借一个名叫蒂迈欧的毕达哥拉斯派哲学家的口说的，但我们可以将这看作柏拉图自己关于宇宙起源的观点。

柏拉图认为，在我们这个世界被创造出来之前，也存在着某些东西，这些东西混乱不堪、没有任何秩序，胡乱地运动着。

这时候来了一个神，它觉得这样混乱是不好的，所以就创造出有序的世界来。

我们可以联想一下《圣经》里的创世说，《圣经·旧约》开篇第一句是这样的：

起初，神创造天地。地是空虚混沌，渊面黑暗；神的灵运行在水面上。神说："要有光"，就有了光。

两者是不是相似呢？

但这里要强调的是，柏拉图之神创世界并不是无中生有地创造世界，而只是把业已存在的东西有秩序地安排好：世界本来是一团乱麻，神把它们理成一个头尾分明的线团。

神所创立的东西大概有这样一些：灵魂、作为整体的世界、时间、空间、其他的神、以及鸟、鱼和陆上动物。

神在创造这些东西的时候，是依据一种什么样的顺序呢？

归结起来，神是这样创造世界这个大动物的：它最先创造了理智、然后创造了灵魂、最后才创造身体。创造这三者后，它将理智放在灵魂里，再将灵魂放在身体里。

柏拉图有一个有趣的观点，认为不仅世界上有各种各样的动物，而且世界作为一个整体也是一个动物——只是一个大动物而已，并且这是一个既有灵魂，又有理智的动物。

那么，世界这个大动物是个什么样的呢？

一、这是个和别的动物一样看得见的动物，

·拉斐尔名作《创造动物》

◎ 哲学篇／第五章／理想与理念　85

这就是说，也许我们看到的花草树木就是这个大动物身上的毛哩！那我们人就像是这个大动物身上的虱子了。因为柏拉图的的确确说，世界上所有其他小动物都是生活在这个大动物里面的。

二、这个大动物像个球，因为柏拉图认为像比不像更好，而在所有的形状中，只有球是处处相像的，所以世界这个大动物当然应当像个球了。

三、这个大动物像猴子一样动个不停，而且是像皮球一样地旋转，为什么是旋转呢？柏拉图说，因为旋转是圆的运动，是最完美的运动，既然世界一定要动，那当然是做最完美的圆周运动了。

四、柏拉图还说，既然这个世界是圆周运动，而且只做这样的运动，所以它没有必要有手和脚。

五、柏拉图最后说，这个神创的世界是完美的，它长生不老，甚至不会生病，还是一个和谐的整体，总之，它是永恒的。

神在创造这个世界的同时，还给它创造了时间和空间。

那么，还有其他四种动物：神、鸟、鱼和陆上动物又是怎样创造出来的呢？是这样的：

那创造的神先创造了其他神，我们可以分别叫他们大神和小神。大神在创造小神之后，开始懈怠了，或者想考验一下小神们的法力，就先创造了其他动物，如鸟、鱼和陆上动物的不朽与神圣的部分，然后就叫小神们去创造这些动物的可朽部分。

我们当然知道，所谓不朽部分就是万物的理念与灵魂，可朽部分则是躯体。

宇宙的原料 神创造这些东西时，用的是何种原料呢？

我们知道，关于世界由什么元素构成是古希腊群哲们偏爱的话题：如泰勒士说是水、赫拉克利特说是火、德谟克利特说是原子，直到恩培多克勒说是水火土气四大元素，等等。

但柏拉图认为这些一概不是宇宙真正的元素，宇宙的真元素乃是两种直角三角形：一种是正方形之半；另一种是等边三角形之半。

有点儿古怪吧！

这也许是因为柏拉图深受毕达哥拉斯影响的缘故，将他们对数的崇拜也接过来了。

柏拉图在数之外还加上了形，数与形的结合就构成了宇宙的元素。

为什么是上述两种三角形，而不是四边形或梯形呢？

柏拉图说，因为这两种三角形乃是最美的形式，所以神才以之构建宇宙。

两种灵魂 柏拉图说，大神小神创造了动物的灵魂，这些灵魂并非是完全一样，而有两种灵魂：不朽的与可朽的。不朽的是由创造世界的大神创造的；可朽的则是由大神创造的小神们创造的。

关于这可朽的灵魂，柏拉图说它"服从可怕的不可抗拒的情感，——首先是快乐，那对罪恶是最大的刺激，其次是痛苦，那会妨碍善良；还有粗暴与恐惧这两个愚蠢的参谋，以及难以平息的盛怒、容易引人入歧途的希望；他们（众神）按照必然的法则把这些和非理性的感觉与肆无忌惮的情爱混合在一起，这样就造成了人"。

看得出来，所谓可朽的灵魂就是人的各种世俗之欲望。

柏拉图认为，不朽的灵魂生活在人的脑袋里，可朽的灵魂生活在胸腔中。

如果一个人能够克服他的可朽的灵魂，也就是说，能够将各种世俗的欲望置之度外，那么他死后就会到天上一颗属于他的星座里幸福地生活下去。如果他是个坏蛋，他来生就会变成女人，如果他继续作恶，他就会变成畜牲，这样一直下去，直到他再变成好人为止。

这种说法与前面哲学家升天一节里所说的有点儿不同，不过这没什么可奇怪的，因为死后到底会怎样，我猜八成柏拉图自己也没多大把握，因为他毕竟没有死过。所以他借几个人的口将各种可能性都说了一通，不过大体也差不多，我们各自领会就成了。

好了，关于柏拉图的宇宙起源说法就谈这一些，我们还是以蒂迈欧吹完宇宙的创造过程后所作的结论来结尾吧。蒂迈欧先生说：

现在我们可以说，我们关于宇宙性质的探讨已经结束了。世界容纳了有朽的和不朽的动物，并且以这些动物而告完成；世界本身就变成了一个看得见的动物，包括可以看得见的、可感觉的创造主神，他是理智的影像，是最伟大的、最善良的、最美好的、最完全的，是唯一被创造出来的天。

· 美丽的希腊海岛风光，古希腊文明与哲学正是这样的环境下成长起来的

第六章
博学与逍遥
亚里士多德的故事

也许亚里士多德不是最伟大的哲学家，但肯定是最渊博的哲学家。

公元前384年，亚里士多德出生在色雷斯一个叫斯塔基拉的海港城市，是我们讲过的第三个伟大的色雷斯人了，前面两个是德谟克利特和斯巴达克思。

亚里士多德的父亲是马其顿国王阿明塔斯的御医，关于亚里士多德的早年生活有两种说法：一说他从小就是阔少，养成了阔少们的老毛病，放荡不羁、挥金如土，几年就把老爸留下来的钱财花了个底朝天，只好去当兵糊口，后来他又回到家乡，干起父亲的老行当来。直到30岁以后才明白自己天生是个哲学家，于是便去找柏拉图，做了阿卡德米的学生。

后一种说法是，大约18岁时，他的老爸就把爱子送到了伟大的柏拉图门下。

在阿卡德米，亚里士多德很快就超过了师兄们，被老师称为学园"智星"。他不但才智过人，而且酷爱读书，又堪称历史上最早的藏书家之一，他的宿舍因此被称作"读者之家"。

这样平时读书，闲时购书，亚里士多德在阿卡德米一呆就是20年，直到老师死了才离开。

为什么亚里士多德要离开，而没有留在阿卡德米继承老师的衣钵？

我想原因是这样的：虽然亚里士多德才智非凡，但却与老师不大合得来。我们从历史之鉴上经常可以看到两个天才往往很难合得来。

可能就因为这类原因，柏拉图没有将校长一职留给亚里士多德，而给了另一个学生斯波希普斯。这个斯波希普斯绝对是柏拉图的忠实弟子，对于柏拉图重视的数学更是奉若天规，而数学这个东西却是亚里士多德最烦的。

离开阿卡德米后，亚里士多德在各地游逛了三四载，已届不惑之年了。这时他的一个老同学，位于小亚细亚沿岸密西亚城的统治者赫米亚斯请这位学长去玩玩，这一去便解决了他的终身大事，这个统治者将他的妹妹或者侄女嫁给了亚里士多德为妻。也有人说这个赫米亚斯先生是把自己的小老婆给了没老婆的亚里士多德，但这个赫米亚斯原是个宦官，所以不妨碍亚里士多德与妻子恩恩爱爱地过一辈子。

结婚才一年，一天亚里士多德接到了一个重要的邀请：他父亲的旧上司、马其顿国王腓力二世请他去做太子的导师，这位太子就是未来的亚历山大大帝。

· 亚里士多德

· 15世纪时一位学者齐里亚科所画的亚里士多德像

古怪的是我们没找到任何确切的证据表明亚里士多德与这位伟大的学生之间关系到底怎样。但一般都相信亚里士多德尽管是一个杰出的哲学家，但他对时年13岁的亚历山大王子的教育似乎没多大成效。老师离开后，亚历山大仍是个野心勃勃、放荡不羁的家伙，对哲学更是一窍不通。

当然也有传说说亚历山大非常爱他的老师，老师也很支持弟子后来的统一大业。但那是师生之间正常的感情，与教育的效果没多大关系。

3年后亚历山大接替父亲的王位，开始了伟大的征服，这我们在前面已经讲过了。

弟子做了国王不久，亚里士多德离开了马其顿，他又在各处逛了几年，这时他已经是亚历山大大帝的老师，各地的王们哪敢不对他礼敬有加，奉为上宾。

公元前335年，亚里士多德风风光光地回到了雅典，这时的雅典乃至整个希腊已经被大帝征服了，这也是全希腊第一次大统一，亚里士多德受到了统治这里的马其顿贵族们热烈的欢迎。

但亚里士多德不是来做官的，而是效法老师，在一个小树林里建起了一座学校，取名叫吕克昂（Lyceum），也译作莱森学院。

这时的亚里士多德早已名声在外：一由于他的确是伟大的哲学家；二由于他是伟大的亚历山大大帝的老师。大家可以想想这两个有利条件会给他带来多少学生！

从此这位伟大的哲学家就天天给他的一大帮学生上课了。

每天，当旭日东升，亚里士多德便漫步在校园的草坪上、树底下，边走边谈，后面尾巴也似地跟着他的弟子们。——很逍遥自在吧！如此，亚里士多德和他的学生们便被称作逍遥派。

亚里士多德在吕克昂里一漫步就是12年，在这里写出了他一生的巨作。

公元前323年，亚历山大大帝患恶性疟疾死了，时年仅33岁。这时，早已对他的统治愤愤不平的希腊人揭竿而起，他们不但要将统治他们的马其顿人赶走，还把矛头指向了亚里士多德，说他是个亵渎神明的家伙，亚里士多德可不是苏格拉底，一见势头不对，便溜之大吉，按他自己的说法，这不是怯懦，而是不想给雅典人再加上一个扼杀哲学的恶名。

他自我流亡到了一个叫加尔西斯的地方。

第二年，亚里士多德在流亡之地与世长辞，享年62岁。

· 亚里士多德和他的学生们在研究宇宙

◎ 哲学篇/第六章/博学与逍遥

第七章
一个哲学家眼中的世界
亚里士多德思想的故事

亚里士多德哲学规模空前。

如果说柏拉图是一所精巧无比的花园的话，亚里士多德就是一座规模宏大的宫殿。

但我们不要想像这座宫殿像咱们的故宫一样金碧辉煌，就优美而言，亚里士多德的思想远不如他的老师柏拉图。因此他诚然是一座规模宏大的宫殿，但构造相当粗糙，既无故宫一样的雕梁画栋，也无凡尔赛宫精美的壁画与大理石雕像。——它更像是故宫或凡尔赛宫刚刚建好、但还没装修时的样子。

上面用了这么多的比喻，我只是想说明一下亚里士多德思想的两个特点：一是文笔朴素，缺乏生动；二是思想艰深，不易理解。

所以我得预先请大家原谅，当你们读这一节时，八成会大皱眉头，就像我写它时一样，恨不得一丢了之。我当然不能这样，因为一部没有亚里士多德的哲学史是不配称哲学史的。

我仍会尽力把亚里士多德的思想装饰一下，让它优美一点、明白一点。万一我没有做到，大家权且当作接触一下"真正"的哲学吧。

最博学的人

柏拉图是一位极富诗意的思想家，亚里士多德是一位极缺诗意的科学家。

在他的思想之宫殿中，内容最丰富的并不是形而上学的玄思，而是富于科学精神的观察与研究，亚里士多德把他的目光投向了整个自然界，把自然界的万千个体当作自己的研究对象，试图从中寻求知识与真理。

在他的吕克昂，教学的主要内容不是阿卡德米的数学与政治，而是倾向于生物学、天文学、物理学等自然科学。

大家都知道，搞自然科学同搞哲学这样的社会科学不同，得花大量金钱，亚里士多德可以说

· 这就是凡尔赛宫，亚里士多德的哲学大厦也许比这个还要壮观，但没有这样美丽

是历史上第一个运用大量的金钱进行科学研究的人。

据杰出的罗马博物学家、《自然史》作者普林尼记载，亚里士多德手下有大批研究助手，包括为他抓各种动物的猎人、栽培植物的园艺工人、从海里捕捞各种海生动物的渔夫，加上其他辅助人员，达上千之众。他们不单在吕克昂里为他服务，而且遍布从希腊、小亚细亚直到埃及的广大地区。我们不难设想这些人可以为亚里士多德找到多少花鸟虫鱼、飞禽走兽，亚里士多德凭这些东西建立起了古代世界第一座大动物园和植物园，他的许多伟大发现也是从这些动植物身上得来的。

也许您会觉得奇怪："天啦，这得花多少钱！亚里士多德怎么这样阔？"

他搞科研的巨资有三个来源：一是他老爸和老爸的老爸等先人们的遗产。亚里士多德家族一直是马其顿国王的御医。大家可以想想，给国王一家子看病，这出诊费还少得了吗？那些钱最后自然落到了亚里士多德手里。二是他老婆乃是密西亚的统治者、整个希腊最阔绰的人之一的侄女，这个阔佬的财产后来都给了侄女，也等于是落到了亚里士多德手中。三是亚历山大做了大帝后，没有亏待老师，据世界上最古老的狗仔队、堪称狗仔之鼻祖、专爱探听名人私生活的阿德纳奥斯说，大帝先后拨给老师作科研经费的钱多达800泰伦特。这个800泰伦特与苏格拉底的30个米尼可不是一回事，那时候，普通人要是有8个泰伦特就是不小的富翁了。据有人统计说，大约相当于现在的400万美元。

有了这三笔钱，亚里士多德什么样的科研不能搞呢？加上他的天才，什么样的成果出不了呢？

凭这一大堆资本亚里士多德也获得了一大堆成果。他的著作有人说是400部，也有人说是1000部，现在当然没留下来这么多。但光是留下来的已经够瞧了，仅中文的《亚里士多德全集》就多达10卷，其中收集的论文著作达50部，而且这还不是真正的"全集"。著作的内容囊括了现在称为社会科学与自然科学的大部分领域，总归起来有以下四大部分：

第一部分著作是关于逻辑学的，如《范畴篇》、《解释篇》、《前分析篇》、《后分析篇》、《论题篇》、《辩谬篇》，等等。这些都是告诉我们如何思想的著作，亚里士多德的弟子们将它们以"工具"为题结集出版。

第二部分是有关自然科学的著作。如《物理学》、《论天》、《论生成和消灭》、《论宇宙》、《天象学》、《论感觉及其对象》、《论记忆》、《论睡眠》、《论梦》、《论呼吸》、《论颜色》、《动物志》、《动物的进展》、《论植物》、《论声音的奇异》、《机械学》、《论不可分割的线》，等等，多得很。从它们的名字我们就可以看出它的研究领域包括天文学、气象学、动物学、植物学、生物学、生理学、声学、机械学、数学、物理学，等等。这些学科中的一大部分实际上就是由亚里士多德本人创立的，如动物学、植物学、物理学、生理学，等等。

第三部分著作是有关美学的，如《修辞术》、《亚历山大修辞学》、《论诗》，等等。这一部分的成就可能没有其他三部分大，因为亚里士多德在这方面不大在行，所以他虽然也写过文学性的"对话"，但早已不见踪影了。

· 希腊有无数美丽的海岛，这是从爱琴海中的一个岛上看去，别的许多小岛仿佛近在眼前

最后一部分才是他的哲学著作。包括《尼各马可伦理学》、《大伦理学》、《优台谟伦理学》、《论善与恶》、《政治学》、《论麦里梭、克塞诺芬和高尔吉亚》，此外就是最有名的《形而上学》。

光读读名字就可以看出来它们简直就是一部百科全书！难怪有人说，在亚里士多德著作里，太阳下每一个问题都有其一席之地。真是"前不见古人，后不见来者，念今古之博学，唯亚里士多德为最也！"

他创立的许多东西一直流传到现在，不但在科学与哲学领域里亚里士多德创立了一整套专门术语，像官能、准则、范畴，等等。他创立的许多用语甚至成了人们的日常用语，如原则、形式、能量、现实性、动机、目的，等等。这些词儿都是亚里士多德老人家在2000多年前想出来的。

亚里士多德的成就是如此之众多、学识如此之渊博，那他是不是古往今来掌握真理最多的人呢？

不！相反，亚里士多德恰恰也是古往今来犯错误最多的人之一——如果不是最多的话，我看这也是大有可能的。

我们还记得伽利略在比萨斜塔做的实验，为的就是要证明亚里士多德的一个说法错了：亚里士多德说过，物体自由下落时的速度同它的重量成正比，也就是说，如果两个东西，一个10斤，另一个1斤，那么当自由下落时，10斤的会比1斤的快10倍。这大约是亚里士多德看到羽毛落地时比石块落地慢而想当然地提出来的。真不知道他当时是怎么想的，为什么不随便再拿块大石头与小石头实验一下，就莫明其妙地得出了这个荒唐的结论。

类似的错误在亚里士多德的书里还不少，无论是他的天文学、生物学、还是物理学，现在读来您会觉得简直是"满纸荒唐言"哩！

但就是这样的理论牢牢控制着西方人的思想达千年之久，而自文艺复兴以来，新的思想巨人们，从伽利略到哥白尼，在提出他们的新思想时，几乎总是把亚里士多德当作靶子，同时也是把他当作自己继续往上爬的垫脚之石。

这就是亚里士多德哲学的命运。

至于记载这些哲学的著作同样有一段堪称坎坷的遭遇。

先是，由于亚里士多德的盛名，这些著作很可能一度流行于古代西方世界，但后来像其他古希腊伟人们的著作一样，在西方似乎永无休止的打来打去中失传了。

所幸的是，在东方他的著作仍受到广泛的尊敬与阅读。

早在公元前5世纪景教徒便将亚里士多德的许多著作译成了古叙利亚语，500年后又由之译成了阿拉伯语和希伯来语，再过了200多年，大约在1225年，终于被译回了当时全欧洲的官方语言——拉丁语，后来十字军东征时把好多希腊文的亚里士多德著作带回了欧洲。1453年，土耳其苏丹穆罕默德二世攻占东罗马帝国都城君士坦丁堡时，从城里逃出来的希腊人也将一些亚里士多德著作带到了欧洲。

这时，实际上已经统治了西方的基督教会早将亚里士多德的著作奉为《圣经》第二了。每所教会学校都将亚里士多德哲学当成了最主要的教学内容，如有反对者，面临的将不是批判的武器，

· 千年之后，亚里士多德遭到了伽利略猛烈的批判

而会是武器——例如皮鞭或烈火——的批判了。

亚里士多德被看作是所有哲学家中之最伟大者,这正是在漫长的日子里亚里士多德的地位。

对"最伟大"的亚里士多德哲学大厦的结构之综述至此为止,我们开始具体地讨论他的思想。

我打算先从他最伟大的成就逻辑学入手。

怎样思与说

我在上一句说逻辑学是亚里士多德最伟大的成就,这种极端的说法一般情况下是错误的,但在这里却有它的合理性。至少在亚里士多德所有成就之中,逻辑学是对后人影响最大的一种,当亚里士多德的大量教条被一条条批驳殆尽时,其逻辑学的影响却一直留传下来、直至今天。

·希腊科孚岛上的景色,安静而秀美,犹如古希腊的贞女

我们知道,做任何事情,如果想做得好的话,就需要有恰当的工具,例如我想钓鱼,就得有一根好钓竿,最好是铝合金、伸缩自如的那种;如果想玩乒乓球,上好的工具就是一套红双喜系列:球、球拍、再加桌子;要是想谈恋爱,最好的工具是什么呢?我猜是一个够"酷"的形象再加一张会吹的嘴,吹的内容,则以足球和哲学为佳。

那么思想呢?如果我想正确地想问题、正确地说话、正确地找出敢跟我顶嘴的人话中的弱点,给以致命一击,那该怎么办?

那就得靠"逻辑"了!

这个逻辑,就是亚里士多德创立的逻辑,全称是形式逻辑。

我们平时说:"您说话得讲逻辑啊,别信口开河。"说的也是这个逻辑。

在亚里士多德创立逻辑学之前,古希腊哲学家们是谈不上有什么思想工具的,所以他们说话不时有点前言不搭后语或者胡搅蛮缠地诡辩。

但哲人们,像苏格拉底,已经开始致力于把自己的话说得清楚明白了,例如他老是向人家要

"定义"，其实就是为了让人弄清楚自己想说的究竟是什么，亚里士多德便是在这些背景之下创立其逻辑学的。

当然这些背景同真正的逻辑学还差一大截，因此我们可以看到，亚里士多德几乎是白手起家地建造了逻辑学这座设计合理、结构严谨的大厦。

亚里士多德的逻辑学在他诞生之初并没有马上起很大作用。像他的著作一样是"墙里开花墙外香"，在西方默默无闻，在东方稍放光芒。足足过了800来年后，一个叫波伊提乌的人方将它从东方重新介绍到西方。

但它是不鸣则已，一鸣惊人，一旦回到西方，便顿然成了整个中世纪的思维模式——而且是唯一的模式。中世纪的哲学家们以死板得要命的方式运用亚里士多德逻辑学，以之去研究上帝为何存在、一个针尖上能站几个天使之类的问题，令人反胃！

但他们毕竟已经在用逻辑思考问题了，他们的推理演绎虽然没什么意思，却仍然不失为讲逻辑的思考方式，这就比古希腊人进步了。

中世纪之后亚里士多德的大量思想成果已经被抛进了历史的垃圾堆，但他的逻辑学却依然是人们的思想工具，培根的归纳法只是完善了亚里士多德的逻辑学，而不是代替或推翻了它。

即便在今天，虽然弗雷格，这位继亚里士多德之后最伟大的逻辑学家，早已创立了一种崭新的逻辑——数理逻辑，将亚里士多德的形式逻辑贬到科学之一隅去了，但数理逻辑仍是阳春白雪、曲高而和寡，只在那些专门的研究者中间兜圈子。对于广大群众，包括我们，起作用的仍是亚里士多德的逻辑学。因为它有一个最明显的优点——能使我们在日常生活以至学术研究中做到思路清晰、结论可靠。

关于亚里士多德逻辑学的内容，我这里只选择它一个最主要、也与我们关系最密切者来讲，这就是三段论。

三段论我们都听说过，简而言之，就是用三句话来证明一个结论。虽然它只有三句话，却足以将一个命题证明得天衣无缝——当然也是有条件的。这里举个例子：凡人都会死。老莫是人。所以，老莫会死。

这个老莫可以改成任何一个或一些人，如我、你或者其他什么人。

这个例子就是三段论里的所谓A、A、A形式，称为"Barbara"。它由三句话组成，从上往下分别叫作大前提、小前提、结论。

这也是一种运用得最为广泛的思维方式，可以肯定我们每个人都用过，无论有没有学过、甚至听说过三段论。

当然我们在实际运用时不会采用上面这么完整的形式，而是一种简化的形式。举个例子，如我说："我要喝水。"这实际上就是个隐蔽的三段论，它可以进行这样的扩展：凡人都要喝水。我是人。所以，我要喝水。

类似的例子在生活中几乎每天都会遇到。这是一种极可靠的思维方法，我们可以大用特用，不但可以用于立，还可以用于破。

当然它的可靠也不是无条件的。例如大前提要对，如果大前提错了，那结论就肯定不对。如第一个例子，如果"凡人都会死"不成立，即有的人像孙悟空一样长生不死、寿与天齐，那么结论"老莫会死"也就不成立了，谁知道这个老莫不是孙悟空第二呢？

除了上面的A、A、A式外，还有E、A、E（Celarent），A、I、I（Darii），E、I、O（Ferio）3种形式，它们加起来就构成了三段论的第一格，亚里士多德还规定了第二格和第三格，后来经院哲学家们又加上了第四格。实际上这第二、第三、第四格都可以归结到第一格。

虽然如罗素、弗雷格等人所言，三段论有许

· 雅典国家考古博物馆

多缺点，三段论也绝对是思想、生活中价廉物美的好工具。

一个哲学家眼中的世界

上面谈了一下亚里士多德的逻辑学，现在我们来谈他的另一个伟大的思想体系——科学思想。

在这里，亚里士多德塑造了他的整个世界。

亚里士多德与其老师和祖师爷的不同之处在于，他不是一个沉醉于哲学与伦理学之形而上学玄想的人，而是一个关注现实——我们面前的自然万物——的人。按西方有人的说法："苏格拉底给人类以哲学，亚里士多德给人类以科学。"

前面已经说过，亚里士多德在科学上的研究可谓无所不包，从天文学、机械学、生理学直到气象学。我们是不是要逐一去说来呢？没这个必要，也没这个时间。我们只说说亚里士多德研究得最多、也最有影响的几个领域。

我们首先来看看亚里士多德对物理学都说了些什么。

形而下学 物理学（physics）就是研究自然万物之理的学问，与研究非自然的抽象之理的形而上学（meta-physics）相对，因此我们不妨将它称为"形而下学"。

但这里的"自然"与我们现在所称的"自然"有些不同，我们的自然就是自然界的万事万物，但在亚里士多德这里，这个"自然"是与"生长"有关的，也就是说它的自然倾向，由之我们可以明白地看到某种目的性。亚里士多德正是这样来看待自然的：一个生物或者其他东西，它的自然就是它的目的，它的存在就是为了这个目的存在。

这听起来有点古怪，我们可以这样理解：

我想大家都明白这一点：任何东西，它一旦存在，就会有个结果，也可以说，它必定会随着时间的进展而发展。例如，一颗种子，它的发展

·拉斐尔名作《雅典学院》的中心部分，这两个中心人物就是长胡子的柏拉图与披蓝袍的亚里士多德

是什么呢？很简单，发芽生长，成为一棵苹果树——如果这是一颗苹果树的种子的话。在亚里士多德看来，这就是自然。

这个自然又可以用一个词来形容——运动。因为我们知道，任何东西一旦存在就要发展，这个发展无论是什么形式，都是一种变化，不管是岩石的风化、还是种子的发芽，或者仅仅是位置的改变，这些变化都是运动。亚里士多德说运动就是潜存着的东西正在实现，也是这个意思。一颗种子，它的潜存着的东西就是它发芽的可能性，而当发芽由一种可能性变成现实性时，它就是在"运动"了，这种运动，便是种子的"自然"。

所以亚里士多德说，有些东西是自然存在的，如动物、植物或者单纯的物体。为什么这样说呢？因为它们具有一种内在的运动规则。这种所谓的内在运动规则，对于动植物便是其生长发育，对于物体就是其移动，像一块冰从天上掉下来砸中一个哲学家时所做的移动一样。

总而言之，亚里士多德认为，物理学是研究自然的学问，也就是研究上述自然万物的那些运动、发展、变化的学问。

亚里士多德的物理学研究的问题是很丰富的，除自然与运动而外，还有对时间、空间以及天体等的研究，这些研究有一个共同特点：都多少与运动相关。我们在这里且不一一说了，大家感兴趣的话可以去读他的书。不过我得事先警告大家，这些书并没多少意思。

大地是宇宙的中心　我们再来简单地谈谈亚里士多德的天文学思想，这种思想曾经深深地影响了西方对宇宙的观念。

亚里士多德首先把整个宇宙天体分成好多层，各层天体都是完美的球形，越往上天体就越神圣，创造世界的神自然处于最高一层的天体。

地球是宇宙的中心，太阳、月亮等其他所有天体都在绕地球转圈子。

· 在古希腊奥林匹克运动会遗址举行的奥运圣火点火仪式

以月亮为界，月亮以上的所有东西都是无死亦无生的，按佛家的话，都脱离了生死的寂灭轮回，"涅槃"了。

月亮下面的东西则有生有死，地球上的万物，包括我们人，是月亮下面的，自然都属于有生有死之列。

亚里士多德还认为，宇宙万物都是由五种元素构成的，这五种元素分别是：水、火、土、气和第五元素。

以月亮为中心，月亮以下的东西都是由水、火、土、气4种元素构成的。而月亮以上的其他天体则是由第五元素构成的。

水、火、土、气4种元素不是永恒的，它们彼此相克相生，有重有轻，如火是最轻的，所以它总是向上运动；土则是最重的，所以它总是往下掉；气则比较的轻，水则比较的重。

这些理论现在看来只能用一个词来形容：胡说八道。但却统治了西方思想近千年之久。并且它远非仅仅是思想控制，而是最残酷的思想暴政。罗马教会运用宗教裁判所，对胆敢怀疑伟大的亚里士多德的人进行残酷斗争、无情打击。伟大的科学家布鲁诺就是因为支持哥白尼的日心说，认为宇宙的中心不是地球而是太阳而被活活烧死的。

当然我们不能说是亚里士多德这么坏，可以相信倘若亚里士多德自己是罗马教皇，他决不会将反对他的人烧死，而且我们也不能怪亚里士多德没有提出正确的宇宙论。应该说，在他那个时代提出这类学说是完全正常的，虽然也有人提出过日心说，但那与地心说一样，只是瞎猜。甚至可以打个比方说，那些天文学家们是爱用抛硬币来赌博的人，他们用一面代表地心说，以另一面代表日心说，亚里士多德猜了字一面，便选择了地心说，而毕达哥拉斯猜了国徽一面，便选择了日心说。

因此我认为，亚里士多德对他的学说带来的恶果不负任何责任，那些悲剧只是命运的不幸——就像原子弹的产生一样，爱因斯坦难道要为它担负罪责吗？

生命是一条链 首先我们当明白：生物学这个学科的创立者就是亚里士多德。

前面已经说过，为了研究生物学，亚里士多德雇来替他采集动植物标本的人多达上千，也花了成千上万的银子，使他的学园也成了古代世界第一座大动物园、植物园。凭着如此丰富的材料和细致入微的观察，亚里士多德的生物学思想较之他的物理学和天文学思想要正确得多。

亚里士多德最伟大的生物学贡献就是认识到了生物的发展是一个连续不断的过程，所有生物都可以连续地从低级到高级排列起来，最低级直到最高级构成了一个生物之链，而且从身体构造、生活方式、后代繁殖、直到情感表达方式，都是渐进的，也就是说，每一环只比上一环进步了一丁点。

我们可以打个比喻，这个生物之链也可以是生物之梯，因为它就像上楼梯一样，每一级只比上一级高十来厘米，但这样可以由平地直通达无限之高。我们可以把第一级看作无生命的岩石沙土；再上一级就是最简单的有机物；再往上就是复杂一点的有机物，如蛋白质；再就是最简单的生命体，如细菌；这样，一级级往上，越过古生代的三叶虫、中生代的恐龙，直到咱们的类人猿祖宗，最后是人，这小小地球上最聪明的动物。

再往上呢？是神仙——如果有的话。

此外亚里士多德还有不少好发现，如他说鸟和爬行动物在身体构造上是近亲，猴子不如人聪明，却比普通的四足动物机灵，他还说，人应当归入胎生四足动物之列。这对于那位宣称"人是万物的尺度"的普罗泰戈拉先生应当是一个不小的打击，却肯定会受到达尔文先生举双手赞成。

此外，亚里士多德还创立了胚胎学，为此曾打破过无数只鸡蛋，看里面小鸡的发育情况。

他也是最早研究遗传学的人之一，他曾听说有一个与黑种人结婚的姑娘，生下的孩子却是白种人，后来她的白种孩子们长大了，与白种人结了婚，生下来的孩子却又成了黑种人。这"颠倒黑白"到底是什么原因呢？

亚里士多德没能解决这个问题，但他想到了这类问题：这姑娘的孩子一定有黑人血统，但它到哪里去了呢？为什么不在他们的皮肤、头发、眼睛上显示出来呢？为什么直到第三代才又显示出来呢？

这些问题直到2000多年后才由孟德尔得出答案，这就是所谓的"隐性遗传"。

其实亚里士多德只要再多想一步，就可以得到这个答案了——那个姑娘的孩子的黑人血统就"隐藏"在自己的体内啊！只不过是没有表现出来罢了，要再到黑人姑娘的孙子身上才能表现出来。这就像阔气的爷爷把一个箱子交给父亲，父亲不知什么原因没把它打开，做了一辈子穷光蛋，直到父亲死后，孙子才打开这箱子，发现原来是一箱子金子，于是又一次表现了爷爷的属性：阔气。

亚里士多德辞世2000余载之后，一个叫孟德尔的奥地利人又发现了相似的现象，并且比亚里士多德前进了一大步，不但观察了现象，而且得出了伟大的结论，总结出了遗传的两大规律。可惜的是，直到死他的伟大成就都没有得到应有的承认，默默无闻地度过了一生。

——大家千万不要感到惊讶，因为历史就是这么古怪与不公！类似的人还有伟大的作家卡夫卡和哲学家弗雷格。

上述这些都是亚里士多德生物学的正确之见，现在我们说一下他的错误之见，只略举几例：

他认为生孩子时老爸的作用只是给母亲一点性刺激，以加快生孩子的速度而已，不知道精子还是生孩子的必要因素。

他从没有进行过尸体解剖，不知道人体是由

· 一场按照古希腊传统举办的马拉松比赛，以纪念那位从马拉松一直跑到雅典的战士

肌肉和骨头组成的，也不知道有动脉静脉这种东西。

他对于男女身体构造的差异有一种顽固的信念：认为男人脑袋上的骨缝比女人要多，男人胸腔每侧只有8根肋骨（您知道是几根吗？），他甚至坚信女人连牙齿都比男人少。

这种种谬论说起来虽然好玩，但还是不多说了罢，免得被人说我们不够宽容，专挑伟人们的刺。

我们最后补充亚里士多德的一件大德行，我们前面谈过赫拉克利特，为什么我们现在还会知道他的思想？要知道赫拉克利特的著作可是半篇也没留下来。

我们之所以能谈他、研究他、从他那火一般热烈的语言里汲取力量，全亏了柏拉图和亚里士多德师徒俩。他们虽然很有点合不来，但有一个共同点，坚信不破不立，所以每次提出自己的观点时，总爱先把人家的话引述一大通，猛批一大通，尤其是亚里士多德，这个癖好来得更是强烈。

我们可以看看他的哲学杰作《论麦里梭、克塞诺芬尼和高尔吉亚》，每部分的开头都是"他说"，在漫长的一段引文之后，就开始反驳了。

也正因为如此，我们便知道麦里梭、克塞诺芬尼和高尔吉亚都说了些什么了。

这就是亚里士多德的大德行。

幸福之路

在亚里士多德的所有学说中，他的伦理学是最好也最亲切的。

亚里士多德说,伦理学不是一门理论的学问，而是一门实践的学问，所以他把他的伦理学规定为所谓"实践哲学"。

他的伦理学也可以换个名字来说："幸福生活指南。"因为它只有一个目的：教我们如何得到幸福美好的生活并为我们求得理想的幸福生活提供了一整套实践指南、一条幸福之金光大道。

古希腊的哲人们爱谈善，认为人一生最高的目标就是要追求这个"善"。但他们的这个善常常是叫人难以去追求的。例如它要求爱善的人们像苏格拉底那样成天穿着破衣烂衫、食不果腹，这样的生活怎会有多少人会去追求呢？

亚里士多德也谈善，但他的善就不大一样了。

首先他给了善一个最亲切的定义——善就是幸福，幸福就是最高的善。所以咱们在追求人生幸福的过程中也就是在追求善。

怎么样？不错吧！我相信您、我、他，一句话，我们每个人都在追求幸福生活，所以我们也就是在追求善了。我们不但是一个幸福的人，而且是一个好人！

当然亚里士多德的幸福与我们现在许多人所想的幸福不大一样，但即使如此，我想大家听了后一定会觉得这种幸福也值得追求！

亚里士多德说，幸福的前提就是一定的物质条件。

他认为穷光蛋是谈不上幸福的，他只会成天愁吃愁穿，为了填饱肚皮而不择手段，哪有时间去追求什么幸福？相反，人有钱了便可无忧无虑，有闲情逸致去追求知识智慧,也就是去追求幸福。

是不是有了金钱便有了幸福呢？当然不是！亚里士多德只认为没有钱万万不能，并不认为金钱万能。

那么除了有钱，幸福还得有什么条件呢？

亚里士多德认为，人之所以称得上人，是因为人是"理性动物"。这理性也就是人

·亚里士多德

的思维能力，这乃是人高明于其他一切动物的地方，所以人若要追求属于人类独有的幸福，就得关注理性。

为什么我们要关注它？因为它不但为人所独有，且力量其大无比。可以使我们获得一样东西：美德。亚里士多德认为，幸福是善，而善，当然是美德。

亚里士多德说，美德有两个条件：一是理性；二是远见。

他认为，一个人做事要凭理性，不要感情用事、盲目冲动，等做过了才说："It's out of my control!"（我身不由己！）是没有用的，也不会幸福。用另一个词来说，就是人可善于克制自己，善于自制。

我想这是容易理解的。确实，一个人做事要是缺乏理性和远见，等待他的肯定不是好结果，这样的例子在生活中真是太多了。

有则笑话，说一个人因为别人欠他5角钱，就去催讨，他坐了1块钱公共汽车到了那里，结果那人不在，只好又坐了1块钱车回来。

这种行为不正是缺乏远见和理性吗？他有没有想过即使讨回了这五角钱，他又得到了什么？

但这并不意味着我们偶尔失去理性、犯了错误就得不到幸福，相反，吾非圣者，焉得无咎？人总有失去理性的时候，总有犯错误的时候，只要我们能把握大局，不在关键时候失去理性，我们就一定能够得到幸福。

当然，有了理性和远见并不等于找到了幸福，它俩只是美德的条件，而且"理性与美德"还是相当抽象而宽泛的东西，不那么好操作的，怎样才能找到美德本身或者用某些具体可行的行动来达到理性与远见呢？

亚里士多德说，要同欲望结合起来。

我们知道，理性常要求我们控制自己的欲望，不要在纵欲之中迷失了人生的航向，不单如此，对于许多哲学家来说，理性就是制欲，甚至禁欲，要人过着像苏格拉底一样穷苦的生活，乃至像第欧根尼一样过着狗一般的生活。这种说法在古希腊的哲人们那儿是很有市场的，但这与亚里士多德的想法可不一样，亚里士多德恰恰认为，欲望对于幸福与美德是必要的，就像理性一样。

但这两个东西常是相互冲突的，怎么才能把它们融合在一起呢？

亚里士多德为我们找到了一条融合欲望与理性之路：中庸之道。

亚里士多德甚至认为美德就是中庸之道。这看起来有点儿古怪，但我举几个例子大家就明白了。

大家都会承认勇敢是一种美德，那么什么是勇敢？亚里士多德说，勇敢就是居于怯懦与鲁莽之间的禀性。

类似地，大方就处于吝啬与奢侈之间；抱负就处于懒惰与贪婪之间；谦虚就处于骄傲与自卑之间；诚实就处于沉默与多嘴之间；麻木与激情之间是温和、乖戾与滑稽之间是幽默、好斗与谄媚之间则是友谊，等等。

由上可见，所有美德，像大方、勇敢、谦虚、诚实、友谊等等都是中庸之道，这就像我国古话所说：物极必反、过犹不及。

那么人怎样才能走上中庸之道呢？从亚里士多德的述说中我们大概可以找出三个条件：

第一是人首先得有理性与知识，中庸之道不是那么说走就能走的，那是一门艺术，人要懂得中庸之道就像要懂得艺术一样，需要有知识作基础、有理性作后盾，这是得守中庸的前提。

第二是要行动，亚里士多德认为，美德这种艺术，就像素描和雕塑一样，光有理论是不行的，必须实践，而且必须首先实践，才能有美德。就像他说的："人先有了行动，才形成这种行动的美德。"

亚里士多德还认为，幸福不但要行动，而且要经常行动，把行动变成一种习惯，他说："正如一次晴天或一只燕子并不构成春天一样，一个人的幸福、满足也并非一时之为善、一劳而永逸。"

第三，亚里士多德认为坚守中庸之道不是件容易的事，对青年人尤其难，因为他们总爱走极端。但他认为，这并没有什么不好，人在走到了一个极端之后，为了纠正错误，"那我们就应该瞄准另一极端，这样没准能走到中间位置上去。……这正是人们弄直弯曲的木板时常用的办法"。这就是我们中国古已有之的话，叫"矫枉过正"。

至此为止，如果一个人有了一定的钱财，有了理性与远见，还走上了中庸之道，那么是否就得到了幸福呢？

差不多了，但还差点儿——差点儿附加条件。

这条件虽说是附加的，但并不是不重要的，那就是友谊。

亚里士多德特别重视友谊，把它看作幸福最重要的外部条件，友谊不但可以助人获得幸福，而且与好朋友分享幸福可以使业已获得的幸福成倍增长。

亚里士多德想必也是个爱交朋友的人，但可别以为他朋友遍天下，相反，他如此说：

应该交很多朋友还是少许朋友？我们可以绝对地说，既不能太多，也不应太少。因为假如太多，就很难把友爱摊到每个人头上。……另一方面，也不能太少——譬如只有一两个。到底多少个，要与自己的环境状况以及对友爱的冲动程度相适应。

这不是哲学，而是处世的金玉良言，我相信若大家愿按亚里士多德的话去做，在生活中也许就可以少受些折挫。

那么，我们应该找什么样的人做朋友呢？有

· 雅典娜青铜像，制作于公元前5世纪

104　话说西方 *The Story of the West* >

三点是要保证的：一是要真诚，一个不真诚的人是不可能成为真朋友；二是要性格合得来，性格合不来的人即使成了朋友，也难免争争吵吵，最后拉倒；三是要注意不要找那些有求于自己的人做朋友，那些因为好处和恩惠而交来的朋友不是真朋友，就像一座用沙子筑地基的房子，迟早要垮掉。

这样，到此为止我们总算找到了人的幸福之道，那就是：有够花的钱、有理性与远见、走上了中庸之道，并且有好朋友分享幸福。

一个人找到了幸福，也就是找到了最高的善。

谈毕了亚里士多德的伦理学，我们还有两点要谈：一是他的哲学；二是他的政治学。我决定还是先谈伦理学，因为亚里士多德的哲学是不那么好谈的，我们还是先把稍微容易谈的先谈了再说罢。这就像把一块木板钉上墙一样，最好先从薄的地方打洞，再钻厚的地方。

治国之道

亚里士多德把政治学归于实践哲学之内，并把它看作是普遍的、全部的实践哲学，从这个角度上说伦理学都应当归属政治学。

亚里士多德认为，在个人与国家之间最重要的不是个人，而是国家。他说国家按其本性乃是先于家庭和任何个人的。国家是"隐得来希"，是个人的本质，个人如果离开了国家，就会像手离开了身体一样，什么也不是了。

所以他认为个人应当服从，除服从国家外，他还要服从两个对象：法律与君主。

以下就是亚里士多德的一些政治学观点，也可称之为治国之道。

稳定第一 亚里士多德在世时，正值整个希腊各城邦之间相互争战不休，一片混乱。雅典已经被斯巴达征服，而它的被征服在很大的程度上是当时腐朽的民主制所导致的恶果。因为在民主制下，乌合之众动不动就起来造反，将军都经抽签产生，只要有了一点错就随便地被撤职、放逐甚至处死。这样的政府肯定是不稳定的，也难以持久。

·古希腊武士青铜像

痛心于这种现实的亚里士多德认为，一个政府首要的就是要保持政治的稳定。

正因如此，任何改革都要小心进行，而且如果不是迫不得已，就不要轻言改革，改革所带来的好处很可能还抵不上导致的坏处。

尤其是对于法律，亚里士多德认为，对法律哪怕进行小改小革也是坏事。即使法律有什么地方不对头，那最好也是像对待有错误的人一样，宽大为怀得了。因为人无完人，法律也不可能完美。如果随便改变法律，就会破坏法律的权威性，从而使老百姓养成不服从法律的可怕习惯，这样国家就完了。

改革尚且如此，革命就更不用说了，亚里士多德是最反对革命的。他说革命是顶坏不过的事，对国家与人民没有一点好处，即使偶尔地看上去有些好处，也会被跟着屁股来的更多坏处冲没了。所以国家要想尽一切办法消灭革命——不是镇压，而是将它扼杀于襁褓之中。

反对乌托邦 像对待柏拉图其他理论一样，亚里士多德对待老师的乌托邦理论也是"吾爱吾师，吾更爱真理"。他认为老师的乌托邦国家理论简直是瞎扯。

例如，我们说过，在柏拉图的理想国里，哲学王们是共产共妻的，所有孩子出生后都会被从父母身边带走，这样谁都不知道谁是自己的孩子。于是换言之，所有孩子都可能是自己的孩子了，这样做父母的就会将所有孩子当作自己的孩子来爱，而对于每个孩子而言，别的所有的人都是自己的兄弟姐妹。柏拉图认为，这样的话所有的人会更加相亲相爱。

但亚里士多德认为压根儿不是这样。父母兄弟姐妹就像朋友一样，多了就等于一个也没有。人与人之间不但不会因此而更相爱，反而会导致谁也不会真的爱谁，谁也得不到谁的真爱。跟孩子一样，财产如果公有，那就等于说谁也没有，

结果就是谁都不关心。

他又说，在柏拉图式的共产主义社会里，只会培养人的懒惰。因为既然多干少干一个样，那谁还会多干呢？哪怕是哲学王。

他最后一点批判的理由是：如果柏拉图的理想国真是好的，那么老早就会有人想到了，也不至于等到现在由柏拉图来说。

· 这幅古画描绘了古希腊的3种政治制度，从上而下分别是君主制、贵族制和民主制

亚里士多德的一些批判，例如共产只会培养懒惰，应该说是有道理的。

人生而不平等 亚里士多德对于人的第二个感受是他认为人生而不平等。

亚里士多德的这个不平等不是以血缘或出身为基础的，而是一种自然的不平等。并且基于这个自然的不平等，导出了其他的不平等。

他认为人生来就是有差别的。有的人聪明，有的人愚蠢，有的人勤劳，有的人懒惰。这些都是天生的。

有了这些先天的差别，就使得人与人之间产生了后天的差别：社会地位与分工的差别。

那些天生就聪明勤劳的人，他们必然会成为社会的上层人物，会成为领导者，用头脑去统治别人，是主人；相反，那些天生就愚蠢懒惰的人，则注定只能受人指使，凡事听命于那些天生聪明的人，他们唯一能做的事就是体力劳动，是奴隶。这些奴隶只是主人的工具，如他自己所言："奴隶是有生命的工具，而工具是无生命的奴隶。"

这些奴隶从事的职业除手工业、农业等明显的体力劳动外，还包括商人和放款收利息的人、包括所有直接与钱打交道的人。亚里士多德特恶心那些放高利贷的家伙，说它是最令人恶心的交换方式。好像那些"大耳隆"曾经要过他的驴打滚利，弄得他倾家荡产一般。

至于聪明的主人们所从事的工作呢？大概有两种：搞哲学和政治，前者求取智慧，后者统治人民，都是高贵的职业。如果想挣钱的话呢，只能用正当的方式，这样赚来的钱才是"自然的"。

男人和女人 亚里士多德信奉人生而不平等，这不平等除上面的形式而外，还有另一种形式，就是男女之间的不平等。

他认为，女人与男人之间就像奴隶与主人之间，或者体力劳动者与脑力劳动者之间一样，是完全不平等的。

他之所以这样看，并不是对女人有偏见，而是认为无论从智力、体力，甚或性格而言，女人天生就要低男人一等：男人强壮、女人柔弱；男人聪明、女人愚蠢；男人个性刚烈、女人意志薄弱。这些就是男女之所以不平等的原因，所以应当承认这种上帝造就的不平等，并且应当根据这种不平等来行事。

怎么行事呢？当然就是女人要服从男人，就像奴隶服从主人一样。

夫妻俩要分工：女人要呆在家里，做做沙龙女主人，让男人在外面努力奋斗，养家糊口。

亚里士多德还说，男女之间相互吸引的原因就在于他们之间有这种差别，吸引力的大小与差别的大小是成正比的。为了男女之间能相互吸引，应当将这种差别加大，而不是缩小。因此，亚里士多德特别反对柏拉图"理想国"中的女人，说那些女人是假小子、男人婆，一点也不值得爱。

亚里士多德不但提倡男女不平等，而且依据自己的看法提出了一整套有关结婚、生孩子等主张。

我们知道，即使现在我们的婚姻法中也规定男子的结婚年龄应当大于女子，亚里士多德也这样认为，只是他把那个差别扩大了好多倍而已。他说最佳夫妻的年龄应当是男子37岁、女子20岁。为什么呢？原因有二：

一是男女成熟的年龄不一样。他说女子通常在20岁时就成熟了，而男子则要到30岁才成熟。对于真正的男子汉而言，这个年龄还不能结婚，因为他不但应当成熟，而且要能稳稳地驾驭他的老婆，为了训练这本事，从他成熟算起大约还需要7年时间。这样男子最好的结婚年龄就是37岁了。

如果不这样，例如男人结婚早了，结婚时正

·伯罗奔尼撒战争后制成的希腊艺术品,带有一种忧郁的调子

处于发育期，那么性生活就会阻碍他正常的成长，变得身材矮小、发育不全。如果女子结婚早了，就会还是小孩子脾气，娇纵任性，甚至变得淫荡，对丈夫大大不利。

还有，如果男女双方年龄不当，一个过大一个过小，就会当一个人性欲已经衰退时，另一个人性欲正旺，得不到满足的一方就不免吵闹，至而明修栈道、暗渡陈仓，这样的婚姻当然也好不了。

如果男女能在他说定的年龄上结婚，那么男女就大约会在同时失去性欲的生育能力了，夫妻不会闹外遇，生出来的孩子也最健康。

与婚姻相应，亚里士多德对于生孩子的事也特别关注，提出了一套好办法。

他说，对于婚姻，那些只想着享受两性欢娱的男女们受情欲控制，断不会理智行事，所以一切应当由国家说了算，例如什么年龄结婚、什么时候怀胎（亚里士多德说最好的怀胎时节是当冬天吹着北风时）、什么时候生孩子，等等。因为国家总会凭理性为这些事找到最好的时间，例如男女什么时候交合生的孩子最好，青年男女哪懂，只有国家懂。

除了这个应当由国家说了算外，亚里士多德说人口规模也应当由国家来作主。他认为一个国家的人口应当受到控制，过多过少都不妙。他说："人口过少的国家难以做到自给自足，但若人口过多，……国家就成了联邦之国，无法维持立宪政府。"

这也就是说不能任由大家生孩子，也不由大家不生孩子，如果人不愿结婚生孩子，国家就可以强令他生，事实上这种事是不大会存在的，所以亚里士多德更关注的还是人口过剩的问题，为此他提出了计划生育，倡导如果人口过剩，那就要用流产的办法使人口停止增长。

这不正是现在我国乃至全世界用以控制人口增长的妙法吗？伟大的亚里士多德2000多年前就替我们想出来了！

最后，一个国家的人口多少时算过剩了呢？

亚里士多德说，人口太多的大国没法子治理，所以一个国家的人口如果多于1万，就算过剩，要开始打胎了。

教育至上 前面我们谈过亚里士多德的许多思想，可以看到一个共同特点就是亚里士多德主张国家至上。具体地说，他认为国家要对公民的生活，从伦理道德到结婚生孩子都要由国家来决定。然而，问题是国家如何才能让公民服服帖帖地接受国家的指导和控制呢？尤其是对于一些一般而言不那么好控制的东西，像结婚年龄之类。

亚里士多德说，最好的办法就是教育。

他说，一个国家的人民本来相互之间就有差异，法律也总是不准大家干这干那，怎样才能使大家消除这些差异、愿意生活在一个国家里并且遵守这个国家的法律呢？最好的办法就是教育。

要通过教育让大众、特别是容易冲动的青年人懂得国家与法律都是好东西：国家使大家组织起来，人一多，力量就大，就能够抗击敌人，保证大家的安全。所以为了自身的安全起见，人人要忠于国家。

其次，要通过教育让大家懂得，人之所以比阿狗阿猫高级，就是因为人有了美德与理性，但美德与理性并不是天生就来的，必须通过后天的教育，只有这样人才能成为文明人，否则就与阿狗阿猫没什么差别了。

再次，还要通过教育让大家都知道，只有在一个法律完善、秩序良好的国家里，每个人方能各尽所能，发挥自己的长处，取得荣誉和成功。

最后，但绝非最不重要的一点是，要用教育来告诉人民，革命不是好东西，大家千万不要起来闹革命。

总之，唯有通过教育国家才能成为好国家，人民才能成为好人民，国家才能得到稳定，人民才能得到最高的善——幸福。

最好的政府 说了大半天，我们现在要来谈一个根本性的问题了，在《政治学》这节里，亚里士多德对国家、革命、教育甚至结婚生孩子讲了这么一大通，那么他对一个根本性的政治问题是怎么看的呢？

这个根本性的问题就是：什么样的制度才是最佳政治制度？这问题就象是一个原则问题，万万马虎不得。

亚里士多德一共谈到了六种政治制度的好歹：君主制、贵族制、立宪制、僭主制、寡头制、民主制。

这六种政府大家对它们都知道一点儿吧？我们且简单说说。

君主制就是国王称老大的政府，并且国王常是世袭的，老子死了儿子当。

贵族制是一帮子贵族当老大的政府，亚里士多德认为，这帮贵族并不一定是最有钱的，但血统高贵，而且品德不错。

立宪制则是介于民主制与贵族制之间的政府，它平常由一帮子不是很有钱，但有品德的贵族来作主，但人民有很大的权利，能够对贵族们施加影响和控制。

僭主制则是凭武力或阴谋诡计夺取了统治权的家伙做老大的政府，僭主不是君主，但他的权力往往和君主一般大。

寡头制则是由阔佬做老大的政府，这家伙凭着有钱而夺取了统治权，成为寡头。

民主制就不用说了，是雅典那样人民当家作主的政府，并且这个当家作主与现在说的人民当家作主不一样，我们现在虽这么说，但谁当老大我们半点儿都管不着，自有人替我们全权处理。古希腊的民主制可是货真价实的民主，像雅典的

民主制一样，谁当将军、执政官、法官都干脆由全体公民通过抽签来选举，机会均等，人人有份。

这6种制度谈完了，那么到底谁最好呢？亚里士多德其实认为各有各的好处，就像各有各的坏处一样。

首先他说君主制好，这是一种古老的好制度，像荷马说的一样："群雄共治可不妙，应奉一人做君王。"他说过，人是分等级的，那些天生聪明的人理当做统治者，他说："因为如果将最好的人同美德及政治能力都远不及他们的人一样平等看待，那对于最好的人是不公道的。因为一个这样卓越的人，就等于人中之神。"一个这样的人，理所当然地不仅要当一般的领袖，而且要当国家的绝对统治者——君主了。

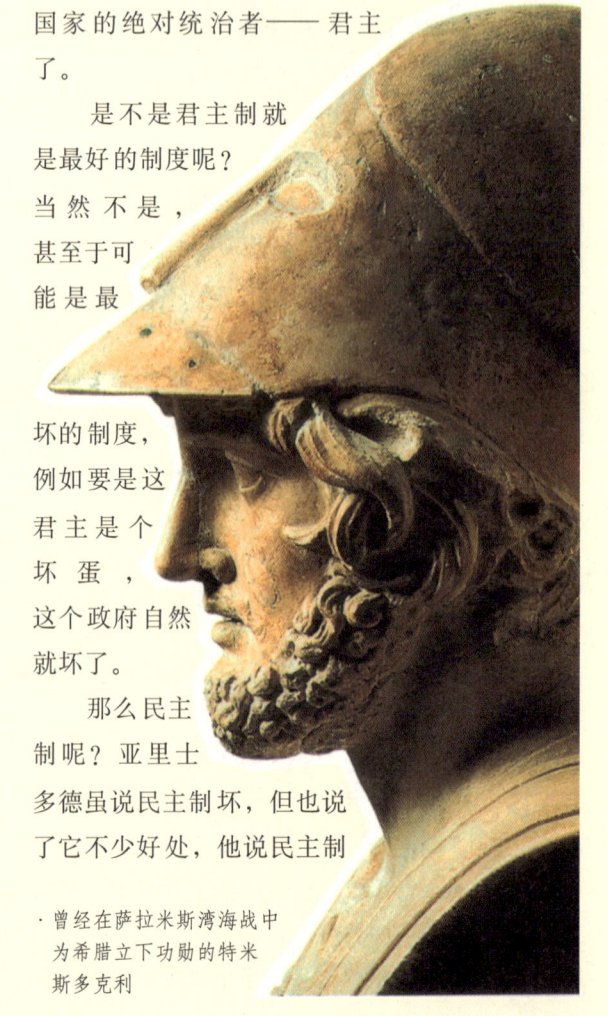

是不是君主制就是最好的制度呢？当然不是，甚至于可能是最坏的制度，例如要是这君主是个坏蛋，这个政府自然就坏了。

那么民主制呢？亚里士多德虽说民主制坏，但也说了它不少好处，他说民主制

· 曾经在萨拉米斯湾海战中为希腊立下功勋的特米斯多克利

是反对寡头制这个更坏的制度而产生的（他是把雅典作为了样板，当斯巴达强加给雅典一个寡头制后，雅典人起来反抗，重建了民主制）。他说人民一个个比起来，自然不如贵族寡头们聪明，但要是他们能团结起来，那可是不会差了。就像我们一句老话说的：三个臭皮匠，抵个诸葛亮。而且，一个或几个人容易变坏，就像一小杯水容易变脏，一大桶水就不容易弄脏了。一小撮人当政的话，一旦变坏，国家就糟了。但人数多了就不容易变坏。这样看来，民主制的政府比君主制和寡头制更能维持好政府。

这样说来说去，亚里士多德最后认为，还是立宪制最好。

为什么？因为立宪制下是贵族和人民共同掌权。贵族们虽然不是最有钱，但颇有几个钱，加之他们出身高贵，品德高尚。这就使得他们能够、也愿意做好统治者，安定国家、造福人民。而且在立宪制下，如果他们想变坏，人民会起来反对他们，所以想变坏也不成。同时由于人民是一些智力相对低下的乌合之众，哪懂得什么治国之道，要是平时也由着他们来管理国家大事，那就等于说要让一个压根儿没摸过皮子的人来做皮鞋，那肯定会把皮子弄个稀巴烂。所以国政得由贵族们来执掌，而人民则在旁边随时监督，不准贵族们乱搞。

我们不难看到，亚里士多德在政治学里又走上了一条君主制与民主制之间的中庸之道，就像他在伦理学里所走过的一样。

而他的立宪制，我认为也与现在西方普遍实行的民主是相似的，首先由人民选出一些有能力、有品德的人来，由他们统治国家，但人民随时随地监督他们，并且如果他们敢干坏事，人民就会毫不客气地弹劾他们。

哲学 亚里士多德哲学是最难叙述的部分。然而我还得尽可能详细地讲解它。原因只有一个：重要。要知道亚里士多德哲学在千年时光里统治了西方的大脑，可以说人类历史上还从来没有一个人的哲学能够像亚里士多德一样在如此之广的地区进行如此之久的统治。

形而上学这词 亚里士多德的哲学思想是用来表达那些具体事物之外的抽象之物的。又由于在他的著作里，把表达这些抽象之物的著作放在表达具体之物的著作——physics（物理学）——之后，所以称tameta ta physika（物理学之后），在英语里便成了metaphysics。"形而上学"这一汉语词汇就是来自于"metaphysics"的意译。亚里士多德自己则称为第一哲学或者神学。

为什么亚里士多德要把关于抽象的超自然之物的书放在关于自然之物的书之后呢？其实不是他自己作的，而是别人越俎代庖做出来的。

还有另一个希腊词"meta ta physika biblia"，意即在有关物理学之后的书籍。据有的传说，亚里士多德去世300年后，他学园的第十一代继承人安德罗尼柯将他的一些未曾整理的手稿、笔记、论文甚至学生的听课笔记等放在一起，编撰而成了亚里士多德著作集。前面一部分为有关自然界的著作，后面一部分则是有关其他问题的论述。对这些问题的分析直到今天还有许

· 几乎统一了希腊的腓力二世

多被认为是有关形而上学问题的论述。

简单的真理　前面我们说过,柏拉图的理念说认为,理念是比个体的东西还要真实的。例如"狗"这个词是比名叫老白、阿黄这些具体的狗更是狗。他这个理念实际上就是所谓的"共相"。

但亚里士多德不同意柏拉图的观点,他认为一个具体的词,也就是所谓的专名词,所指的东西才是具体存在的,是"实体";而像阿狗阿猫这样的词(用专业化的话来说叫类别词)以及形容词(如伟大的、甜蜜蜜的),所指的是"共相";亚里士多德称为"第二实体",不是实际存在的事物;这个实际存在的事物,也就是说个体,亚里士多德称为"第一实体"。

这些第二实体自己是不能独立存在的个体的,而只能附在具体东西上,成为它们的属性。

大家容易看出来,亚里士多德的这个共相论有一个特点:简单。可以说我们这些普通人只要根据常识想想,得出来的结论与他的共相论也会八九不离十。我觉得他的说法确也有道理,当然要是让哲学家们批判起来,里面的毛病肯定多得很,但天知道那到底是谁的毛病,是亚里士多德还是他的批判者?

而且我希望大家明白,所谓哲学道理固然常常显得深刻,与我们的常识似乎大不相同,但实质上,倘若哲学家把真理作为自己的追求目标,而不是把深刻作为目标的话(这类哲学家大有人在),他的哲学完全可能是平易近人的,因为真理之为真理,并不以深刻与否作为根据,而是以真作为依据,有时,一些最基本的真理往往存在于最平凡的老生常谈之中。

例如:我是存在的,而不是不存在的。这就是一个基本的真理,大家谁都明白。现代最杰出的哲学家之一维特根斯坦在他的经典之作《逻辑哲学论》里,第一句就是:"世界是一切发生的事情。"这是简单不过的真理,但也是基本的真

· 一尊约制作于公元前7世纪的克里特的女像,已经具有相当高的水准了

理，其他关于世界的真理性认识均源于此。虽然分析"我为什么存在"、世界为什么是"一切发生的事情"需要专业的哲学知识，但这些分析只是对真理的分析，而不是真理本身。

形式万岁 亚里士多德形而上学的另一个重要观点是对"形式"与"质料"的区分。

我们先来看看什么是他的形式与质料，这形式与质料看起来有点唬人，我们先举个例子来看吧。

假使在一个冬天的早晨，您清早起床，发现一夜北风之后，天地间白茫茫一片，只有对面那口井是个黑窟窿。这时，您想堆个雪人儿，您说干就干，到您妈喊："二妹子，来吃饭咧！"时，您的雪人儿就堆成了，红红的嘴巴、黑黑的眼睛，后面还拖着一根稻草做的辫子，活脱脱是个小美人。

我们就用这个雪人来分析形式和质料的问题吧，其实很简单的：雪就是质料，您所捏出来的美人形象便是形式了。怎么样？很简单吧！

看得出来，形式与质料存在于同一个具体东西之内，例如上面的雪人。每个具体的东西都是如此：都是由形式与质料组成的。这句话有两个含义：

一是说，每一个具体的东西里都含有形式与质料，就像上面的美女形式与雪的质料一样，两者同时包含在一个东西——雪人——之中。

第二个含义则是用一种发展的眼光来看。亚里士多德认为，世界上的一切事物都像生物一样，是不断生成长大、发展变化的。具体而言就是在形式与质料的不断交替之中发展的。先是质料，然后形式由质料之中产生出来，产生出来后，形式自身又成了质料，从它身上会产生新的、更高的形式，如此循环往复，不断发展。

我还是用一个例子来说明吧：

例如你家现在有条老狗，名字叫老白，当然从前您刚养时它是一条小狗，叫小白。这老白是如何在形式与质料的交替中生长发育起来的呢？

首先，眼下的老白是形式，上面说过，形式由质料而来，老白的质料又是什么呢？很简单，就是小白，就是那个若干年前在你怀里摇尾巴撒娇的小白，但这小白并不是单纯的质料，因为它也不是一开始就是那样的小白，而是由小白妈妈肚子里的胎儿长大而来的。于是，与胎儿比起来，小白就成了形式，而胎儿就是质料。如此再往下，大家可以一直追下去，看看尽头会是什么。

具体事物是由形式与质料共同组成的，那么这形式与质料的关系又怎样呢？是相互平等还是有高低之分？

亚里士多德说，平等是没门的，就像男人与女人一样，形式与质料也有高低之分。

孰高孰低？形式高，质料低。

为什么呢？亚里士多德认为，正是因为在有了形式之后，质料才能成为某种确定的东西，而使质料成为某种确定的东西的形式才是事物的本质。

我们可以这样理解亚里士多德的话：例如上面的雪人儿，它现在是一个美人儿，人见人爱，但这美人儿的形象是它的形式，而它的质料只是一堆雪，如果二妹子不把它堆成雪人，那么它就谈不上是什么东西，只是茫茫雪野上的雪而已，甚至都无法把这块雪与其他的雪区分开来，也可以说，它根本不是个"东西"。正是形式，美人形象，才使它由不是东西成了个东西，也就是形式使不是东西的质料成了个东西。

所以形式当然比质料高了。

亚里士多德还说，在形成事物的过程中，形式才是唯一的动力，而质料不但不起作用，反而会阻碍事物的形成，就像雕刻大理石像一样，形式，例如大美人维纳斯，容易想出来，可质料大理石却以它的坚硬来阻挡雕像的诞生。

最后一点，虽然形式来自于质料，就像前面老白来自于小白、小白又来自于小白妈妈肚里的胎儿，但这个过程并不是无止境的，倘若我们不断地追根溯源，就会发现形式越来越多，而质料越来越少，形式越来越清楚，而质料越来越朦胧，到最后，质料就没了，只剩下纯粹的形式。

这纯粹的形式就是神，万物的创造者。

第一推动 亚里士多德是这样开始沉思的：

首先，他自言自语地说，宇宙万物无疑是运动的。

其次，任何运动都应当有个推动者，这也是无疑的。我们只要看看世界上的运动就行了，无论是一只苹果从头上掉下来，或者一颗流弹打中我胸膛，有哪个运动没有推动者？

再次，对于每个具体事物的运动，我们都可以找出推动者，但对于宇宙本身的运动呢？例如

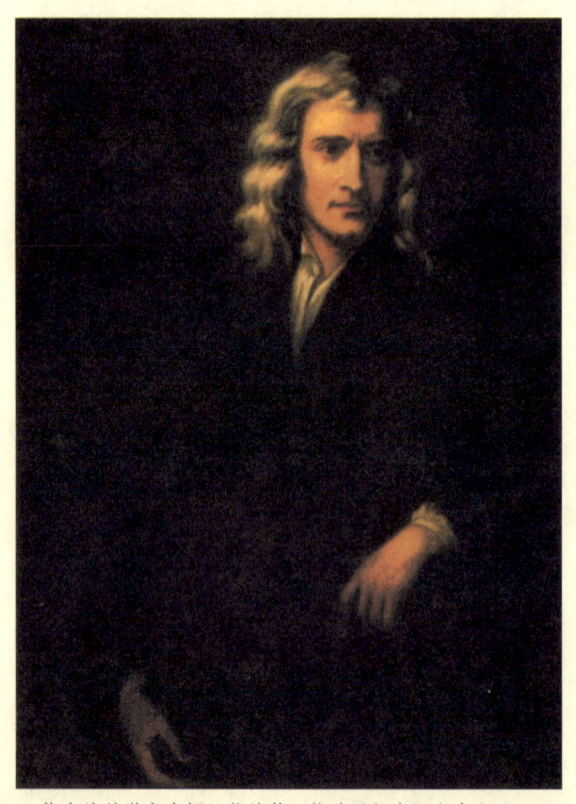

· 伟大的科学家牛顿，他的第一推动思想实际上来自于亚里士多德

太阳东升西落？那又是什么推动的？

还有，宇宙本身有一个诞生、成长的过程，这过程也是运动，既然有过程，就有开始。

如果这是对的话，这过程究竟是如何开始的呢？它又形成了一条怎样的链？

对于这些问题，亚里士多德想啊想，最后发觉不能无限止地将开始往前推，必须找到一个最先的推动者，他将世界推动起来。

他又认为，在第一推动者推动之前，这个宇宙也并非空无一物，所以并非真的从无到有创造了世界，而只是推动了世界。

这个第一推动者到底是怎么样的呢？

亚里士多德对此有两种略有区别的说法。

第一个说法是，这个推动者，即上帝，乃是一种"力"，但这种力可不是机械的力，而是一种原动力、一种终极的力，是力本身，是宇宙万物的唯一形式，是生命的根本原则，等等。

第二个说法是，这个上帝乃是一种"思想"，因为在亚里士多德看来，没有比思想更好的东西。这就与那神秘的上帝有点儿相似了，我们可以把上帝看作是一个无形无影，但能思想、会创造的圣灵，对我们凡人而言，上帝是"不可感觉，也不可毁灭"的。

关于这个上帝的长处还有很多话可以说，例如上帝的完美、善良，等等。

关于这上帝最后要说的一点就是：上帝虽然有力，但却是谦谦君子。在创造了世界之后，上帝做的唯一的事就只是静静地思考。

上帝如何处置这个世界呢？

上帝让它自己运动下去。

至于这个世界，虽然它业已被上帝推动了，但并不是完美的，还既有形式，又有质料，然而它会不断地朝着更大的形式发展，变得与神愈来愈近，也就是愈来愈美。

但愿如此！

第三篇 · 文学篇
The Story of Literature

No. 3

　　古希腊文学是西方文学之母，它已经达到了这样的高度，从它之后，没有哪位西方作家能够说他已经超越了古希腊人的文学成就。

　　就起源而言，古希腊文学是以古希腊神话为起源的；就内容而言，古希腊神话也是古希腊文学之核心。我们还可以看到，在古希腊神话里，人或者人性乃是神祇们核心的内容。实际上，在古希腊，神从某个角度看就是人，神有人所有的一切道德与精神上的优点与缺点，神绝对不像后来基督教的上帝或者东方神话里的玉帝与佛祖一样是完美无缺的。正因如此，当我们今天阅读古希腊的文学作品时，并不会因为它年代久远或者是有关神的而感觉陌生。相反，它们依旧能震撼我们的心灵，犹如当初它震撼古希腊人的心灵一样。

　　这是因为，即使在千年之后，现代人与古希腊人的心灵依旧是相通的，我们依旧具有古希腊人所具有的一切心灵的优点与缺点，我们也会为同样的人同样的事感到喜悦或者悲伤。

　　在古希腊的文学诸领域中，成就最高、形式也臻于完善的是诗歌与戏剧，更为具体地说，是荷马的两部史诗与三大悲剧作家的悲剧，现在，让我们就一起来欣赏它们吧。

第一章
神 话

古希腊神话是古希腊文学之母

西方文学的萌芽是古希腊神话。

关于古希腊神话，大家或多或少都听说过一些，像威力无比的众神之王宙斯等。我们不但听说过神，还知道一些同神息息相关的凡人，例如俄狄浦斯，他的名字因为弗洛伊德一个"俄狄浦斯情结"而不朽。

但这些名字只是皮毛而已，在皮毛下还覆盖着一个广大的、有生命的血肉之躯。

它不但包括了那些我们听说过的诸神，还包括整个世界与人类的起源。

那些我们津津乐道的神话故事，例如特洛伊战争、金羊毛的故事、俄狄浦斯弑父娶母等等实际上都是相当复杂的，有着完整的前因后果。我们所听说过的那些有趣的情节乃是许多前因的后果。例如当帕里斯诱惑美丽的海伦时，并非只因为他是一个好色之徒，他是受了爱神的诱惑，而爱神为什么要让帕里斯得到海伦呢？这里还有另一个更复杂的背景……正是这一切最后导致了特洛伊战争，也最后诞生了不朽的荷马史诗。

我们现在就来讲述这些作为西方文学鼻祖的古希腊神话故事吧。

我们从哪里开始讲呢？

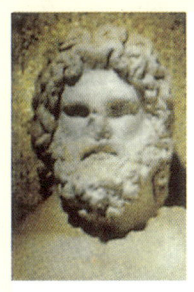

· 万神之王宙斯

· 古希腊神话中的12位主神

◎ 文学篇／第一章／神 话　　117

——当然是从天地的起源开始。

天与地的起源

大家都了解我们中国古代的创世神话。在这里，天地并不是从来就有的，最开始时茫茫宇宙空间只是一片"混沌"，然后诞生了一个叫盘古的人，是他把这个混沌一斧子劈开，然后轻的那一部分像断了线的风筝一样往上飘去，变成了天；而重的那一部分则像石头一样往下沉去，变成了地。

西方也有创世的传说，《圣经》里的第一句就是"起初，神创造天地"。古希腊人的天地起源又是另一番景象。

话说在很早很早以前，天地间本来是一个空壳子，像一只被抽成了真空的玻璃瓶。后来不知历经了几世几劫，渐渐地在其中有了一个东西，名叫"混沌"。这个混沌既非天亦非地，就像盘古诞生前的那个东西一样。

或者我们也可以像古人一样将它比作一个鸡蛋，正在茫茫宇宙中慢慢孵化。

又不知过了几千几万年，一天终于有个东西破壳而出，它就是古希腊的第一个神——该亚。

这个该亚就是大地母亲，或者甚至可以称之为万物之母，正是她诞下了我们极目所见的世界万物。

她首先生下的是儿子乌拉诺斯，与该亚的大地身份相对，乌拉诺斯则是昊天，或者称天父。生下儿子后，由于这个世界尚无别的男人，该亚便嫁了自己的儿子，共效鱼水之欢。

大家不要感到古怪，这种乱伦对我们凡人而言固然不妥，但天神们就例外了，须知我们中国人就是伏羲与女娲兄妹相婚生下来的呢。

他们两个都是精强力壮的天神，生起孩子来十分在行，不久便珠胎暗结，生下了3个孩子，是3个妖怪，同普通人大不一样。他们眼睛只有一只，头却有50个，胳膊足足有100条。

生了这3个妖怪之后，天父地母以后又生了整整一打孩子，儿女各占一半。这12个孩子不但正常，还都长得十分漂亮，身材尤其巨大，被称为提坦神族。

虽然如此，他们的父亲却不爱他们，甚至恨他们。因此孩子们一生下来，他就将他们重新塞进母亲的身体。也有人说是把他们关在地底，这两种说法其实都可以成立，因为该亚本来就是大地的意思。

看到丈夫如此对待自己的孩子，该亚既伤心又生气，终于决定奋起反抗。

她不敢一个人这样做，便同地底下的儿女们商量。想不到绝大多数儿女竟然不敢站出来反抗暴虐的父亲。唯有那最小的儿子，名叫克洛诺斯的，响应母亲的号召，母子俩便暗暗制定了复仇之计。

先是，该亚预先弄来一把大弯刀，交给儿子。这天，夜色朦胧，乌拉诺斯像往常一样走进妻子的卧房，宽衣解带，赤条条走向横卧在香榻上，一丝不挂的妻子，准备享受温柔艳福。克洛诺斯突然打暗处冲过来，一刀把他的"那活儿"割了下来。乌拉诺斯就这样希里糊涂地变成宦官了！

他痛苦得大吼，漆黑的血淌向大地，立刻化成了一些怪物，例如复仇女神孚里埃，还有巨人族，一帮身体像山一般巨大的怪物。最有趣的是他"那活儿"。它被割下来后掉到了海上，它漂呀漂，一直漂到塞浦路斯岛附近，在那里化成了一片雪白的泡沫，在泡沫之上慢慢浮起了一个绝色美女，有闭月羞花之貌、沉鱼落雁之容。

这就是爱与美之神阿佛洛狄忒。

失去了"那活儿"的乌拉诺斯再也没有力量控制有那活儿的强壮的儿子们了。克洛诺斯便将他的兄弟们释放出来。不过只释放了11个健美的

药。首先，他虽然没有娶自己的母亲，但娶了自己的姐姐瑞亚。其次，父亲的下场令他感到自己也有可能面临同样的危机，决定来个有备无患。

于是，每当瑞亚生下儿子，他便不只是把他们关在妻子身上或者地底下，而是一口吞到自己的肚子里。

看到丈夫学了父亲的坏样，瑞亚很伤心。所以在生第六个孩子前，她预先躲开了，来到了克里特岛，在一个山洞里产下了孩子。

这个孩子名叫宙斯。他一帆风顺地长大了，父亲并没有来找他吞他，因为瑞亚已经把一块石头搬

· 奥林匹斯山上的诸神

提坦，没有理睬那3个百臂独眼的妖怪兄弟。

此后，以阉了父亲的克洛诺斯为首建立起了第二代"神朝"。

两代神朝

克洛诺斯上台后的统治与前朝可谓换汤不换

· 一尊古罗马的宙斯像头部，目光威严如雷电

◎ 文学篇／第一章／神 话　119

回去，说这就是她生的孩子，克洛诺斯半点儿也没有生疑，照吞不误。

长大后的宙斯十分孔武有力，也很机灵。他有一次去见自己的父亲，说他有一副仙丹妙药，吃了后对身体大有好处。克洛诺斯天真地相信了这个年轻的陌生人，一口将那副"灵丹妙药"吞了下去，就像吞自己的孩子们一样。但一会后他就感到一阵恶心，口一张，哇地一声，把肚子里所有的东西都吐了出来，包括五个活生生的孩子和一块大石头。他们一出来，便伙同小弟一拥而上，把还没有缓过劲儿的父亲制服了。

从此便开始了以宙斯为首的第三代神朝。

宙斯虽然当上了神王，但位子并不稳固，首先是原来当政的伯伯们，克洛诺斯的众提坦兄弟，不高兴了。他们向宙斯所住的奥林匹斯山大举进攻，宙斯抵挡不住，万般无奈之下，只得采取了一个不得已的法子。他从地牢里放出了一直被关押着的另几个伯伯，就是那三个独眼百臂怪。他们感谢这个侄子给他们自由，站到了他一边。这样宙斯一下子势力大增，战事也空前猛烈起来。宙斯不停地打雷放闪电，这是他最厉害的武器。提坦们也到处煽风点火，翻江倒海。

经过10年苦战，宙斯获得了最后的胜利。提坦们被打下地狱，囚在一个暗无天日的地洞里。

并非所有的提坦都反对宙斯，也有一小部分同宙斯站在一边或者保持中立，以后他们还将扮演一些重要的角色。

打败提坦们后，宙斯接着又打败了前来寻仇的由乌拉诺斯的血化成的巨人族。

我们所熟知的古希腊诸神

经过这两场血腥的神界大战后，宙斯方才坐稳了宝座，开始了对神界的大规模治理整顿。

实际上，这是宙斯建立了一个神的国度，因

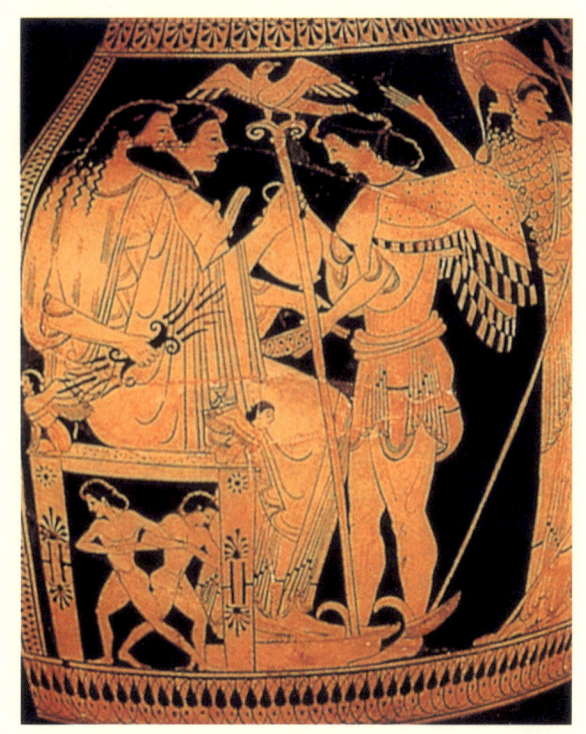

·古希腊陶瓶画，描绘宙斯、赫拉与他们的儿子之一酒神

为在宙斯之前的两代神朝其实只是两个神的部落而已，神们各无职司，只顺从一些原始的族规。

现在，在这个神的国家里，神们各有职务，有的是国防部长，有的是交通部长，如此等等，共有12位主神，还有无数的小神，我们试举几例。

那高高在上，居于统治地位的是宙斯。他是众神之王，手握雷电巨盾，决定着一切神与人之命运，并且像帝王一样给诸神委派职司。

首先，他和他的两个兄弟波塞冬和哈得斯分别统治天空、大地、海洋与阴间。宙斯自己统治最好的一部分——天空与大地，波塞冬统治海洋，哈得斯统治阴间。宙斯的具体职责除了决定天上凡间种种大事，还有就是控制天气，例如他抖一下盾牌，立即就会阴云密布、暴雨倾盆，他要是不抖就风和日丽、阳光普照。

他的妻子也是他的妹妹，名叫赫拉，她是天后，就地位来说仅次于丈夫，但她的实际权力相当有限，只是婚姻和妇女们的保护神。如果谁想生孩子或者想找个好丈夫，可以去求她。

赫拉个性的主要特色是嫉妒。别的妻子是醋坛子，她则堪称醋缸、醋瓮。她的丈夫是风流种，老爱跟这个那个女人好，生下了数不清的孩子。每当得到这样不幸的消息，赫拉总是大兴醋海风波，必欲将情敌及其子女置之死地而后快。

阿佛洛狄忒是爱神。关于她的身世有些复杂，我们前面说过，她是乌拉诺斯的"那活儿"掉到海里变出来的。但也有不少人说她是宙斯的私生女。她的职责顾名思义应当是掌管爱情，但实际上不是这样，真正管爱情的是她那个瞎眼的儿子丘比特。他有两种箭，一种是金子做的，他要是用这个来射人呢，这人就会产生爱情；还有一种是用铅做的，他要是用来射谁呢，谁就会弃绝爱情。因此，轮到阿佛洛狄忒管的具体职责主要不是爱，而是性。大家知道这两样东西的差别吧？这性另用一个字眼来说是生殖。这同赫拉的职司有些重叠，凡同女人或者性、生殖、爱等有关的，多少同她有关。

她的主要特色有两个：一是长得特美，堪称天上女神中最美丽的一个。第二是她特别容易"失身"。她本是工匠之神赫淮斯托斯的妻子，这位丈夫虽然能打造最好的兵器，但天生是个跛子，面貌也丑陋无比。连他的亲生母亲赫拉都讨厌他，不愿认这个儿子。阿佛洛狄忒因此经常出去找乐子，她的情夫就像宙斯的情妇一样，数不胜数。大家有兴趣的可以参考莎士比亚的名诗《维纳斯与阿都尼》。

古希腊神话中还有一个重要的女神雅典娜。

在所有的女神中，她也许不是最美的一个，但肯定是最受人尊敬的一个。她本是宙斯的孩子，来历却有点特别。原来宙斯第一个妻子叫墨提斯，她是智慧之神，曾帮宙斯打败父亲。她预言她生的孩子将比宙斯更伟大。宙斯害怕重蹈爷爷和父亲之覆辙，也知道像两位前辈一样仅仅把儿子关起来或吞掉是没有用的，因为还有一个母亲会捣鬼，他于是就干脆将母亲连同肚里的孩子一口吞了下去。不久他的头剧痛起来，就叫人用一把斧头砍开脑袋，一个女将，全身披着银光闪闪的铠甲，从砍开的口子里崩了出来，她就是雅典娜。

关于雅典娜古希腊有大量的传说，其中最有名者就是西方文明的

· 古罗马壁画里的丘比特形象

◎ 文学篇／第一章／神　话　121

· 雅典也有祭祀赫淮斯托斯的神庙，远看颇像卫城的帕特侬神庙

摇篮——伟大的雅典城——命名的故事。

却说雅典初建时并没有名字，后来打算以一个神的名字来命名，这个神也将成为雅典的保护神。许多神都来抢这个美差。经过一番争夺，最后剩下雅典娜和海神波塞冬。一城不容二主，到底谁能获得最后胜利呢？两人决定各自为雅典人献上一件礼物，看谁的礼物对雅典更有用，谁就是优胜者。

只见波塞冬用他的三叉戟在大地一顿，刹那间在人们眼前冒出了一匹马，扬蹄吐气，神骏无比。波塞冬为他这件威力无匹的礼物而洋洋得意，雅典娜却不客气地告诉他：他这个礼物只会给雅典人带来战争与灾难，哪有什么好处？说罢她把自己给雅典人的礼物拿了出来：一棵绿油油的橄榄树。它全身都是宝，例如它的果实能榨油，油对人们生活的重要性不言而喻。

这样雅典娜便赢得了竞赛，城市也因她的名字命名，称为雅典。

在雅典乃至整个古希腊世界，对雅典娜的崇拜是极广泛的，每年的泛雅典娜节是古希腊人最隆重的节日，就像我们的春节同今日西方人的圣诞节一样。

雅典娜之后，我们来介绍另一个重要的神：她的兄弟太阳神阿波罗。

与雅典娜一样，阿波罗是古希腊人最崇拜的神之一。他是宙斯的儿子，也许还算得上是皇太子，因为在所有神当中他的权力仅次于宙斯，当他闪耀着万丈金光的身影一出现，诸神甚至要发起抖来。他还有一个名字，叫福玻斯，就是光明或纯净之意。从这个名字就知道他乃是光明的化身。

除了权力大外，阿波罗的主要特色似乎是不怎么讨女孩子喜欢，也真怪，他既是神，长得又帅极了，可求起爱来老不怎么顺利，关于他最有名的传说就是同达芙妮悲惨的爱情故事。

· 橄榄树

其实这说不上是爱情故事，因为纯粹是阿波罗的单相思。

据说阿波罗爱上了达芙妮后，天天跟在她后面，不停地赞美她的美。她确实很美，不但美，而且贞洁无比，所以心中压根儿没有爱情的影子。不管阿波罗在后面如何追她，如何絮絮叨叨着自己的伟大，她仍是一个劲地飞逃，就是羊在狼前飞跑、发抖的鹿在狮子前奔逃、鸽子急鼓着颤抖的双翅避开鹰隼的利爪也没有她躲太阳神来得急。

她逃跑时，风儿吹动着她单薄的衣衫，更衬托出她如诗如画的美，阿波罗被迷得如醉如痴了，本来他怕追急了达芙妮会摔倒，因此速度上有所保留，只是跟在后面求爱。现在，被情火烧得迷糊了的太阳神再也想不到其他了，他开始加快步子猛追。年轻的女郎哪有太阳神的脚力？不久便气喘吁吁，跑不动了。她听到后面的脚步声越来越近，情急之下，她对父亲，珀涅俄斯河的河神喊道："唉，父亲，帮帮我！唉，大地，裂开了吞我进去吧！或者将我这个百忧之源的躯体变了样吧！"

话刚说完，她的祈求立刻得到了回应，刹那间她的骨节便僵硬起来了：从她的脚下长出根须，深深扎入了大地；她的秀发变成了翠绿的树叶，在风中摇曳；她曲线玲珑的身躯化成了挺拔的树干。

阿波罗只有抱着这棵树接吻了。他一边伤心落泪，一边发誓要好好珍惜这棵树：让它成为优胜与荣誉的像征，一年四季翠绿长青，像青春永驻的仙姬。

这就是月桂树，现在仍是优胜的象征。在古希腊，无论是诗歌比赛还是奥林匹克大会，夺标者的奖品不是金银财宝，而是一个用月桂枝扎的圈儿，最优秀的诗人们也被称为桂冠诗人。

讲完上面几个著名的神之后，其他神就不能这么详细地讲了，否则我们要用一本书来说。但也不能完全略过，那样太不公平，其他神好歹也是个神，怎能提都不提？所以下面我要用一些简短的篇幅描述一下诸神，主要是讲明他们的来历与职司。

阿瑞斯，他是真正的神国王子，是宙斯同他的天后赫拉唯一的孩子。他的父母都不喜欢他，因为他是一个暴躁的家伙，虽然是战神，打仗却孔夫子搬家——尽是输（书）。据荷马说，有次甚至给凡人一枪刺中了肚子，痛得哇哇大叫，跑到父亲那里去告状，反给宙斯狠狠骂了一顿，说他活该。

也有说法称他是爱神阿佛洛狄忒的丈夫，但至少是她的情夫之一，跟她生了孩子的。

阿尔忒弥斯，是一个顶可爱的女神。她是宙斯的女儿，阿波罗的孪生姐姐，职责是掌管大自然的生灵们：动物与植物。喜爱自然的希腊人也很崇拜这位保护自然的女神。他们曾在以弗所地方建起一座规模巨大的神庙来祭祀她，号称世界七大奇观之一。她的另一个特点是贞洁。如果说爱神阿佛洛狄忒是淫欲的象征，她则是贞洁的表率。

·宙斯之妻天后赫拉头像

124　话说西方　*The Story of the West*

狄奥尼索斯，酒神。关于他有大量传说，他也是宙斯的儿子，他的母亲是一位凡间的公主。当初，赫拉嫉妒她同宙斯的关系，便哄她求宙斯显出本相来证明自己是神，宙斯被缠不过，答应了。但他一显身，美丽的公主便像触到了10万伏高压电一样，刹那间香销玉殒。

在古希腊，狄奥尼索斯主要是女士们崇拜的对像。平时端庄稳重的淑女们，一到某个时候就变得面目全非。她们大群大群地离开家，去到那森林之中，披着小羊皮，甚至赤身裸体，在笛子和铜鼓等的伴奏下舞蹈。可不是平时的轻歌曼舞，而是狂歌乱舞，十足一群撒酒疯的疯婆子。而且她们的活动是绝不许男人参加的，听说曾有一位国王想窥探她们，结果立刻被撕成了碎片。

到这里我们已经叙说了古希腊的多位主要神灵。除他们而外，还有许多神，甚至有些也很有名，例如9位文艺女神缪斯、畜牧神潘等。但我在这里要把他们一齐放弃了。要么因为他们的事迹太少，不好说；要么就是因为他们不那么重要，不必说；要么呢，就是因为我已经将神说得太多了，该把目光由神转向人了，该说说人类自身的故事了。

·古罗马马赛克画，描绘狄奥尼索斯这位万兽之王

第二章
人类的诞生
黄金、白银、青铜、黑铁时代的人类

古希腊人认为，人类分为好几代。

第一代人类是该亚在生乌拉诺斯时生下的许多东西之一。他们同河流山川以及各式各样的动植物一起从大地之母该亚的子宫里落将出来，从此在大地繁衍生息。

不过，这第一纪的人类虽然来得这么简单，好像同那些无情的草木没有区别，但实际上他们恰恰是最幸福的人类，被古希腊人称为"黄金的人类"，他们生活的时代也是人类的黄金时代。

在这个时代，人类就像神一样，没有死亡，青春永驻。甚至于不会生病，因为世界上还没有疾病这种东西。他们在大地上无忧无虑地生活着，没有劳累，大地为他们提供丰富的食粮，他们无需耕耘，只要收获。因此他们可以把所有时光都花在享受人生幸福之上。他们不会沉入地狱去受苦，相反，他们人人都会上天，变成准神仙，在云彩之中自由来去，继续幸福地生活，并且随时看着下界的人们，保佑他们，为他们排忧解难，让子孙们更加幸福地生活。

这时候统治天国的是第二个神朝，也就是克洛诺斯为首的神朝。这个克洛诺斯虽然对子女不好，但对其他神与人都很好。因此这时候神与人

· 这幅油画描绘了黄金时代的人类

之间的关系十分和谐。甚至他们的地位同神也差不多，神并没有把人类降到要服事他们的地位。

这个黄金时代的人类后来又怎样了呢？不知道，也许他们渐渐地被消灭了，然后开始了第二代的人类。

这第二代的人类被称为白银的人类。

这些人类与前一代人类生活差别相当大，但总的来说过得还不错。他们的主要特点是享有一个漫长无比的童年，有百载之数。在这期间他们受到母亲百般疼爱，天天在大地上无忧无虑地跑来跑去，做着游戏。大家都知道，童年是美好的，它唯一不那么美好的地方也许是设身处地的儿童们并不理解这种美好，甚至盼望自己快快长大，好进入那如战争一般残酷的成年时代。

当这些白银的人们长大时，他们的生命也快结束了，因为童年已经耗掉了他们生命的绝大部分。在这短短的成年期，这些白银时代的人们就没有黄金时代的人那么好了。他们放纵自己的情感，一切从心所欲。我们知道，人一旦不能节制自己就可能做出许多危险的事情来。因为我们每一个人都有着不那么高尚的本能，只求自己情感与欲望的满足而不去考虑道德与伦理等的要求。

人类的放纵不但使他们的成年短暂，而且使他们得罪了神——沉浸在纵欲之中的人不考虑神的感受。如果是在黄金时代，他们也许不会遭受怎么严厉的惩罚，因为那时的神王乃是温和的克洛诺斯。但现在统治上界的已经是宙斯了。这个新神王同老神王完全不一样，有着浓厚的阶级观念。他认为人天生就低于神，因此人必须尊敬神，并且奉献适当的祭品来表达这种尊敬。

既然人不能做到这点，他当然不喜悦人类，因此宙斯毁灭了他们。

之后宙斯便创造了第三代人类，这一纪的人类之名大家可以猜出来，前面讲了金与银，接下来的应当是铜了。

· 罗丹的著名雕像《青铜时代》，描绘了青铜时代的人类

这一代人类就是青铜的人类。

这些人类较之白银人类更加不如。他们的优点是长得十分魁梧强健，有着使不完的力气。不过这些优点到了他们身上反成了缺点。因为他们

不是用力气来耕耘收获，而是用以相互残杀。他们像一群喝血的野兽，以屠戮为乐。他们的心比石头还硬、比冰更冷。

他们死后既不会像黄金时代的人类一样上天变成准神仙，也不能像白银的人类一样死后变成魔鬼在大地游荡，而是变成鬼魂下到暗无天日的地狱受苦。

这些人宙斯更加讨厌，毫不客气地毁灭了他们。

此后，宙斯便接着创造了第四代人类——黑铁的人类。

大家也许想当然地以为，这黑铁人类应当比青铜的人类更坏吧！不！恰恰相反。这第四纪的黑铁人类比以前任何一个时代的人类都要高贵。他们既勇敢、又睿智。因为他们中的许多人都是神的儿子，是半个神。

为什么这么说呢？大家以后就会知道，这些所谓的黑铁时代的人类，他们中的许多人其实不是宙斯一个人造的，而是宙斯同奥林匹斯山上其他神一起造出来的，他们既不是铜也不是用铁造的，而是

·宙斯之子、太阳神阿波罗

用一样最简单的东西，精子和卵子，造出来的，具体地说就是男女诸神同凡间的男女恋爱交欢而"造"出来的。

他们也就是我们下面将要大说特说的古希腊英雄们。

这些半神半人的英雄们既高贵又智慧，还酷爱争斗，就像青铜时代的人类一样。不过他们的争斗不再是一味地血腥杀戮，而是充满了崇高的英雄主义。

这些英雄们死后，他们有的变成了神，同奥林匹斯山上的诸神一样永恒，其他的也不会下地狱，而会在宙斯所赐给他们的极乐岛上过着无忧无虑的幸福日子，直到地老天荒。

古希腊人认为他们自己就是第四代人类，他们也同英雄们一样是神的后代。

这种神人同源是古希腊神话中最引人注目的特点之一。

当然，并非所有的黑铁时代的人类都是这样造出来的，毕竟黑铁时代大多数人不是英雄，那么其他的人又是怎么造出来的呢？

前面我们说过，青铜的人类由于做尽恶事，被宙斯灭了。他们到底是如何被灭的？又如何诞生了黑铁时代的人类呢？且听我道来。

话说宙斯看见下界的人类做尽了坏事，准备将它们毁灭，但在实施毁灭之前，他亲自下凡考察了一番。他碰到了一个叫吕卡翁的国王，是坏人当中顶坏的一个，他不但不敬神，反而想戏弄神，他杀了一个人，然后把他的肉一半儿煮烂，一半儿烤熟，送给宙斯当晚餐。

面对如此恶劣的人类神不再抱任何希望，宙斯将被关在山洞里的爱下雨的南风放了出来，它一出来就张开了阴郁的翅膀，将大地变得一片昏沉，像太阳被创造出来之前那黑暗的天地一般。粗大的水柱从他的胸膛涌将出来，倾盆大雨像他的头发一样密集。宙斯的雷霆震撼着大地，像为

将要死灭的人类放的丧炮。宙斯的兄弟，海神波塞冬，也将他巨大的三叉戟摇击着大地，河流们在他的激发之下，像疯了一样从束缚它们的堤坝里冲涌而出，将一切人和他们所辛苦建立起来的东西，从茅舍到宫殿，冲个稀烂。

就这样，从高高的屋檐到巍巍的山顶都被水淹没了，即使那些爬到最高的山上的人们也消失在洪流里。

是不是人类真的彻底消失了呢？

没有！还有两个。这两个人一个叫丢卡利翁，另一个是他的妻子，名叫皮拉。丢卡利翁不是普通人，他的父亲乃是普罗米修斯，一个著名的伟大的提坦，他又是一个好人，是青铜的人们里最好的一个。

当众神决定毁灭人类时，他的父亲普罗米修斯提前告诉了他这个消息。于是他预先造下了一只小船。当洪水来时，夫妻俩便坐了上去，在洪水中像断了线的风筝一样漂荡。

后来他们漂到了一座山，帕尔纳索斯山，天地间只有这座山仍高出洪水之上。这时候，万千人类，除了夫妻俩，已经被毁灭了。宙斯知道这

古希腊悲剧《普罗米修斯》剧照·

两个人是敬畏神的，便收起了洪水，让他们活下来。

他们的小船停在了帕尔纳索斯山下。这时，宙斯已把南风关进了山洞，让北风吹散了乌云，波塞冬也收起了洪水。不久大地便又一次望见了苍天，苍天又一次俯瞰着大地。

然而这是什么样的大地哟！只有无穷的荒凉。广大的天地间只有一片死寂，万籁无声——因为发出籁声的万物已经被毁灭了。

看到这情景，丢卡利翁两口子不由得抱头痛哭，但哭也没有用啊。后来他们在朦胧泪眼中看到了正义与智慧的女神忒弥斯已经被洪水冲毁了大半的神坛，不由跪了下去，对着神圣而正义的女神祈求道："告诉我们，女神呀，我们如何再创造被消灭了的人类？请帮助我们让世界重生吧！"

一个声音在他们耳边响起："从我的神坛前离开，蒙着你们的头，解开你们身上的衣服，把你们母亲的骨骼掷到你们的后面。"

这是个古怪的命令，丢卡利翁夫妇开始还有些迷糊，突然眼睛一亮，犹如醍醐灌顶，猛醒过来：我们的母亲不就是该亚吗？该亚不就是大地吗？母亲的骨骼不就是地上的石头么？

他立即按照神的旨意，用衣服将头蒙起来，然后拾起地上的石头，往身后抛去。

顿时，那些抛在地上的石头变了：由坚硬变得柔软，慢慢地长出了皮肤毛发，站了起来，哇！终于变成了同他们一模一样的人。

这就是黑铁时代的人类诞生的经过。这些人中将要诞生古希腊伟大的英雄们，以后的历史就是这些英雄们的历史——正如以后的文学也将是描述这些伟大的英雄们的文学。

从此宙斯便没有再毁灭人类了，从古希腊起直到现在，人类都是这些黑铁人类的后代，也就是说是大地母亲该亚的嫡系后裔，从这个角度上来说，神、人是同一的。

难怪古希腊人这么自信自豪。

也许正是这种自信与自豪使他们创造出了伟大的文学与伟大的艺术。

· 战神马尔斯

第三章 古希腊最伟大的英雄

赫拉克勒斯的故事

上面说到了直到我们这一代人——黑铁人诞生的经过。

到这时候，该亚所有的后裔分成了三大类：一类是奥林匹斯山上的众神，他们是地道的天神；第二类则是这些天神同凡人做爱而生下的后代，他们是半人半神，古希腊英雄大都是这种人；第三类就是普通的凡人了。虽然他们同是该亚的后代，但由于后来一直没有再同神混种，因此神性也就泯灭了，成了地道的凡人。

关于神我们已经讲了，凡人们古希腊人似乎不大感兴趣，因此没有在历史上留下多少足迹。这样我们要讲的当然是另一部分人——半人半神的英雄的事迹了。

这些古希腊伟大的英雄的事迹由同样伟大的诗人与作家——例如赫西俄德、荷马直到埃斯库罗斯——记载下来，被回忆与歌唱，而且正是这些回忆与歌唱构成了古希腊文学的主体。

因此，反过来说，若不了解这些神一样的英雄们的生平事迹，我们也就难以了解古希腊的文学。

在人生的十字路口

在古希腊所有伟大的英雄们中，最伟大的无疑是赫拉克勒斯，他所完成的事业之艰巨与伟大也是任何其他英雄不能相匹的。在下面的篇幅里我们将把赫拉克勒斯作为所有英雄的代表来叙说他的故事，从中我们将会知晓黑铁时代的人们是如何成为英雄的。

赫拉克勒斯出身高贵，父亲乃万神之王宙斯，母亲名叫阿尔克墨涅，是阿尔戈斯王的嫡系后裔，阿尔戈斯就是我们所熟悉的斯巴达的另一个称呼。

当初赫拉克勒斯的母亲阿尔克墨涅同宙斯相好，怀下孩子后，宙斯预言说她的孩子将成为一个伟大的英雄，这话让他的妻子赫拉听到了。我们说过天后赫拉是大醋缸子，本来阿尔克墨涅同她老公相好已经气得她咬牙切齿了，现在看到还要生一个大有出息的儿子，那还了得！她立即采取种种法子来折磨这个小子，必欲除之而后快。

阿尔克墨涅岂不知道她有一个厉害的情敌？作为凡人，她自知无力抵抗，只好忍痛把儿子丢到了野地里。

真是无巧不成书，刚好这天智慧女神雅典娜同天后赫拉路过此处，雅典娜看见这长得冰雪可爱的婴儿，就疼爱地抱了起来，她又见这孩子饿得哇哇大哭，就请乳房饱胀的天后喂他一喂。天后这时竟然鬼使神差地听了雅典娜的话，把乳头塞进了饥饿的孩子的嘴里。

虽然只吮吸了几口后就将奶头拔了出来，但天后的神圣乳汁岂是凡乳可比？一滴顶一万滴都不止，足以令赫拉克勒斯终生受惠无穷了。

接着雅典娜又把孩子抱着送给了住在附近王宫里的阿尔克墨涅，让她收养这个没娘要的孩子。她当然欢天喜地地答应不迭，以为逃过了天后这一劫。

但天后的法眼岂这么容易逃过？她不久便知道了真相，后悔得直砸自己脑袋。狂怒之下，立刻将两条最毒的巨蛇投下凡间，让它们把那小孩咬死。

◎ 文学篇／第三章／古希腊最伟大的英雄

是时正值中午，小赫拉克勒斯在午睡。妈妈同保姆也一样。两条巨蛇乘机悄无声息地溜进来，紧紧地缠住了婴儿。

小赫拉克勒斯从睡梦中醒来，觉得不舒服，就信手捏住了那让他不舒服的东西。

中午过去了，他的保姆和妈妈醒了，过来看儿子，竟然发现两条巨大的蛇正缠在儿子的脖颈上，不由失声惊呼，伤心大哭，以为孩子死定了。

妈妈扑过来抱起儿子的尸体，却发现他睡得香甜着哩，而那两条巨蛇已给他捏得死翘翘了！

这是赫拉克勒斯生平无数奇迹般经历中的第一件，类似的事真是太多太多，我们不能一一叙述，只能挑一些我觉得最有意思的讲给大家听。

赫拉克勒斯渐渐长大了，他发育得十分快。他的父亲，不是生父，而是他母亲的丈夫，一个名叫安菲特律翁的王，很喜爱这个孩子，给他以最好的教育。例如亲自教他驾战车冲锋陷阵，请当时最有名的神射手欧律透斯教他射箭，这欧律透斯自己就是一个王。

赫拉克勒斯从小也展现了他性格中的弱点：暴燥易怒。由于他天生神力，一怒起来可就不得了了，例如有一次他的竖琴教师，他乃是竖琴之王太阳神阿波罗的儿子，打了他，他竟然把竖琴朝老师砸去，老头子当场毙命。

赫拉克勒斯的父亲感到了隐匿的恐怖，便将儿子派到农村去放羊牧牛，让他做了牧童。

赫拉克勒斯就在乡下渐渐长大，到18岁时已经身长一丈，十八般武艺样样精通，是全希腊最漂亮强壮的小伙子。

也正在这时，命运之神让他走到了人生的十字路口。

下面这段话我想对于我们每个人都是有教益的，我将全文引用斯威布的名著《希腊的神话和传说》中之"赫拉克勒斯在十字路口"一段。

我们一生中也可能会有这样的十字路口，也会面临如赫拉克勒斯一般的抉择。

赫拉克勒斯离开牧人们和他们的牧群去到寂静的地方，思考着他生命的路途应当是怎样的。有一次，他坐着沉思，看见两个高大的妇人向他走来。一个美丽，高贵而有礼貌，穿着雪白的长袍。另一个艳丽动人，她雪白的皮肤擦了香粉和香水。她这样地傲岸，好像她比实际的要高一些，而她的服装也尽可能地迷人。她自满地以明亮和闲适的目光看着自己，又四处望望有没有别人在注意她，并时常欣美地顾盼着自己的影子。当她们走近，第一个人仍然安详地走着，但后面的这个人却忙上前去，招呼这个青年。

"赫拉克勒斯，我看你还没有决定在生命中究竟要走什么路。假使你选择我做你的朋友，我将引导你走最平坦最安适的路。那里没有你尝不到的快乐，也没有你不能避免的不幸。你将不参加任何战争和艰难。你将不用心思，只是享受丰盛的饮食和美酒，极耳目视听之乐，极身体和肉感的满足，睡着柔软的床榻，凡这些享受都不要费事也不要费力。万一你缺少过这种生活的条件时，别担心我会强迫你去从事体力或脑力劳动。恰恰相反！你将收获别人劳力的果实，并得到一切于你有利的东西。因为我给予我的朋友这样一种权力：利用任何人或任何物来满足自己的享受。"

赫拉克勒斯听到这诱惑的诺言，他诧异地问她："你叫什么名字？"她回答："我的朋友们称我为'幸福'，我的敌人侮辱我，给我另一个名字叫做'堕落的享受'。"

同时，前一个妇人也来到面前。"我也来了，"她说。"我知道你的父母，你的秉赋，和你所受的教养。所有这些使得我存着这样的希望，如果你选择我指示给你的路，你将成为一切善良与伟大事业中的卓越人物。但我没有怠惰的快乐来贿赂你。我将告诉你神祇对于人类的意愿。要明白，人类不经过努力和辛苦，神祇是不会使他们有所收获的。假使你愿意神祇慈善地待你，你必须敬奉他们。假使你愿意朋友们爱你，你必须援助他们。假使你愿意全城对你尊敬，你必须为它服务。假使你愿意全希腊都称赞你的美德，你必须成为全希腊的恩人。假使你愿意收获，你必须耕种。假使你想战斗得胜，你必须学会战斗的技术。假使你想能够支配你的身体，你必须工作和流汗使它坚强。"

这时"享受"打断了她。"现在你看，亲爱的赫拉克勒斯哟！"她说，"要达到这妇人所说的目的，要走多么遥远和艰难的路途呀！但我愿最近便和最轻易的路引导你得到幸福。"

"可怜的生物哟！""美德"对她说，"你没有一点真正美好的东西。你怎能这样呢？你不知道真实的快乐，因为你还没走到它们面前，你就心满意足了。你在饥饿之前饱食，在焦渴之前痛饮。为了刺激食欲，你寻找巧妙的厨师，为了加深酒瘾，你追求豪奢的美酒。在夏天你妄想着冰雪。任何柔软的床榻都不能使你满足。你让你的朋友们在夜晚饮宴，在白天睡眠。这就是为什么人们在青年时享乐，在老年时苦恼，羞愧于他们的过去，而仍然背负着现在的重负。而你自己，虽然你是不朽的，却为神祇所放逐，为良善的人们所嘲弄。你从没有听过最悦耳的声音：真实的赞美！你从没有见过最悦目的事物：你自己良好的工作！我却为神祇和善良的人们所欢迎。艺术家称赞我是他们的安慰者，父亲们称赞我是忠实的守护人，侍仆们称赞我是他们慈善的帮助者。我是和平正直的支持者，是战时忠实的盟友，是友情忠贞的伙伴。饮食睡眠对于我的朋友们比对于怠懒者更有意义。年轻人受到老年人的夸奖，他们很喜欢；老年人受到年轻人的尊敬，他们很快乐。他们回忆过去的行为感到甘美，他们对于现在的作为感到快乐。由于我，神祇保佑他们，朋友爱护他们，他们的国家尊敬他们。当末日来到，他们也不会死得默默无闻。他们的光荣仍然留存人间，供后世纪念。啊，赫拉克勒斯哟，选择这种生命罢，幸福的命运将属于你！"

看了这段话大家有什么想法呢？我记得初读这段话时还很年轻，大概上高二吧。它给我的印象是如此之深，以至于我真的把它们当成了毕生的教条。其实这一长段话可以进行简明扼要的概括：为了明天的成功与幸福必须放弃今天短暂的享受。

赫拉克勒斯听到这两段话之后，经过了一番

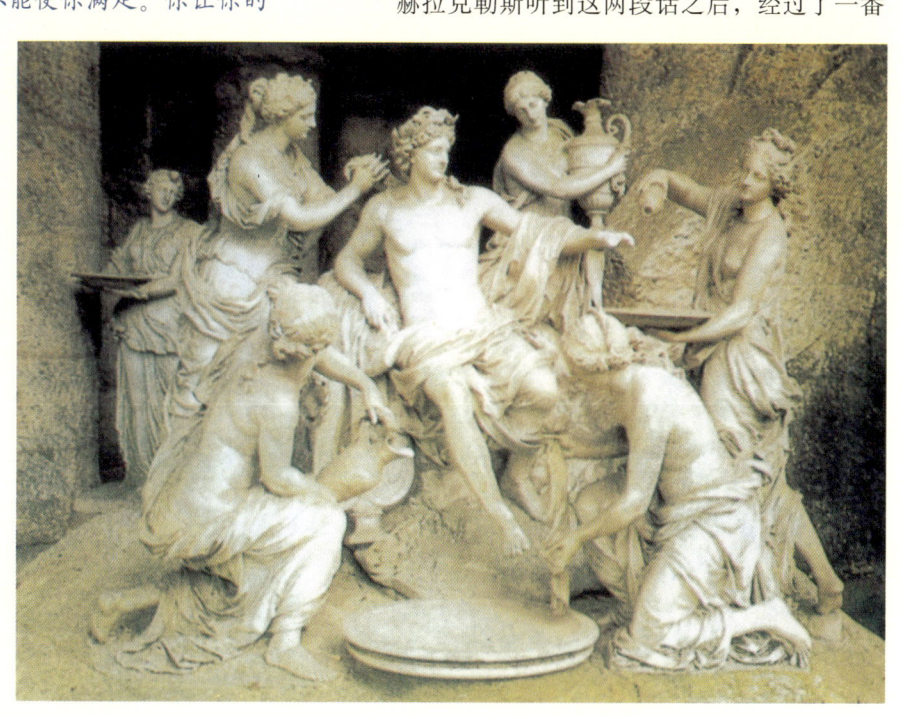

· 雕像《阿波罗与众女神》

激烈的思想斗争后,终于决定选择第二条道路,并用为希腊人民建立不朽的功勋来实践这条道路。

不朽的功勋

这时候的希腊大地还是一片蛮荒,有三样坏东西:一是到处横行的毒蛇猛兽;二是妖魔鬼怪;三是一些坏人,特别是暴君。他们鱼肉人民,无恶不作。赫拉克勒斯决定替天行道,将这些东西从人间铲除。

他做的第一件事就是消灭暴君弥倪安斯王。弥倪安斯王征服了忒拜,每年向这座城市索要繁重的贡赋,今年他派出使者来勒索了。

赫拉克勒斯抓住了他们,把他们的手脚砍了,给国王送回去,然后率领一小队不怕死的战士,其中就有他的养父,一齐向弥倪安斯杀去。

经过一番血战,赫拉克勒斯用一小队战士征服了一个强大的国家,但他在这一役中失去了一直对他视如己出的养父,令他十分伤心。

得到了拯救的忒拜王感激之余,将自己的女儿嫁给了英雄。

赫拉克勒斯还得到许多赠礼,其中许多来自诸神,例如阿波罗送他神箭;赫耳墨斯,众神之使,送给他一柄无坚不摧的剑;雅典娜则送给他一面无坚能摧的盾。

有了这些神器,赫拉克勒斯如虎添翼。现在不光是人间了无对手,就是神也打不过他了,不久他就证明了这一点。

我们前面讲过,地母该亚曾同天父乌拉诺斯生过一些怪物,都是顶厉害的家伙。宙斯曾经打败众提坦的反抗,并让许多提坦大吃苦头。这时他们的母亲看不下去了,决心救这些大儿子,把小儿子赶下台去。她召来了她的怪物儿子们,对他们说:去吧,去替我的大儿子们报仇雪恨,把宙斯同他的一帮子赶下台来!

她的儿子们早就对宙斯的专制不耐烦了,听到母亲的吩咐,高兴得跳了起来,一齐领命,向奥林匹斯山杀将过来。

这些巨人们个个十分厉害,众神知道大事不妙,赶忙齐集奥林匹斯山,在宙斯的率领下抗击。但他们发现自己根本无法杀死这些怪物。这时他

· 切利尼所作的青铜雕像《珀尔修斯》,左手举着的就是美杜莎的头

们得到了一个神谕，说只有一个人间的英雄能帮助他们取得胜利。

宙斯想到了自己英明神武的儿子赫拉克勒斯，立即派雅典娜去召唤他。

赫拉克勒斯欣然从命，来到奥林匹斯山，用他的神箭射杀了好几个巨人。由于他的来到，众神最终取得了最后的胜利。

从此赫拉克勒斯有了一个响亮的称号：奥林匹斯人，这是他父亲赐予他的称号，以表彰他的英雄业迹。

这时候英雄似乎已经功成名就，可以享受成名带来的幸福了！但事实上相反，他此后的人生之路将是漫长的痛苦之旅。

为什么会如此呢？这还要从很早前说起。

却说当初宙斯同赫拉克勒斯的母亲阿尔克墨涅相爱，她为他怀下麟儿时，宙斯高兴之余，公开宣布珀尔修斯的下一个子孙将统治所有其他珀尔修斯的子孙。

这珀尔修斯也是一个英雄，曾经杀了丑陋无比、用毒蛇作头发的美杜莎——她是如此之丑，以至每一个看见她的人都会吓得变成石头，他还曾从妖怪的嘴里救下美丽的安德洛美达。赫拉克勒斯正是这个英雄的后裔，因他的母亲是老英雄的孙女。

本来按照原有的秩序，珀尔修斯的下一个子孙该是赫拉克勒斯。然而赫拉恨他，使诡计让珀尔修斯的另一个子孙，欧律斯透斯，提前诞生。这样，按照宙斯的神谕，他就当上了阿尔戈斯的王，而赫拉克勒斯便是他的臣民。

这时欧律斯透斯也听到了赫拉克勒斯日益增大的名声，不由大生嫉妒，便对赫拉克勒斯下诏，要他去觐见。

赫拉克勒斯是何等样人？岂能接受这样一个庸夫的指手画脚？但宙斯不愿自己的神谕受到违逆，他告诉赫拉克勒斯必须接受欧律斯透斯的命令，为他服务。

这个命令对于赫拉克勒斯无异晴天霹雳，他痛苦极了，心乱如麻。这时候赫拉看到有机可乘，立即再次使出了她的报复伎俩：她使赫拉克勒斯痛苦得疯了。

疯了的英雄首先要杀自己一向非常爱的侄子伊俄拉俄斯，伊俄拉俄斯逃脱他的追杀后，他便张弓搭箭，把自己的3个儿子——他们是忒拜王的女儿墨伽拉所生——当成巨人统统射死了。

清醒后赫拉克勒斯知道了自己的作为，痛心疾首，也知道了何谓命运。他以英雄的气概接受下来，到了欧律斯透斯所在的提任斯，去接受预定属于他的命运。

从此，赫拉克勒斯的一生将在不停的劳苦之中度过，他一项又一项地完成欧律斯透斯交给他的艰难无比的使命，每一项都超过了人力所能为。

由于篇幅的关系，我下面就不一一叙说这些功绩了，只说其中的第十一项。

当初，当宙斯同赫拉结婚时，众神都送了礼来，其中就有他的母亲地母该亚的礼物：一棵枝繁叶茂的苹果树，上面结着黄金的苹果。

宙斯对这件礼物十分看重，将它种在世界的尽头，派了夜神的四个女儿负责管理栽种苹果树的圣园，又派了一条巨龙守着苹果树。它有一百张嘴，一张发出一种声音。

赫拉克勒斯接到欧律斯透斯的命令，要他去取回几个金苹果。

像往常一样，赫拉克勒斯义无反顾地开始了他的新征途。但他岂知道那苹果树在哪里呢？只好像没头苍蝇一样到处乱闯。

后来他到了一个叫忒萨吕的地方，在那里遇到一个巨人，他的头如同花岗岩一般坚硬。他是个凶恶的家伙，每当看到旅人，就会一头撞去，而别人的头就像鸡蛋碰石头一样粉碎了。这时他看到了赫拉克勒斯，也像往常那样一头撞去。然

◎ 文学篇／第三章／古希腊最伟大的英雄　135

而，这次他的头不是石头碰鸡蛋了，而是鸡蛋碰石头，粉身碎骨。

赫拉克勒斯继续前行，又遇到了一个怪物，他见到赫拉克勒斯，不问青红皂白地向他挑战。赫拉克勒斯只能迎战，结果可想而知。

但这下他可惹麻烦了，这个怪物乃是战神之子。战神看到自己的儿子被杀，怒气冲天，下凡来同赫拉克勒斯决斗。赫拉克勒斯没办法，硬着头皮迎击，自知凶多吉少。但他也是吉人自有天相，宙斯不愿意自己的两个儿子相互残杀，用雷电将他们分开。

赫拉克勒斯仍旧到处漫游，到处问人金苹果在何处。

· 古希腊雕刻中的英雄与人马"齐龙"作战

· 油画《赫拉克勒斯解放普罗米修斯》

后来他到了一条河边，遇到一群仙女，她们也不知道金苹果在何处，但告诉了赫拉克勒斯一个好主意。她们说，有一个年老的河神懂得过去未来的一切事情，并且告诉了对付他的办法。赫拉克勒斯按她们的指点找到了河神，这个河神像孙悟空一样，能够变来变去，但赫拉克勒斯懂得了对付他的法子，任他怎么变也逃不开他的掌心。最后河神只得乖乖投降，告诉英雄金苹果的所在。

在去拿金苹果的路上，赫拉克勒斯又做了许多好事，例如杀了海神波塞冬的儿子，残暴的埃及王，其中最大的一件好事是释放了被宙斯锁在高加索山上的普罗米修斯。

关于伟大的普罗米修斯和他为人类盗火的故事大家都听过，他是一个提坦、一个伟大的全心全意为人类服务的神，自古以来就受到西方人的尊敬，从古希腊起就有无数讴歌他的文学作品。

被解放了的普罗米修斯告诉了赫拉克勒斯一个好主意：不要自己去同巨龙搏斗，最好是找阿特拉斯帮忙。

阿特拉斯这个词大家想必知道，英文是atlas，地图之意也。他本是一个提坦，普罗米修斯的兄弟，因为反抗宙斯被罚永远背负苍天，使天地分开。赫拉克勒斯找到了背着苍天的提坦，请他帮忙，阿特拉斯答应了。在他去找金苹果时，就由赫拉克勒斯暂时代他来扛天。

阿特拉斯不用费多多少力气就把巨龙弄死了，搞到了金苹果。但领略到了自由滋味的他岂甘愿再去干那个永远没休息的苦差？他回来后把金苹果往赫拉克勒斯脚下一掷，就要一走了之。赫拉克勒斯一看这架势，立即眉头一皱，计上心头，他对提坦说："帮个忙，给我在头上垫一块东西吧，我的头快被压碎了。"

这阿特拉斯果真又举起苍天，让赫拉克勒斯去垫垫子。但大家想想，赫拉克勒斯还会去背天么？哈哈大笑中他拾起金苹果扬长而去。

大家想想：是赫拉克勒斯太聪明呢还是阿特拉斯太傻？

这样赫拉克勒斯便完成了他的第十一个任务。

赫拉克勒斯一共完成了12件这样的任务，或称12大业迹。

赫拉克勒斯之死

完成了12件可谓前不见古人，后不见来者的苦差后，赫拉克勒斯终于自由了，不用再听一个低能的昏君使唤。他回到忒拜，开始了新生活。

以后呢？虽然他已经服役完了，但并没有从此坐享安宁，他的日子实际上仍像从前一样繁忙，又完成了许多不朽的业绩，直至死。

· 15世纪时意大利画家波拉约的一幅油画，描绘赫拉克勒斯正在与许德拉搏斗

◎ 文学篇／第三章／古希腊最伟大的英雄　137

赫拉克勒斯的死同他的婚姻联系在一起。

前面说过，赫拉克勒斯发疯时曾经杀死自己的第一个妻子墨伽拉所生的3个儿子。他无颜再见她，便把她让给了他十分珍爱的侄子，出发去为自己再找一个妻子。

他先向欧律透斯的美丽女儿伊俄勒求婚，但欧律透斯耍赖把婚事黄掉了。他只得离开，并又一次发狂，这次他杀了十分善良、对他极友好的伊菲托斯。悲伤自责的英雄一度把自己卖身为奴，替吕底亚女王做了男宠。他脱下当衣服的狮皮，着上了五彩斑斓的吕底亚女人衣裳，甚至坐在女王的脚下替她纺纱织布，女王则披着赫拉克勒斯的狮皮，懒洋洋地倚在宝座上，听赫拉克勒斯一边纺绩一边讲他从前的冒险故事。

一天，他醒悟过来，突然离开了女王温柔的怀抱，来到了另一个地方，在那里向卡吕冬国美丽的公主得伊阿俄拉求婚。

他经过一场激烈的比赛，打败了能变形的、十分强大的河川之神，得到了一个美丽的妻子。

然而，正是这妻子使强大无比的赫拉克勒斯走上了死亡之路。

原来，婚后的赫拉克勒斯仍带着妻子到处漫游。他们在一条河边遇上了做渡夫的马人涅索斯，他在这儿收钱驮人过河。当他驮着赫拉克勒斯美丽无比的妻子过河时，被她的美色迷得失去了理智，竟然非礼她。赫拉克勒斯这时已经到了对岸，听见妻子的惊叫，一箭射来。受伤的马人自知难逃一死，他告诉得伊阿俄拉，如果把他身上的血收集一点儿，涂在她丈夫的紧身衣上，丈夫就会永远爱她，对她忠贞不贰。

天真的得伊阿俄拉听到还有这好处，当然照办。

再往后，漫游的赫拉克勒斯记起了欧律透斯不肯把女儿嫁给他，就召集了一支强大的希腊联军进攻他，把欧律透斯同他的儿子们通通杀了，把他强大的国家和巍峨的宫殿夷为平地，带着美丽的女俘，公主伊俄勒，回来了，并准备娶她为妻。

他的妻子得伊阿俄拉想起了马人的话，连夜赶制了一件华丽的紧身衣，叫人带给了正在准备庆祝胜利的丈夫。赫拉克勒斯很喜欢，当即便穿上了。但刚一上身，那衣服便像毒蛇一样紧紧缠住了他，又像被唐僧念着紧箍咒的孙大圣头上的箍儿一样，不断地缩紧、缩紧，里面的毒液浸透了英雄的身体，他痛苦得发狂，在地上乱滚。

赫拉克勒斯自知命将不保，命人把自己抬上了俄忒山的绝顶，因为有神谕说他将在这里完结他的生命。

他叫人堆起火葬的柴垛，命人点上了火焰，他的呻吟声在熊熊大火中渐渐不闻。

然而，当大火熄灭，人们想从灰堆里找出他的遗骨时，却什么也看不到。

听说他被雅典娜接到了天上，在那里娶了永远年轻美丽的青春女神赫柏。她将在奥林匹斯山上为赫拉克勒斯，这位人间最伟大的英雄、现在的不朽的天神生育美丽而永生的孩子们。

· 空中鸟瞰赫拉克勒斯的父亲宙斯的神庙

第四章
西方文学的第一座巅峰
特洛伊战争与荷马史诗

我们在前面讲古希腊历史时，曾经简短地讲过了特洛伊战争。我们知道了特洛伊战争的起因是怕里斯把金苹果判给爱与美之神阿芙洛狄忒，最终引发了10年大战。然而当我们讲到古希腊的文学时，就不能如此简单地看待这场战争了。

原因很简单：这场战争诞生了两部史诗《伊利亚特》和《奥德赛》，它们乃是西方文学中无匹的瑰宝。

荷马与荷马史诗

在西方文学史上，我们应有相当深入了解的第一部经典之作就是荷马史诗。

我们先来说说荷马。

在流传下来的荷马雕像上，我们看到他是一个大胡子老人家。一头卷发薄薄地罩在脑门上，下面的鼻子和嘴巴实在平凡得很，他外表唯一不平凡的是他那盲了的双眼，紧紧地闭着，看上去一无所有却又像无所不有。

现在的历史学家一般认为他生活在公元前9或者前8世纪，是伊奥尼亚人。我们前面曾经讲过，自迈锡尼人之后侵入希腊的多利亚人分成两大支：一支是毁灭了迈锡尼文明的多利安人，他们住在原来迈锡尼人住的希腊半岛上；另一支叫伊奥尼亚人，他们住在小亚细亚半岛西部和爱琴海中多如牛毛的大小岛屿上。荷马就是这些伊奥尼亚人中的一个。因此说不定荷马就地理而言并不是欧洲人而是亚洲人。当然，这并不十分重要，荷马的史诗乃是地道的西方作品，同我们东方的亚洲味儿很不一样。

除了上面这点之外，我们对他其余的事迹简直一无所知。甚至有许多人认为荷

· 荷马

· 这幅油画描绘了荷马正在路边吟诵诗篇的情景

◎ 文学篇／第四章／西方文学的第一座巅峰　139

马并不存在，只是一个传说中的人物，像赫拉或者赫拉克勒斯一样。而那两部史诗的作者也并非他，而是别人，甚或还是许多人在许多世纪中陆陆续续完成的民间集体创作。当然，这样的观点并非权威的看法，它同人们几千年以来所持的看法太矛盾了。西方一般的史家还是偏向于认为荷马实有其人，但他的两部史诗并不

· 《雅典娜把奥德修斯装扮成乞丐》，描绘了《奥德赛》中的一个情节

是他一人所创作，他只是把两部在那时已经流传了好久的、在人们口头相传的史诗整理整理，变成今天的样子罢了。

这种观点大概是对的，像荷马这样到处流浪的游吟诗人，又是盲人，要他一个人写下两部规模如此巨大、结构如此精巧的作品是不大可能的。它们多半是在他那个时代已经由无数无名作者加工整理了的作品，荷马则是最后整理者。

荷马史诗分成两部《伊利亚特》和《奥德赛》。《伊利亚特》本身所记录的只是阿喀琉斯，这位希腊盟军中最伟大的英雄被联军统帅阿伽门农侮辱、因而拒绝作战后发生的事。这些事发生于10年特洛伊战争的最后一年，主要情节只延续了约4天，然而荷马却通过这短短的4天把特洛伊战争的全部经过都——道明了，其间所用的复杂技巧——无论是文字上还是篇章结构上——都令人叹为观止。

《奥德赛》则讲特洛伊战争中的英雄之一，"狡黠的奥德修斯"在战争结束后回转故乡时所历经的种种磨难，长达10年，书中的情节像《伊利亚特》一样，并不涉及整个10年，而只涉及其

· 发现于克里特的一尊古希腊游吟诗人青铜像，创作于大约公元前8世纪，荷马正是这样的诗人

中最后6个星期。比起《伊利亚特》来，它似乎要逊色一点，但也只是一点而已。总的来说，它是与《伊利亚特》同样辉煌的双璧，是西方文学天空中最亮的几颗星星之一。

我这里只讲第一部《伊利亚特》，而且不是按照史诗的顺序来讲，那样的话太复杂了，我将依据特洛伊战争的起因、发展、结束的顺序将这次不朽的战争细致地告诉大家。

从现在起，您不妨把我当作一个游吟诗人，听我来唱特洛伊战争之歌吧！

战争的起因

话说在很久很久以前，有高贵的兄弟俩，他们是宙斯神的儿子、一国之君。哥哥叫伊阿西翁，弟弟叫达耳达诺斯，兄弟俩感情很好，共同统治着爱琴海中一个大岛。他们因为是万神之父的儿子，便自以为能与众神并肩携手了。哥哥伊阿西翁竟然去追求伟大的女神，农神德墨忒尔，由于他的做法违背了天规，被宙斯一个响雷击死。

哥哥死后，弟弟伤心极了，不忍心呆在故国，于是抛弃了国土，远走他乡。

他离开欧罗巴，来到了爱琴海对岸的亚细亚、透克里亚人居住的地方。

· 这尊古希腊陶瓶描绘了普里阿摩斯和他的王后赫卡柏

那里的国王透克洛斯看到这个新来者如此年轻英俊，曾为一国之君，又是神的后裔，就张开双臂欢迎他，先是封了一块靠近海岸的肥田沃壤给他，后来又把他招为附马。他所居的封国后来就以他的名字达耳达诺斯来命名，称为达耳达尼亚，而他的臣民就称为达耳达尼亚人。

达耳达诺斯死后，又经过了两代，传到了特洛斯手上。这个特洛斯也是一个有为的人，他所统治的国家又以他的名字命名，被称为特罗阿斯，首都则被称为特洛伊。

特洛斯王死后，又传了两代，王位到了拉俄墨冬之手。同前面那些贤君不同，他是个残暴刚愎而愚蠢的家伙，不但跟人作对，甚至连神祇都敢对着干。这样神人共愤，他自己倒霉是不用说了，连他的子孙都因他的恶行而受到了神的诅咒。

特洛伊很久之后的命运从这时候起就默默地决定了。

拉俄墨冬死后，他的儿子普里阿摩斯继位。他同乃父远不一样，是位极仁慈的君主，然而这一切并没能挽回那早已注定的命运。

却说这普里阿摩斯先后竟然生了50个儿子，还有好几个女儿。他的妻子赫卡柏一次怀孕时做了一个奇怪的梦，经预言家一解，国王知道了这个孩子将为他的国家带来灾难，便将他扔到了荒山野岭。

然而小家伙命不该绝，在丢他的地方有一头刚生了小熊的母熊，它出于天然的母性把乳头伸向了孩子，这样孩子就活下来了。几天后，那个丢孩子的仆人放心不下，来看看，发现孩子没死。顿生怜悯之心，把他抱回了家，当作自己的孩子养起来了。

孩子顺利长大，出落得十分英俊，而且体格健壮，孔武有力。他不知道自己乃王室苗裔，天天老老实实地放牛牧羊。

这天，他又在一个深谷里放牧，忽然感到大地像地震般发抖，一阵犹若惊雷的步声匆匆而来，他抬头一望，知道是神来了。

以后的情形我们前面讲光荣的希腊时已经说

过了，就是有一天，3个女神，天后赫拉、智慧女神雅典娜、爱神阿芙洛狄忒扎到了一堆比美，奖品是一只金苹果。结果谁也不服谁，刚巧帕里斯就在附近，她们便决定请帕里斯裁判，并都答应如果帕里斯判其为最美，便给予他种种好处。其中爱神阿芙洛狄忒说："帕里斯啊，且请你听我一言，再作评判，请你闭上双眼，审视心灵深处，想想看，在一切你所渴望的东西之中，最想要的乃是什么？请你想想，难道是聪明头脑或者赫赫王权？它们虽然华贵诱人，但哪个是你心灵最深处的渴求？在你如火躁动的青春肢体中，最渴求的是什么呢？只要你有勇气面对自己，你会发现，那难道不是如玉花颜？——我将给你的正是这个，只要你判我是天上最美的女人，我将给你人间最美的女人。"

帕里斯一听，如梦方醒，毫不犹豫地将金苹果授予了维纳斯。

帕里斯的裁判令爱神大喜，深深祝福了他，再次保证履行她的诺言，将人间最美的女人赐予他，天后与智慧女神则被气得七窍生烟，她们不但对帕里斯恨之入骨，而且发誓要把整个特洛伊当作复仇的对象，这里就埋下特洛战争的种子了。

一天，帕里斯偶尔到城里去参加一个运动会，这是为了庆祝老王普里阿摩斯而举办的，奖品是一头大公牛，它一直由帕里斯替主人牧养，是他最心爱的牛。他决心把它夺到手。果真，在接着举行的比赛中，帕里斯表现了过人的本事，既强壮又聪敏，把所有对手都打败了，其中包括王子得伊福玻斯。他恼羞成怒，举起枪就往帕里斯刺来。帕里斯吓得撒腿就跑，一直跑到了祭祀宙斯的神坛边。在这里刚好遇上了公主，也是神庙的祭司卡珊德拉。

卡珊德拉是一个预言家，她的预言总是真的然而注定永远没有人相信。当她看到跑过来的帕里斯时，立刻知道了这就是当初被遗弃的弟弟。老王听说这个如此英俊而又强

· 油画《帕里斯的裁判》

健的青年原来竟然是自己的亲生儿子，喜出望外，一把抱住他，认了儿子，把当初的神谕忘到九霄云外去了。

不久帕里斯就有差事了。

很久以前，当如今的老王普里阿摩斯还是一个孩子时，伟大的赫拉克勒斯攻击特洛伊的先王拉俄墨冬，把他杀了，抢去了公主赫西俄涅。虽然后来英雄的好朋友忒拉蒙娶了她为妻，特洛伊人还是引为奇耻大辱，一直耿耿于怀，思谋报复。老王曾派人去他姐姐做王后的国度萨拉米斯要人，被希腊人赶了回来。现在普里阿摩斯再一次提起了这回事，帕里斯听罢，立即建议干脆派一支强大的军队去将姐姐抢回来。

这时有预言家说出了不祥的预言——帕里斯将从希腊带回来一个女子，特洛伊将会被毁灭。

不久一支强大的舰队组成了，帕里斯是它的统帅，统军直奔爱琴海而去。

一路顺风，船很快驶近了希腊，但在去接姐姐前，帕里斯想先去神庙里祭祀爱神，暗自希望爱神能尽快地实践她的诺言。

去的路上他曾遇到一艘装饰得灿烂豪华的大舰，上面坐着的就是斯巴达王墨涅拉俄斯，只是他们这时还互不相识，擦肩而过了。

不久他便来到了斯巴达的锡西拉岛，爱神的神庙正在这里。这时斯巴达由于墨涅拉俄斯王走了，执掌国政的是王后海伦。

这海伦就是当时世界上最漂亮的女人。

关于她一生的遭际与婚事还有一段故事。海伦本是宙斯同勒达的女儿，是阿波罗神的同胞妹妹，不过她没有成为神，而只是成了人——人间最美的女人。她还在很年轻时就显出了天姿国色，当时的一个大英雄，雅典王忒修斯，把她抢走了。后来乘忒修斯不在，她的两个兄弟又把她夺了回来。海伦长大后，更是出落得美貌举世无双，前来求婚者络绎不绝，把她家的门坎都踏破了。

是时海伦正生活在她父亲斯巴达王的宫殿里，斯巴达王很怕出现这样的情形：如果他选择了一个人做他的女婿，那么另外的人势必不服，会起来报复，那么他的女儿甚至国家就完了。因此他想了一个万全之策，在挑选前，他要所有的求婚者对天发誓：不管她选中了谁，其他没有中选的人必须联合起来保护海伦及其家人。

这些求婚者都爽快地答应了。这就意味着如果他当选，那么他不但得到了一个美貌无比的妻子，还得到了全希腊英雄们的保护，这是何等的

· 古希腊陶瓶画中的海伦像

美事!

最后的结果是迈锡尼王阿伽门农的弟弟,亚各斯王墨涅拉俄斯当选,这结果并不奇怪,当时还有哪个王有比墨涅拉俄斯和阿伽门农兄弟更高贵的身世和更强大的力量呢?

后来斯巴达王去世了,墨涅拉俄斯便继承了王位,从此生活在斯巴达。

现在,当帕里斯来时,海伦久已成了墨涅拉俄斯的妻子,还为他生了一个女儿。

丈夫走后,海伦百无聊赖,她听说有一个强大的王子统领军队来到了锡西拉岛,不由起了好奇心——女性总是好奇,喜欢新鲜事物,包括新鲜的人。她反正闲着没事,距离也不远,便来岛上祭神,顺便看看那新鲜人儿。

当她步入神庙时,正好遇上帕里斯祭祀完毕,走出神庙。

他们顿时四目相视,眼睛一亮!

帕里斯是个十分漂亮的小伙子,身材魁伟,有一张顶好看的脸,这同一介武夫的墨涅拉俄斯大不一样,海伦之美就更不用说了。因此,在眨眼间他们便四目相视,脉脉含情,马上坠入了爱河。

帕里斯觉悟到这便是爱神答应赐给他的世界上最美的人儿,立即谋划怎样才能把美人夺到手。海伦呢,自从遇上帕里斯,便独坐空闺,苦苦相思那一身东方华冠丽服的美男。

不几天,她的相思便有了结果,帕里斯带着随从堂而皇之地前来造访了。

帕里斯是顶善于调情的人,他讲起话来比蜜甜,举止温文尔雅,一派绅士风度,更兼弹得一手好竖琴,每一首琴曲如一支爱的献歌,眼睛里跳动着爱的火花,使美丽的海伦心如小鹿乱撞、不能自持了!

这个帕里斯岂看不出来?他知道大事已定,回去匆匆布置了一番。

这天,海伦正在王宫里相思时,看见远处一支部队冲来,为首便是她日思夜想的帕里斯王子。

帕里斯带兵冲进王宫,第一个先绑架了王后,海伦装着挣扎了一番,便痛痛快快地跟着帕里斯走了。帕里斯还顺便把斯巴达王宫抢掠一空。

他们并没有马上回特洛伊去,而是先到了爱琴海,应该说是"爱情海"中的一个岛上,在这

里海伦跟王子举行了一场盛大的婚礼，然后疯狂地爱了起来，哪管它故国家园、父老乡亲！

战争的准备

帕里斯劫走海伦的消息不久便传遍了全希腊，当然也传到了墨涅拉俄斯的耳中，他气得两眼昏花，立即去找他哥，伟大的迈锡尼王阿伽门农，他也十分气愤。兄弟俩立即奔向各国，要求那些当初答应保护海伦的求婚者们一起出马，讨伐特洛伊！

这样的事不但是对墨涅拉俄斯兄弟的侮辱，而且是对全体希腊人的侮辱，它公然地践踏了当时在全希腊通行的民法，加之由全希腊最为强大的国王前来游说，他们焉得不乐而景从？

不久之后希腊人便聚集了一支庞大的军队，全希腊的王子们齐齐来到，整装待发。

这些王子中有些将在以后的战斗中起重大作用，这里先说一说。

为首的是阿伽门农，他乃是宙斯的后代，统治着强大的迈锡尼，实际上整个伯罗奔尼撒都服从他的统治，是全希腊无可置疑的最强大的王。

他的弟弟墨涅拉俄斯同样强大，斯巴达在那时虽然没有后来的古典希腊时代——也就是有苏格拉底和柏拉图的那个时代——那么神气，但仍然是一个强大的国家，他也是全希腊炙手可热的大人物。

阿喀琉斯，这次特洛伊战争中最伟大的英雄，也是继赫拉克勒斯之后最了不起的战士。他乃是海洋女神忒提斯之子，他刚生下来时，忒提斯想让他成为神，因此每天晚上将他放在天火中焚烧，但当她快要完成、阿喀琉斯即将成为神的最后一个晚上，她丈夫看见了，吓得大叫起来，破坏了女神的工作，她气得飞离了丈夫，再也没有回来。这时的阿喀琉斯除了脚后跟之外的全身都已成为不死的神体——因此这脚后跟便成了他的命门。

于是后来西方便有了"阿喀琉斯之踵"这个说法，有类于中国的成语吧，那意思大家想必猜得到，就是致命弱点的意思，踵，就是脚后跟。

奥德修斯，他有一个大名鼎鼎的绰号"狡黠

· 大卫名画《帕里斯和海伦》

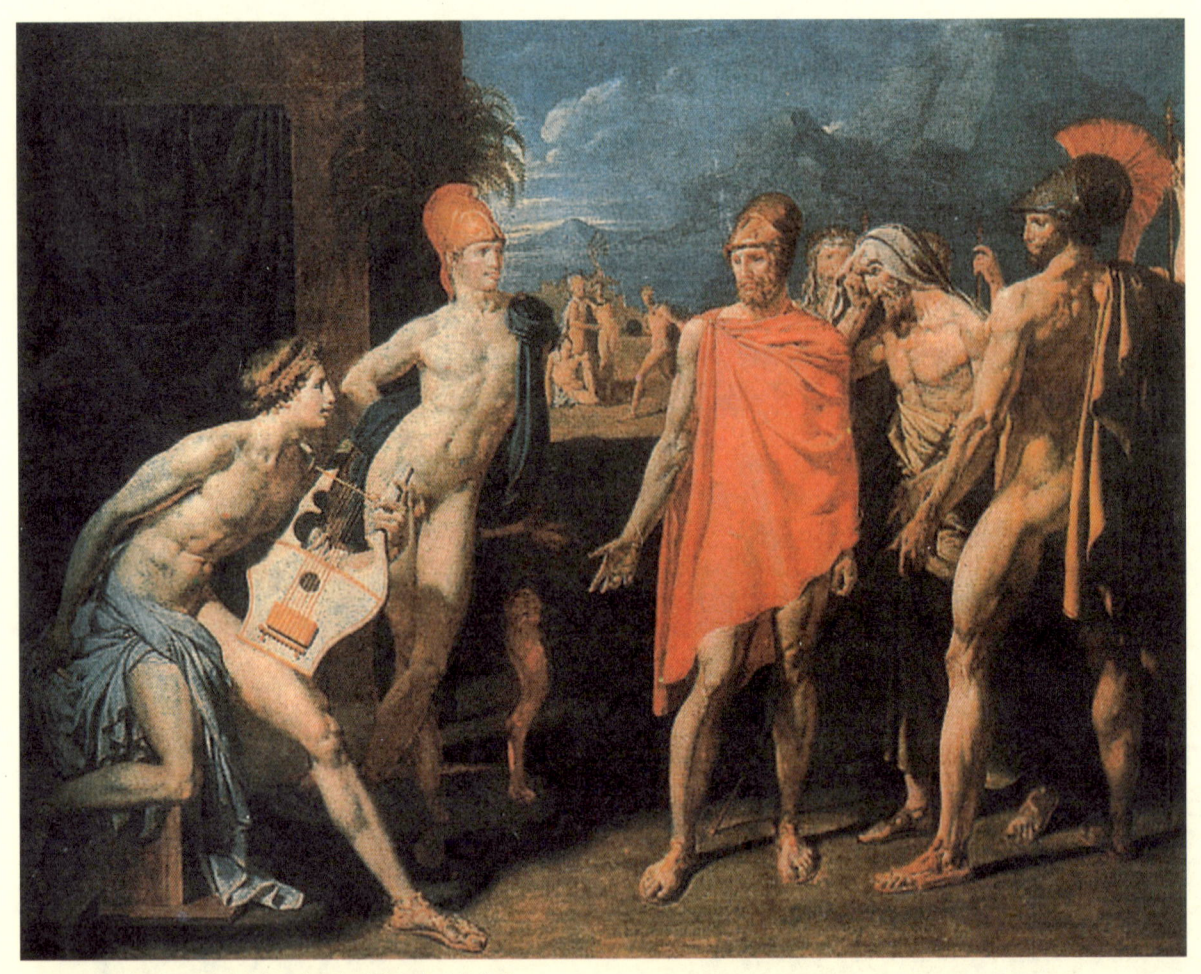

· 这幅油画描绘了阿伽门农派使者去邀请阿喀琉斯加盟

的奥德修斯",是所有英雄中最智慧的人物。起初他不愿意参战,他不愿意为了墨涅拉俄斯不贞的妻子而离开恩爱无比的妻子和新生的儿子,但又不能公开推托,于是便心生一计:当墨涅拉俄斯来找他参战时,他便假装疯了,牵着一头驴子去犁地,还把盐当成种子播下去。那体格发达、头脑简单的墨涅拉俄斯给蒙了,然而不走运的是,这次与他同来的帕拉墨德斯乃是全希腊第二个最聪明的人物,他为了证明奥德修斯是不是装疯,便抱了他的幼子放在他的犁前头。这下,奥德修斯没辙了,只好把犁小心地挪开,于是一下子戳穿了他装疯的假面具,他只得出征。从此他将帕拉墨德斯看成了仇人,伺机报复。

除了上面这些分量最重的人物之外,希腊英雄中还有一些需要特别说明的勇士:

大埃阿斯,他是赫拉克勒斯的战友忒拉蒙的儿子,一个极勇敢而强大的战士。

小埃阿斯,与大埃阿斯并非兄弟,但同样强大。

透克洛斯,大埃阿斯的兄弟,西方的养由基,有百步穿杨之箭术。

帕特洛克罗斯,阿喀琉斯的挚友,一位奋不顾身且品德高尚的武士。

狄俄墨得斯,他是神祇的儿子,力量与勇气同大小埃阿斯并驾齐驱。

菲罗克忒忒斯,著名的英雄,一度是赫拉克

勒斯的战友，同他一起建立了许多勋业。他是一个敬神的人，最大的本事是射箭，同透克洛斯一样是希腊军营中箭术最高明的人，像阿喀琉斯一样，将是整个战争胜负的关键人物之一。

马哈翁和他的兄弟帕达里律奥斯，他们乃是当时最有名的神医，希腊的华佗，医术通神。

如此等等，总之，全希腊的英雄们都为着一个伟大的目标——夺回海伦——集聚到了同一面旗帜下。

对于墨涅拉俄斯而言，这目标之所以伟大，在于他由此可以重获世界上最美丽的妻子。

对于其他英雄们而言，他们乃是为了希腊的荣誉而战，为了希腊古老的民法而战，这民法正是希腊之所以能长盛不衰、如此强大的原因。

所有英雄都各自统领他们的军队来到了一个叫奥里斯的港口，准备由此向特洛伊进发。

出征之前，大家经过商议，决定先礼后兵。希腊人派出了3位使节：墨涅拉俄斯、奥德修斯、帕拉墨德斯。第一个是因为他本人就是受害者，第二、第三个则是因为他们的智慧和口才是所有希腊英雄中最出众的，只有他们才能在特洛伊"舌战群雄"。

一路顺风，不久他们便到了特洛伊，谒见了普里阿摩斯老王。

这时，由于帕里斯还同海伦在他们"爱情海"中的小岛上享福，连消息都没有送回家，特洛伊根本不知道发生了什么事。当他们从希腊使者的口中得知这个事件时，普里阿摩斯回答道：如果海伦不是主动要求在特洛伊避难，那么他们可以要回海伦，但这一切得有一个先决条件：他们必须首先交回他的姐姐。

希腊的使节对此傲慢地回答道：他们的要求是无条件的，他们要么马上交回海伦和其他被劫去的财富，要么被毁灭。

这些话激起了特洛伊一片反抗声，他们甚至要伤害使节，但普里阿摩斯不允许这样的事发生。后来在一个叫安忒诺尔的年高德劭的特洛伊智者的帮助下，他们回到了奥里斯港。

希腊听到特洛伊这样的回答，立即挥起了手中的武器，高呼：征服！征服！

然而事情没有这么简单。

战船就要出发之前，阿伽门农为了散心，同众位英雄出去狩猎，消磨时光。这天，他看到一头漂亮的梅花鹿，就一箭射去，逮个正着。阿伽门农不由得意忘形，竟然夸口说，就是阿尔忒弥斯本人也不过如此。

阿尔忒弥斯乃是狩猎女神，以贞洁闻名，不用说是很骄傲的，这下可给气坏了，决心报复。

几天后大军要出发了，可港口里没有一丝风。几天过去了，还是一样。急坏了的希腊人请预言家卡尔卡斯来问神。他告诉希腊人这是阿伽门农触怒了神的缘故，因此他必须赎罪，把他同妻子克吕泰涅斯特拉所生的女儿作为祭品奉献给阿尔忒弥斯神。

· 两个正在战斗的古希腊武士

预言家的话顿时令阿伽门农陷入了极端痛苦之中，他岂不爱自己的女儿？而且这个女儿又是如此聪明美丽，他便公开宣布辞去联军统帅之职。

但联军统帅岂是这样随便就能辞掉了事的？希腊将士们愤怒了，他们觉得阿伽门农实在太自私，他们为了他家族的荣誉而辛苦参战，现在他竟然如此！他们公开宣称要反叛了，也就是说，他们将要把阿伽门农同他的兄弟抓起来，试之以剑！

面对这样的情形，阿伽门农没办法了，只得答应。他写了一封信，告诉老婆，请她把女儿带来，说是要让她同伟大的英雄阿喀琉斯结婚。

他的妻子，克吕泰涅斯特拉，当然高兴，因为阿喀琉斯可不是一般的英雄哪，她连夜带着女儿赶到了军营。

阿伽门农又一次后悔了，想改变主意，然而箭在弦上，不得不发。他了解自己的妻子是何等地爱这个美丽聪慧又善良的女儿，他想把此事瞒过妻子。不幸的是克吕泰涅斯特拉发现了这件事，他愤怒地找到丈夫，指责他这种禽兽之行，甚至将他们过去的种种不幸通通抖了出来：他们的婚姻最初就来自于阿伽门农的暴力，他杀死了她的前夫和孩子，把她抢了过来，如此等等。

这为阿伽门农以后的不幸深深地埋下了种子。这是后话，暂且不提。

他们的孩子伊菲革涅亚也跪在地上求父亲不要这么早就结束她青春的生命，海伦同帕里斯私奔与她何干？为什么要由她来付出生命的代价呢？

然而阿伽门农这时候已经打定主意了，毫不犹豫地拒绝了她们的恳求，走了出去。

阿喀琉斯这时候站了出来，愿意用生命来保护伊菲革涅亚——她是如此美丽可爱，他已经爱上她了。

然而伊菲革涅亚冷静地作出了抉择，她愿意

· 这幅古希腊陶瓶画描绘了两个战斗的武士，可以想像希腊人与特洛伊人就是这样战斗的

为了希腊献出自己的生命，因为她已经看出来了，如果她不献出自己的生命，那么她所有亲人都将失去生命。

她平静地制止了已经热烈地爱上她，想为她牺牲生命的阿喀琉斯的拯救行动，从容走向祭坛……

海上顿时吹来了顺风，在希腊人的欢呼声中，战舰千帆竞发，驶出了港口。

也许命中注定这次远征将困难重重，希腊人不久便未上战场，先损大将。

却说菲罗克忒忒斯本是希腊英雄中的重要人物，当船队到达一个叫卡律塞的岛屿时，他在上面发现了一座祭坛，他是个顶虔诚的人，高兴地上去向神献祭，没想到神坛边盘踞着一条大毒蛇，一口就把英雄咬着了。

他痛得大叫起来，被同伴抬上战船后，毒性发作，痛得一天到晚呼天抢地，这下其他战士们烦死了，于是由奥德修斯主谋，乘他睡着的片刻将他扔到了一个荒岛上。

后来希腊人又经过一番艰苦努力,包括同赫拉克勒斯的儿子乱战了一场,费尽千辛万苦才到达了特洛伊城外。

此时,特洛伊人因为一直没见着帕里斯的踪影,弄不清是怎么回事,惴惴不安,感到一场灾难正在逼近。

这天,帕里斯终于回来了,他带着新抢来的妻子以及巨大的财富。

狡猾的帕里斯从这些财宝中拿出许多来分给他的兄弟们,甚至把从海伦宫殿里带来的美丽的宫女们也送给了他们。这样,本来准备把这个鲁莽的兄弟痛打一顿的哥哥们立即转怒为喜,不但没有骂他,而且在普里阿摩斯父王面前极力替帕里斯辩护,要求把海伦留下来,绝不送还希腊人。

而海伦呢,当普里阿摩斯派了王后去问她来到这儿是否属自愿时,她回答道:她已经深深地爱上了新夫,愿意永远同他生活在一起,而且如果她被送回希腊,留给她的将只有死路一条。

在这种情形之下,国王和特洛伊人感到别无选择,只得举起了战旗,号召全体特洛伊的武士们准备迎战。

在特洛伊人这边虽然没有希腊人那么多伟大的英雄,也有不少出众之士。

首先就是赫克托耳,同阿喀琉斯一般杰出的英雄。还有埃涅阿斯,他是爱神芙洛狄忒的儿子,又是普里阿摩斯王的女婿,并与他们拥有共同的祖先。

这个名字还有另一个译法,就是伊尼阿斯,这个名字我们在后面讲罗马人的历史时还会遇到,他乃是罗马城的建立者,罗马人的祖先。

另有一个潘达洛斯,著名神射手,曾由阿波罗神亲手赠予神箭。

所有这些英雄们再加上从各国不断涌来的援军,又守着地利之便,特洛伊人感到足可与希腊人一战了。

当然,就实力而言,希腊要强于特洛伊,一是因为希腊人是倾巢而动,以全希腊之力来征服一个城邦,军力上大居优势;二是因为希腊人有许多智勇兼备的英雄,而特洛伊人就远非如此了。除赫克托耳同埃涅阿斯可以与希腊英雄们相匹外,其余的就都差之甚远了。总之,特洛伊兵力远不如希腊,所恃者唯有守地利之便,恃高城固池来与希腊人相抗了。

与地上的两国相争一样,这时神祇也分成了鲜明的两派:一派是希腊人的铁血盟友,主要有天后赫拉、智慧女神雅典娜、海神波塞冬3人;另一派则是特洛伊的坚定支持者,主要有太阳神阿波罗、爱神阿芙洛狄忒、战神阿瑞斯3人。

在他们之上的伟大的神王宙斯虽然早已知道命运,在大多数时候却是两不相帮,或者一时帮这个,一时帮那个,看情形而定。

分帮两派的神祇各各尽力而为地保佑自己喜爱的一边,甚至相互之间大打出手。

这样,希腊与特洛伊之战既是人与人之间的战斗,亦是人与神之间的战斗,还是神与神之间的战斗。也许正因为如此,才令这场战争如神般

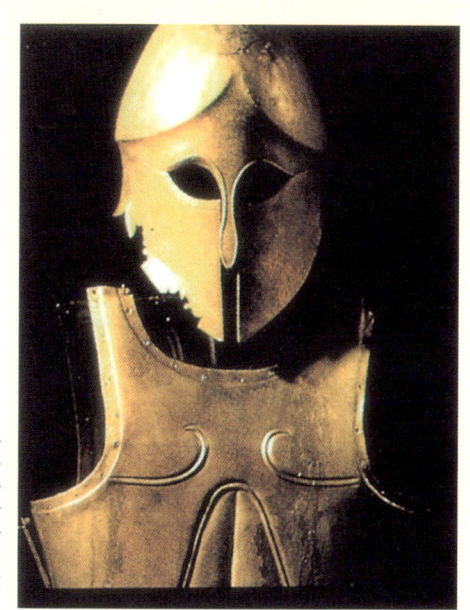

古希腊士兵的盔甲

◎ 文学篇 / 第四章 / 西方文学的第一座巅峰　149

不朽。

战争的爆发

这场战争是如何爆发的呢？

这天，正当希腊英雄们欢送一位前来访问的老友、赫拉克勒斯的儿子时，一直关着的特洛伊城门在隆隆巨响中打开了，只见特洛伊士兵像潮水般涌向希腊人，为首的是如狮子般魁伟的赫克托耳，紧跟着他的是埃涅阿斯。

一开始，由于希腊人中最伟大的英雄阿喀琉斯不在，希腊人吃了不少亏，失去了一个英雄。然而一会儿之后，阿喀琉斯来了，他一到，原来如同狮子的赫克托耳顿时变成了兔子，在阿喀琉斯暴风雨般的砍杀下，特洛伊人像来时一样飞快地逃回了城里。

此后特洛伊人在城里躲了好久，希腊人乘机在特洛伊周围的城市中大肆抢掠。但不久他们又失去了一位了不起的英雄。

我们前面说过，当初奥德修斯为了不参加战争故意装疯，帕拉墨德斯识破了他的诡计。他从此对帕拉墨德斯恨之入骨，认为他之所以要离开恩爱的妻子和新生的孩子来替墨涅拉俄斯不贞的妻子卖命完全是帕拉墨德斯捣的蛋，一直伺机报复。此外，帕拉墨德斯同奥德修斯一样有智慧，又正直善良，不像奥德修斯那样狡诈，远比奥德修斯更得人心，这更令奥德修斯欲除帕拉墨德斯而后快了。

机会终于来了。这天，阿波罗神通过神谕告知希腊人，要他们奉献100头羊作祭品，这是一次十分隆重的祭祀，阿波罗神又特意选定帕拉墨德斯来主持这盛事，这更把奥德修斯气得发疯，发誓要马上除掉这个眼中钉。

他想出了一个极阴险恶毒的诡计：他先乘帕拉墨德斯不在，暗地在他的帐篷里埋藏了一大笔黄金。然后又假托普里阿摩斯王的名义给帕拉墨德斯写了一封信，信中无非是说他十分感谢帕拉墨德斯给他送来了希腊人的军事机密，略赠黄金等云云。

他故意把信放到一个特洛伊战俘身上，然后又装着"偶然地"发现了这封信，并立即把这个俘虏杀掉，然后向众位希腊英雄公开了这封信。

那些勇力十足，但基本上没脑子的英雄们想都不想就气得跳了起来。阿伽门农委托奥德修斯为主来调查这件事，这下无异于送羊入虎口，他立即带着人来到帕拉墨德斯的营帐，找到了这批"被帕拉墨德斯藏起来"黄金。

这时帕拉墨德斯知道是有人陷害他了，但他已经百口莫辩，而且他并不是一个怕死的人，没有为自己多作辩护，最后审判的结果是，大家一致同意判处帕拉墨德斯这个"奸细"死刑——用石头砸死。

希腊人当中最智慧而善良的人就这样失去了生命，至死都不知道是谁陷害了他。

此后几年战争就这么进行下去了，希腊人特洛伊人你来我往，不停地战斗。特洛伊人一边守城，一边到处求援。希腊人则一边攻城，一边不断地向特洛伊周围的小亚细亚城市发动攻击。这样做对他们当然是极其必要的。我们知道，大军在外，粮草先行，远离家乡的希腊人不可能从祖国得到后勤支援，只有通过不停的掠夺来获取一切给养，从物质食粮粮食直到精神食粮——女人。

由于希腊军力如此庞大，又有这么多伟大的英雄，自然没有哪座城市是他们的对手。这些掳掠以阿喀琉斯为首，他领着他勇敢的帖撒利人从陆地和海上攻克了一座又一座城市，劫尽里面的财富，把人民卖为奴隶，把青年女子夺来享乐。

希腊人就靠着这样来维持他们远在家乡千里之外的漫长的战争。

这样的战争一直延续了整整9年，其间希腊

· 这幅古画描绘了特洛伊战争的一个场面，一个战死了的士兵被长着翅膀的死亡之神抬走

人和特洛伊人基本上势均力敌，战局没有大的变化，直到第十年时才风云突变。

这次突变的起因像整个战争的起因一样，又是为了女人。

却说这年，阿喀琉斯乘特洛伊人躲在城里没出来，又外出掳掠了。他已经先后攻破了20多座城市，这次他攻打的对象是密西埃。战斗当然以他的胜利而告终，他又夺得了大量财富，其中包括美丽的克律塞伊斯。

这个美女乃是阿波罗神的大祭司克律塞斯的女儿，阿喀琉斯把她连同其他掳获物一起带到了希腊军营，与阿喀琉斯几乎掳夺了同样多战利品的是勇敢的埃阿斯。

现在开始瓜分战利品了，按照规矩阿喀琉斯获得了美丽的公主勃里撒厄斯以及她也很美丽的侍女，埃阿斯得到了另一个公主，至于最美的克律塞伊斯则被分给了统帅阿伽门农，他毕竟是王，什么都得占最好的。女人必须是最美的，金银必须是最多的，虽然他几乎从来没有出去攻城掠地。

然而阿伽门农这次失算了。

这时已经是战争的第十个年头，这天，在希腊人军营外来了一个面相如天神般尊严的老者，但见他手执一根金杖，杖头缠着表示和平的橄榄枝。

他就是克律塞斯，阿波罗神的祭司，这次来是要赎取他被希腊人掳去的爱女的。由于他带来了一笔巨额的赎金，按照当时的惯例，希腊人理当将女儿还给他——何况他还是一个如此令人尊敬的老者，伟大的阿波罗神的祭司！

当他提出他的要求时，希腊英雄们以热烈的掌声答应了他的要求。

事情似乎已经解决了，老人只须等着接女儿回家了。

然而风云聚起，事情出现了意想不到的变故。

克律塞伊斯已经是阿伽门农心爱的女奴，他无论如何也不愿失去，多少财宝也不行！因此他极其无礼地辱骂了老人，把他从军营赶了出去。

老人伤心极了，他自知争下去只会惹来杀身之祸，默默地退了下去。

◎ 文学篇／第四章／西方文学的第一座巅峰

他步履蹒跚地来到大海边，伸手向苍天，喊道：

银弓之神，克律塞斯和神圣的基拉的保卫者，
统治着特涅多斯，灭鼠神，请听我祈祷，
如果我曾经盖庙顶，讨得你的欢心，
或是为你焚烧牛羊肥美的大腿，
请听我祈祷，使我的愿望成为现实，
让达那奥斯人在你的箭下偿还我的眼泪。

这是《伊利亚特》中的原话，达那奥斯人乃是希腊人的别称。

太阳神在奥林匹斯山上听到了老人的祈求，愤怒立即像严霜般罩上了他的脸，他执起神箭，来到了希腊人的军营，把它们一支支朝希腊人射去。

顿时在希腊军营里漫延开了可怕的瘟疫，士兵像苍蝇一样死去。

到第九天，希腊人实在受不了了，便请专门用鸟儿来了解神意的卜者占卦，一问便知道了瘟疫的起因。这时，阿伽门农再也没办法了，他怎敢悖逆神意？于是克律塞伊斯被送回去了，赎金也不能要了。

气急败坏的阿伽门农立即跑到阿喀琉斯那儿，将他心爱的女俘，公主勃里撒厄斯，抢走了。这是因为阿喀琉斯竟然在大庭广众之下责备他，他责备阿伽门农竟然为了失去的女奴要把已经分给其他英雄们的战利品抢走，他又责备阿伽门农自己从来不去征服，却要获得最多最好的战利品。他又说，战争的起因是什么呢？他们又是为了什么而来呢？无非是来帮助他们兄弟。

这些有力而有理的话把阿伽门农更气昏了头，他公开地带着蔑视的口气痛骂了阿喀琉斯一顿，然后就把这位最伟大的英雄的美丽的女奴从他的营帐里带走了，这时候公主已经爱上了勇武而又仁慈的英雄。

阿喀琉斯被这公开的侮辱深深地伤害了。他

·图中站着的就是美女海伦，坐着的是特洛伊国王普里阿摩斯

想一剑把这昏君杀了，然而智慧女神阻止了他，他只能饮恨吞声，回到自己的营帐里面去，然而他声明：就像干树枝不会发芽一样，今后希腊人休想再要他出战！

他回到帐里，正所谓英雄可杀不可侮，阿伽门农的侮辱像利箭一般刺痛着他的心，他来到海边，含着热泪呼唤他的母亲，海洋女神忒提斯。

忒提斯是位慈爱的女神和母亲，儿子的受辱令她肝肠寸断，她来到了神圣的奥林匹斯山，俯身在父亲，万神之王宙斯的怀里，祈求他替她儿子复仇，惩罚希腊人，直到他重新得回他的荣誉为止。

一边是心爱的女儿的泪眼，另一边是厉害的妻子的白眼，宙斯感到万般为难，然而他终究还是允诺了女儿正当的要求。

希腊人真正的灾难就此开始了。

这就是著名的"阿喀琉斯的愤怒"。

阿喀琉斯的愤怒与死亡

这时已经是战争的最后一年，却是伟大的

《伊利亚特》最初的开始。

它是如此开始的:

女神啊,请歌唱佩琉斯之子阿喀琉斯的
致命的愤怒,那一忿怒给阿开奥斯人带来
无数的苦难,把战士的许多健壮英魂
送往冥府,使他们的尸体成为野狗
和各种飞禽的肉食,从阿特柔斯之子、
人民的国王同神样的阿喀琉斯最初的争吵中
分离时开始吧,就这样实现了宙斯的意愿。

没过几天,宙斯就把对女儿的允诺付诸实施了。

所谓付诸实施当然是要让希腊人在战斗中挫败,但这首先得要他们同特洛伊人干起仗来。然而现在,自从阿喀琉斯发怒后,希腊英雄们对阿伽门农感到寒心,军心已经动摇,因此阿伽门农并不急于出战。

宙斯想了一个好主意,他悄悄属意梦神一番。

接到宙斯的指示,梦神来到了希腊军营、阿伽门农的宫帐之中,摇身一变,化作了涅斯托耳的形状。在所有的希腊英雄们之中,涅斯托耳是最年长,也最受众人爱戴的人物。梦神走到阿伽门农面前——当然是在梦中,对正发着春梦的阿伽门农说:

你赶快听我的话,
我是从大神宙斯那里前来的信使,
他虽然远在天上,却很关心你,怜悯你,
他叫你立刻把长头发的阿开奥斯人武装,
因为你现在能攻下特洛伊人宽阔的城市。

阿开奥斯人是希腊人的另一个称呼。

梦神一走,阿伽门农立即醒了过来,他兴奋得像6月里喝了雪水一样,仿佛看到期待已久的胜利已经到来,普里阿摩斯美目的女儿们已经成了他床上的女奴。

他跳下床,奔向他一向最敬重的涅斯托耳,告诉他梦中的情形,并说出了他的一个妙计来整顿涣散了的军心。

他并不说梦的事,而是来到战士们中间,对他们说:战争已经持续了漫长的9年,他们的船板已经开始腐朽,然而特洛伊人的城池依然高耸,这是神的意志,他们最好服从,上船启航,返回家乡。

希腊战士们一听,顿时一阵大乱,朝自己的战船飞奔而去,有的拖拉垫在船下的横木,有的去疏通通向大海的航道,准备立即回转家乡。

这时只有奥德修斯像山岳一样巍然不动,在神的指示之下,他又来到像奔逃一样的希腊人面前,用雷霆般的声音吓止他们,让他们冷静下来,告诉他们这只是伟大的阿伽门农王在试探他们。他还提醒他们在离开家乡那天发生的事:一条乌黑的巨蛇从祭坛下爬出来,爬上一棵大树,里面

· 这枚迈锡尼人的图章中描绘了战斗的场面

◎ 文学篇／第四章／西方文学的第一座巅峰

有1只雌鸟同8只小鸟，一共9只，巨蛇一连吞掉了它们。这说明什么？说明在特洛伊他们要战斗整整10年，第十年才能把它攻下，而现在已经是最后一年。

他的话像灵丹妙药一样把希腊人的思乡病治好了，他们发出惊天动地的欢呼声，立即抛下回乡的打算，随阿伽门农一起向宙斯献祭了一头公牛，然后往特洛伊的城门冲去。

城里的特洛伊人见敌军来到，毫不畏惧地冲了出来，以神一般威严的赫克托耳为首。两军刚要对阵，这时特洛伊那边跳出来一个人，向希腊的英雄挑战，墨涅拉俄斯一看，顿时双眼血红，像饿狮看见了羚羊。

大家可以猜到，这个跳出来的特洛伊人就是帕里斯，10年血战的罪魁祸首。

一看到出来迎战的是墨涅拉俄斯，帕里斯顿时浑身一冷，急急忙忙逃回了队伍，把他的兄长气得发抖，为有这样一个懦夫弟弟感到丢人。

然而帕里斯这时候又提出了一个主意，他对哥哥说：

如果你想要我战斗，你就叫特洛伊人
和全体阿开奥斯人坐下，把战神喜爱的
墨涅拉俄斯和我放在两军之间，
为争取海伦和她的财产单独决斗。
我们两个谁获得胜利，比对方强大，
就让他把这个女人和财产带回家。
其余的人就保证友谊，发出誓言，
你们好住在肥沃的特洛伊，他们好回到
牧马的阿尔戈斯平原和多美女的阿开奥斯土地。

听到兄弟说出这样的话，赫克托耳不由喜出望外，他立即站到两军之中，止住正要开始的厮杀，把帕里斯的主意一说。

他的话立即得到了两军的欢呼。是的，战斗了这么久，无论是希腊人还是特洛伊人，有谁不感到疲惫？又有谁不感到即使他们付出生命胜利也不一定会来临？因为决定胜利的归根结底是神明，而神明的旨意，实在难明。现在来了一个简单明快的法子可以让这一切在一天之内终结，他们有谁不高兴得发疯？

双方立即约定了，各自向永生的神献出祭品之后，两个不共戴天的仇敌面对面走上了战场。

两人抓阄的结果，帕里斯抢得了先，他将锐利的长矛向斯巴达王投了过去，但墨涅拉俄斯用坚厚的牛皮盾挡住了它。

·迈锡尼人的大金杯，他们就是用这个来喝酒的

该墨涅拉俄斯了，他发出仇恨的叫喊，箭一般飞出了他的长枪。只见枪尖穿透了帕里斯的盾，一直穿过他的盔甲，甚至刺破了他的内衣。然而却至此为止，帕里斯的身体毫发无伤。

愤怒到了极点的墨涅拉俄斯抽出短剑，像一头发了疯的狮子般扑去，一剑砍在风流王子的头盔上，然而一声脆响，断成两截的不是帕里斯的头颅，而是斯巴达王的宝剑。

感到绝望的墨涅拉俄斯已经没有了武器，只听他大吼一声，像猛虎般扑向帕里斯，一把抓住了他的头盔，拖着就向希腊人那边奔去。

由于头盔下面的带子紧紧地勒在下巴上面，好不致脱落。因此当墨涅拉俄斯拖着帕里斯走时，这根带子便同以前一样紧紧地勒住了俊秀王子的喉咙，使他喘不过气，眼看要被拖到希腊人堆里，甚至被活活勒死。

在这千钧一发的时刻，帕里斯的保护神神中最美丽的爱神阿芙洛狄忒来了，她一下弄断了王子下巴上的带子，用一团云雾裹着他，把他径直送回了自己的宫殿，送到了她嵌金镶银的卧榻上，爱神又去把世上最美丽的女人海伦找来，让他忘却战争的疲劳，立即享受与最美丽的女人销魂的滋味。荷马老人家如是记载，帕里斯对被爱神带到了他卧榻旁边的海伦说：

"你过来，我们上去睡觉，享受爱情；
欲念从没有这样笼罩我的心灵，
我从可爱的拉溪梦第把你弄到手，
同乘渡海的船舶在克拉那埃岛上
同你睡眠，在爱情上面结合的时候，
也没有这样爱你，你甜蜜的欲望占据我。"
他这样说，就带头上去，妻子跟随。

虽然帕里斯不见了，但双方的决斗之胜负已经一目了然，特洛伊人这时也并非不愿服输：一则他们已经向神灵宣誓；二则他们岂愿还为了那人人厌恶的淫棍加懦夫帕里斯而战？

正当战事有望完结之时，却又一次急转直下。

我们前面说过，在特洛伊人中有一个神箭手，他的名字叫潘达洛斯。他到现在也是个有名的人物，特别是在莎士比亚写了《特洛伊罗斯和克瑞西达》之后，不过在剧本里他不是一个神箭手，而是一个媒人，具体地说，是一个淫媒，在不该相爱的两个人当中跳来跳去，挑动他们干些苟且的勾当。

这时他也起了坏媒人的作用，把两个本来应当就此罢战、也可能就此罢战的对手再一次凑合起来，重启血战。

事情是这样的：潘达洛斯受到雅典娜的诱惑，在墨涅拉俄斯已经取得胜利，按条约应该罢战，而特洛伊也并没有人提出反对之时，张开他的神弓，一箭射向胜利者墨涅拉俄斯，射伤了他。

这一箭把和平的最后一丝希望粉碎了。

特洛伊士兵们看到勇敢的墨涅拉俄斯受伤了，以为有机可乘，冲了过来。希腊人，在阿伽门农的亲自统领下，发出愤怒的呼喊，向着背信弃义的特洛伊人杀去。一场空前的大血战来临了！

甚至神祇们也亲自加入了战斗，战神阿瑞斯在特洛伊一边大声呐喊，雅典娜则同希腊人并肩战斗。

以下是这场异常激烈的战斗的大致情形。

特洛伊人中冲在最前面的是埃刻波罗斯，但他刚冲入希腊人堆中，就被一枪刺中额头，成为这场战斗的第一个牺牲品。

按照当时的惯例，立即有人过来剥他的盔甲，

·丽达与天鹅，描绘了古希腊的一则神话，宙斯化为天鹅与丽达成亲

◎ 文学篇／第四章／西方文学的第一座巅峰　155

然而这位王子埃弗勒诺阿刚下马,就被特洛伊人阿革诺耳一枪刺穿腰部,与刚死者前脚跟着后脚地到地府去了。

希腊勇士埃阿斯挺枪结果了一个特洛伊英雄,也下去剥他的盔甲。他刚一弯腰,一个特洛伊人便将矛掷来,机灵的埃阿斯弯腰避过,然而正站在他身后的英雄琉科斯却被一枪射个正着。他是希腊人中一位了不起的英雄,聪明的奥德修斯的挚友。

奥德修斯伤痛朋友之死,也把长矛往敌人丛中掷去,扎穿了普里阿摩斯王一个儿子的太阳穴,直扎得脑浆飞溅。这个儿子并不是老王的50个嫡系儿子之一,而是他的无数个私生子之一。

就这样,你来我往,无数希腊人与特洛伊人将他们的鲜血溅满大地,大地为之变色。

然而到底谁占了上风呢?

是希腊人。

这一是因为帮助希腊人的神乃是智慧女神雅典娜,她既智慧又勇敢,在众神之中本事也许仅次于宙斯,同赫拉与阿波罗比肩,比战神阿瑞斯更强,至于比起爱神来,那就更不知厉害多少倍了!帮助特洛伊人的主要是战神,战神虽然有这个响亮的名字,但他在战斗中常吃败仗。

另一个原因是希腊人毕竟有较强的兵力,不但兵强于特洛伊人,强有力的英雄也比特洛伊人多得多。特洛伊人当中数得出来的厉害角色只有3个:赫克托耳、埃涅阿斯、潘达洛斯,希腊这样的英雄则有一长串:阿伽门农、墨涅拉俄斯、大埃阿斯、小埃阿斯、狄俄墨得斯、奥德修斯,等等,还不包括那最伟大的英雄——阿喀琉斯。

如此特洛伊人怎能不吃亏呢?

战斗到后来,特洛伊人渐渐抵挡不住了,尤其是在狄俄墨得斯得到了雅典娜赋予的神力之后——智慧的雅典娜先是把自己的神力附在狄俄墨得斯身上,然后就去找战神,说:让凡人们自己去战斗罢!我们且不管了。

· 古希腊神话中的青春女神们,其中的赫柏后来与赫拉克勒斯结了婚

天真的战神见雅典娜不帮希腊人了，也不好再帮特洛伊人，就爽快地跟雅典娜走了。

然而在战场上，被雅典娜赋予了神力的狄俄墨得斯乘机大显身手，杀死了许多特洛伊英雄。

眼看特洛伊人要全军覆灭，这时太阳神阿波罗来了，在这场战争中他是倾向于特洛伊的，厌恶希腊人的残暴。他想出了一个办法：给最伟大的特洛伊英雄赫克托耳以更大的力量，让他单独向希腊人挑战，这样希腊人便不能倚赖众多的英雄取胜了。

他推开前面的士兵，来到对阵的两军最前，发出了洪亮的号召：要求希腊人派勇士来与他决战。

希腊谁不知道赫克托耳的大名？正如阿伽门农所说：就是阿喀琉斯对付他也不敢鲁莽从事。他这话是对墨涅拉俄斯说的，墨涅拉俄斯看到希腊英雄里没有一人敢应阵，上去对付无敌的赫克托耳，感到脸上无光，慨然要去应战。——如果他去，将必死无疑，他只得停步了。

希腊人以沉默回答赫克托耳的挑战，直到那位希腊人里最年长、也最令人肃然起敬的英雄涅斯托耳站了起来，把希腊英雄们痛加指责，说只要他稍微年轻，赫克托耳就会找到一个对手。

他的话激起了希腊英雄们的荣誉感，立即有许多人想去迎战。争执不下，他们便决定用抽签的办法进行选择，结果像阿喀琉斯一样强大的埃阿斯抽上了签，他高高兴兴地顶盔穿甲，上阵去迎接死神般的赫克托耳。

战斗的结果，埃阿斯捞了一点儿便宜：他用

·山林女神与牧神潘

他的矛刺穿了赫克托耳的盾，扎伤了他的脖子，还用石头砸痛了他的腿，自己却毫无损伤。但这点小伤对英雄算不了什么，赫克托耳仍然可以作战。

当他们抽出宝剑，准备进行最后的决战，双方的使者过来了，他们用刺棒隔开了两位英雄，告诉他们天色已晚，留待明天再作打算。

于是两位双方阵营里最勇敢的战士分开了，为了表示友谊与勇士的胸怀，他们临别还相互交换了礼物：埃阿斯得到了赫克托耳漂亮的银柄宝剑；赫克托耳则得到了埃阿斯的紫金腰带。

这场战斗惨烈异常，双方均有大批将士阵亡，两边便商定第二天休战，好让他们收拾死去兄弟的尸首。

过了一天，战斗重新开始，然而这次的战斗比起前两次来却迥然不同。希腊失掉了前日的威风，因为宙斯牢牢记着对女儿许下的诺言，要在这次把希腊人狠揍一下，直到他们请出受辱的阿喀琉斯，偿还欠他的宿债。

战斗伊始赫克托耳便像一头雄狮疯狂地扑向希腊人，他双眼血红，像喷着火焰，口里发出惊雷般的吼叫。希腊士兵吓得手脚发软，逃都逃不快。只有最勇敢的英雄们才能像平时一样飞快地跑动，躲开这位死神的追逐，这其中甚至包括前天被雅典娜赋予神力的狄俄墨得斯。

就这样，赫克托耳和特洛伊人一直把希腊人驱赶到他们的船舷边，就像群狼奔逐群羊，一直到夜神藏起阿波罗的光亮，把大地同天空变得混沌未分时一般漆黑。

入夜，赫克托耳没有如往日一样让特洛伊人回城。他大声地宣告：他们勿须回城，要就地驻扎，明天拂晓再向希腊人的船只猛攻，只要突破这最后的防线，希腊人就只能用双臂从宽阔的爱琴海游回老家了。

是夜，希腊英雄们集聚在阿伽门农王的营帐里，沉浸在失败的悲痛和对明天深深的绝望之中。

该怎么做呢？英雄们其实都知道：只有阿喀琉斯才能把他们从毁灭的边缘拯救出来。

经过一阵令英雄们难堪的沉默之后，可敬的涅斯托耳老人家发话了。他直截了当地指出了阿伽门农先时的错误，他抢走阿喀琉斯应得的战利品，不但侮辱了最英勇的战士，也违悖了其他英雄们的心意，现在是他反省认错的时候了。

阿伽门农王听到涅斯托耳的话，也爽快地承认了自己有错。并说愿付出更大的代价，他准备付给阿喀琉斯的赔偿是这样的：

7只铜三脚祭鼎，20口饮鼎，12匹骏马，7个

· 罗丹这尊雕像表现了古希腊最伟大的乐手俄耳浦斯

他从勒斯波岛抢来的漂亮姑娘,并归还美丽的勃里撒厄斯。另外他还把自己的女儿嫁给英雄,又以7座城市作为陪嫁。

这样的赔偿确实够可以的了,一群希腊英雄,其中包括狡黠的奥德修斯同阿喀琉斯以前的老师,来到了英雄的营帐。只见已从战事烦冗中脱身的阿喀琉斯现在心平气静,正仔细地弹奏一具精致的竖琴。那动听的乐音同优雅的姿势仿佛阿喀琉斯不是无敌的战场英雄,而是伟大的乐者俄耳浦斯。

尽管与阿伽门农势不两立,阿喀琉斯还是喜爱其他希腊英雄。他盛情款待他们,给他们现烤了美味的羊腿和肥猪蹄,但却毫不迟疑地拒绝了奥德修斯表达的意思,他说他不会再相信阿伽门农,等明天天一亮,他便要扬帆出海,回到自己久别的故乡。

面对这样的情形,希腊英雄们还有什么可做?他们绝望地等待着第二天的光临,只能乞求神明帮助他们击败疯狂的特洛伊人。

黎明一到,特洛伊人便杀上来了。今天对于希腊人来说比昨天更惨。一会儿功夫,狄俄墨得斯,这位曾被雅典娜赋予神力,现在希腊英雄中最强大的战士,被帕里斯一箭射伤了脚背,那位最聪明的英雄奥德修斯和全体希腊人的统帅阿伽门农也受了伤,特洛伊人仍像追逐群羊的猎犬,凶猛地扑了上来。

希腊人抵挡不住,不停地后退,一直退到了他们的船边,在甲板上抵抗特洛伊人。

现在希腊人当中剩下的最有力量的战士只有埃阿斯了。他也退到了战船上,同赫克托耳死命地争夺着:一个想保住这条船,这就是他的生命,另一个则想烧了它,知道一旦失去了船,希腊人就什么都完了。

他们在四处飞溅的血花中挥舞着已经被过多的屠杀砍钝的利剑,但见赫克托耳杀得口喷白沫,两眼在浓眉下闪着凶狠的光芒。

在如此疯狂的击打之下,连埃阿斯也抵挡不住了,不停地后退,赫克托耳则不停地前进,直到他把一支熊熊燃烧着的火炬扔到希腊人的战船上。

· 这幅古希腊陶瓶画描绘的是阿喀琉斯为帕特洛克罗斯包扎伤口

正在阿喀琉斯船上的帕特洛克罗斯看见了战船的熊熊大火,他知道希腊人今天遭受了惨重的挫败,甚至有被毁灭的危险,于是恳请他勇敢的挚友阿喀琉斯出战,但阿喀琉斯没有答应。他也看到希腊人已经如此危急,便允许帕特洛克罗斯穿上他的盔甲,代替他出战特洛伊人,他知道在全军之中帕特洛克罗斯是仅次于他的勇士。

帕特洛克罗斯立即披上了阿喀琉斯由匠神精心打造的宝甲,还有那几匹由神所生的骏马,向特洛伊人冲去。

帕特洛克罗斯的到来大大地吓着了正激烈战斗着的特洛伊人,他们立即四散奔逃。帕特洛克罗斯乘机率领希腊人猛追,一直追到了特洛伊的城门边。帕特洛克罗斯往城头冲去,如果不是阿波罗亲自来阻拦他,他会一个人打开希腊人10年都没能打开的城门。

然而这也是帕特洛克罗斯一生光辉的顶点了,他就此从这个顶点笔直地掉下去,一直掉到地府的中心,因为他即将死去。

他不是死于人之手,而是死于神之手。正当帕特洛克罗斯英勇奋战,一连杀死数以十计的特洛伊人时,阿波罗来了,他躲在帕特洛克罗斯凡眼看不见的厚云中,先一巴掌打得他两眼发黑,又弄掉了他的头盔,还折断了他的长枪,最后把他的一身坚实无比的宝甲都打掉了。一个勇敢的特洛伊人欧耳福波斯乘机冲了过来,一枪扎在他的胸膛,矛头透胸而过。紧跟着赫克托耳又来了,一枪刺在帕特洛克罗斯肚子上,枪尖一直从背上透出来。

帕特洛克罗斯,这位仅次于阿喀琉斯的伟大英雄,阿喀琉斯最亲密的朋友,就这么死了。

随后所有双方的英雄为争抢帕特洛克罗斯的尸体展开了一场残酷的血战。

阿喀琉斯,独坐在营帐里,听着外面震天的战斗声,忧虑地想着那不幸的预言:当他还活着时,一个最勇敢的希腊人将要死在特洛伊人手里,难道就是帕特洛克罗斯吗?

他的预感不久便得到了证实。

听到残酷的噩耗,阿喀琉斯像一座大山似地倒在了地上,他扑在泥土里,把泥土撒遍全身,发出震天的号哭声,连远在海洋之底的他神圣的母亲都听到了。

女神来到了儿子面前,安慰他,并且答应立即去找匠神另铸一幅最好的盔甲,他原来的宝甲已经借给帕特洛克罗斯,给赫克托耳剥去了。

第二天,得到了匠神新铸的无比精美的盔甲的阿喀琉斯来到了阵前。

他的到来对特洛伊人产生的威慑无可比拟,他们仿佛看到了自己末日似的没命奔逃。

特洛伊人一直逃到城里,普里阿摩斯老王,因为听说阿喀琉斯来了,又在城墙上看到他像虎扑群羊般地屠杀特洛伊人,早早开了城门,让那些还活着的逃回城里。

然而赫克托耳没有进城,他静静地站在城门口,等待阿喀琉斯来寻仇。他也许自知此时此刻就是他的末日,他并不愿意逃避命运。

阿喀琉斯来了,看到阿喀琉斯甚至比神还要威严的形象,赫克托耳哪敢对敌?他沿着特洛伊

的墙根飞逃，阿喀琉斯则在后面不停地追。就这样，赫克托耳一直绕着整座城市跑了整整3圈，当跑到第四圈时，他停下了，想到与其这样耻辱地逃跑，不如决一死战。

这样，特洛伊战争中两个最伟大的英雄终于面对面了，两个当中必须有一个死去。

结果是这样的：赫克托耳把他的长矛朝阿喀琉斯掷去，但岂能穿得透匠神亲手打造的盔甲和盾牌？最后两个手执宝剑，进行决斗。

赫克托耳没有砍伤正受着众神宠爱的阿喀琉斯，却被无敌的对手一剑砍进肩膀与脖子相连的地方。

特洛伊最伟大的英雄就这样死了。

最伟大的儿子的死亡令普里阿摩斯绝望了，他知道命运已经抛弃了他和他的国家，正如抛弃了他的儿子。他默默地接受了这个事实，然而他要不惜一切代价去赎回儿子的尸体。

第二天晚上，普里阿摩斯带着御者悄悄出了城门，一直往阿喀琉斯的住所驰去，顺利地走进了他的的帐篷。

阿喀琉斯没有留意老人的到来，老人悄无声息地仆倒在英雄的脚下，说出了一段动人的话语。

听到感人的话语，阿喀琉斯十分同情这位苍苍华发的老人，压下了进一步侮辱英雄尸体的欲望，把它还给了老迈而庄严的父亲。

给帕特洛克罗斯举行隆重的葬礼之后，阿喀琉斯再一次投入了战斗，失去了顶梁柱的特洛伊人如今哪还能拒敌？但正当此时，两支强大的援兵来了：一支是阿玛宗国的女王带着她的女武士们，另一支是从遥远的阿非利加来的埃塞俄比亚国王门农。

他们虽然让特洛伊人暂时心安，然而他们又怎是无敌的阿喀琉斯的对手？一个个死于非命。

特洛伊人再也无力与希腊人对抗了，然而他们现在愤怒多于恐惧，他们不再退缩，仍然勇敢地冲出城门同希腊人血战。他们哪经得起阿喀琉斯那泣鬼惊神的砍杀？顿时特洛伊城前尸横遍野、血流成河。阿喀琉斯冲到了特洛伊城门之下，眼看要用他的神力撞断门柱，冲破城门。

这时，阴沉着脸的阿波罗神朝他走来，严厉

· 阿喀琉斯与赫克托耳的决斗

地警告阿喀琉斯，命令他放掉特洛伊人，不要再屠杀他们。

但阿喀琉斯连神的话也不听从了，反而大声地威胁高贵的太阳神。阿波罗愤怒地张开他的神弓，一箭射中了阿喀琉斯那容易受伤的脚踵。

无敌的英雄感到后跟一阵钻心的疼痛，知道母亲的预言应验了，他将在特洛伊城外被一个神杀死。

他仍强撑着冲锋，杀死了许多奔逃中的特洛伊人。

终于，他的血流干了，他的盔甲和武器掉在地上，大地发出沉闷的巨响。

阿喀琉斯死了。

· 这尊雕像描绘了因脚踵受伤而垂死的阿喀琉斯

· 阿玛宗是古希腊传说中著名的女儿国，国中所有战士都是女子，个个骁勇善战。这是一个古希腊酒杯，上面的头像就是戴战盔的阿玛宗女武士

阿喀琉斯死后，希腊人的悲伤自不必说，他们一方面为这位伟大的英雄与高贵的朋友而叹息，另一方面也由于他的死，他们攻克特洛伊的希望愈加渺茫了。

希腊英雄们举行了隆重的葬礼，哭泣的不但有人，还有许多神，尤其是海中的仙女们，她们是阿喀琉斯的女神母亲的亲戚，也是阿喀琉斯的亲戚。她们的大哭声使得从大地到天空、从天空到海洋一片哀声。

木马计

不久之后，另一个损失又像山一样压在了希腊人头上。

为了纪念英雄，希腊人按惯例举行了一次所谓的殡葬赛会，就在这次赛会上，阿喀琉斯的母亲将他那副由匠神亲手打造的精盔美甲拿出来，说要送给将他儿子的尸体从特洛伊人手里抢出来的英雄。

有两个英雄，大埃阿斯和奥德修斯，一个是剩下的希腊英雄中最有勇力的，另一个是最有智慧的，都站出来，说是自己首先抢出了阿喀琉斯的尸体。

他们的争吵越来越激烈，而且各有支持者，为了平息争执，希腊人最后决定请几个特洛伊人来作裁判，因为他们的立场才公正。

这些特洛伊裁判并没有在现场，只能根据争辩双方的话来作出裁判。也就是说这时候胜负不取决于躯体的力量而取决于口才，大埃阿斯如何是绰号"狡黠的奥德修斯"的对手呢？在他的一番巧言之下，特洛伊人一致把盔甲判给了奥德修斯。

这对于大埃阿斯是奇耻大辱，在那场战斗中他的确是仅次于阿喀琉斯的英雄。他怎么办呢？他不能学阿喀琉斯拒绝出战，他毕竟不像阿喀琉斯是公认最伟大的英雄，希腊人少他不行。他又不能去与奥德修斯斗，他深知不是敌人的对手，他太狡猾了，他还记得智慧而正直的帕拉墨德斯是如何死去的，他知道是谁陷害了

他，但他又能怎样！

但他更不能忍受这样的欺侮！士可杀不可辱。

最后，绝望的埃阿斯采取了一个可以想像的一劳永逸的解决办法，一剑刺进了自己的胸膛。

失去了这两位伟大的英雄后，希腊人实力大打折扣，他们知道凭这些人的力量想去征服特洛伊是太难了。他们想起了两个人，一个是被他们来时抛弃在荒岛上的菲罗克忒忒斯，被赫拉克勒斯授予神箭的人，另一个就是阿喀琉斯的儿子，涅俄普托勒摩斯，一个虽然年轻，几乎如他父亲一般英勇的战士。

希腊人知道，除非得到这两人的援助，否则他们无法征服特洛伊人。

经过一番巧妙的努力，两位英雄加入了希腊人的队伍。他们的到来使希腊人重新振作起精神，向特洛伊人发动了新的进攻。

这次战斗最直接的后果是这场旷日持久的、把无数希腊人和特洛伊人送进了地府的战争的始作俑者帕里斯终于被杀掉了。

杀死他的正是刚来的神箭手菲罗克忒忒斯，当帕里斯想"以彼之道，还施彼身"，将这位神箭手射杀时，反被愤怒的神箭手一箭射中。

菲罗克忒忒斯的箭乃是赫拉克勒斯传给他

·一幅描绘木马计的油画

◎ 文学篇 / 第四章 / 西方文学的第一座巅峰　163

的，那箭上涂有许德拉的毒液，无药可解。

帕里斯就这样在痛苦之中死去了，这时他已经把海伦从斯巴达抢来，与自己同床共枕十载有余了！他也应当死而瞑目了。

然而特洛伊还是没有攻下来，勇敢的埃涅阿斯率领特洛伊军民拚死守城，希腊人怎么也攻不进去。

他们绝望了。

这时，一个预言家，卡尔卡斯，白天偶尔看到的一件事启发了他：他看到一只雄鹰追逐一只鸽子，鸽子钻进一条岩石的小缝，雄鹰当然进不去。它在外面呆了好一会，可鸽子就是不出来，后来，雄鹰便躲在了灌木丛中，鸽子以为敌人走了，飞了出来，雄鹰一冲而上，把鸽子吃掉。

这令得卡尔卡斯恍然大悟：为什么不效法岩鹰，智取特洛伊呢？

他把这个想法对众位英雄说了，大家连声称妙，但到底用什么计策呢？大家把目光投向了最多智的奥德修斯。

奥德修斯想啊想，终于想出了一个妙计，这个妙计想必大家都听说过，就是整个西方历史上最有名的一计——木马计。

过程如下：希腊人先造一匹硕大无朋的木马，再把一批精兵强将藏在里头，然后将木马留在岸上，并留下一个人，诈称希腊人甘认失败，退走了，这个木马是他们用来献给雅典娜神的。

这个计谋得到了顺利执行，希腊人第二天就开始赶造木马，那些最出色的希腊英雄，像狄俄墨得斯、奥德修斯、菲罗克忒忒斯、涅俄普托勒摩斯、墨涅拉俄斯等都藏到了里面。

一切安排好后，希腊人就放火把军营烧了个干净，上船走了。

躲在高城厚墙里的特洛伊人看到希腊人军营里火光冲天，他们的船只一艘艘扬帆而去。兴高采烈地涌到了海边，他们在海边看见了这匹巨大的木马，也发现了木马下面躲着的人。他假装是

· 另一幅描绘木马计的油画

要被希腊人杀了来祭神，结果逃走了的。

由于这是神意，也由于这个人，他的名字叫西农，实在太会撒谎了，把一套鬼话说得天衣无缝，特洛伊人相信了他，甚至于按他的话将城墙拆开一个洞，把木马运进去了。

以后的事就不用说了，是夜，终于"打退了"希腊人的特洛伊人大肆庆祝，一个个喝得酩酊大醉，像死猪般睡去。

深夜，希腊人偷偷自木马中钻出来，打开了城门，那些"回希腊去了"的战船也飞快地开回来，战士们一涌进城。

以后的事就不要提了，只是一场纯粹的屠城。许多特洛伊英雄还在梦乡里就被砍下了头，也有些人拚命抵抗，但一切已是徒然。

辉煌的特洛伊城就这样毁灭了。男人被杀，女人和孩子成为奴隶。他们的王，普里阿摩斯，被涅俄普托勒摩斯一剑砍下了头颅，他没有反抗，只对敌人说："杀死我吧，勇敢的阿喀琉斯的儿子，我已经受尽了折磨……"

但也有一个人，埃涅阿斯，逃走了。他看到特洛伊的毁灭已经无可挽回，便背起年老的父亲，穿过浓烟与烈火，逃出已经成为废墟的特洛伊城。

埃涅阿斯在海上历尽艰险之后，到达了意大利，在那里他将建立一座新的、伟大的城市——罗马。

但对于特洛伊人而言，他们一度繁荣兴旺的城邦已经随同他们自己的尸体埋进历史的废墟之中了。

以上便是特洛伊战争大致的前因后果，您是不是就此了解了这场震古铄今的不朽之战呢？我诚望如此。

这也是《伊利亚特》的主要内容，它的全书是以赫克托耳的葬礼为结束的。

对于一部文学作品，我想大家可能感觉仅仅知道它的内容是不够的，还想知道一点它的其他东西，例如历史背景与创作技巧等。

关于《伊利亚特》的创作技巧，可以从两个大的方面来说：一是语言；二是结构。

《伊利亚特》语言中的力度、优美与哲理

就语言说来，《伊利亚特》可以用三个词组来表达：震撼人心的力度、如诗如画的优美、深邃隽永的哲理。

关于第一条我们用不着多说，只要打开史诗，随便翻一页，读上几句，大家就会品味出来。

这种独特的力度乃是荷马史诗最大的语言特色，也可以说是最了不起的特色。优美与诗意对于后来的作家，甚至对于我们这些不是作家的人，也不是很难的事，然而，自荷马以后，即有几人还能如此完美地写出这种如雷霆万钧般令人心跳加速的史诗气魄？恕我直言，拜伦不乏优美，托马斯·艾略特不乏深邃，我却还看不到另外的作家曾写过如《伊利亚特》一般的犹如宙斯的惊雷般力度的句子。

优美算不得是《伊利亚特》的用语的主要特色——当然语言的力度换一个角度来看自然也是一种优美，因此我这里所指的优美，乃是指如海伦那样的女性之美，或者如阿波罗奏出的竖琴声那样的乐音之美。

《伊利亚特》里，我们找优美诗意的语句虽不能信手拈来，但仍不时可以找得到。例如天后赫拉为了能帮助希腊人——这时宙斯正禁止众神这样做，便打算用美丽来媚惑宙斯，好达到自己的目的。她于是先到自己的卧室里精心打扮一番，史诗这样写道：

> 她走进卧室，随手把闪亮的门扇关上。
> 她首先用安布罗西亚把姣美的身体上
> 所有的污垢去除，再浓浓地抹上一层
> 安布罗西亚神膏，散发出馥郁的香气。

・荷马是古希腊文学的巅峰，图中女神给他戴上至尊的桂冠

只要把那油膏在宙斯的青铜宫殿里
稍微摇一摇，馨香会立即充满天地。
她用油膏抹完柔美的肌肤，又梳理
她那美丽的长发，用手把它们编成
闪亮的发辫，从不朽的头上动人地垂下。

打扮好后，赫拉又从爱神那里骗来了有媚人功效的腰带，然后去见宙斯。宙斯一见到她，立即被迷住了，便要就地同妻子欢爱一番：

克罗诺斯之子这样说，紧紧搂住妻子，
大地在他们身下长出繁茂的绿茵，
鲜嫩的百合、番红花和浓密柔软的风信子，
把神王宙斯和神后赫拉托离地面。

他们这样躺着，周围严密地笼罩着
美丽的金云，水珠晶莹滴向地面。

《伊利亚特》语言的第三个特色乃是深邃的哲理。

当我读这部伟大的史诗时，除了一以贯之的雷霆般的力度外，还有就是不时可以在其中读到极富哲理的话，这些话虽然出自几千年之前的人之口，然而今天读起来仍令我特别感动，试举两例。一例是在战场上希波科思的光荣的儿子回答狄俄墨得斯的问话，此前狄俄墨得斯曾问这位特洛伊英雄的家谱。他回答说：

提丢斯的勇猛的儿子，为什么问我的家世？

正如树叶的枯荣，人类的世代也如此。
秋风将树叶吹落大地，春天来临，
林中又会萌发，长出新的绿叶，
人类也是一代出生，一代凋零。

不知大家读到这段时有何感想，反正我只觉得浑身一颤，顿时胸中充满苍桑之感。人类何尝不如斯？那些伟大的英雄们，如今他们安在？那美貌如斯的海伦又安在？恐怕不但已经老迈，连白骨都在千载之前就灰飞烟灭了！

我自己呢？今天我在这里阅读荷马，千载之后的我呢？荷马与海伦还有一部史诗使他们的名不朽，我呢？那时还有谁会记得曾经有过一个文聘元？虽然那时也许会有我的直系后代，它们的血脉由我代代相传，没有我便没有他们，但他们谁会记得这千年之前的祖先？

这人类的一代出生如春天长出绿叶，是何等令人喜悦，然而这一代凋零、化骨为灰又是何等的令人黯然哟！

这样类似的令人感慨万端的句子在《伊利亚特》里不时突兀出来，犹如一望无际的大草原上凌空而起的一座座纪念碑，令人在前面徘徊良久，满腹乡愁，甚或怆然而涕下。

以上是《伊利亚特》的语言特色，现在我们接着讲它的结构。

《伊利亚特》的结构：4天与10年

就结构而言《伊利亚特》也是卓有特色的。我们知道，特洛伊战争是一场延续10年的久战。如果按照一般的叙事顺序，从头至尾一一叙来，从第一年到第二年直到第十年，势必拖沓重复。为什么呢？因为，我们知道，特洛伊战争，它的第一年直到第九年其间所发生的事其实是大体一致的：无非是双方旷日持久的战斗，一场接着一场的屠杀，刀剑与铠甲相撞发出铿锵声，还有一

个个英雄的死去，就这样。这些场景叙述一两次大家听起来会觉得有趣。但如果将所有场次一一写来，就算是作大幅度减少，一年一两场吧，也要一二十场哪，而且内容无非如此，读者们不会腻烦才怪哩！

您也许会说：《西游记》和《三国演义》不也是一场一场的战斗么？不也延续了几十年么？为什么我们读起来不觉得腻烦呢？

我要说：《伊利亚特》当然不能与这两部巨著相比——不是说意义，而是说内容。大家想想吧，它们所涉及的地理范围何其之广？一个从中国直到印度，万里之遥，一个也把中国的大江南北囊括在内，而特洛伊战争所发生的范围基本上只有从特洛伊城到其海边的地方。据《伊利亚特》说，一天之内，希腊战士们可以在自己海边的军营与特洛伊城之间来回往返几趟，他们甚至可以听到特洛伊人的幽幽长笛声哩！那能有多远？

大家想想，如果把这个小地方发生的事儿，不管什么事，一连写上10年，写上一二十次，那该是啥滋味？

所以，荷马老人家在这里用一种巧妙的法子把这个毛病掩埋掉了，他压根儿没有从头至尾、平铺直叙地述说10年发生的事，而是选取了其中最有代表性的一小段时间——大约4天——里发生的事儿，较之10年，是不是短之极也？

这4天里发生的事大致如下：阿喀琉斯的愤怒，因此而拒绝出战→希腊的一连串失败，直到战船被焚→阿伽门农向阿喀琉斯求和遭拒绝，帕特洛克罗斯代阿喀琉斯出战，并战死→阿喀琉斯伤痛挚友之死，愤而出战，击杀赫克托耳。

在这4天里，整整10年所发生的事都得到了典型的表达，例如所有的战争典型形式都得到了表达：攻与守，胜与败，并且既有希腊人的攻与守，也有特洛伊人的攻与守，既有特洛伊人的胜

· 马赛克壁画，描绘了海神波塞冬和他的妻子

与败，也有希腊人的胜与败。除此而外，战争中的种种景况，例如刺探情报、暂时的休战、战士与家人的生离死别、友谊、爱情等等都一一在册。不仅如此，连战争的种种前因后果都在里面得到了适当的追忆，正是由于把这一切放在短短的4天内集中叙述，因此全书显得结构紧凑、丝丝入扣，读来不但毫无拖沓冗长之感，而且引人入胜，使人不知不觉中一口气读将下去，直到最后，读到英勇的赫克托耳的尸体被用大块大块的石头盖了起来。

这时，我们才发觉阿波罗已经驾着他的太阳车自东方升起，而门农，这位死于阿喀琉斯之手的英雄，也在他的柱子上对着亲爱的母亲黎明女神欢呼。

是时，虽然我们已经读完了伟大的《伊利亚特》，却不能就此掩卷，而是堕入幸福的深思之中。

第五章
古希腊悲剧（上）
埃斯库罗斯与《奥瑞斯提亚》

除史诗外，古希腊另一种伟大的文学形式是戏剧。

戏剧是古希腊文学的主要形式

古希腊的戏剧，尤其是悲剧，同荷马史诗一样，把这种文学形式发展到了几乎是至高的境界，并且是古希腊文学的主要形式，就像我们今天的小说一样。

戏剧的种类很多，总的说来有两种主要形式：悲剧与喜剧。

在古希腊的许多城市，例如伟大的雅典，有酒神节，是十分隆重的节日。当我们熟知的伯利克里执政时，这个节日的庆典达到了高潮，高潮来临的重要原因之一是在这个节日里有了一项活动——演剧。城市会挑出3位最有名望的戏剧家，由他们各自写出4个剧来上演，包括3个悲剧和1个喜剧。为了吸引更多的人来看戏，政府甚至发放"观剧津贴"。开始演的是3个令人垂泪的悲剧，然后是那个引人捧腹的喜剧，又叫羊人剧。最后由观众们作出评判，看谁获得胜利。

这是当时的戏剧家最重要的节日，他们竭心尽智地发挥自己的天才，创作出最优美深刻的作品。我们从前面就已知道，这些古希腊人乃是智慧的奇迹，他们创造出来的戏剧同哲学与艺术一样，是迄今为止人类智力最了不起的果实之一。

古希腊有三大著名悲剧家：埃斯库罗斯、索福克勒斯、欧里庇得斯，他们像3颗巨星一般在古希腊文学的天空中交相辉映。这3位悲剧家虽然诞生在几千年之前，他们的作品即使在今天看来仍然激动人心，仿佛它们不是为几千年之前的观众写的，而是为几千年之后的我们创作的。

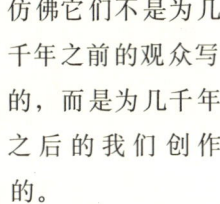

埃斯库罗斯的生平与轶事

关于埃斯库罗斯的生平我们知道得不多，不过比起古希腊的哲学家来就不算少了。

埃斯库罗斯

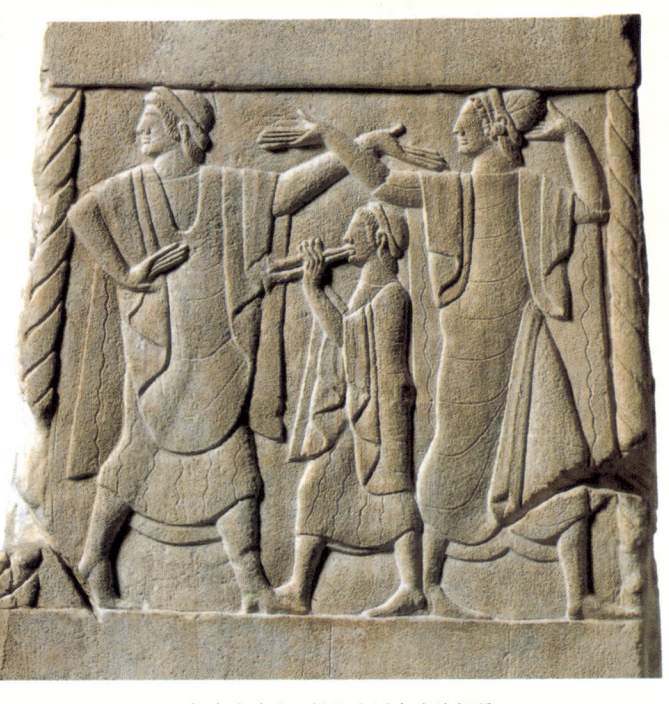

·古希腊喜剧面具，像中国的古装戏一样，当时喜剧表演已经用上面具了

·古希腊浮雕，描绘戏剧表演的场景

◎ 文学篇／第五章／古希腊悲剧（上）　169

·位于伊庇鲁斯地区多多那的古希腊剧场

埃斯库罗斯

在公元前525年或者前524年生于雅典西北面一个叫埃莱夫西斯的地方，父亲叫欧福里翁。关于他童年的经历现在真的没什么可说，他似乎是个天才，还在小青年时就参加了雅典的戏剧比赛，并在39岁时第一次赢得桂冠，他一生共获得了13顶这样的桂冠。由于每次参演的作品不是1部，而是4部，获奖也一样，这4部作品是作为一个整体获得胜利，因此他共有52部作品获得冠军。

不过，埃斯库罗斯生平最引以为自豪的事好像并不是他的一次次获奖，而是他曾参加希波战争，捍卫了希腊人的自由。

关于这次战争我们前面已经说过了，公元前490年和前480年，波斯人两次入侵希腊，希腊人以雅典为首两次英勇抗击入侵者。这两次战争有两个重要的战役，一次是马拉松之战，另一次是普拉太亚之战，埃斯库罗斯都积极参加了，还立下不小的战功。他还根据希波战争写下了一部名剧《波斯人》，在公元前472年上演并获奖。这个剧作令埃斯库罗斯愈加盛名远播，连远在意大利之南的西西里岛上叙拉古的统治者都听说了，由于那时尚无电影电视甚至印刷的剧本来满足他的好奇心，他便恳请戏剧家本人亲往西西里去为他表演，这可是莫大的荣誉，他欣然前往。

只是所谓人有失足，马有漏蹄，埃斯库罗斯也不可能百战百胜，就在他的《波斯人》获奖仅

◎ 文学篇／第五章／古希腊悲剧（上） 171

4年之后，他经历了人生最痛苦的挫败，在这年即公元前468年的戏剧比赛中，他败给了当时还名不见经传的无名小卒索福克勒斯。

这沉重地打击了埃斯库罗斯，但他更加刻苦地写作，第二年便重新赢得了胜利。他这次获得胜利的作品也是他所有作品中最有名的作品之一《俄狄浦斯》。本来是三部曲，现在只留传下来一部《七将攻忒拜》。他一辈子写过上百部的剧作，流传下来的通共也就区区7部而已。

又过了近10年，到公元前458年，埃斯库罗斯上演了《奥瑞斯提亚》三部曲，这是他所有剧作，至少是流传下来的剧作中之最伟大者，取材于我们前面已熟知的一个人——阿伽门农王——的悲惨遭遇，我们将把它作为埃斯库罗斯剧作的代表来叙说。

写完《奥瑞斯提亚》时，埃斯库罗斯已经是69岁的老者了，但他的智慧并没有老，还可以创作出伟大的作品，然而所谓天有不测风云，人有旦夕祸福，一件令人瞠目结舌的事发生了。

此时伟大的剧作家已经退隐到了对他礼敬有加的西西里一座叫杰拉的小城里。有一天，他正在野外漫步，构思一部新的剧作。这时天上飞来一只雄鹰，它爪子里抓着一只大乌龟，不过这只乌龟把头尾牢牢缩进了壳子，使老鹰无从下口。聪明的它想找块石头，把龟儿扔下去，把壳儿砸个稀巴烂，这样就可以吃到肉儿了。它朝下一望，正好看见下面有一个亮亮的东西在发光，它想，

· 19世纪画作，描绘观赏埃斯库罗斯剧作的雅典贵族

· 今日的西西里是一个有着许多群山环绕的美丽山城的旅游胜地

这一定是块光溜溜的石头，便将爪子一松，乌龟从高高的天空带着风声砸将下去，鹰儿得意地想着，哈，马上可以吃到美味的龟肉了。它一会便听到了一声闷响，随即是"哇"地一声惨叫……

原来鹰眼中那块光亮亮的石头并非石头，而是伟大的剧作家埃斯库罗斯光秃秃的脑袋！

一个亘古少有的伟大剧作家就这样不明不白地死了，真是"祸从天降"啊！

杰拉城的人们听到这个不幸的消息十分震惊，他们替剧作家举行了盛大的葬礼，特意在他的墓前举行了隆重的演出，后来雅典人也为他竖立了青铜雕像。

他生前为自己写下了墓志铭：

雅典人埃斯库罗斯，欧福里翁之子
躺在这里，杰拉的麦浪翻腾，
马拉松平原称他作战英勇无比，
头发飘扬的波斯人心里最明白。

《奥瑞斯提亚》之悲剧三部曲

说完了埃斯库罗斯不平凡的生与死，我们现在来谈谈那使他伟大的东西——剧本，我们将讲解一部不朽之作——《奥瑞斯提亚》。

埃斯库罗斯的这部名剧和他的其他剧作一样，是以神话为题材的，这也是几乎所有古希腊悲剧的共同点。

《奥瑞斯提亚》有点像我们现在所谓的三部曲，由3部相互密切联系的剧组成：《阿伽门农》、《奠酒人》、《降福女神》。叙说的是特洛伊战争的领袖阿伽门农胜利归来后为妻所杀，他的儿子俄瑞斯特斯起来为父报仇并因之遭受复仇女神惩罚的故事。

由于古希腊这些剧严格遵循所谓的"三一律"，即一出戏要以一个情节为限，发生在一个地点并于一天之内完成。因此我们单从剧本来看

也许更像是一个片断，但这片断就像荷马的那个片断一样，在短短的片断之中蕴含了长长的内容，将整个事件的前因后果说了个明明白白。

我们先来看看《阿伽门农》的剧情。

阿伽门农的王宫，守望人正站在王宫屋顶上，伸长脖子望着远方，一面为自己的命运悲叹，远处闪现了火光，意味着特洛伊已被攻克。

不久，阿伽门农带着他在特洛伊城的猎获物：阿波罗和雅典娜的女祭司卡珊德拉凯旋归来，阿耳戈斯的长老们列队欢迎，设祭庆祝胜利。

在欢迎队列之中站着他的妻子克吕泰涅斯特拉，她也用一副热情洋溢的姿态接待了丈夫，用最热烈的话向他表达爱情与相思，在他要站立的地方铺上紫色地毯。这一切使她的丈夫十分高兴，毫不怀疑地跟着她走进了王宫的大门。

当卡珊德拉知道这就是阿伽门农的宫殿时，她发出了绝望的呼喊，说这就是为诸神所憎恶的家族，他们一代代都染上了鲜血，如今将受到神的惩罚。然而这也是她自己的命运，她只能走进宫门。

从宫里传出了阿伽门农的惨叫，卡珊德拉也倒在了血泊之中。

克吕泰涅斯特拉打开中门，她手握利剑，站在两具尸体之前，满脸得意，那高兴劲同她先前用爱与感激迎接丈夫一样。

她振振有辞地宣告了杀死丈夫的理由——为女儿报仇。我们前面已经讲过，希腊大军出发之前，阿伽门农杀了女儿伊菲革涅亚祭神，克吕泰涅斯特拉为之伤心欲绝，从此对丈夫恨之入骨，现在她终于报仇了。

接着她的情夫埃吉斯托斯也出现了。他进一步申述了他杀阿伽门农的根由：阿伽门农的父亲曾杀死自己弟弟的孩子，把他们的肉做成菜送给弟弟享用。而他，埃吉斯托斯，就是阿伽门农弟弟的儿子，被杀死给亲生父亲吃的孩子便是他的

兄长。

剧本最后,这对情夫情妇与扮演歌队的长老们吵了一阵,胜利收兵,成为阿伽门农王宫的新主人。

这就是第一部《阿伽门农》的剧情,现在我们来看第二部《奠酒人》。

剧一开始,俄瑞斯特斯,阿伽门农唯一的儿子,从国外归来。父亲被杀时他还是孩子,他被送出了国,母亲与她的情夫认为他还小,不足为患,现在他已长大,要回来替父复仇了。

他遇到了正日夜盼望弟弟归来好报仇雪恨的姐姐。姐弟俩相会后,一同向被谋杀的父亲祈祷,祈求他帮助他们复仇。他们的复仇计划顺利地得到了实施,杀了埃吉斯托斯,但当轮到他要手刃母亲时,他犹豫了……

他知道这乃是神的意旨,他没有选择的余地,他终于举起

· 这块约制作于公元前7世纪的古希腊青铜叶饰上面描绘了克吕泰涅斯特拉杀害卡姗德拉的场面

· 这幅画描绘了阿伽门农返国和被杀的情景

· 这件漂亮的黄金叶饰发现于德尔斐的阿波罗神庙

了屠刀。

弑母的大逆之罪立即使他心里充满了负罪感,这时复仇女神也找上门来,要惩罚他。他开始四处逃亡,复仇女神像影子一样紧紧跟随着他,无论他逃到哪里也无法摆脱她们的追踪。终于,在这内心的负罪与复仇女神的追踪的双重打击之下,俄瑞斯特斯发疯了。

他的逃亡之路似乎无穷无尽。

第三部《降福女神》的剧情是这样的:

本部的地点是德尔斐的阿波罗神庙,它是古希腊人最重要的神庙之一。它连同门楣上那句"人啊,你要认识自己"我们已经久仰大名、如雷贯耳了,如今它又成了一次重大事件的发生地。

藏在神庙里憔悴不堪的俄瑞斯特斯,自从杀死母亲之后,被复仇女神到处奔逐追赶,现在他已经上天无路、入地无门,最后只得躲入阿波罗神庙。复仇女神们虽然恨俄瑞斯特斯,毕竟不敢冲入阿波罗的神庙滋事。但那毕竟不是长久之计,阿波罗用神谕告诉他前去雅典,在那里接受对他弑母罪的审判。

遵循神谕,俄瑞斯特斯来

◎ 文学篇／第五章／古希腊悲剧(上) 175

到了雅典，在这里，贤明的智慧女神雅典娜组织了一个由公民陪审团参加的审判。审判中由复仇女神作检察官，对俄瑞斯特斯的弑母恶行提出起诉，阿波罗则担任了被告的辩护律师。双方控辩之后，由陪审团成员们投票看俄瑞斯特斯是否有罪。然而结果却出人意料：判他有罪与无罪的人各占一半。这时主持审判的雅典娜走上前来，投出了关键性的无罪一票，俄瑞斯特斯便被宣布无罪开释！

事情并没有完，挫败了的复仇女神们气愤之极，宣称将把整个雅典作为复仇对象。雅典人恐惧了，神的力量是可怕的，所有凡人加起来也无法同一个神匹敌，何况是凶暴的复仇女神！

看到这情形，雅典娜知道这样下去将给雅典，她所珍爱的城市带来无穷灾难。她的智慧又一次发挥了效能，她巧妙地劝说复仇女神放弃她们复仇的欲望，因为雅典人愿将她们作为自己的保护神而膜拜她们，而她们也将像她智慧女神一样，定居在这座光荣之城。

一听只要她们不报复便能与伟大的智慧女神一样平起平坐，在这里接受光荣的雅典人的崇拜，复仇女神们如何不允？她们不但答应不报复雅典人，而且愿意从此保护他们，降福于他们！

这剧的大结果是，不但俄瑞斯特斯无罪开释，雅典人也因之获得了另一个女神的保护，这一切都是伟大而智慧的雅典娜的赐福，她真是仁慈的降福女神！

这就是埃斯库罗斯三部曲的大体内容。现在我们来聊聊它的创作技巧。

一部伟大的戏剧可以像小说一般阅读

戏剧评论家纳真说过这样的话：假如莎士比亚的剧本从来没有在剧场上演，他是否还是伟大的剧作家呢？这跟巴哈的音乐从来未被演奏，他是否还是最伟大的作曲家一样令人迷惑。如果戏剧不是为演员写的，岂不是等于说音乐不是为乐器写的一样糊涂吗？

他的意思是很明白的，就是说戏剧只有在剧场上演才有意义，才能被真正地欣赏，只读剧本而不到剧场看戏就像欣赏音乐只看谱不听演奏一样荒唐。

这样的话听起来好像有理，但只要稍微仔细地斟酌一下就会发现它多么无理。

· 这幅浮雕表明在古希腊表演喜剧时需要面具

·古希腊的戏剧被古罗马人接了去，这是古罗马人的戏剧表演浮雕

对此大家只要想想，不，只要看看几个简单的事实就成了：

有多少人，尤其是东方人，看过莎士比亚剧作的演出？然而当我们读莎士比亚的剧作时，又有几个不能感觉他作品的伟大？不能感觉他是伟大的剧作家？这是一。

第二，我也曾看过一些莎士比亚剧作的演出，有国内、也有国外剧团演的。那感觉同读莎士比亚的原作是太不相称了，使我想道："莎士比亚剧作哪是这个味儿呀？"当然，我不排除可能是个人的口味有问题，但我想大家很清楚一个问题：当不那么合格的演员在演一个优秀的剧本时，与其说是在为它增色，不如说是在亵渎它。尤其对于莎士比亚或者埃斯库罗斯的经典之作，有几个剧团能演好它？几个演员能把哈姆雷特或者克吕泰涅斯特拉演得出神入化，使我们观看了剧仿佛看了莎士比亚原著，甚至有比之更动人的力量？

太少了，就是西方这样伟大的演员也是凤毛麟角。

在这样的实际情况下，还把在剧场上演看得比阅读原著更重要不是很荒唐吗？不光莎士比亚，其他那些伟大的剧作家何尝不如此？他们的剧作有几部不是通过印成书籍流传到读者手里才获得了不朽的地位？

这原因实质上相当简单，剧本虽然可以上演，但其本质并非是上演，而是如同小说一样，用文字化的语言来表达，须知剧作家在创作剧本时并不是用动作来表达他的思想，而是用语言，也许他在创作时考虑过相关的动作，但那根本不是剧本实质，其实质仍是一种语言，是一种语言的表达。如此，我们如何不可同样用语言来体味作家的思想与作品的美妙呢？这才是恰如其分的方式！

进一步来说，讲到演员的表演，他们又是如何去表演的？什么是他们如此表演的基础？不言而喻，仍然是剧本——是那些作家用文字表达出来的剧本。演员的表演就是他，或者加上导演之类，对剧本的理解，然后再把他们的理解用动作诠释，这就是演出。

如此，大家不难看出，我们看演出是看一种"二手表达"，是通过演员与导演的眼睛看剧作家的原作。因此他们诠释的对误与深浅直接决定了演出的效果。然而这诠释却决不是一件容易的事情，它其中包括太多且太难的环节，例如首先要求演员与导演自己对作品有极其深刻的理解，但这太难了，尤其对于那些经典巨作是如此——它们为什么经典？不正是因为蕴含着深刻丰富的思想与细腻广阔的情感吗？要理解它们是何等的不易！

但还不止于此，因为理解与将这种理解进行恰当的表达是另一回事，表达不惟需要理解，还要有相当的表演天赋，这就是杰出的戏剧理论家或者莎士比亚研究专家不能成为杰出演员的原

◎ 文学篇／第五章／古希腊悲剧（上） 177

埃斯库罗斯

因。

如此，试问，能有几人、几个剧团表演好一部经典剧作呢？而拙劣的表演，大家都知道，不但无助于了解剧作，只会误导甚至污辱之。

既然如此，我们何不直接通过语言去理解剧作呢？这才是事半功倍呀！

我这些话是容易验证的，只要随便去读一部莎士比亚或者埃斯库罗斯的剧作，看看是否能从它那里感受震撼人心的力量？是否同读小说有什么区别？是否可以像理解经典小说之美一样通过阅读理解剧作之美？

至于前面那位纳真拿莎士比亚的剧本同巴哈的音乐相比，那我就更不知作者如何会这样想的了，他似乎忘记了一个最简单的道理：五线谱同文字是不同的，看得懂文字的人所在多有，然而多少人能看得懂五线谱？对于作曲家或者纳真，五线谱诚然是一首首优美的乐曲，但对于大众，它只是一些稀奇古怪，没有任何意义的鬼画符而已。

我前面将纳真狠狠地批驳了一顿，倒不是由于我对他有什么成见。我不认识他，他也没有得罪过我，不过是双方的见解不同而已，并且我觉得他的见解颇有点像刘姥姥在大观园说的话——信口开河。如果他的话成立，我们今天通过阅读欣赏埃斯库罗斯就像只读乐谱欣赏贝多芬一样，那我们岂不都成傻瓜了？我说得再多，大家读得再多，也是背磨子唱戏——吃力不讨好呀。因此把纳真老兄的瞎扯批判一顿乃是一个原则的问题，马虎不得。

好了，说完了这些，我们再回过头来分析埃斯库罗斯老先生的创作技巧。

悲剧之父的创作技巧

埃斯库罗斯有一个称号：悲剧之父。单从这个大名就可以知道他的创作对于悲剧乃至整个戏剧发展的意义。他对于悲剧的发展主要可以从两个方面来讲：一是形式方面；二是内容方面。

在埃斯库罗斯之前，古希腊的悲剧是由一个演员和一个合唱队组成的，这个演员就像唱独角戏一样，一个人在台上逛来逛去，唱啊唱，从剧头一直唱到剧尾，只有合唱队与他配合。这个合唱队像评论家一样在一边不断地旁白，对所有剧情不断地用唱歌呀、跳舞呀、朗诵呀来作出评论。一个剧就是这么的简单，最复杂之处也就是那个演员可以不时更换面具，来表示他在扮演什么角色，因为虽然只有一个演员，角色可不止一个。

埃斯库罗斯对于戏剧作出的第一个贡献就是把戏剧原来如此简单的形式进行了一次大改革——他增添了第二个演员，让两个演员能够互相对话，同时上场。这个做法看上去十分简单，然而对于悲剧的发展却是至关紧要的。以前的戏剧主要就是由独白与旁白组成的，独一无二的演员在台上自说自话，合唱队像万能的宙斯般对一切作出评论裁决。埃斯库罗斯增添第二个演员之后便顿时使戏剧可以有生动丰富的对话了，自从埃斯库罗斯之后，这种对话成了戏剧的主体部分。

除这个贡献外，埃斯库罗斯还对戏剧的许多其他方面作出了革新，包括道具的设计与背景，据说他所亲自设计的道具与背景具有令人惊心动魄的效果。

这些所说的都是埃斯库罗斯对戏剧所作的形式方面的贡献,大家不难看出这个贡献是如何的大。因为直至今日,戏剧中最重要的部分依然是对话,而且我看来就是以后也不会改变哩——当然除了哑剧。

说到内容方面,一句话,埃斯库罗斯的剧本是最美妙的文学作品之一,其语言的深刻与优美不亚于任何小说,其情节结构也起伏跌宕,使人难以忘怀。我将试着从语言与思想两方面来谈谈。

就语言方面,埃斯库罗斯的戏剧语言有点像荷马的史诗,虽然优美,然而最主要的特色却是力度:我们读埃斯库罗斯时,可以感觉出几乎每一句话都具有刀、剑与火的力量。

我们来看看他的名剧《普罗米修斯》中的第一句吧,这句话是由威力神说的,他同匠神赫淮斯托斯一起把被缚的普罗米修斯拖来,拖到大地的尽头,准备钉上悬崖。威力神说:

我们总算到了大地边缘,斯库提亚这荒无人烟的地带。啊,赫淮斯托斯,你要遵循父亲给你的命令,用坚固的铜镣把这个坏蛋锁将起来,绑在悬崖之上。因他将你引为自豪的、使一切技艺生辉的火焰偷了出来,送给人类。他有罪,必得接受众神的处罚,而众神也将接受教训,从此服从宙斯,不再爱护人类。

我们再来看看他的《阿伽门农》第一句吧,这句话是守望人说的,他天天站在王宫的屋顶上,等待远处火光的闪现,那将意味着特洛伊已经毁灭,而阿伽门农王行将回返家园。守望人说:

我祈求众神解除我长年守望的辛苦,一年来我像一条狗似的,支着两肘趴在阿特瑞代的屋顶上。我就这样认识了夜里聚会的繁星,认识了那些闪烁的君主,他们在天空辉煌着,给人类带来炎夏与寒冬。今夜我将照常观望火炬的信号——火光将带来特洛伊的消息,报告那大都的陷落——一个有男人的气魄、盼望胜利的女人如此命使我。我躺在这让露水打湿了的床榻上,连梦也不敢来拜望,只因恐惧替代睡眠站在一边,使我不能紧闭双眼好入眠。当我想唱支歌,哼个曲子,挤一点歌的汁液来医治瞌睡病的时候,我就为这个家庭的不幸而悲叹——这个家料

· 古希腊戏剧中的英雄面具

· 古希腊雕刻中的悲剧演员

◎ 文学篇／第五章／古希腊悲剧（上）　179

理得不像从前了。但愿此刻有火光在黑暗中闪现，报告好消息，使我终能摆脱这份辛苦。

如何？是不是觉得有些儿荷马的味道？当然，它的力量毕竟比不上荷马，正如它毕竟不是史诗，而是戏剧，但那语言之力之美仍然一眼可见。

在他的剧本里，埃斯库罗斯还经常使用巧妙的隐喻、比喻、转折等，使得语言更加多彩多姿。

除语言外，埃斯库罗斯的作品的另一个特色是深刻的思想性。深刻也许是悲剧的一个共同特色，这特色由埃斯库罗斯奠定了。他的剧作中无时不涉及的主题就是命运——深刻的命运感，并且用这命运将个人、家庭、家族、社会乃至神牢牢地连结起来乃是埃斯库罗斯戏剧思想的主要特色。

什么是命运呢？人之命运乃是神之命令。

神之命令又如何地得到体现呢？在埃斯库罗斯这里，神并不是像莽夫一样直接去决定人的命运，让他们生死，而只是让人去走自己的命运：人用自己的行动与个性表现着自己的命运，因而如此看来，神乃是公正的，人所做的一切事情、所遭受的一切命运都是自己得来的，是"咎由自取"。

如果仅是这样，那么悲剧的意义也就不大了。因为悲剧乃是"将美好的东西毁灭给人看"，一个坏人做了坏事遭受报应哪能有多少悲剧色彩呢？相反，这是喜剧呀。

因此，埃斯库罗斯悲剧的悲剧意义何在呢？在说埃斯库罗斯悲剧的意义之前，我们先要谈谈他的悲剧本身，否则不了解其悲剧本身，如何能挖掘其深藏着的意义呢？

关于《奥瑞斯提亚》三部曲本身的内容我们已经大体说过了，然而那还不够，因为，《奥瑞斯提亚》之所以是悲剧，那其中的人物们之所以遭受命运的毁灭，背后还有一个长长的故事。

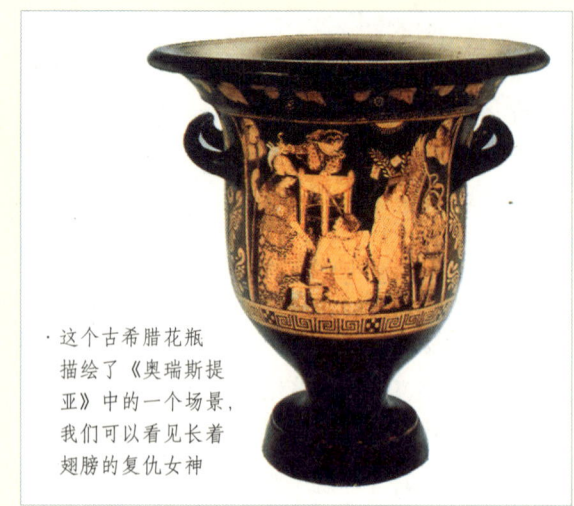

· 这个古希腊花瓶描绘了《奥瑞斯提亚》中的一个场景，我们可以看见长着翅膀的复仇女神

《奥瑞斯提亚》是由一连串的复仇构筑而成的。先是，克吕泰涅斯特拉杀了丈夫阿伽门农，因为他杀了他们的女儿伊菲革涅亚；第二部，俄瑞斯特斯杀了自己的母亲，因为她杀了她的丈夫、他的父亲；第三部，复仇女神前来复仇，因为俄瑞斯特斯杀了自己的亲生母亲。

而在这一切之背后又是什么原因呢？阿伽门农为什么要杀伊菲革涅亚？表面上是因为他受阿尔忒弥斯神之迫，而神之所以要他的女儿作为祭品，乃是因为他打猎时射伤了她的鹿并且自吹自擂猎技高明。

然而这些只是表面现象，阿伽门农遭受惩罚最根本的原因在于他的先人所犯的罪孽——这正是埃吉斯托斯要来找阿伽门农、他的堂兄弟复仇的原因。

这个罪孽还要从很早很早以前说起。

阿伽门农最早的先人叫坦塔罗斯，这个人我们可能听说过，他乃是众神之王宙斯的儿子，也是吕底亚地方的一个王。由于他出身高贵，所以连神都尊敬他，使他可以同诸神平起平坐。他同父亲宙斯一桌用餐，诸神也常来他的宫殿做客，开怀畅饮。然而这一切不但没有使他感戴诸神，反而使他高傲起来，以为神也不过如此，他开始蔑视神，偷偷把人家从神庙里偷来的金祭器窝藏起来。得手后他越发狂妄,甚至想出了一个残酷的主意来考验神,看他们能不能洞烛先机。有一次他竟然杀死自己的亲生儿子,把他的肉煎烧烹烤,做成一桌子菜肴,然后请诸神来赴宴。诸神当然识破了他的恶行,并且使他的儿子——他的名字叫珀罗普斯,将是一个了不起的英雄——复活过来。

坦塔罗斯为他的倒行逆施付出了惨重代价:他被罚站在一个深水池里头,水是清澈见底的,一直满到他的下巴,身后还长着一株果树,那果子已经熟透了,就吊在他的眼前,舌头一伸就可以吃到。然而,当他渴了想喝水时,那水便立即退去,他只是站在一块空荡荡的平地上,当他饿了,想吃东西时,那果子便立即被吹走了,他头顶上还吊着一块大石头,随时都可能掉下来,把他砸得粉身碎骨。

坦塔罗斯就这样遭受永恒的惩罚。

对于他的家族,这仅仅是开始。

坦塔罗斯那个曾被他做成菜的儿子叫珀罗普斯,他与乃父完全不同,是一个顶虔诚的人,后来当上了王,他生了两个儿子,分别叫阿特柔斯和希厄斯忒斯,一个女儿叫尼欧比,她也像祖父一样骄傲,最后被阿波罗射杀了她的7个儿女,她悲痛得化成了石像,这个家族遭受了神的第二度惩罚。

珀罗普斯死后,他的两个儿子又开始纷争,先是希厄斯忒斯同哥哥的妻子私通。戴了绿帽的阿特柔斯愤怒之余,决心报复,他悄悄地将弟弟的两个儿子杀了,像乃祖一样将他们的肉做成菜给弟弟吃,弟弟可不是先知的神,坦然将菜吃了。知道后惊慌远遁,思量复仇。这是这个家族遭受的第三度天罚。

这个埃吉斯托斯便是希厄斯忒斯幸存的儿子,现在前来复仇了!

他便是为复仇而杀了阿伽门农,因为阿伽门农正是阿特柔斯的儿子!现在他已故去,埃吉斯托斯不找他的儿子找谁!

阿伽门农之死便是神的第四次诅咒。

也正因为如此,卡珊德拉说这是一个"受诸神憎恶的家族"。

这就是阿伽门农这个家族的悲剧史,也正是在《奥瑞斯提亚》背后躲藏着的影子,是悲剧深刻的背景。

谈完了埃斯库罗斯的悲剧本身及其深远的背景,我们现在来谈谈那使得埃斯库罗斯的悲剧之所以成为悲剧的原因,即埃斯库罗斯剧作中的悲剧意识。

悲剧与悲剧意识

有三个方面造就了埃斯库罗斯悲剧中的悲剧意识。

第一个是英雄遭难。

埃斯库罗斯悲剧中的主角无一不是出身高贵,具有过人品质的英雄人物,这些人物的悲剧性遭遇自然能让人产生悲剧意识,他们的受难与毁灭就像拿破仑或者汉尼拔这样的英雄之死,乃

· 这个古希腊陶器上描绘了古希腊悲剧的场景

是"悲壮的没落"。

第二是这些人之所以堕入这样的悲剧，其中的原因虽有自己的过失，然而这同恶有恶报却有极大的区分。首先是因为这些人之所以有这恶行可能是因为神：是因为神看见人类太伟大，或者生活太完美，于是产生了类似嫉妒的情绪，从而使人类受难。

然而神却并没有直接地去伤害人，像恃强凌弱的恶霸一样。相反，神在处理人类时总是很公正的，人也总是以最大的尊敬事奉神。当神嫉妒人类时，他们常常只是让人类产生悲剧人格，而正是这悲剧人格使他们做出种种恶事来，并因之受到惩罚。如此，当我们掩去那神的影子——那影子通常很黯淡，不引人注目，甚至看不见——之时，我们所看到的便是英雄的主人公由于他那悲剧人格而导致悲剧性的结局。

这种悲剧人格之最明白的体现就是无穷无尽的复仇之欲望，这正是《奥瑞斯提亚》的基本主题。克吕泰涅斯特拉为什么要谋杀亲夫？那是因为阿伽门农杀害了她的女儿；为什么俄瑞斯特斯要杀死自己的母亲？那是因为母亲杀害了父亲……

如此，一环扣着一环，由无穷无尽的复仇欲望带来无穷无尽的仇杀，而那些被仇杀者相对的无辜、再加上这些相互仇杀者乃是血肉相连的亲人！这一切使得整个剧本充满了悲剧意识。

第三个因素也许是埃斯库罗斯悲剧之悲剧分子的最大源泉，这就是我上面刚说的"相对的无辜"。

什么是相对的无辜？虽然埃斯库罗斯悲剧里遭遇悲惨命运的人们都有一定的过失，然而他们所遭受的命运却与他们所有的过失是不相称的，也就是说他们从某个方面来说是有罪的，然而他们所做的事却并非全无道理，因而从另一个角度来看他们不应当遭受如此的命运。他们虽然有过，但依然是英雄，因而他们的毁灭仍是悲剧——是一个相对无辜的人遭受了毁灭性惩罚。

这种相对的无辜可以从两个方面来看：一是

· 古希腊陶器上的阿伽门农

· 现代欧洲城市雕塑，颇有戏剧意味

这些受到惩罚的人之所以受到惩罚，是因为他们伤害了不应当伤害的人，然而这个他们所伤害的人其实并非全无过失，相反，至少是同他们自己一样有过的，是应当受到惩罚的。因而他们的惩罚与谋害乃是"替天行道"，是对犯罪的惩罚，是"正义的复仇"。例如为什么克吕泰涅斯特拉要杀阿伽门农呢？这是因为他杀害了她的女儿，她难道没有理由复仇吗？因此她是相对无辜的，对她的毁灭便是悲剧。这是一。

第二个方面则是，在埃斯库罗斯的剧作里，有罪者必得报应这是一个基本的规则。然而它却有着一个极大的灵活性。这就是：那些犯罪者他们并不一定自己在有生之年受到惩罚，相反，他们可能平平安安地过一辈子。但他们的子孙后代却不得不为他们的恶行遭受严厉的惩罚——虽然他们的子孙后代并没有做出要遭受如此残酷的处罚的恶行，相反，他们完全可能是一些有德行的人，应当受到神的看顾与庇佑而不是惩罚。然而，由于他们的先人的罪恶他们却不得不遭受被毁灭的厄运！从他们自身来看，他们又是何等的无辜！因此，他们之毁灭乃是不折不扣的悲剧。

而更可怕的是，虽然他们受到的惩罚是他们先人之罪恶所致，是"父债子还"，是某一种形式的"罪有应得"，然而，又由于神并不是亲自去惩罚他们，而是假他人——常常是他们的至亲之人——之手去惩罚，于是伤害相对无辜的他们的亲人又犯下了新一重罪孽。而他们又得遭受新一轮惩罚，上演新一轮悲剧。

总之，我们看到，在埃斯库罗斯这里，无论是受害者，还是伤害者，都是"相对无辜"的，然而他们无不遭受命运最残酷的惩罚，而且这是一个绵延数代，似乎无穷无尽的过程。在这个过程里，兄害弟、妻杀夫、父屠子、子弑母，处处血肉横飞，处处充满血腥味，读来能不悲乎？

◎ 文学篇／第五章／古希腊悲剧（上） 183

第六章
古希腊悲剧（中）
索福克勒斯与《俄狄浦斯王》

讲完埃斯库罗斯之后，我们来讲讲古希腊伟大的3个悲剧家中的第二个——索福克勒斯。

索福克勒斯的一生堪称完满

·索福克勒斯

索福克勒斯像他的前辈一样是雅典人，公元前496年生于雅典附近的小城科罗诺斯，比埃斯库罗斯小差不多30岁，死于公元前406年，活了整整90岁！除了那些传说中的古代长寿者，索福克勒斯据我所知是古希腊名人中寿命最长的。

索福克勒斯像那位"最美的哲学家"柏拉图一样是美男子，出身富裕家庭，父亲是专门制造兵器的工场老板，家里很有钱，能够让儿子接受最好的教育。

我们知道，公元前480年发生了第二次希波战争，战争结束雅典举行了盛大的庆祝大会，埃斯库罗斯为此还专门写了名剧《波斯人》。由于人长得漂亮，歌唱得好，胆子大，16岁的索福克勒斯被选担任歌颂诸神的合唱队领唱。

长大后，索福克勒斯更是显示了出众的天才。他很早就开始创作悲剧，公元前468年，仅28岁的他就在当年的悲剧大赛上一举夺魁，被他击败的对手中包括伟大的埃斯库罗斯。

索福克勒斯不但歌唱得好、剧写得好，还是一位热心雅典公共事业的人，他积极参与政治活动，担任过各种重要官职。例如，公元前442年他担任了负责财政事务的大官，负责收取和管理同雅典结盟的那些城邦交给雅典的贡金，这个同盟就是由雅典为首组成的提洛同盟。

做财务官两年后，索福克勒斯更担任了雅典的首脑之一——将军，由于雅典没有单独的国家元首，国家军务便由公民选举的十将军来负责，与伯利克里平起平坐。

到公元前413年，索福克勒斯已经八十有三了，但他却还担任审议员之职，且是有权干预一切国家大事的十人顾问委员会之一。有一次雅典海军在叙拉古遭到惨败，雅典人几乎为之一厥不振，索福克勒斯所在的这个顾问委员会被委以重托，采取诸种措施重振国家。

索福克勒斯生平最后一次有记载的活动是在

·施里曼在迈锡尼发现的宝藏之一，造型独特的双耳金杯

前406年参加欧里庇得斯的葬礼，这时老人已经整整90岁了。在葬礼上，他像16岁时一样，重率唱诗班，不过那时他以及雅典都正当风华正茂，唱的是赞歌，而现在，他和雅典都不比从前了，他唱的是挽歌。

这也是索福克勒斯自己的挽歌，此后不久他便瞑目而逝了。

其时雅典与斯巴达之间正如火如荼地大战，据说由于他太有名了，斯巴达的将军特意下令停止对雅典人的袭击，好让剧作家的遗体返回故乡。

这个说法虽然有文学史家信以为真，我却不信。斯巴达人向来十分傲慢，而且他们向来只尊敬战争英雄，从不容许戏剧诗歌等"靡靡之音"在斯巴达土地上泛滥，更不用说尊敬一个外邦的戏剧家了！

雅典人举行了盛大的葬仪，在剧作家墓前竖立了一座歌声最美的人头鸟雕像。

在古希腊伟大的作家们中间，索福克勒斯度过了最漫长、最幸福的、堪称完美的一生。

我所称的完美的一生是指不但有丰沛的物质生活，而且有高尚的精神生活；不但在事业上得到了成功，而且在日常生活中也享受了幸福。纵观古往今来的伟人们，一般而言只在精神上得到了享受、事业上取得了成功，其他两者似乎只属于我们平常人。"痛苦出天才"这句话似乎勾勒出了伟人们的生活之真谛。然也有少数人却享受了完美的生活：他们生前功成名就，由之带来了精神上与物质上充分的报偿，过着幸福的日子。

痛苦的天才在哲学史与文学史上可谓不胜枚举，后者却寥寥可数，索福克勒斯便是这寥寥几人中之一。

使他得享这完美人生的是几个要素：出身、仪表、长寿、智慧与性格。

出生在苦难时代的伟人们是很难不随着这个时代而遭遇苦难的；生长在贫寒之家的人也不能不度过穷苦的童年；长得丑陋的人很难享受人生最大的幸福之一：美女的爱情；一个短寿的人如何有充分的时间去享受幸福呢？而一个没有高超智慧的人只能享受凡俗的快乐，那些由崇高的思想、伟大的创作带来的无上的精神享受却与他们无关；然而有的人具备了前面所有的一切却仍得不到幸福，甚至仍然度过痛苦的一生，却又是为什么？这就是最后一个因素了——性格！苏格拉底说过，一个人的性格就是一个人的命运，这是可以理解的。一个性格偏激、与世不合的人无论他拥有什么优越条件也得不到幸福。这是因为，孤独不是幸福的特性，幸福要在同他人的相关之中才能得到，例如爱情的幸福，当然要有爱者与被爱者。除了爱人，幸福的生活还要有朋友，一个没有朋友、找不到朋友的人不可能是一个很幸福的人——这一切都基于性格。只有禀性优良者才能得到众人的爱，这个众人近言之包括他周围的人，父母、兄弟、姐妹、亲戚、朋友、邻居，等等，远言之则包括他作品的读者，如果他是一

· 索福克勒斯的《安提戈涅》剧照

个作家的话;他的人民,如果他是一个政治家的话。

可想而知,要同时具备这一切的人是何等的难!

然而索福克勒斯却具备了这一切——出生于富裕人家,有俊雅的外表,活了整整90岁,智慧自不待言,性格呢?他很早就以温文尔雅、富有魅力著称当时,同当时的人们,从伟大的伯利克里直到平头百姓关系都很好,这就是他被选为将军的原因。

他一生的岁月正是雅典最昌盛的日子,被称为雅典帝国的时代。是时,伯利克里统治着雅典,给雅典人带来了震古铄今的繁荣昌盛——从物质到精神都是如此。

这是使得索福克勒斯拥有完美人生的最后一个因子。

讲完了索福克勒斯完美的一生,我们该讲那使得他得享完美的最重要的东西了——剧作。

犹如度过了最完美的一生,索福克勒斯也在他的一生中最大地享受了事业带来的成功。从28岁第一次夺魁起,他就在雅典的戏剧大赛中不断地赢得桂冠。他总共为戏剧节写过123部剧作,我们前面说过,每次参赛都得准备3部悲剧和1部喜剧,因此他大约参加过30或31次比赛,得到大约24顶桂冠,他之前埃斯库罗斯得了13次,他之后的欧里庇得斯则只得了4次。

像埃斯库罗斯一样,索福克勒斯对戏剧的贡献不单单是创作了伟大的作品,他也在形式方面为悲剧大厦的筑成添加了不少美丽的砖瓦。

他添的分量最重的一块砖头是把戏剧中对话的人数由埃斯库罗斯的两人增加到了三人。这个增加的好处显而易见,由于第三个演员的存在,作家在创作时就可以大大地增加作品的容量与复杂度——因为有人表演它们了!这使得故事的情节,从对话到动作,更加丰富多彩,有更多的优美抑或是矛盾,这一切将使作品更加引人入胜,使戏剧本身更加成熟。

我们说过,雅典人在搞戏剧比赛时,规定要有3个悲剧,这3个悲剧必须是相互联系的整体,类似现在的上中下三集。索福克勒斯通过引进第三名演员使剧情可以大大增加,他因此能够放弃原来的创作形式,用1个剧囊括了原来要3个剧才能完成的情节,而他向每次戏剧节奉献的3部剧也由此成了3部独立的剧作。

俄狄浦斯

这是索福克勒斯对悲剧形式的一个大改革，此外他还将歌队的人数由12人增加到15人，这样歌唱更响亮，场面也更宏大了。

他的第三个大创造是一个巧妙的布景妙招——画画。以前的布景都是实景，那样一则花费太大，大家想，就是搬一棵树到舞台上得花多少功夫？而且有许多布景就是再大的花费也没法儿搬上舞台去呢，例如奥林匹斯山或者爱琴海，现在聪明的索福克勒斯用一幅大画就可以做到这点了，广大观众也从此可以在舞台下看到巍峨的圣山与磅礴的爱琴海了，这该有多棒！

最完美的悲剧——《俄狄浦斯王》

在索福克勒斯的7部著作之中，《俄狄浦斯王》被公认为是他最出色的作品，也一直被许多人看作是最完美的悲剧，亚里士多德在《诗学》中都经常提到它，以之为范。

我们就以它为例来分析索福克勒斯的剧作，包括其内容及形式的不朽之处。

· 这个古希腊花瓶描绘了牧羊人收养俄狄浦斯的情景

然而当我要述说这个不朽的悲剧时，我却迟疑了，因为这不朽乃是一种不朽的痛苦。

纵使在千年之后，我仍不忍面对那千载之前的可怕的痛苦，那甚至比这部《俄狄浦斯王》更为不朽、更久远而广泛地流传的痛苦。

然而，我们毕竟要面对它，就像我们也有一天会面对自己的痛苦——死亡之痛苦。

死诚然痛苦，然而并不一定是最大的痛苦，因为还有"生不如死"。

我们在《俄狄浦斯王》一剧里所看到的正是这样的生不如死。

我们现在就顺着《俄狄浦斯王》的剧情去尝尝这不朽的痛苦吧！

《俄狄浦斯王》的开场第一幕是这样的：

在希腊强大的城邦底比斯，一群白发萧然、神情悲哀的老人，以宙斯的祭司为首，手持缠了羊毛的树枝走来——这是求助的标志，他们是前来向他们的王，俄狄浦斯，乞援的，因为瘟疫正疯狂地吞噬着生命，如剧中所言"城里弥漫着香烟，到处是求生的歌声和痛苦的呻吟"。

俄狄浦斯迎着他们走来，双方谈起这场可怕的灾难来，祭司说他们的家园与祖国正面临毁灭，请求俄狄浦斯救救他们，像他过去救他们于那可怕的女妖之手一样。

现在让我们把镜头推向过去，推向俄狄浦斯初来底比斯之时，祭司刚才提及的事。

这个故事就是"司芬克斯之谜"。

却说当年俄狄浦斯从家乡科林斯离家出走——他为什么要出走以及在路上做了什么影响终生的大事我们等会再说——来到了底比斯城。这时底比斯正闹鬼，这个鬼就是司芬克斯。

司芬克斯是一个长着美女的头、有着狮子的身体、还生了一对翅膀的怪物，是前面被赫拉克勒斯杀死的九头蛇许德拉的姐妹。她来到底比斯城外，在一个交通要道驻扎下来，那里有一块高

◎ 文学篇／第六章／古希腊悲剧（中） 187

· 公元前5世纪左右的一个古希腊陶杯上的浮雕,内容就是司芬克斯在与俄狄浦斯对话

正是力量和速度最小的时候?

一听这谜语,俄狄浦斯毫不费力便猜了出来,他说:这是人呀!人在幼年,即生命的早晨,是个软弱无力的孩子,他用两条腿和两只手在地上爬行;他到了壮年,正是生命的中午,只用两条腿走路;但到了老年,已是生命的迟暮,只好拄着拐杖,好像三条腿走路。

· 古希腊的司芬克斯雕像

突于大地之上的巨石,她就坐在那里,对底比斯人发出各种各样的提问,这是一些古怪不过的谜语,底比斯人怎么也猜不出来,猜不出来的结果就是被她撕成碎片吃掉。

就这样,许多底比斯人成了她腹中之食,其中包括王后的兄弟克瑞翁的儿子。

恰在这时底比斯的国王拉伊俄斯在三岔口被神秘的陌生人杀了,国政由克瑞翁把持。他无奈之下宣布如果有谁可以破解司芬克斯的谜语便可以继承死去国王的王位并娶国王的遗孀为妻。

其时俄狄浦斯正四处流浪、无以为家,而且那时他已经知道了那个使他恐惧万分的预言:他将弑父而娶母,这使他万念俱灰,甚至想一死以求解脱,得到克瑞翁的消息后,便主动去找司芬克斯,说要猜她的谜。

这司芬克斯看到竟然有人敢主动来找她,便出了一个她认为最难的谜语:

什么动物早晨四条腿走路,中午两条腿走路,晚上三条腿走路,在一切生物中,这是唯一用不同数目的腿走路的生物。用腿最多的时候,一听到这答案,司芬克斯顿时慑服于人类的智慧,羞愧之余便从巨石上跳了下去,摔死了。

俄狄浦斯就此为底比斯立了大功,被克瑞翁和底比斯人奉为国君,同时也娶了故王的遗孀为妻。

我们又把镜头推回现在,俄狄浦斯与长老们对话的场所。

听到长老们的话,俄狄浦斯当然深有同感,他告诉他们,他比他们更加痛苦,因为他不仅要为自己而痛苦,还要为他的全体人民的不幸而痛苦。他已经采取了一个最适当的措施:请他的大舅子克瑞翁去阿波罗的神庙问卦,求神为他们指点得救之道。

克瑞翁恰在这时回来了,带来阿波罗的神谕:他们必须找到杀害老王的凶手,并且惩罚他,这样才能使城邦免遭劫难。

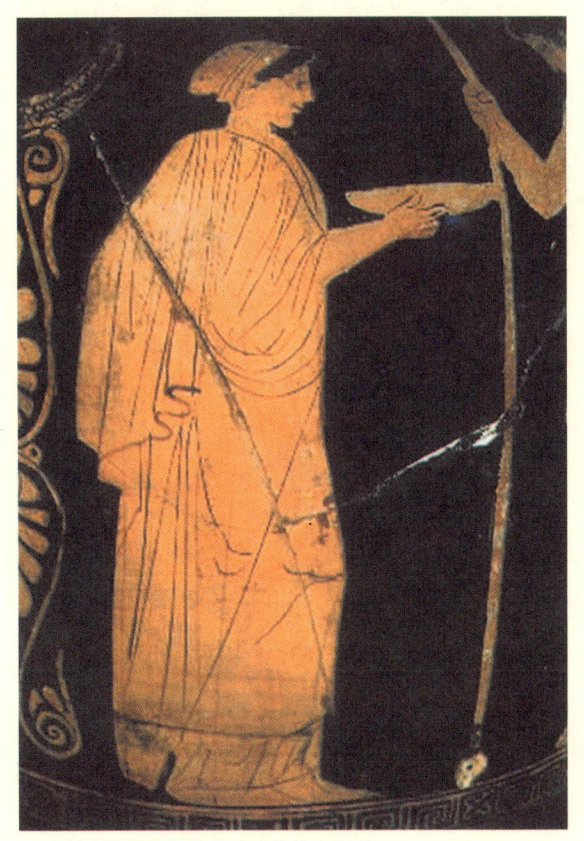

· 这幅古希腊花瓶画描绘了伊娥卡斯忒

俄狄浦斯当然同意,他也非常乐意找出这个杀人凶徒,并最严厉地惩罚他,甚至如果有谁知凶不报也会遭受制裁:举国之内任何人不得接待他、不得同他交谈、不得同他一起祭神或者用餐,他将会被整个社会彻底孤立。

以后的事便是俄狄浦斯为找杀人凶手而采取的行动以及这行动导致的后果。

他先是将那个名叫忒瑞西阿斯的先知找来,他是一个盲者,却能预知过去和未来。

一开始他不愿告诉俄狄浦斯真相,他强烈地暗示俄狄浦斯不要管这事,否则他们两人都不会好。然而俄狄浦斯一心想抓住杀人元凶,哪肯听他?所以当他见忒瑞西阿斯知而不言时,大怒起来,用种种严厉的话训斥已届耄耋之年的先知,甚至恶毒地宣称老人就是那罪行的策划者。

老人终于忍不住了,他宣告:俄狄浦斯就是他自己要找的杀人凶手!

俄狄浦斯当然不信,他怀疑老人是伙同克瑞翁一起想谋夺他的王位,结果两人发生了一场大争吵,俄狄浦斯称先知目盲,先知则称俄狄浦斯心盲,且相当明白地暗示俄狄浦斯是同一个他不应该同居的人生活在一起,等待他的将是无穷的苦难。

剧情继续往下发展,俄狄浦斯又同被他怀疑阴谋篡位的大舅子吵起来了,后来他的妻子伊娥卡斯忒来了,他们谈起了争吵的原因,俄狄浦斯说克瑞翁派了老先知来诬蔑他就是谋害老王的凶手。

这时,伊娥卡斯忒安慰俄狄浦斯说先知与神示都未必可信,并借之提起了她认为一个"失灵"的神谕:阿波罗的神谕曾说她的前夫老王将死于他与她所生的儿子之手,现在她的前夫却是在三岔口被一伙外邦强盗杀死,而他们的婴儿也在出生不到三天时便被将左右脚跟用钉子钉在一起,扔到荒山野岭了。

◎ 文学篇/第六章/古希腊悲剧(中)

因此王后说，神谕未必是可信的。

王后的本意是想借此安慰丈夫，然而这话对于俄狄浦斯不啻晴天霹雳，他急问起老王被杀时的情形来。

王后告诉他：老王是在福喀斯地方的一个三岔口被杀的，他身材高大，面貌同俄狄浦斯相象，只是头上有稍许白发。

俄狄浦斯又问，当时老王像平时出巡一样带了大批的士兵吗？王后答：没有！他只带了少数几个侍从。

这一切使俄狄浦斯想起了他来底比斯前在一个路口的遭遇：

那时他从阿波罗神庙得到了一个可怕的神谕：说他将弑父而娶母，便逃离了从小生长的家乡科林斯，经过一个岔路口时，同一个老人和他的随从们争吵起来，由于那个老人试图用尖头棍打他，他便顺手一棍将老王打翻在地，接着又杀死了他的4个随从。现在回想起来这个老人正与王后所说的先王相似。

惊急之下他将自己过去一一告诉了妻子：他本是科林斯王子，可是有次一个人在宴会上醉了酒，竟然说他不是父母的亲生儿子。他烦恼之下便去阿波罗神庙求告，神谕没有告诉他是不是父母的亲生孩子，却告诉了他那更可怕的预言——他命中注定将弑父而娶母。

他乍听之下惊恐万分，深怕真会如神谕所言，立即远远地逃离了家乡。后来他在旅途之中真到了那样一个三岔口，真发生了上面的一幕。

这太可怕了，难道真是他用自己的双手杀死了老王吗？俄狄浦斯极其痛苦，然而尚有一线希望不是。因为那个唯一逃生的仆人说是一伙，而不是一个强盗杀死了老王。俄狄浦斯怀着天真的侥幸心理说，一个，总不等于许多。

王后也怀着同样的心理说，即使是他杀死了老王也不能说明神谕是对的，因为那个注定要杀死父亲的婴儿已经一生下来就死了。

然而他还是不放心，要王后将那个在他做王之后逃到乡下的仆者找来。

他们虽然不说，那不祥的预感已经使得他们的心沉重。

然而，在仆者尚未到来之前便发生了又一件意外的"喜事"。

故事仍发生在俄狄浦斯的王宫门前，一个外乡人急匆匆跑来，向人打听俄狄浦斯王在哪，说要告诉一个使他们高兴又发愁的消息，会使他们

·古希腊陶器上的羊人剧的扮装

高兴的是俄狄浦斯将可以得到一顶新的王冠,因为他的父王波吕克斯已经死了,但既然父亲死了,这当然也是要发一下愁的事儿呀。

听到这个消息,俄狄浦斯当然高兴,他想,这神谕至少有一半是不可能实现的了。

然而他仍不想回去继承王位,因为他害怕那另一半的预言将会实现:他将娶他依然健在的母亲。

当他把这个恐惧告诉报信人后,这个老人微微一笑,说:"你不用怕那个预言,因为你同波吕克斯没有血缘关系。"

这话对于俄狄浦斯的意义如何?是喜呢还是忧?都不是,是绝望。

大惊之下的俄狄浦斯紧问到底怎么回事,于是报信人便将他的身世告诉了他。当年他从一个牧人手中接过了还在襁褓中的他,这个牧人乃是属于拉伊俄斯的,谁是拉伊俄斯?就是底比斯的老王,俄狄浦斯现在的王后伊娥卡斯忒的前夫。

报信人又告诉他,当他从牧人手中接过婴儿时,他的两个脚踝是被凿穿了连在一起的。

一听到这话,那正站在一边的王后伊娥卡斯忒顿时明白了一切。所以,当心里还存着一丝希望的俄狄浦斯想找那个最后的证人——将他送给报信人的那个拉伊俄斯的牧人,同时他也是那个亲眼看到俄狄浦斯杀死了老王、前面俄狄浦斯正要找的人——来质询时,她只能绝望地求他劝他不要管这件事。

然而俄狄浦斯如何肯听?伊娥卡斯忒便绝望地冲进了王宫,临走时喊了一句:"哎呀,哎呀,

《俄狄浦斯王》在希腊德尔斐上演的情形

不幸的人呀!我只有这句话对你说,从此再没有别的话可说了。"

可怜的俄狄浦斯竟然愤愤地以为她是因为听到他可能只是一个低贱的牧人的儿子而感到烦恼!

这时牧人来了,在俄狄浦斯的无情迫问之下,他道出了那可怕的真相:他的确在很久以前曾把一个孩子交给这个报信人,至于这个孩子,并不是他的,而是从拉伊俄斯的王宫里抱出来的,也不是仆人的私生子,而是拉伊俄斯自己的孩子,为什么拉伊俄斯要抛弃他?因为恐惧那个可怕的预言:儿子将弑父而娶母!

一切都昭如日月。

俄狄浦斯冲进了王宫,绝望之中大喊道:

哎呀!哎呀!一切都应验了!天光呀,我现在向你看最后一眼!我成了不应当生我的父母的儿子,娶了不应当娶的母亲,杀了不应当杀的父亲!

在王宫里,先进去的伊娥卡斯忒已经上吊自杀了,而俄狄浦斯也用从她身上取下的金别针刺

◎ 文学篇/第六章/古希腊悲剧(中) 191

瞎了自己的双眼。

他为什么不死？因为他害怕他的父亲此时也在地府，他何颜见他们？

再以后他就开始了四处流浪，直到若干年后，复仇女神在雅典裂开一座圣山、替他打开地狱之门，而他那同时是他的弟妹的儿女们将继续他的苦难。

悲剧何以完美？

索福克勒斯的不朽悲剧《俄狄浦斯王》的大体剧情就是如此，它被称为最完美的悲剧。其完美之处到底在何处呢？

首先当然是它的语言。《俄狄浦斯王》既然是文学作品，像其他文学作品一样，优美的语言理当是其他一切优美之基础，而索福克勒斯的戏剧语言正被历代的人们看作完美的语言。

说它是完美的，从另一个角度上来看当然也就是说它是"完善"的。有的作家的文学语言是极有力度的，如火似电，像荷马的语言；有的作家的语言则是优美如画的，如叶芝的诗歌语言；有的作家的语言却如哲学般深沉，像T.S.艾略特的语言。但这些语言都称不上"完善"，为什么呢？因为它们诚然美之极也、壮之极也，但只具备某一种特色——当然并不是说从他们的作品中找不出其他特色的句子，例如荷马也会说优美如画的话儿，艾略特的有些句子也挺优美的，然而他们的语言仍然只具有某一种主要的特色。索福克勒斯就不一样了，他的语言有时深沉如柏拉图之哲学，有时明白如同童谣；常常充满了激情，像烈火般炙烤着读者的心；有时完全朴实无华，平静如水；有时是紧张的，使读者们紧张得透不过气来；有时又如陶渊明的诗般怡然自得，"采菊东篱下，悠然见南山"。

应该说，能如此熟练地使用语言可能正是索福克勒斯能赢得同代人如此赞美的主要原因，因为大众，说老实话，当他们读文学作品时，主要的是读什么呢？当然首先是语言啦，语言不能打动他们，他们就不会把这本书读下去或者把这场剧听下去，这样再深刻的思想也会无人喝彩了。

赞美的话儿说够了，不过我不准备像往常一样用实例印证我的话，因为这些赞美话儿并不只我一个人说，几千年以来人都这么说哩，大家想证实的话自己去看好了。至于我，我下面还有好多处要引用索福克勒斯老人家的话呢，这里没功夫。

然而对于历史而言，索福克勒斯的作品之所以

· 现代上演的索福克勒斯悲剧剧照

不朽，其主要原因可能并非他那优美的语言，而是他在作品之中表达的深沉如大海的思想。

大家可能听说过一个词"俄狄浦斯情结"，这个词是由弗洛伊德创立的，本来是个挺专业的词儿，现在已经成为西方人们的日常用语了。它的另一个名字就叫"恋母情结"，由这个名字大家便能了解它的意思了。它就是指男人生而具有某种倾向，希望把自己的母亲作为性对象。当然这种心思是秘密的，即其自身不大可能会意识到，也即它是一种所谓的"无意识"。

这一无意识能对人类童年的行为造成极大影响，后来随着人的长大，渐渐从外界知道了母亲是不能成为性对象的，便大方地将母亲"让给"父亲。这样人也就摆脱了童年时的恋母情结而走向了正常的成人性取向。但也有一些人即使成长后也不能摆脱恋母情结，由于这种情结当然同社会伦理截然对立——他自己也不可能不认识到这一点，并且也知道这是错的、是一种莫大之罪。他由此深感负疚，然而又无力克服之，这样就导致了神经症。

大家也许会觉得奇怪，这怎么可能呢？但恋母情结有一个基本特征：就是它是普遍的，是人人皆有的，甚至女人也有。不过与男性不同，女性不是恋母而是恋父，这就是所谓的恋父情结，其实质与恋母情结是一致的。我们之所以不自觉之乃是因为这种情结是无意识的，而无意识的基本特点就是它是存在于我们心中却不为我们自己所明白的意识。

我们有心思存在于自身却不为自己所知吗？当然有！无意识的存在在心理学上已经是一个不争的事实。我对这个问题颇有点研究，写了一些文章，例如在《中国现象学与哲学评论》第三辑上有一篇《论无意识及其语言的表达》，大家有兴趣的话可以去读读。

大家当然已经看出来了，这个俄狄浦斯情结就是以俄狄浦斯命名的，因为他弑父而娶母，这正是俄狄浦斯情结的基本特征。

然而，弗洛伊德在这里只是借用了俄狄浦斯弑父而娶母的事实，索福克勒斯自己有没有意识到这种情结的存在呢？如果这只是一个事实，由于这个传说并不是索福克勒斯发明的，是很早很早以前就在古希腊流传着的，那么索福克勒斯的借而用之没什么大不了，更不能说明他有深刻的思想。而且，我们可以看到，在《俄狄浦斯王》剧里，俄狄浦斯以及其他人都将之视为莫大的罪孽，那么是否索福克勒斯也仅此而已，只把俄狄浦斯弑父而娶母当作一个事实来接受，并且仅将之当作一个如其他因不经意而犯下的罪孽一样或者只是因神之命而导致的罪行一般呢？

· 古希腊神话中的万神之王宙斯

不是。

索福克勒斯的高明之处正在于，他在这些古已有之的传说背后发现了深藏着的一个真理——弑父而娶母并不是只有俄狄浦斯才有的，它是每个人都有的行为，只是俄狄浦斯将之化作了行动，其他人只是使之仅存于心而已！

为什么这么说呢？在《俄狄浦斯王》的第三场有一句这样的话，是俄狄浦斯之母伊娥卡斯忒说的。俄狄浦斯说他害怕玷污他母亲的床榻，这时他的母亲回答道：

偶然控制着我们，未来的事又看不清楚，我们为什么惧怕呢？最好尽可能随随便便地生活。别害怕你会玷污你母亲的婚姻。许多人曾在梦中娶过母亲，但是那些不以为意的人却仍能恬然自得。

这句话可谓一语道破了俄狄浦斯情结的神髓：

一、它是与母亲的性关系。

二、它是无意识的，也就是"在梦中"。大家要知道，梦与无意识的关系是至为密切的。弗洛伊德认为梦的实质即它乃是无意识的一种表达形式，故我们也可以由解梦而了解人的无意识，对于这问题大家可以参考弗洛伊德的经典之作《梦的解析》。

由于这两点也是俄狄浦斯情结的基本特征，因此可以说索福克勒斯是俄狄浦斯情结的真正发现者。当他道出俄狄浦斯弑父而娶母之同时也相当明白地道出了人类这种深刻的恋母心理。这也说明了索福克勒斯对人类的灵魂是何等的洞悉，几千年之后，当弗洛伊德初说人类存在着恋母情结时，他遭到了无以数计的攻击漫骂，有人说他思想肮脏，更有人说他瞎扯，只是随着时光的流逝与人类对自身不断深入的认识，他的思想才逐渐被广泛接受。然而远在千载之前索福克勒斯却已经发现了这个连现代人都不肯、不敢相信的人类灵魂深处的真理！

因此，即便我们不说语言，单就在剧中表明的对人类自身的深刻理解而言索福克勒斯也是无与伦比的。也正因为这种深刻理解，他的剧本才不但由于语言的隽永而赢得了时人的喜爱，也赢得了有着深刻思想的人们，包括古希腊的哲者，例如伟大的亚里士多德的欣赏与敬意。

其实，在索福克勒斯的剧作之中，像前面这类对人类行为与心灵有深刻洞察的格言式的名句何止一个，例如"傲慢产生暴君"（第二合唱歌）、"哪个人的幸福不是表面现象？一会儿就烟消云散"（第四合唱歌）、"一个正直的人要经过长久的时间才看得出来，一个坏人只要一天就看得出来"（第二场），如此等等。

现在，我们来谈谈索福克勒斯剧作中另一个深刻的主题：命运。

· 《俄狄浦斯王》的剧装

在读《俄狄浦斯王》时，我深深地感受到的一点就是——命运不公。试问俄狄浦斯何罪？然而他一生所遭之罪又何其之多？刚一生下来就被自己的亲生父母弃之如敝屣，甚至遭遗弃之前两个脚踝还被凿穿，又被用绳丝穿过捆在一起——这时他只是一个刚生下来的婴儿呀！

虽然侥幸不死，得以被国王抚养，但等待他的只是更大的苦难。

他先是被迫离开自幼生长的地方，四处流浪，无以为家。后来为民除害，杀死了吃人的妖魔，当上了底比斯的王。他以为得到了安宁幸福，他也有资格如此，但实际又如何呢？他这个虚假的安宁之中潜藏着多么巨大的痛苦！如那先知所言，他"不知不觉之中和最亲近的人可耻地生活在一起，却看不见自己的灾难"。

最后，灾难终于昭昭于世，俄狄浦斯发现：

婚礼啊，婚礼啊，你生了我，生了之后，又给你的孩子生孩子，你造成了父亲、哥哥、儿子，以及新娘、妻子、母亲的乱伦，这人间最可耻的事！

斯时他又能怎样呢？剧中人对俄狄浦斯说："你最好死去，胜过瞎着眼睛活着。"但他能去死么？他不能呀，因为"假如我到冥土的时候还看得见，不知当用什么样的眼睛去看我的父亲和我不幸的母亲，既然我曾对他们作出死有余辜的罪行。"

大家看看，这就是俄狄浦斯的苦难，生不如死的苦难！

然而，俄狄浦斯何罪哟？作为孩子，他爱自己的父母，为了避免那预言中的灾难，他放下王太子不做，远离家乡，四处流浪；作为君主，他曾拯救人民于司芬克斯的魔爪，他热爱自己的人

· 古希腊陶器上的《俄狄浦斯王》剧景

民，当人民遭受灾难时，他比他们更加痛苦。

一个这样的人却遭受了最恶毒的人也不应当遭受的最大的痛苦！

为什么？除了愤懑命运的不公外，我们还能说什么？

是的，索福克勒斯说，这一切都是命，俄狄浦斯甚至在出生之前就注定要罹受如此之苦难。

没有人的幸福是长久的，索福克勒斯在剧中说，这是注定的，我们人类除了默默忍受这痛苦的命运、命运的痛苦，别无选择。

这种面对痛苦的无奈使现实的人生就像《神曲》里在地狱的大门上镌刻着的那句话：

你们走进这里的，把一切希望捐弃吧！

也许这就是人类悲剧的根源所在，也是索福克勒斯的悲剧如此引人入胜的根本原因所在。

◎ 文学篇／第六章／古希腊悲剧（中）　195

第七章
古希腊悲剧（下）
欧里庇德斯与《美狄亚》

伟大的人物有的是生前就被认为是伟大的，如前面讲过的埃斯库罗斯和索福克勒斯，还有后来的亚历山大大帝与更后的拿破仑等，但有的却直到死后才会被人们承认其伟大，如我们现在要讲的欧里庇德斯就是如此。

虽然与另两个伟大的悲剧家埃斯库罗斯和索福克勒斯大致生活于同一个时代，然而和他们比起来，欧里庇得斯一生的经历要曲折得多，无论是出身还是出生之后的经历都是如此。如果说前面两位度过了相当幸福的人生，那么欧里庇得斯却从生到死都相当不幸。

诗人悲剧家欧里庇德斯

欧里庇得斯也是雅典人，生于公元前484年，比索福克勒斯小12岁。他的父亲叫谟涅萨库斯或者谟涅萨克得斯，据那个最爱损他的喜剧家阿里斯托芬说，他母亲叫克莱托，是一个在市场卖菜的小贩，并且屡次拿他这个"不幸"取笑他。由于阿里斯托芬大致是他的同时代人，只比他小16岁，因此他的记载应当算是比较准确的。

虽然出身贫寒，欧里庇得斯还是接受过良好的教育，例如修辞、绘画、摔跤与拳击，等等，也受过军事训练，当过兵，只是好像没有像埃斯库罗斯一样参加过重大的战争。

与十分活跃的索福克勒斯的性格形成鲜明对比的是，欧里庇得斯很爱安静，成天沉浸于书海之中，拥有也许是当时最大的一座私人图书馆，里面所藏的都是弥足珍贵的手抄本。

除了戏剧之外，他的另一个爱好是哲学，据说同普罗泰戈拉、阿那克萨戈拉这些当时最重要的哲学家都有交情，普罗泰戈拉还在他家里诵读了一篇著名的论文，第一句是："我不能断言是

· 欧里庇德斯

· 古希腊狄奥尼索斯剧场的复原图

・万神之王宙斯与赫拉结婚

一件,就是他曾去西西里岛的叙拉古执行一项外交使命。

他曾同一个名叫美利托的女子结了婚,但婚姻生活相当不幸。

他平生唯一可称为幸福的事是他生了个好儿子,是位出色的诗人。他很爱自己的父亲,在父亲离世之后,他将父亲未完成的遗作续完,并促成父亲的遗剧《酒神的伴侣》上演,并获得了当年的大奖。

公元前455年,欧里庇德斯29岁时第一次参加正式的戏剧大赛,没有获得锦标,足足等了14年之后,他才赢得第一次的胜利。

他一生勤奋,写下了超过90个剧本,但在世时得奖不过4次,第四个还是在他死后由儿子得到的。

也许憾于剧本得不到雅典人的喜爱,他才在76岁高龄时远离雅典,去了马其顿。这时他已风烛残年,一年后就死了,可能是被国王的猎狗咬死的。

否真的有神的存在。这点的认识有许多障碍:第一,对象本身不明确;其次,人生短促。"

您还记得普罗泰戈拉的另一句名言吗?人是万物的尺度,是存在者存在的尺度,是不存在者不存在的尺度。

由于成天沉迷于读书与哲学,他没有很多时间去从事其他活动,例如政府工作,他在雅典也算是个名人,但可以记载的他为政府办的事只有

有许多东西是在失去它之后才发现其价值的,这正是雅典人对曾长期被他们冷落的悲剧家的态度。欧里庇德斯死后,他们才终于发觉自己失去的是一位天才,连长期将他压在下面的索福克勒斯也是如此。

这时所有雅典人都来纪念这位伟大的公民,为他服丧、为他举行了盛大的祭仪,还派人去马其顿向国王求取他的遗骸,马其顿王拒绝了,谁不想有一位伟人的陵墓替自己的城邦生辉呢?

◎ 文学篇/第七章/古希腊悲剧(下)

无奈之下，雅典人便在城外替剧作家建起了一个衣冠冢，并竖起纪念碑，上面镌刻着另一个伟大的雅典人、历史学家修昔底德的诗句：

全希腊世界是欧里庇得斯的纪念碑，
诗人的遗骨在客死之地马其顿永埋，
诗人的故乡本是雅典——希腊的希腊，
这里万人称赞他，欣赏他的诗才。

大家也许觉得奇怪，欧里庇得斯不是一个剧作家吗？怎么被称为诗人呢？这是因为他同时也是诗人，在他同时代人的眼里他的诗比他的剧还要好呢。例如他只有4次得戏剧大奖，却足足有20多次被雅典人评为桂冠诗人。

雅典人的不欣赏并不等于欧里庇得斯不行，讲起对于悲剧的贡献来他殊不逊于前面两位大师，事实上3人可谓各有擅长、并驾齐驱。生前没有得到足够欣赏的他死后作品迅速传播开来，由3人中最备受冷落者转而成为最受欢迎者，他的剧本在后来的希腊化时代被演出范围之广、场次之多就是前面两位大师加起来也比不上。他的剧作如今完整流传下来的就有18部之多，而埃斯库罗斯和索福克勒斯加起来才14部。看到这情形，欧里庇得斯的灵魂在天堂也应该露出安详的微笑了。

到索福克勒斯时悲剧的形式已经大体确定了，所以他对于悲剧的形式没有大的革新。但他的悲剧在形式上仍然富有特色，它们常常以一段简洁明了的独白开始，这段独白勾勒出了剧中人物的身份与背景等，然后到结尾时又会有一段类似的独白，以揭示人物未来的命运。更有趣的是，他设计了一种舞台机关，它在戏剧开始和结尾时让一个天神戏剧性地凌空而降，来完成这两段独白。同前两位大师不同，他较少使用歌队。然而他写的歌词非常之美，甚至有人说他的歌词在力量与美感方面都是无可超越的。

欧里庇得斯悲剧另一个"鲜明"的特色就是对女性的偏见——这令人想起了叔本华和尼采，他剧本的主角倒常常是女性，然而那是些什么样的女性呀，一个个不是凶残成性就是让丈夫大戴绿帽。因此他老早就背上了仇视女性的恶名，遭到了雅典女人们愤怒的攻击，为此阿里斯托芬这个古希腊最伟大的喜剧家专门写了一个剧来揶揄他。

这部剧的名字叫《地母节妇女》。剧情大体是这样的：雅典的女性们鉴于欧里庇得斯一贯在剧中诽谤她们，决意在即将到来的地母节中将他弄死。欧里庇得斯得到这个消息，吓得两腿发软，想找人来救命。他先找了半个女人——一个没有男人气的悲剧诗人——去找妇女们替他说情，但遭到了拒绝。他只得去找小舅子帮忙，这小舅子便装扮成女人到正在集会商议的女人们那里，准备以一个女人的名义替姐夫哥辩护。他立即被真正的女人们识破了，她们将他抓了起来，接下来的情景就有点像欧里庇得斯自己写的悲剧了，他的小舅子3次想逃跑，每一次都被逮了回来，其中的情景与对话都被喜剧家模仿得维妙维肖。最后，实在无路可投的悲剧家只好亲自出马了。他来到妇女们这边，向她们保证永远不再说她们的坏话，妇女们这才饶过了他。

大家想想，女性可是半边天呀，尤其在古希腊，妇女地位相当高，欧里庇得斯竟然敢得罪她们，他的日子能过得好么？能在生前就享有大名么？那简直是墙上挂帘子——没门！

雅典的妇女们也许错了，欧里庇得斯虽然表面上让他剧中的女主人公做了不少坏事，然而我们看了他的剧之后激起的却并不是对这些女性的卑视，相反，我们只会同情她们。她们虽然行恶，然而事出有因——是男人伤害了她们，她们只是奋起自卫而已，她们"罪无可恕，情有可原"。这在他的《美狄亚》一剧里体现得最明白。

震撼人心的《美狄亚》

在欧里庇得斯所有的剧本之中,最有代表性、最有名、也最激动人心的一部就是这《美狄亚》,我们就以之来作为理解欧里庇得斯悲剧的金桥吧!

在讲《美狄亚》之前,我要先给大家讲一个

· 美狄亚和她的战车

在古希腊流传广远的神话——伊阿宋和金羊毛的故事。

伊阿宋是克瑞透斯的孙子、埃宋的儿子，克瑞透斯是爱俄尔卡斯王国的建立者和王，他死后将王位传给了大儿子埃宋，然而，他的弟弟珀利阿斯是个阴险的家伙，他篡夺了长兄的王位。埃宋去世后，伊阿宋便投到了喀戎门下。喀戎是一个"马人"，长着人的上身和马的下身，我们在讲赫拉克勒斯时曾提过，他是一个著名的教师，曾训练出不少伟大的英雄。

光阴荏苒，转眼十多年已经过去了，珀利阿斯也在篡夺来的王位上安然坐了许久，然而这时，一个神谕让他大大地不安起来：神谕说他将受到某位穿一只鞋子的人的威胁，他在惊慌之中等待着这个人的到来。

这天，珀利阿斯像往常一样来到神庙前祭神。突然，祭坛下的人群骚动起来：他们看到一个年轻人大踏步走来，他身材异常高大健美，手执两根粗大的长矛，赤着上身，只在腰里系着一块豹皮。

这个人就是伊阿宋，他已经完成喀戎的训练，前来讨回本应属于他的王位了。

珀利阿斯是个聪明人，知道跟这个年轻人明争是不智的，他想出了一个歪主意：他答应将王位交给伊阿宋，但有一个要求，就是要伊阿宋前去为他夺取无价之宝——科尔喀斯的金羊毛。

伊阿宋以一个年轻人的憨直毫不犹豫地将这件几乎不可能完成的任务接了下来。

他知道凭一己之力是无法弄到金羊毛的，他就像老婆被夺走之后的墨涅拉俄斯一样，在全希腊征集起勇士来。

他的征召十分成功，由于金羊毛在希腊十分有名，一直以来都有人梦寐以求要得到它。全希腊最有名的英雄们几乎都来了，其中包括最伟大的英雄赫拉克勒斯和歌儿唱得动听无比的俄尔蒲斯、古希腊的鲁班阿耳戈以及古希腊的阿里、最伟大的拳王波吕克丢斯，还有我们在前面讲过的征讨特洛伊的许多英雄，如阿喀琉斯、两个埃阿斯、涅斯托耳、帕特洛克罗斯，等等。

阿耳戈在神的帮助之下，利用既轻又十分坚固的树，包括一棵会说话的神木，建造了一艘战船。船很大，足有50支桨，又很轻，轻得众位英雄可以扛在肩膀上走，这个英雄群体就以为他们建造如此美丽坚固的航海之家的英雄命名，称为阿耳戈英雄。

一路上，他们经过了无数艰难险阻，战胜了数不清的坏人和妖魔鬼怪，例如只有女人的妇人国、有6条胳膊的巨人、长着女人头的鸟儿、羽

· 阿耳戈英雄们

毛是箭的鹰，等等。最后终于抵达了科尔喀斯，见到了国王埃厄忒斯。

国王得知他们的来意后，本来想一剑就把他们宰了，但想到希腊不是好惹的，于是也像伊阿宋的叔父一样，想出了一条毒计：他要伊阿宋驾驭有着铜蹄、鼻中喷火的神牛去犁战神阿瑞斯的圣田，然后种下龙牙，并把长出来的巨人杀死。

这又是一个凡人所不可能完成的任务，怎么办呢？这时爱神帮助了他。

埃厄忒斯有一个小女儿，名叫美狄亚，长得既漂亮又聪明，她是地狱女神的祭司，懂得许多厉害的魔法。她一看到天神一样俊美的伊阿宋就疯狂地爱上了他。因此当伊阿宋知道只有她能够帮助他，请求她的帮助时，她答应了。她给了英雄一瓶魔水，还有自己的心。伊阿宋涂上魔水之后就刀枪不入了，并且具有天神的力量，战无不胜，遗憾的是这种魔水的力量只能持续一天。

然而一天就够了，这天，伊阿宋如约来到了圣田，在众目睽睽之下将铜蹄、鼻中喷火的神牛抓起来，硬给它们套上了铁制的犁铧，让它们耕田，又将龙牙一颗颗洒在耕好的沟垅里。当巨人们长出来时，他又在他们中间扔下了一块石头，让巨人们像饿汉争面包一样大打出手，然后他在旁边打太平拳，将巨人们一个个收拾了。这一切都多亏了美狄亚，否则他早给火烧成灰、给巨人们揍成肉饼了。

一切完成之后，埃厄忒斯得知是女儿帮了他们，不愿履行诺言，美狄亚再一次伸出了援手，她用魔法迫使那看守金羊毛的原来永不睡眠的巨龙呼呼大睡，然后让伊阿宋爬上树去取下了珍贵无比的金羊毛。

由于再也不能呆在家乡，加之伊阿宋发誓爱她、要娶她为妻，美狄亚抛弃了父亲与故土，同伊阿宋私奔。

他们从科尔喀斯回希腊的路上也像来时一样遭遇了大量的拦路虎，既有美狄亚愤怒的父亲派来的军队，也有各色妖魔，例如青铜时代巨人的孑遗，他像阿喀琉斯一样力大无穷，也只有脚踝能够受伤；还有那有名的塞壬女妖，她们唱的歌十分动听，水手们听到后会不知不觉地循着歌声走去，最后被弄到海里喂鱼。

这一切都被英雄们克服了，其中大有美狄亚的功劳，例如那青铜时代巨人就是她用魔法弄死的。然而她和伊阿宋也做了一件伤天害理的坏事。

原来，当他们逃跑时，她的父亲埃厄忒斯派来追踪的人之一是她的亲弟弟，他率军成功地围住了希腊人，眼看硬冲无望，美狄亚想出了一条毒计，她假装要帮弟弟夺回金羊毛，约他会面。她弟弟当然不相信亲姐姐会谋害他，坦然前来，当他朝姐姐走来时，伊阿宋从后面偷偷溜上来，一刀砍死了他。

最后他们总算平安回到了希腊，伊阿宋将金羊毛交到了叔叔手上，以为能够就此得享王位了。

· 古希腊陶器上的美狄亚

◎ 文学篇 / 第七章 / 古希腊悲剧（下）　201

·古希腊雕刻中的美狄亚

然而我们早说过,这只是一个阴谋而已,珀利阿斯岂会将王位——对于一个国王而言,这就是他的一切——让出来?

被叔父的背信气得发疯的伊阿宋再一次请美狄亚帮忙,现在她已经是他合法的妻子了,她当然从命。她先找来一只老羊,然后又找来珀利阿斯的女儿们,在她们面前将老羊大卸八块,丢进沸腾的锅里。一会儿后从锅里升上来的不是老羊煮熟了的肉,而是一只漂亮的小羊羔。

美狄亚对目瞪口呆的珀利阿斯的女儿们说:如果你们将父亲也像这头老羊一样处理,我会还你们一个年轻的父亲。

珀利阿斯的女儿们一听顿时高兴起来,她们真个找来自己的父亲,一把抓住他,将他砍成碎片,然后让美狄亚去"返老还童"。

结果不言而喻,她们得到的只是父亲成了汤的尸体,这可怕的谋杀激起了爱俄尔卡斯人的愤怒,他们群起而攻之,伊阿宋两口子呆不下去了,只得逃到了科林斯,在那里隐居起来。

此后的10年是平静的10年,也是美狄亚最幸福的日子。他们像普通老百姓一样生活在科林斯,由于美狄亚集美、慧、贤于一身,她赢得了丈夫与科林斯人民的喜爱,她还生了两个儿子。

不过,美狄亚虽然聪明能干,还懂法术,毕竟只是凡人,像凡人一样会衰老。10年之后的她渐渐不像往日青春美丽了。伊阿宋也渐渐地察觉到这点,于是对美狄亚冷淡了,当他遇上科林斯年轻美丽的公主时,便迫不及待地做了一个负心男人通常都会做的事:抛弃美狄亚,向年轻的公主求婚。

公主看到这样一位驰名全希腊、又英俊非常的男子向她求婚,不由喜出望外。她的父亲也愿意找一个有本事的女婿来保护王位与国家。对于伊阿宋,他这样做不但可以得到一位年轻美貌的妻子,甚至还可能得到一个王国,圆他苦思了一辈子的国王梦!

不难看出,这一桩婚事里英雄、公主与国王各取所需,也各得所需,然而谁都没有去想想另一个人将因为他们的收获而失去一切!

这就是美狄亚。

一旦这场婚姻成立,她能怎么办呢?当初,为了对伊阿宋的爱,她抛弃了一切——国家、父亲,甚至杀害了亲弟弟。现在,丈夫与家庭就是她的一切!失去了这个对于她也就是失去了一切。

但他们,他的丈夫、科林斯王、公主,就是要剥夺她的一切。

这就是《美狄亚》一剧开始时的情势。

我们现在就来看看《美狄亚》一剧的内容吧。

剧一开场出来的是保姆，她负责照管美狄亚的两个儿子，她将悲剧的背景大致叙述了一遍：美狄亚为了对伊阿宋狂热的爱而来到了希腊，又为他杀死了珀利阿斯，因而来到这科林斯城。她一向受人爱戴，且对丈夫百依百顺，家庭和美。像保姆所言："妻子不同丈夫争吵，家庭最是相安。"

然而现在一切都变了，伊阿宋抛弃了她，她全身都沉浸在悲伤里，悲叹丈夫的背弃婚誓、悲叹自己背弃了亲爱的父亲，并且，这悲叹现在已经变成了恨，她恨丈夫、恨与丈夫相关的一切——首当其冲的就是她同丈夫所生的儿子。

这时保姆，也就是男保姆，带着两个孩子来了，两人一起悲叹着俄狄浦斯对妻儿的伤害。屋里传来了美狄亚悲伤得发狂的呼喊，使保姆大发感慨："这些贵人的心理多么可怕！"

是的，美狄亚的心理现在变得十分可怕，她一次又一次地呼喊着诸如此类的话：

哎呀呀！愿天上雷火飞来，劈开我的头颅！我活在世上还有什么好处呢？唉，唉！我宁愿抛弃这可恨的生命，从死里得到安息！

然而，可怜的女人！她没有想到，她如此的

· 古希腊演出《美狄亚》的场景

◎ 文学篇／第七章／古希腊悲剧（下）

痛苦并不是痛苦的结束,还有更大的痛苦等着她呢!

这时克瑞翁来了,我们在上章曾看到过他,他就是俄狄浦斯的大舅子,俄狄浦斯出走后便继承了科林斯的王位。

他给美狄亚送来了最后通牒:他决定将她驱逐出科林斯。

他的话令正在悲伤之中的美狄亚大惊,她恳求国王收回成命,她对克瑞翁说:

我只是怨恨我的丈夫,并不嫉妒你们的幸福。快去完成这婚事,欢乐欢乐吧!让我依旧住在这地方,我自会默默忍受这委屈,服从强者的命令。

她拖着克瑞翁的手,诉说着她的恳求。

然而克瑞翁心意已决,他干脆地说:美狄亚这些温软恳求的话令得他更加下定了决心,因为这说明她很狡猾,他更要提防她了!

美狄亚终于明白过来她已经被驱逐了,再也不能呆在这已经生活了整整10年,她视之为家的地方了。

她绝望了。

绝望使她铤而走险。

她请求克瑞翁让她多留一天,她如此说:

让我多住一天,好决定到哪儿去:既然孩子的父亲一点也不管,我得替他们找个安身的地方。可怜可怜他们吧,你也是儿女的父亲。我自己被驱逐出境倒没什么,我不过是心痛他们也遭受的苦难。

同为父亲的克瑞翁实在不能拒绝美狄亚这个恳求。

然而这将是他致命的错误。

绝望之中的美狄亚决心在一天之内,将3个仇人、父亲、女儿和丈夫变成3具尸首。

这是第一场。

第二场一开始伊阿宋来了,他大骂妻子,骂她竟然责怪起国王来,说:"你只得到这种放逐的惩罚,还是便宜了你呢!"

美狄亚当然也回敬他,说:"你害了朋友,又来看她;这不是胆量,不是勇气,而是人类最大的毛病,叫作无耻。

· 美狄亚杀子

她让伊阿宋回忆一下她为他做了什么,从替他制服那本来会一脚把他踏成肉泥的铜蹄火牛,到为他夺得金羊毛,还帮他杀死背信的珀利阿斯,总之,伊阿宋所谓的英雄业迹,其实大半乃是她的功劳。而且,她能到哪里去呢?

对于美狄亚的这些话,伊阿宋如此回答说:她帮他只是因为爱神的箭射中了她,实际上帮了他的是爱神。而且,他又说,美狄亚从救他这回事中所得到好处比她给他的还多哩!因为他将美狄亚带离野蛮的科尔喀斯,来到了文明的希腊!

对于伊阿宋这句话大家不知有何感想?反正我是感慨良多,感慨这些古希腊人是多么地傲慢!

·油画《酒神的伴侣》，酒神精神是古希腊悲剧的精神源泉之一

第三场中又一个人物出场了,这就是埃勾斯,雅典的王,他为求子到了阿波罗神庙,经过科林斯。他听说了美狄亚的遭遇,不由义愤填膺,这时美狄亚表示：如果他让她到他的国家去避难,她将用她的法术让他生个儿子。

埃勾斯当然高兴,他庄严地保证收留、保护美狄亚。

这样美狄亚未来就有安身之地了,她可以放心地将她的计谋付诸实施了。

她是这样实施复仇之计的：先派人找来伊阿宋,对他大放糖衣炮弹,说她知错了,甘愿接受被驱逐的命运,只求能把她的两个孩子留下来。直接求国王是一定不行的,因此她要伊阿宋先去求马上要成为他妻子的公主,让她转求国王。这个主意伊阿宋如何不接受？他虽已经不爱妻子,但儿子可不一样,这是他的骨肉呀！他立即答应了,但忧虑公主要是不同意怎么办？

美狄亚说,好办,她有两件宝物：一顶金冠和一件极精致的袍子。她要两个孩子将这两件宝物捧去送给公主,也许公主看在这两件厚礼的份上会答应他。

伊阿宋乐而从之。

接下来的事就很简单了,两个孩子跟着父亲进宫,把礼物献给了快要做新嫁娘的公主。看到如此精美的礼物,公主十分高兴,当即答允了未婚夫的请求,然后迫不及待地将金冠戴上,袍子穿上。

她立刻感到呼吸困难,嘴里吐出了白沫,瞳孔上翻,面色惨白,又过了一会,那金冠开始冒出火焰,"她的面容已不像人,血与火一起从她头上流下来,她的肌肉正像松脂似的,一滴滴的叫毒药看不见的嘴从她的骨骼间吮了去。"

当她的父亲想将女儿扶起来时,他的身体顿时也粘在了袍子上,他想挣开,"可他那老朽的肌肉便从他的骨骼上分裂开来"。

当父女俩在可怕的痛苦中挣扎时,美狄亚同样在感受着痛苦：一方面,她要杀了孩子,让伊阿宋痛苦,另一方面,这毕竟也是她的孩子、是她一向热爱的孩子,她如何下得了手？她知道这只会"弄得我自己反受到双倍的痛苦"。

她一时喊道：

哎呀呀！我的心呀,快不要这样做！可怜的人呀,你放了孩子,饶了他们吧！即使他们不能同你一块儿过活,便是他们毕竟还活在世上,这也好宽慰你啊！

接着她又喊道：

——不！凭那些住在下界的复仇神起誓,这一定不行,我不能让我的仇人侮辱我的孩儿！无论如何,他们非死不可！既然要死,我生了他们,就可以把他们杀死。命运既然这样注定了,便无法逃避。

就这样,美狄亚亲手杀死了自己的两个儿子。

剧的最后,当伊阿宋前来为他的未婚妻报仇雪恨时,看到的是美狄亚乘着毒龙牵引的车子在空中出现,他们像前面一样吵了一会,最后美狄亚抱着孩子的尸体,凌空而去。

戏剧就这样结束了。

它没有说起伊阿宋的结局：同样失去了一切的伊阿宋绝望地自刎在自家门槛上。

这就是欧里庇得斯的不朽之作《美狄亚》。

您可以感觉出那震撼人心的悲剧意识吗？

《美狄亚》一直是我最喜爱的古希腊悲剧,这一方面是因为它那震撼人心的悲剧情节与悲剧语言,另一方面是因为《美狄亚》一剧同此前埃斯库罗斯与索福克勒斯的悲剧迥然不同,虽然它是欧里庇得斯2000余年前的作品,然而直到今天仍具有极强的现代性,无论对于我们现代人抑或现代文学都是如此。

可以这样说：《美狄亚》不但反映了古希腊人深刻的悲剧意识,也是现代人类心灵的一面镜

·美狄亚和伊阿宋

不顾一切的牺牲之后仍被他抛弃,又被克瑞翁驱逐出去。她能到哪里去呢?能够回到在那里她为了伊阿宋而背叛了父亲、谋杀了兄弟的故国吗?她能够到哪里去呢?——还带着两个年幼的孩子。耸立在她面前的现实只能是——绝望。在这种绝望之下,可怖的悲剧发生了。

可能许多人在读过《美狄亚》后,会对美狄亚付出很多同情之余,还会有对伊阿宋忘恩负义的诅咒。但倘若我们细察它的剧情,不会不感到欧里庇得斯在写作《美狄亚》的时候,没有想过要将她写成一个被恶人伊阿宋欺骗的值得同情的善良女人,相反,伊阿宋不是坏蛋,只是一个像我们大多数人一样的人,他渴望建功立业,他勇敢但并非冷酷。他最后离开美狄亚也是必然的,因为美狄亚杀死珀利阿斯后,使得他夺回国土的所有希望破灭了,而这是他一切英勇行为的原动力,也是他接受美狄亚帮助与爱的基础,现在这个基础覆灭了,他为什么还要为美狄亚作出牺牲呢?

我们接着来看美狄亚,她的行为又怎样呢?她是一个女祭司、女儿和妹妹,但她却运用自己的巫术去帮助父亲的敌人,又杀死了自己的兄弟,使她成为被抛弃者。她这一切的目的只是爱,而且,我们从欧里庇得斯的描述中可以看到,她的爱始终是一种原始的性爱。就是在当时,美狄亚的母邦科尔喀斯也被希腊人认为是野蛮之地,她被希腊人看作是野蛮人,她的爱也像文明之初的人一样,保留着文明前的人面对爱时的态度以及为了爱而所用的方式:没有犹豫、没有矜持,只是要得到、不顾一切地得到欲望的满足。

子。

为什么这样说呢?

《美狄亚》中的现代性

我们知道美狄亚是不幸的,在为伊阿宋作出

◎ 文学篇／第七章／古希腊悲剧(下) 207

并且，当这种爱不再能得到满足时，不顾一切的爱便转化成不顾一切的恨。在欧里庇德斯这里，我们可以把美狄亚看作象征，象征着从原始的赤裸裸的以性满足为唯一目的的爱向诗人之爱、柏拉图之爱的转向，这也是人类从原始非理性向理性的一个转折。

我们现代人之所以从古希腊的剧作里发现了许多使我们激动不已的东西，根源也许就在于现代社会从某个角度上说乃是再次由理性向非理性的回归，就像现代人的爱情，现在从东方到西方，有多少不是直接以性满足为前提的呢？在现代人这里，欲望再次剥去了从古希腊开始披上的诗意的羊皮，露出了它狼的本性！不过，在这里的秩序是相反的，在古希腊，爱的方向是为脱离原始的性，向着诗意出发的，而现代社会，爱试图脱离诗意，回归到前古希腊时代的性。

这样，为什么人们直到如今都对古希腊悲剧有着深厚的感情呢？仿佛它不是几千年前的人写的旧作，而是我们的同代人的佳作。这个问题简而言之就成了欲望及其满足形式的问题。

在伊阿宋与美狄亚的所作所为中，我们所看到的是人性在没有受到太多压抑时所展示的自由与狂放。他们所做的每一件事，无论是伊阿宋的像个野人一样回到原属他父亲所有、现在被叔父珀利阿斯窃据的王国，孤身处于敌人的包围之中，还是美狄亚的爱上伊阿宋，诱杀兄弟，抑或是伊阿宋叔父的弑兄篡位，这些在现代人看来每做一事都要仔细斟酌，难免首鼠两端的事，他们做来都是自然而然，没有对可能后果的恐惧，更看不到使现代人生命变得如此沉重的道德感所带来的负疚。

此时，我们这些现代人心中所想的是什么呢？所期望的是什么呢？也许是对古希腊没有沉重负载的生命与心灵的无言的欣羡，这欣羡也可能正是我们如此喜爱古希腊悲剧的深邃缘由。这是《美狄亚》的现代性的第一个方面。

《美狄亚》的现代性的第二个方面就是美狄亚的悲剧暗示了现代人的悲剧。

美狄亚是可悲的，她付出了一切得到的却是被抛弃。但在欧里庇德斯的著作之中，我们虽能感受到欧里庇德斯对于美狄亚的深切同情，然而，抛弃她的伊阿宋也仍然是英雄，并且是充满爱的英雄，我们从最后一个场景，伊阿宋因为孩子的死而发出的那催人泪下的呼喊就可知他亦是至情至性之人。这是为什么呢？即为什么从欧里庇德斯直到我们既为美狄亚的殉情而对她充满怜悯之情，同时亦不因伊阿宋的绝情而恨他，我们当在这里寻找它更深层次的根源。如果联系到俄狄浦斯的悲剧，我们将可以在古希腊的悲剧世界中找到古希腊人的悲剧之根，由此而上，我们将可以找到现代人的悲剧之根。

我们必须承认性的欲望及其满足即使在现代人的心灵之中也是主要的内容，但我们是否能说

· 美狄亚杀子

它是人类最根本的东西呢?

答案是否定的。因为,在性这种本能之上,人类更为根本的乃是另一种本能,即生存与死亡的本能。这才是人类所有本能之中最为根本的内涵。而性的本能,就其本质而言是从属于这两种本能的。因为就人类作为一个物种的最根本要素乃是它的存在,性只是存在,即种族延续的手段之一而已,就像吃东西其根本的必要性在于它是个体生存的必要条件。我相信,如果不吃东西也能生存下去的话,是会有很多人宁愿不吃东西的。至于性行为所带来的乐趣——正是这种乐趣导致了纵欲的发生——乃是人类从猿进化到人,到文明产生之后的附生物。

现代人的悲剧根源正是由于将性的附加功能看作了它的主体功能,这种本未倒置的结果就是现代人对性的狂热崇拜与放纵,这就像因为花朵的美丽而将它的根扯掉,这样的结果当然是花朵本身的凋谢,因为性正如弗洛伊德所言,它既非单纯的生存本能,也非单纯的死亡本能,而是两者的结合,即它既可以导致种族的延续,同样可以导致个体的死亡,对于这我们不难理解,因为这是一个事实的问题,而非理论的问题。

正是因为性行为对于人类生存所具有的二重性影响,我们应该看到,这一影响乃是相互矛盾的,即它同时给人带来生与死。性的这一二重性所导致的直接结果就是人类对于性的禁忌——从原始文明的发展史中,我们几乎一眼可以看到,人类对于性的禁忌是与文明同步产生并且同步发展的。其理由当然很简单,因为如果人类不对性行为加以规范——禁忌就是以神命的形式所进行的规范——那么人类将不可能在智力与体力方面得到飞跃,而文明当然也无从产生。

为什么这样说呢?原因其实很简单,因为无规范的性行为与滥交将直接导致人类的体力与智力的退化。具体而言,在史前时代,这一滥交指

的乃是近亲的婚配。众所周知,近亲婚配将会导致后代在智力与体力方面的退化。这与人类的生存本能的根本目的——使人类,从个体到整体,更好地生存——直接相矛盾的。我们也已经知道,性行为对于人类的本质意义与价值,并不是快感的满足,而是种的延续。如果违背了性的这一宗旨,那么性也就失去了存在的基础,并且,这将直接威胁到人类的存在本身。而对于人类而言,没有比个体的生存与种类的延续更为重要的了,这就使得人类自从文明产生之日起,就对性行为进行了严格的规范,这一规范,对于在原始状态下的人们,可以用一句话表示:禁止近亲通婚。但这个禁止只是原始人的禁忌形式,它的特点是对于原始人而言,因为他们既不知道在性行为与生殖之间的关系,当然更不会知晓性禁忌与后代的健康之间的关系了。所以,对于原始人而言,性的禁忌有如神的命令,是没有理由没有原因的。但缘其如此,它对于迷信的原始人而言也有着更为巨大的力量。

随着文明的发展,人类对于性的禁忌也大大发展起来,它将不但表现为对于单纯的乱伦的禁忌,而是表现为对纵欲的普遍禁忌。为什么呢?因为文明化了的人类已经知道,乱伦将导致种的衰退,而非乱伦的纵欲则将导致个体的衰弱。当然,我们不能说这是文明人对纵欲的普遍反对的唯一原因,它还有别的原因,例如因私有财产的产生,因为继承财产的缘故而希望继承自己的人是与自己有血缘关系的人,所以反对别的男人对属于自己的女人的染指——即使这男人与自己的妻子并没有血缘关系。但无论什么原因,我们可以看出来,文明化后的人类对于纵欲的普遍反对乃是文明社会的一个根本特征之一,并且这个反对是有着它的深刻的合理性的。我们同样不难理解,文明人,包括文明之初的希腊人,也将对纵欲的反对默默置根于心灵之中,并且深刻地认识

·美狄亚和伊阿宋

到了这一禁忌的合理性，默默地感觉到了破坏这一禁忌的可怕后果，并因此而对纵欲有着天然的反抗。这就是为什么古希腊人的剧作里，纵欲——它以乱伦与为满足性需要而不顾一切两种形式存在——的人，无论他是主动如此还是被迫如此，他们的结果总是悲剧性的。因为他们的行为，无论他们的动机如何，也无论他们本身是恶是善，既然他们行为的客观结果将导致人类种与个体的衰退，他们当然必须受到相应的惩罚。对于古希腊人而言，这并非人的意旨，而是神的意旨，也可以说是命运的意旨。这就是为什么在古希腊悲剧里，我们看不到多少道德与人类自我力量的痕迹——古希腊的人们，道德的力量与违背道德的结果都是远没有现在这样剧烈的，而更广泛存在的乃是命运与神的力量的原因，这就是所谓的神正论。这一切所致的直接结果就是，美狄亚与俄狄蒲斯，虽然他们并非道德的恶人，他们的行为甚至是值得同情的，但他们仍然为他们的行为付出沉重的代价，他们的命运也成为了一幕人生与命运的悲剧。

上面这些也就是美狄亚与俄狄蒲斯悲剧的根本原因所在。

这样，我们不妨将欧里庇德斯看作是古希腊人中充满忧患意识的知识分子，他敏锐地感到了当时人们的纵欲将会导致的严重后果——它将使古希腊文明陷于危机之中（谁知道这种纵欲不是光辉灿烂的古希腊文明神秘衰落的原因之一呢？）因此，在《美狄亚》里他一方面直接地、真实地表达了美狄亚面对欲望时所采取的态度——我想这也是古希腊人面对欲望时的真实态度；另一方面，他又同样真实地指出了这样做的后果必然是悲剧。

由此我们不难演绎，如果古希腊人广泛采取这种态度，那么古希腊文明的后果怎能不是悲剧呢？

最后，我们可以借用弗洛伊德的思想作出这样的总结：文明因其起源于对性的压抑，这终将导致文明的危机。为什么这样呢？原因就在于，对性的长久压抑将导致性的反抗，而它的反抗就是反对文明起源以来的性规范的反抗、这也就是对性规范中对纵欲与乱伦的全面反动，而这个对纵欲与乱伦的禁忌乃是文明之根，并且，这个文明之根并不会因文明的发展到现代文明而失去它的有效性，所以，对文明之根的危害必然会危害文明本身。这就是西方现代文明面临困境的原因所在，也是《美狄亚》现代性的至高之点。

第四篇·艺术篇
The Story of Art　　No.4

比起古希腊的哲学与文学成就来，古希腊的艺术成就似乎稍逊一筹，原因有两个：一是古希腊那些最伟大的艺术作品现在已经基本上消失殆尽，因此我们无法确实地得知古希腊的艺术究竟达到了何种境界；二是艺术在古希腊之后有一个新的高峰，这个高峰就艺术而言，已经足以与古希腊媲美了，不用说，这个新高峰就是文艺复兴。

然而，无论如何，古希腊的艺术依然是令人高山仰止的，无论建筑、雕刻还是绘画，都取得了非凡的成就。

今天，当我们走进世界各大博物馆的古希腊展室时，感受最深的仍是它的艺术，那些大理石与青铜的雕像，虽然已经是千年之前的古物，历经了岁月的磨损，依旧熠熠生辉，令人叹为观止。特别是，今天，当我们作为旅游者走进希腊，在那片古老的土地上畅游时，会看到许许多多古老的建筑遗迹，它们的残骸至今依然称得上是伟大的艺术杰作。

在古希腊留存至今的大批艺术杰作之中，又以雅典卫城最为杰出，可以说，它乃是整个古希腊文明甚至于是整个古代西方文明的形象大使。

第一章
遥远的时代，古老的艺术
米诺斯与迈锡尼期的古希腊文明

与哲学的伟大一样，古希腊的艺术同样是伟大的，这个伟大不是一般的伟大，而是空前绝后的伟大。因为，像几千年过后，还没有哪个哲学家敢说他比柏拉图和亚里士多德更伟大一样，也没有哪个艺术家敢说自己比菲狄亚斯要伟大，敢说自己的雕像比《米洛斯的维纳斯》更美。

古希腊艺术的五个分期

在前面讲古希腊的历史时，我们已经对之进行了详细分期，它们分别是：

爱琴期：公元前6000－前2000年。

米诺斯期：公元前2000－前1500年。

迈锡尼期：公元前1500年－前1000年。

黑暗期：公元前1000年－前500年。

古典时代：公元前500年－前336年。

按照历史的原则，我想大家可以猜到本章对古希腊艺术的分期了，本章可以分成五大部分，分别以它们的历史分期来命名，如艺术史中的"爱琴期"、"米诺斯期"、"迈锡尼期"、"黑暗期"与"古典期"，等等。

我们也会大体这样做，除了没有爱琴期与黑暗期：前者只是艺术的萌芽期，我们可以将它并到米诺斯期去说，后者按照艺术史的称谓，曰之为"古风期"。

第二个问题是：剩下的这几部分又是怎么说呢？根据一条什么样的线索去说呢？

这问题是很重要的，因为要将任何问题说清楚，必须有一条线索，就像一条路一样，大家沿着这条路走去，就不会在古希腊艺术的迷宫中感到丈二金刚——摸不着头脑了。

对于古希腊艺术而言，这条路的一个主要特点就是历史与艺术的综合，即艺术也有其历史，并且，它的分期与对历史本身的分期也常常是相应的，这是有关西方艺术的第一条线索。

西方艺术发展的第二条线索是艺术本身线索。

我们知道，艺术的内容是相当广泛的，广义而言，它应当包括与自然科学相对而言的大部分学科，像文学、音乐、美术、建筑，甚至演讲、体育，等等，在这里我们当然不能将这一切都当作我们要讲的对象。为了更清楚地

·公元前16世纪克里特人的壁画，已经如此之好了，连渔民手里提着的鱼都认得出来是大鲭鱼

◎ 艺术篇／第一章／遥远的时代，古老的艺术

说明我们的主题，要将内容限制在一个相对小的范围之内，一个足以说明我们主题的范围之内。

我们翻开一本西方艺术史的书，我们会发现，它大体的内容会是这样一些：绘画、雕像、建筑以及一些具体艺术特色的器皿，如陶器、铜器、金银器，甚至衣饰，等等。至于也被称为艺术的两大内容：文学与音乐，因为它们过于独特了，所以一般是不能将它们也列入其中的，自有文学史与音乐史去说它们。

这样，剩下的那些就都可能是我们所要讲述的内容了。

不过，除了在古希腊时期我们会讲讲陶器金银器之类外，到艺术史的其他时期我们只会讲艺术的下面三大项内容：绘画、雕刻与建筑。这也是一般的西方艺术史所采取的方式，是根据艺术史发展本身的特征而来的。例如在古代有许多精美的陶器与青铜器，它们是艺术的重要甚至主要形式，但自那以后，又有谁还会去做那些东西呢？这就是艺术形式自身发展的历史特征了。我们讲解西方各国各时期的艺术时必须尊重这个特征。同时，即使对于建筑、雕刻、绘画这3种艺术的主体形式，在每一个时期，它的发展也并不是平衡的，有些时期雕塑发展了，出现了伟大的雕塑家，如古希腊时期，但绘画与建筑并不一定有同样伟大的成就。到了中世纪，西方那些虔诚的基督徒们建筑了大量规模宏伟的大教堂，因此建筑就是这个时期主要的艺术形式，至于绘画与雕刻虽然也有许多作品，但就比不上建筑了。这就是说，我们在写西方的艺术史时，对于每一个时期也不需要把建筑雕刻绘画等美术的诸方面样样说全。而主要说那些其在这段时期搞得非常好的东西。像迈锡尼人的盆盆罐罐、文艺复兴时期的绘画与雕塑，等等。当然，其他方面也可以说一些，以免显得我们的艺术史太过偏颇。

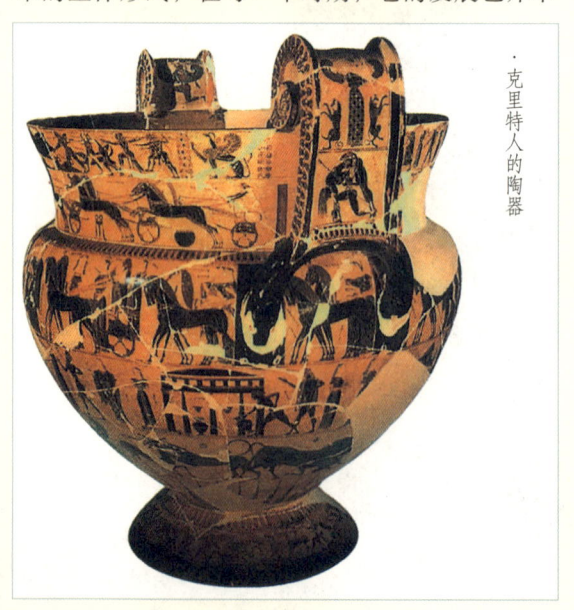

到这里，我想大家对于古希腊艺术发展的大体脉络都有点眉目了吧？根据古希腊的历史，我将整个古希腊艺术分为米诺斯期、迈锡尼期、古风期、古典期四部分。前两部分就是我们在本书前面讲过的米诺斯文明与迈锡尼文明，后两节乃是古希腊文明之黄金时代。然后，这些章之内会再分成若干个小节，分别是绘画、雕塑、建筑、器皿，等等。

犹如迷宫的米诺斯期艺术

现在就让我们正式步入古希腊艺术之殿堂吧，这座宏大壮丽的艺术圣殿的第一个大厅陈列的就是米诺斯期的艺术作品。

在终年碧波荡漾的爱琴海上，很早以前就有人生活了，人一旦存在，他们最早做的事之一就是艺术。这是全人类共有的规律，即使那些最为落后的原始民族，他们可能没有青铜器，甚至没有磨制的石器，也不会用火，但是他们一旦从猿变成人，就不可能没有一样东西——艺术。就像澳大利亚的土著一样，他们还处于所谓的旧石器时代，却已经能够画乳房长得像丝瓜的女人像和动物像了，甚至还会雕刻，雕刻出来的东西还蛮

克里特人的陶器

这克里特岛上的文明也被称作米诺斯文明。关于它的起源——宙斯是如何将美女欧罗巴弄到克里特岛并生下了儿子米诺斯，我们在前面已经说过了，现在我们直接来谈以这个宙斯儿子命名的伟大文明。

我们分别来谈谈它的建筑、雕刻、绘画和陶器的制作。

迷宫名副其实 在米诺斯期所有的艺术形式中，最有名的当然是一座建筑了，它简直同埃及的金字塔一样有名，这就是克诺索斯宫，又被称为"迷宫"。

这座宫殿大约在公元前2000年开始了第一次建造，后来遇到了几次战争和大火，被烧了个精光。克里特人后又在废墟上重

· 这个壁画残片出土于克诺索斯，已经相当生动而富有美感了

有味呢！这有点古怪吧？我们这些文明人是断不会饭都吃不饱就去搞艺术的，甚至饭早吃饱了也不会搞。就这点而言，远古的人们是比我们这些现代人更热爱艺术的。

居住在爱琴海上的人们很早以前就开始弄艺术了。后来这些艺术沿着数不清的岛屿蔓延开来，一直到了克里特，并在这里达到了古希腊艺术的第一个高峰。由于克里特人在艺术上的伟大成就，甚至有人把它列为世界几大文明古国之一。

· 克诺索斯宫复原图

◎ 艺术篇／第一章／遥远的时代，古老的艺术

建了新宫。这个新宫就是我们前面说过的伊文思博士挖出来的那个。与旧宫相比,这个新宫的样子与旧宫没什么差别,只是要大得多。它是什么样子的呢?依据找到的各种资料,我来大体地描绘一下它。

总体来说,这座迷宫靠着一座庞大而且结实的山。它的墙壁是一些大石块,有的足有一米厚。依据复原后的遗址来看,它东西长大约有150米,南北宽约100米,建筑面积至少在16000平方米以上。但它最令人叫绝的地方不是大,而是古怪。也许由于不经意地乱建,也许像传说中的一样,正是有意地建得乱,总之它里面的房子啦、走廊啦、园子啦,多得令人眼花缭乱,让人走进里面就分不清东南西北了。我现在也只能大致地说说它的整体结构。

迷宫的中间有一个长达50米,宽约29米的大院子(说不定就是曾经关牛头怪物的地方),我们以这个院子为中心来看其他地方。

· 克诺索斯废墟

· 伊文思和他率领的挖掘克诺索斯的考古队伍

院子北面有一个小小的剧院，像古希腊所有的剧院一样，是露天的，大家就坐在星光或阳光下看戏。院子南面还有一些小屋子，是下人们住的地方。

与北面隔得最远的院子南面就是国王一家子住的地方了，他们一家子生活所需的房子都在这里。究竟是一些什么样的房子呢？我们可以自己去想，例如国王睡觉生孩子的地方——寝宫，还有吃饭的地方——饭厅，以及厕所，等等。除这些外，还有就是国王祭神的地方了，这地方有一个特别的名字，叫双斧宫。

西面有国王藏金银财宝的仓库，还有就是一座也用来祭神的大庙。

其中"觐见室"位于西宫的底层，它也是修复得比较完整的宫室之一。室内有一张保存完好的御座，式样同今天我们通常坐的高靠背椅相差无几，远不如咱们中国古代帝王们的御座那样考究，据说现在海牙国际法庭首席大法官的座椅就是按照这张御座仿造的。

王宫东面有一道又窄又陡的台阶，可以从王宫一直走到山下。

上面就是迷宫的大体构造。也许您会觉得住在这样一座宫殿里真是受罪，但实际上相反，它是一个住起来相当舒服的地方。

首先，它安全，想想看吧，一米厚的石头墙什么大炮能打穿？何况那时还没有大炮。并且小偷们也不敢进来，怕有进无出。其次，这是一个讲卫生的地方。它有下水道、自来水、暖气，甚至还有"电梯"，当然不是用电来发动的，但用处是一样的，也能把人直直地送上楼去。

此外，它的采光令人惊诧地好。为了解决一座如此错综复杂、屋宇如此众多的建筑的空气调节和采光问题，古代克里特建筑师运用光学和几何学的原理，在紧密相连的各幢楼室间建有一个个天井，让光线和空气通过靠着天井的窗户和通风口进入室内。由于底层光线较暗，在天井的一角装有一块磨光的大理石。光线通过大理石的反射投入房间，使位于底层的屋室照样光线明亮。

王宫还铺设有至今看来依然比较科学、完备的供水、汇雨和排水系统。例如东宫王后寝宫旁

· 克诺索斯出土的壁画残片，栩栩如生，令人惊叹

◎ 艺术篇／第一章／遥远的时代，古老的艺术　　217

边的盥洗室的排水管道结构相当别致，它是由一节节两头小、中间大的橄榄状陶土烧制的圆筒衔接起来的，当污水通过管道排到外面时，根据水力学原理，水流随着管道口径的变化产生冲力，达到避免堵塞排水系统的目的。

迷宫之画栩栩如生 米诺斯期的绘画是与它的建筑联系在一起的，为什么呢？因为这些绘画通常都是画在墙上的，也就是壁画。

米诺斯期的绘画总的来说相当有成就。这首先就表现在绘画题材丰富多采。从留存下来的壁画中，既有人物，也有动物与植物。但占最主要地位的似乎是动物，并且是海生动物。在米诺斯王宫中王后的寝宫便是这样，只见那墙上各式各样的鱼儿在悠然自在地游来游去，有黑乎乎的章鱼、尖嘴巴的海豚，等等，它们在飘浮着的海草里穿来穿去，仿佛这里不是米诺斯宫的墙上，而是它们的海里呢。这王后可能是个动物爱好者，所以把她的卧室也弄成了个水族馆。

除了海洋动物外，米诺斯宫里的牛也画得相当不错，有人斗牛、与牛玩耍，等等。这可能与他们把牛看作神兽有关。牛在古希腊人眼中是挺了不起的，那个宙斯先生就是化作了一头公牛抢走了腓尼基公主，也就是米诺斯王的女儿，而那个迷宫中关着的怪物也是半头牛。

米诺斯期第三个画得最多的对象就是咱们人了。在它的走廊上画着各式各样的人，有大眼睛黑头发的贵妇人，穿着薄薄的衣衫，简直看得见迷人的胸脯，还有大吃大喝的男子汉，手握牛角杯。这里的人们对于皮肤的审美观与现代人是英雄所见略同，女人的皮肤白里透红，男人的则被太阳晒成了古铜色。

在西宫北侧壁画间里有一幅描写克诺索斯王的宗教活动中的竞技活动，3名青年男女"斗牛"的巨幅壁画。画中一头同今天所见的不尽相同的黄牛占去绝大部分画面，这头牛正向前猛冲，一个少年在牛前全力按住牛角。牛后的少年则脚跟离地，双手扬起，把一名体态轻盈、身着红装的少女抛向空中，少女在空中做完空翻动作后，稳稳地倒立在牛背上。

在中央庭院南边一间宫室墙上有一幅关于克诺索斯王的壁画。壁画有真人大小，画中的国王头戴装饰有百合花和孔雀翎的王冠，过肩的长发向后飘动，脖子上挂着用一朵朵百合花串在一起而成的项链，腰束皮带，身着短裙，正大步流星地向前走去。由于王冠和项链都装饰着百合花样的饰物，所以这幅壁画被叫做"戴百合花的国王"。

其实，除克诺索斯外，米诺斯期还有许多地方的绘画一样出色，例如在圣托里尼岛上发掘了一幅壁画。画面上是两个男孩在打架，大概10来

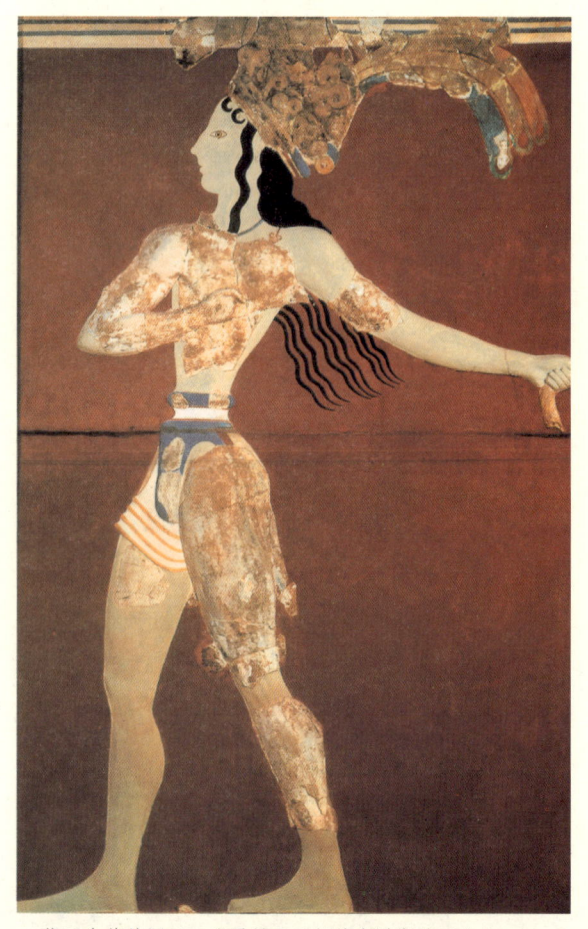

· 戴百合花的国王，这是最了不起的米诺斯绘画之一

·米诺斯绘画《两个男孩子的格斗》

岁年纪，可能是在进行拳击训练，只见一个一击直拳击向另一个的脸，另一个一闪，一拳打在那个的鼻子上。肢体动作极为生动自然，看得出画家对生活观察细致，表现手法也堪称高妙，而且是地道的米诺斯风格。

米诺斯时期绘画最大的特色就是生动而自然。

与虽然古老得多，但看上去很呆板的古埃及绘画不一样，克里特人的绘画总是充满了生气。那些鱼啊鸟啊人啊一个个都像活的一样。这是他们最大的特点，也是最大的优点。看得出来，克里特人一向依据他们眼中的实物来画，这可以说是他们艺术的力量之源。我们知道，古埃及的艺术发展了几千上万年，可1万年前与1万年后并没有多大的区别，简直像是同一个人画的，呆板无比，充满了宗教的陈腐味。但克里特人不是这样，而后来古典时代的希腊人就是沿着这条金光大道而达到了艺术之巅峰的。

迷宫绘画的另一个特点就是画家们采用了一种特别的画法——用一种新鲜的湿灰泥来涂画。涂上后，等湿灰泥一干就再涂上一层薄薄的透明的液汁以便不让它褪色或者干裂。这样，当伊文思先生打开米诺斯宫时，仍然发现壁画色彩鲜明，红的鲜红、白的洁白，好像不是3000年，而是300年甚至30年前画上去的一样。至于笔法，则完全依据写实的需要，有的地方像中国工笔画一样精雕细刻，有的地方则像国画一样写意，寥寥数笔就把一条鱼儿放到了墙上。但也许是为了装饰吧，用的色彩比较浓，多用蓝红褐等重彩，在画面形成强烈的对比。

· 牛头杯，如此精美，简直很难相信有那么悠久的历史了

他们用来涂的灰泥是用石灰拌的，白颜料用生石灰调的，深红颜料用赤铁矿制的，黄颜料则是用赭石做的。

令人赞叹的精致

与绘画不一样，克里特人似乎不大重视雕刻，但这只是说明它们的雕刻作品不像绘画作品一样多，但技法却仍是相当不错的。就雕刻的内容而言，主要是两样东西：牛和人。我们来介绍两件有名的雕刻作品。

第一件是牛头，据说是只大酒杯。乍看上去简直与真的牛头一模一样：长着弯弯的、长长的、锐利的角，结实的额头上生着小球状的卷毛，往下是两只冷酷的眼睛，像魔鬼一样凶悍，有人说它雕的就是米诺斯王老婆与牛合伙儿生的牛首人身的专爱吃人的家伙。

它的材料，总的说来是用冻石的，牛角则是贴了金子的硬木，眼睛血红中带绿色，是用红色和绿色的玉和石英石镶上去的，两只鼻孔周围还镶上了白色的贝壳，更使得它像真牛一样。

我虽然说了这么多，但是还觉得没有将这只牛头说好，大家只有看看才会知道它雕得有多伟大，我相信现在的雕刻家们也未必雕得这么逼真。

米诺斯期的第二件雕刻作品是米诺斯宫中出土的一件女性雕像。

雕像高约30厘米，是用陶土烧制成的，色彩则以黄、红两色的渐变为主。只见这位女士身材迷人，符合黄金分割，头戴一顶长着尖角的帽子，上衣裹得紧紧的，两只浑圆的大乳房仿佛是把乳罩挣开了般跳将出来，叫人看了全身热血沸腾，

下面则是一条长裙，最外头的一层最短，下面的一层则长点儿，共有6层之多。可惜她两只手里握着两条吓人的蛇，要不真是位美人儿了。

这雕像被命名为《持蛇女神》或者《蛇女》。

除了这些雕像，米诺斯宫中还出土了许多的小石章，这些小石印很像是我们中国人用的刻着自己名字或"某某山人"之类别号的印章，不过上面印的不是文字，而是一些小像，有长角的羚羊、呆头呆脑的鱼儿等，非常好看。

全面发展的迈锡尼艺术

在荷马的史诗里，迈锡尼被称作"多金的迈锡尼"，它的王就是伟大的阿伽门农，讨伐特洛伊的希腊联军的统帅，胜利回家后不久就被他的老婆和老婆的奸夫给杀了，他的儿子于是杀了母亲给父亲报仇。这个故事我们前面刚刚说过了。

独眼巨人叠石法和阿特柔斯宝库
迈锡尼期的建筑艺术主要体现在两样东西的建造上：城墙和坟墓。

我们在前面讲古希腊的历史时说过，迈锡尼城位于伯罗奔尼撒东北部的亚哥里斯，《伊利亚特》称之为"甚旱的阿尔戈斯"。城堡的正门位于西北面，它就是著名的狮子门。

狮子门由4块巨大的石头构成左右门框、拱顶和门槛。高达10米，顶部宽得可以供步兵、骑兵乃至战车从容进出。门框上面有块三角形的石头门楣，高3米、宽近4米、厚近1米，上面雕的就是两头巨大的雄狮。但见它俩高傲地仰起头，后腿踏在门楣上、前腿踏在祭坛上，仿佛颇为渺视那些经过它跨下的芸芸众生呢！

看过了狮子门，我们再来看看整个迈锡尼城。

迈锡尼城的轮廓有点儿像地图上咱们中国的样子，东西两头伸出去一点儿，南面也凸出去一点儿，周长差不多1公里，面积约有3万平方米。城墙平均厚度有6米左右，有的地方厚达8到10米。它顺着地形，一会儿向山谷延伸，一会儿往坡上爬去，但各处高度都差不多，高出地面近20米。够吓人吧！

从上面的描述来看，我自己都有点儿不相信在3000多年前，那群只有青铜工具的奴隶们怎能建造起这样巍峨的城墙！

建造迈锡尼的古希腊人叫亚该亚人，他们早已消失在历史的长河中了，后来的希腊人也不相信他们的祖先能凭自己的力量建造这样伟大的城，于是便说那是独眼巨人们造的，并且称这种建筑法为"独眼巨人叠石法"。

具体说来，它有两种形式，对于城墙中不那么重要的地段就用一些大小不一、表面粗糙的巨石一块垒着一块叠起来，再用泥土和小石块把空隙塞住。但对于城墙重要的部分，如大门和易受攻击的地方，则用大小一模一样的长方形巨石叠起来，中间小小的窄缝还用泥土塞紧。这些石头大都有好几吨重，据说最重的达20吨。

不仅仅是雄伟，城市的设

· 持蛇女神看起来恐怖又性感

计也相当巧妙，解决了许多连现在的

◎ 艺术篇／第一章／遥远的时代，古老的艺术　　221

·这就是狮子门

城市都不好解决的问题，例如供水，在迈锡尼城的后头有股泉水，建设者们用巧妙的地下管道把泉水引进了城里。

虽然没有水泥把石头粘在一起，但经过了漫长的3000多年后，迈锡尼那座伟大的城门依然挺立在伯罗奔尼撒的大地上，供骚人墨客们凭吊。

迈锡尼期建筑艺术的第二项伟大成就就是"圆顶墓"的建造。

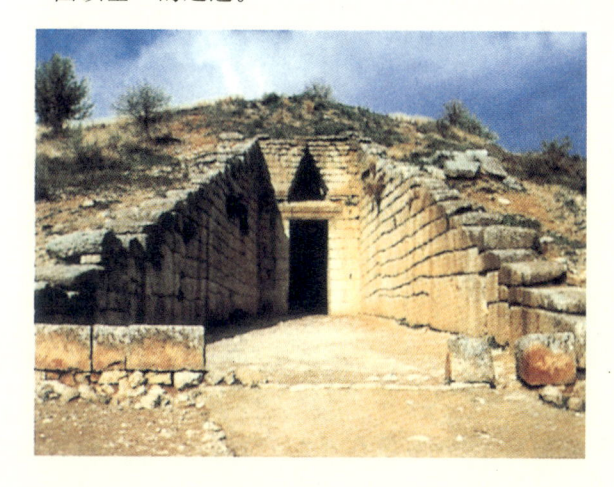

· 圆顶墓的外观（左图）和内部（上图）

· 从左至右三幅照片为迈锡尼城轮廓以及遗址的鸟瞰

平面

◎ 艺术篇 / 第一章 / 遥远的时代，古老的艺术   223

圆顶墓是由早期的竖井墓发展而来的，那些竖井墓我们已经谈过了，就是施里曼发掘迈锡尼时所找到的，他从里面找到了数不清的珍宝。

在离狮子门西南半公里左右的地方有一条长约35米、宽约6米的长廊，没有顶盖，两边的墙用磨得平平整整的石板砌成，一直通到坟墓的大门。这大门高超过5米，两侧有绿色的大理石半圆柱，上粗下细，柱身和柱头都有美丽的浮雕。最了不起的是大门的门楣，它由一整块巨石雕成，长近9米、宽5米、高超过1米，重达120吨，上面也有各种精美的浮雕。走进大门，坟墓内部是一间圆顶大厅，高度与直径都约14米，由33层的巨石堆砌而成。墙和圆顶上原来都曾装饰有美丽的青铜花瓣，可惜现在已经掉了。

但这间大厅不是用来埋死者的，只用来举行追悼会。死者埋在旁边一间四方形的小房间里，一条狭小的地道把它与大厅连接起来。

以上的圆顶墓乃是圆顶墓中之最大者，又叫阿特柔斯宝库。

这些圆顶墓在迈锡尼共有9个，都是埋葬国王们用的，除"阿特柔斯宝库"外，还有"克里腾涅斯特拉陵墓"也很大，里头埋的据说是阿伽门农的老婆克里腾涅斯特拉。

这些圆顶墓是迈锡尼期建筑艺术的顶峰，经过了漫长的3400多年后仍能屹立不倒，并且用它们殉葬品的丰富来向我们这些穷措大宣扬着迈锡尼王们的阔绰。

狮子门的雕刻至今犹在 迈锡尼期在雕刻艺术上取得了不小的成就，这从狮子门上就可以看得出来。

狮子门上的狮子不但体魄宏大，而且肌肉也雕得极富力度，变化生动。它们左右两只一边一只镇守着城门，这种对称的构图法使得整体既平衡又威严，与咱们北京故宫大门边的两头狮子有异曲同工之妙。

迈锡尼人对于雕刻不但在行，而且看起来热衷此道。在《伊利亚特》那里，记载着技艺精湛的铁匠赫淮斯特为最伟大的希腊英雄阿喀琉斯铸盾牌的情形，他在盾牌上雕下了许多好东西：

那里他又安排一个葡萄园，葡萄串重重地挂着，
全是黄金制成，唯有葡萄乌黑，
葡萄藤缠满那白银柱子。
园子的周围划上一条蓝色的沟，外边是锡做的
篱笆……
……
他又在那里刻上一群直角的牛，
一部分牛用黄金雕成，一部分用锡，
它们一路叫着，从牛栏前往牧场，
到那流水潺潺、芦苇摇曳的小溪边去。

迈锡尼人正是这样搞他们的雕刻的，他们在几乎所有的东西上都雕上了各式各样的东西，从门楣、瓶瓶罐罐直到长矛宝剑，而且都雕得像模像样。

例如在施里曼曾从那些竖井墓里找到的一把匕首，刀的一面雕刻着猎狮的场面：5个不怕死的猎人手持着盾牌，用长矛与一头威猛得吓人的雄狮展开殊死搏斗，1个猎人已经倒在雄狮的利爪下了，其它4人挺身向前，毫不退缩。另一面则反过来，狮子成了捕猎者了，不过它们捕猎的对象是羚羊：1只勇猛的雄狮扑向一群羚羊，4只撒腿就跑，第五只则被狮子抓倒在爪下。每个人、每头狮子和羚羊都雕得栩栩如生。

迈锡尼人似乎颇爱好战争，在另外在1只指环上也雕着战斗的场面，不过这次是人与人之间的厮杀了。有4个战士，1个已经受伤倒地，不能再战，另1个也已经受伤跪下，但仍奋剑搏斗，最后1个躲在一面盾牌后刺冷枪，看起来真有点残酷怕人。

迈锡尼人的陶器、金器、银器与水晶器皿制作都异常精美 说完了建筑和雕刻，我们现在来说迈锡尼期艺术的最后一项内容：器皿制作。

迈锡尼期的器皿制作技术也是非常之高的。从制作材料上来说，有陶器、金器、银器、铁器、石器和水晶器皿，等等；从用途上来说有盛水用的、陪葬用的、打仗用的和喝酒用的，等等，多得不得了。但这里只能选一个标准来说，我想还是根据器皿的质地来说吧。

首先说陶器，也许是不大看得起陶器吧，迈锡尼期的陶器发现得不是很多，因为陶器虽然价廉物美，但终究是陶土作的，买一个用不了几个钱。那些"多金的迈锡尼人"对它颇有些渺视，不大用它。这样的结果是，考古家们在迈锡尼期的遗址中找到的陶器不多，最多的倒是金银铜器之类。但从找到的陶器来看，迈锡尼期的陶器制作技术也是不错的，这从最早期的米尼亚陶器上就可以看出来。这些米尼亚陶器一般都是灰色的，形状十分规则，表面也很平滑，上面有各式各样的花纹，有的是一圈圈的三角形，有的画着螺旋形花纹，有的还有动物的大体形状，有点像咱们

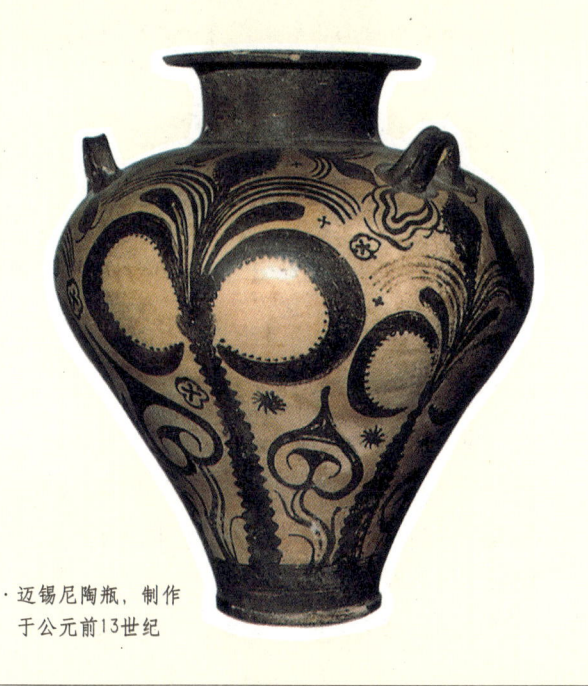

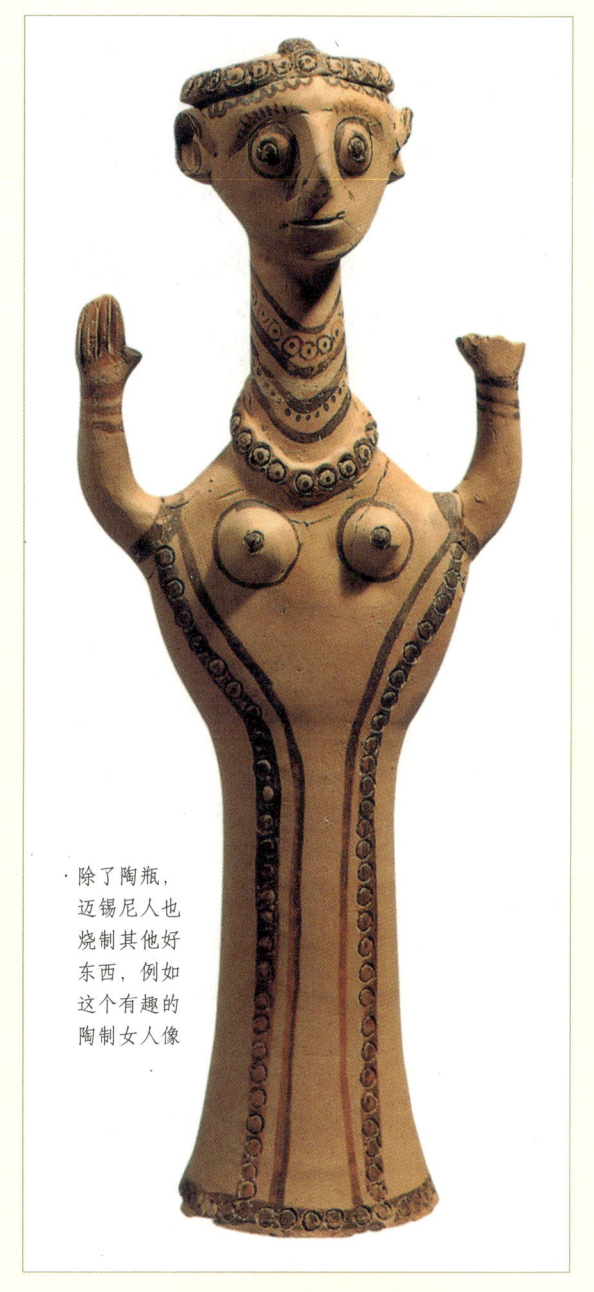

· 除了陶瓶，迈锡尼人也烧制其他好东西，例如这个有趣的陶制女人像

半坡村出土的陶器。它们有的长着一个小小的长嘴巴，有的一边生一个小耳朵，有的吐出一节舌头，水就顺着这舌头流下来，不致乱洒一气，总之个个都乖巧可爱。

后来的陶器与前面的没多大不同，只是黑线条和花纹越来越浓地画在浅色的陶胎上。

这些陶器各有各的用途，包括那些穷人们用

· 迈锡尼陶瓶，制作于公元前13世纪

◎ 艺术篇／第一章／遥远的时代，古老的艺术　225

· 这是迈锡尼人制作的一个金杯,技巧已经非常高妙,时间大约在公元前1500年左右

来放在尸体旁边陪葬,好让他到了阎王爷那里后有水喝。

我们说过,迈锡尼号称"多金",那金子自然少不了。这一点也不假,施里曼等人就从迈锡尼期的墓葬里发现了大量金器。这些金器有三个特点:一是式样多;二是用途多;三是数量多。

先说式样,有的金器大得可以包下一个人的整张脸,而且是一张大脸,有的小得只能像一颗小珠子,只能别在小姑娘的耳朵上。有的则像剑柄,可以在前面接上刀锋当剑使,有的则像一把大酒壶,装得下整整3斤老白干。

再说用途,其实从前面的样式我们就可以看出这些金器的用途。有的用来给女士们做装饰品,如小珠子、手镯之类;有的男士们用来喝酒,如大金杯;有的用来做武器,当然金子不能用来做刀,它太软了,但能够用来镶在宝剑上或者盾牌上,显示勇士们的阔气高贵。我们前面刚讲过,伟大的阿喀琉斯的盾牌上就镶上了金子;还有的则用来做些特别的用途,如陪葬,这方面迈锡尼人特别大方。

至于数量多,那就不用说了,只要我们去逛一下希腊和英美各国的博物馆就知道了,那里一件件闪闪发光的迈锡尼金器会令你头昏眼花,找不着北。

我们现在来举两个金器的例子。一是一张大得像一整张脸的金面具。

这样的金面具不止一件,都是施里曼在迈锡尼发现的,也许是所有珍宝中最价值连城的。每个金面具都是一个国王的遗像,也许像我们现在的给死者照像一样,没有照相的迈锡尼人则给国王做个金面具。这些金面具都是写实的,严格按照国王的真实面容来做,所以有的浓眉大眼,有的只有淡淡的扫帚眉,其他如嘴巴和面部表情等也各各不同。其中一张金面具上,但见这位前任国王窄窄的额头,眉毛紧贴在双眼皮上,眼睛安详地闭着,挺直的鼻梁,八字须往左右翘开,双唇紧闭,从耳朵到下巴则是铁丝样的络腮胡子。十足是个勇猛的武士。

另一件则是个大金杯。

在《伊利亚特》里有这样一段话,说的是亚该亚人把被特洛伊人杀伤的马卡翁带到派罗斯王涅斯托耳的帐篷里来,一个女奴给战士们献上了美酒,原著是这样描述这只杯子的:

> 旁边放着一个酒杯,是老人从家乡带来的,
> 它镶嵌着金钉,杯的提耳一共有四枝,
> 每个提耳上面站着一双黄金鸽子,
> 好像正在啄饮;提耳下面有两条长柄支持。

上面这段描述与施里曼挖到的一只金杯十分相似,这也是只金杯,下面有一只长脚,旁边各有一只提耳,从杯底直到杯顶,并且,在每个提耳上都有一只黄金的鸽子。

与金器一样,迈锡尼期的器皿里银器也不少,都是用上好的白银制作的。其中有两只特引人注目,它们是两只狮头形和牛头形的大银杯。

那只狮头形银杯看上去不像只杯子,而像只狮头,因为轻易看不出杯口来,也没有杯脚,它愤怒地瞪着眼,呲牙咧嘴,像要把敢从它脑瓜子里喝酒的人吃了一样。牛头杯有点儿像前面米诺

斯人造的那只大冻石牛头杯，只是脑袋上别了朵大银花，像个新郎官。

至于铜器，迈锡尼人的兵器都是用铜制的，都锋利且美丽，在一个墓坑里就曾找到3把匕首、4支矛头、5把剑。例如前面说过的那把青铜匕首，不但非常锋利，而且上面还雕刻着斗狮场面，精美绝伦。

迈锡尼期的其他器皿还有水晶器、铁器、石器，乃至琥珀和石榴石做的小玩意儿，等等。它们都相当精美，例如有一只水晶做的小瓶子，像玻璃一样透明，通体像只小天鹅，它回头一笑，百媚俱生，迷人极了。

但对其他的，这里就不一一说了。总之我希望大家相信，荷马虽然是个盲人，但不是个瞎说的人，他在史诗里描述的迈锡尼，是实实在在的迈锡尼，满街的能工巧匠，也挺有艺术品味。

· 这就是著名的金面具

第二章
走向完美
希腊古典期的雕刻艺术

我们知道，古典期的希腊艺术乃是整个西方古代艺术的巅峰，在这一章里我们将分析古典期的雕刻，至于更了不起的建筑，将在下一章述说。

在开始谈具体的艺术作品之前，我想先谈谈古典期的分期问题。关于这一问题有两种说法，两种说法的开始时间都是一样的，即公元前5世纪，而终止期却不一致，一说终止于公元前404年雅典被斯巴达人所毁。另一说是终止于公元前336年马其顿的腓力二世被刺，其儿子亚历山大大帝继位，他随即开始征服，从而使西方历史由古典时代过渡到希腊化时代，艺术也是如此。

这两种说法都有道理，我既非历史学家，亦非艺术史家，不想、也没办法进行选择，但我认为两种说法都可以用，我们也没有必要对艺术进行这样严格的分期，因为雅典城的被毁或者腓力二世的被刺都只是历史事件，与艺术有什么必然联系呢？难道雅典城完了，艺术就完了么？亚历山大老爸的死与艺术就更是八杆子打不着了。事实上，雅典城完了后，希腊艺术还在发展，《米洛斯的维纳斯》就是雅典城被毁后创作的。

因此之故，在这本非艺术史专业的小书里，我在写古典期的艺术时是没有把这些分期说看得多么重要的，我会毫不客气地把《米洛斯的维纳斯》放到古典期的伟大艺术品中间去，因为我觉得它配！

古希腊艺术的第一个高峰

在讲古典期的雕刻时，我们首先要讲的是雕刻技术的进步，这种进步不是雕刻技法上的，而是原料上的，即青铜雕刻的产生。

雕刻的新形式 青铜我们中国人再熟悉不过的了，商周时期的青铜器无疑是全世界所有青铜器中最了不起的。可惜的是咱们的老祖宗只是用青铜来铸些器皿，偶尔铸人也只是铸个人的样子，相当缺乏美感。希腊古典期的青铜器就不同了，那可是地地道道的艺术品，简直美得不得了。在欣赏这些艺术品之前我们且先来看看它的制作过程吧！

制作青铜雕像的第一步是用黏土做一个模型。这时，雕刻家就像在进行真正的艺术创作一样，尽力把这个模型做得美丽。因为黏土是软的，所以艺术家尽可以根据其思路进行自由创作，且随时可以修改。大家想想，要是硬梆梆的大理石能行吗？那可是要一锤定音的，否则只好另换块大理石了。这正是青铜雕像较之大理石的优越之处。

· 制作于公元前5世纪的青铜男子立像，是现存最伟大的古希腊青铜雕像原作之一，其雕刻技巧近乎完美把模子做得满意后，雕刻家就要开始第二步工作了：他先给模子涂上一层蜡，并且要尽可能地将这层蜡的表面弄得同模子一模一样，因为这蜡的表面就是将来雕像的表面，我想这也不会太难，因为蜡这东西比黏土还好对付呢。

第三步就是再给这个涂了蜡的模子外面做个模子，也用黏土来做，模子的内表面要牢牢地贴着蜡层，因为它与蜡层一样，也是未来雕像的外表面。

第四步就简单一些了，只要把里面的蜡层熔掉就行，大家可以想想用什么法子来熔——加加热就成了。这时，原来是蜡的地方便成了一个空隙，其形状正是原来的模子一样。

第五步也比较好办，就是往融掉了蜡层的两个黏土模子的空隙浇上熔化了的青铜汁就行了。

青铜汁浇好后，等它冷掉就会再凝固成青铜，这时，把里外层的黏土层弄掉，一座青铜雕像就基本完成了。不过最后还得加加工，例如磨得光亮点儿。

青铜雕像与大理石雕像相比有巨大的优点：一是它更便于雕塑家的创作。这点上面已经说过了。这样，用青铜雕像的艺术家就会用更少的时间创作出更美的雕像。第二个优点是大理石毕竟是石头，沉甸甸的，而且相当脆，所以用大理石有许多像是没法雕的，例如伸出手臂的像或者提起一条腿的像，因为这样的手臂和腿用不了几天就会掉下来，这捣蛋的家伙就是牛顿发现的万有引力。青铜就不同了，它是金属，富于张力，雕像把手臂伸长也不容易掉下来，哪怕用脚尖站着这脚也不会因受力过重而断掉，这就给了艺术家以充分的创作自由。

我们现在来看看一座这样的青铜雕像吧！它就是《阿特米西昂的宙斯》。

只见这宙斯是个老头子，全身一丝不挂，头上是一圈圈的鬈发，秃了顶，下巴上有一大把络腮胡子。他左手远远地向前方伸直，右手是往后伸，手里好似捏着什么东西，可能原来是他用作武器的雷电吧，他正像扔石子一样地把雷电朝敌人扔去。他的两腿也大大地叉开，左腿在前，弯着，右腿在后，蹦直。整体形象有点儿像现在的运动员们掷标枪时的样子，只是这样一个老头子来掷标枪未免滑稽。

这一尊雕像与以前的古希腊雕像比起来有什么特别呢？有3个：第一即它是青铜做的；第二则是它的姿势，手脚都这么大大地分开，这是前面从来没有见过的，用大理石也做不到这点。第三呢，就是它更多了一点生气。我们在前面的大理石雕像中看到，它们都比较呆板，即使到了克雷提奥斯的少年，虽然它比之于更古的希腊雕像迈出了大大的一步，但他自己却只迈出了小小的一步。但到这里，宙斯真的迈出一大步了。从此而降，古希腊的雕像就开始将运动作为它的重心，也正是在运动之中，古典期的雕像展现了它们最激动人心的美感。

· 阿特米西昂的宙斯

◎ 艺术篇／第二章／走向完美　229

把运动作为雕像的重心后，它所产生的第一个伟大的艺术家就是米隆，他的第一个伟大成就就是青铜雕像《掷铁饼者》。它的产生标志着古希腊艺术正式进入了它最光荣的时代——古典期的来临。

《掷铁饼者》呈现出一种特殊的静态美 米隆是我们要说的第一个伟大的古典雕刻家，关于他的资料现在留存极少，只知道他大概出生于希腊比奥提亚地方的埃留提莱，活动于公元前5世纪，据说只活了短短的25岁，也有人说他活了40岁，反正命不长。据说他是雕刻家阿格拉达斯的弟子，这位阿格拉达斯也是一位相当不错的艺术家，但他更是一位伟大的老师，除了米隆之外，他的弟子还有与米隆一样伟大的雕刻家菲狄亚斯与坡利克里特，米隆、菲狄亚斯与坡利克里特共同缔造了古典期这个雕刻的巅峰时刻。

米隆开始创作的年代正是希腊人，主要是雅典人刚打败波斯人，国家与人民都充满自豪感与强大感之时，米隆的雕刻铺子正开在雅典，他一生也主要在这里度过。他的雕像自然就反映了当时雅典人这种心理——充满力量与自信。我们先来看看他最著名的作品，也是整个古典期最著名的作品之一的《掷铁饼者》吧！

这是运动员正在掷铁饼的一刻，像所有的古希腊运动员一样，他们在比赛时都一丝不挂，他左腿下蹲，脚尖着地，右腿牢牢地踏在大地上，微微弯曲，同时左手右摆，到了右膝盖的前面，右手后引，已与肩膀平行，弯曲的指尖勾着铁饼，而他的全身前倾，正像一张引而不发的弓，又似乎即刻就要射出他的利箭——那只铁饼。

我们仿佛会感到，他定会将这只铁饼射出无限之远，因为他每一块肌肉都充满了力量，而全身好像有着使不完的劲，他的神情也是高贵而冷静的，显示出高度的自信——我一定能夺取桂冠！

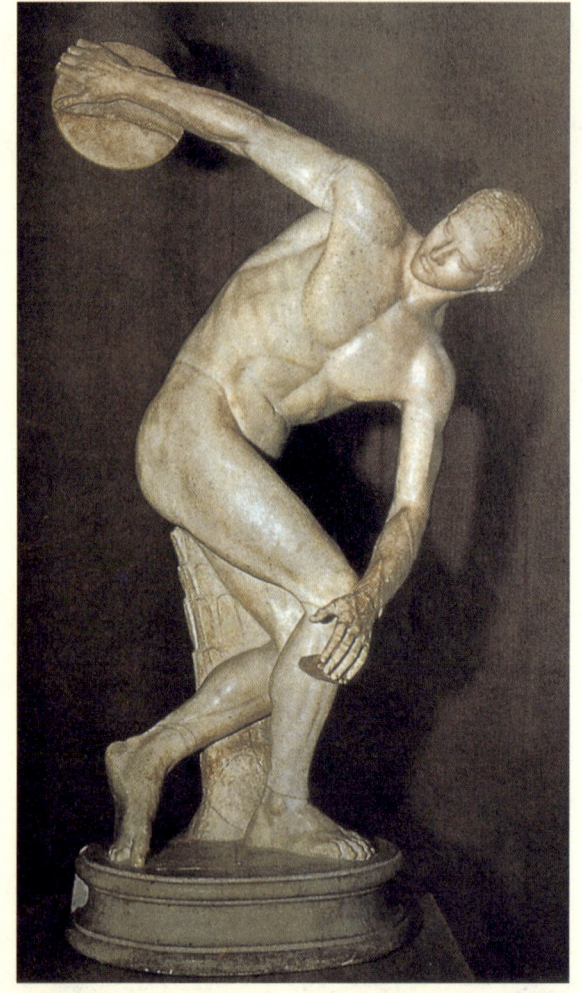

·掷铁饼者

当我进行这样的描述时，深感自己语言功底之不足，无法将雕像的美形象生动地说明，我想，也许任何语言都无法说尽这种充盈着灵感与天才的艺术之美！好在我们有图片相助。

如果您看了后说："它不过如此啊，并没有像您说的这么大不了！"我就要说："也许您是对的，但米隆的雕像仍是伟大的啊，因为您所看到的并不是原作，而只是复制品而已，因为原作久已失传了。

我这么说当然不是断定它就是古往今来第一完美的雕像，简直半点毛病也没有。相反，它是有毛病的，这毛病不在掷铁饼者的手上脚上，而在他的躯干上。

我们看到,这个掷铁饼的大力士虽然正处在将铁饼往后牵引到最高点,即将往前一抛的刹那间,按理说,这时他的全身应当充满了动感,但我们从他身上看到的与其说是运动,不如说是稳定,雕像充满的与其说是动态之美,不如说是静态之美。

当然这种静态之美也是美,说不定它正是因为这剧烈运动中仍具备的静态之美而千古流芳,直到今天仍被看作是代表体育运动的最好标志之一。但我们也不能不承认它没有达到另一种效果:动感。至于原因,很可能在于在它的躯干与四肢之间没有达到运动的协调,具体地说,他的四肢在运动着,而他的躯干却保持着静止,而在这种情况下他是箭在弦上,不得不发,不可能静止的,使他"显得"静止的乃是米隆的雕刻,他把掷铁饼者的躯干雕刻成了一个相对静止的躯干,这就使得整个雕像失去了应有的动感。

所以《掷铁饼者》尚未完成把运动作为雕刻的核心这一古典期雕刻的神圣使命。

相当完美地解决这一问题的乃是米隆的小师弟坡利克里特。

动起来了的《持矛者》 我们知道,爱因斯坦对成功有一个有名的定义:A = X + Y + Z,A代表成功,其他3个字母分别代表勤奋、才能与机遇。坡利克里特正合符这一要求,他是希腊伯罗奔尼撒半岛上的阿尔戈斯人,与米隆一样生活于公元前5世纪,但比他稍晚,据说是米隆的师弟。他刚16岁就到了阿格拉达斯门下拜师学艺,良好的环境加上天才与勤奋,他很早就成名了。一生作品无数,而且几乎全是最能体现艺术家精密观察力的青铜雕像。不过很可惜,他的原作现在一件也没有了。要知道青铜雕像这东西很不好保存,一则它里面是空的,稍不小心就会被压扁;二则青铜这个东西也值钱,又能制兵器,每当战争发生时,那些缺少武器的城邦往往会将它们熔掉来铸兵器。古往今来的战争又是那样多,我想这不单是坡利克里特雕像没了的缘故,也是绝大部分其他青铜雕像都没了的缘故,是古希腊

· 持矛者像

留到现在的青铜雕像实在太少、比大理石还要少得多的缘故。

坡利克里特留传下来的复制品倒颇有几个，像《持矛者》、《束发的运动员》、《阿玛戎》，等等，最有名的是在罗马的庞贝古城发现的《持矛者》。

持矛者是个年轻人，虽然叫持矛者，但手里并没有长矛。他左手提起，手指握成一个环形，好像握着什么东西，与此相适应，左肩微微上提。右手自然地垂下来，右肩也稍微下沉。左脚在后，后跟提起，好像就要抬脚开路，左臀也自然地放松。右脚牢牢地踏在地上，支撑着全身，右臀于是往外微凸。更妙的是他的躯干，左边因放松而舒张，右边因承受重量而收缩。连他的头也是往右偏去，好像要看看他正要走去的地方。

这么看来，持矛者正在走路，雕像所描绘的就是他一步走过后，正要迈开另一步的刹那间的情形。他的运动幅度明显不如前头那位掷铁饼的人，但如果我们仔细看看，尤其是看侧面像的话，会发现他好像全身都在动，这与掷铁饼者的效果就完全不一样了。

为什么大动的掷铁饼者不像动，而小动的持矛者反而像动呢？这主要是全身的协调问题。前面那个掷铁饼者，他的手脚虽然在运动，但躯干却像静止的，所以他更富有静态美，而这个拿长矛的小伙子却是躯干加四肢都在动，所以更有动态美了。他的这种姿势，即身体稍向一边偏斜，一边的肩微微下沉，同一边的臀却微微上提；同时另一边的肩相反：肩上提而臀下沉，头部也稍偏，被称作"对偶倒列"，这对以后那些雕刻女性之美的艺术家们有很大影响。

坡利克里特似乎极满意他的《持矛者》，据说为此还写了一本书，名叫《法则》，用来说明这个雕像中所体现的意义。顾名思义，他把这个作品当作了所有雕刻应该遵循的法则。他的这本

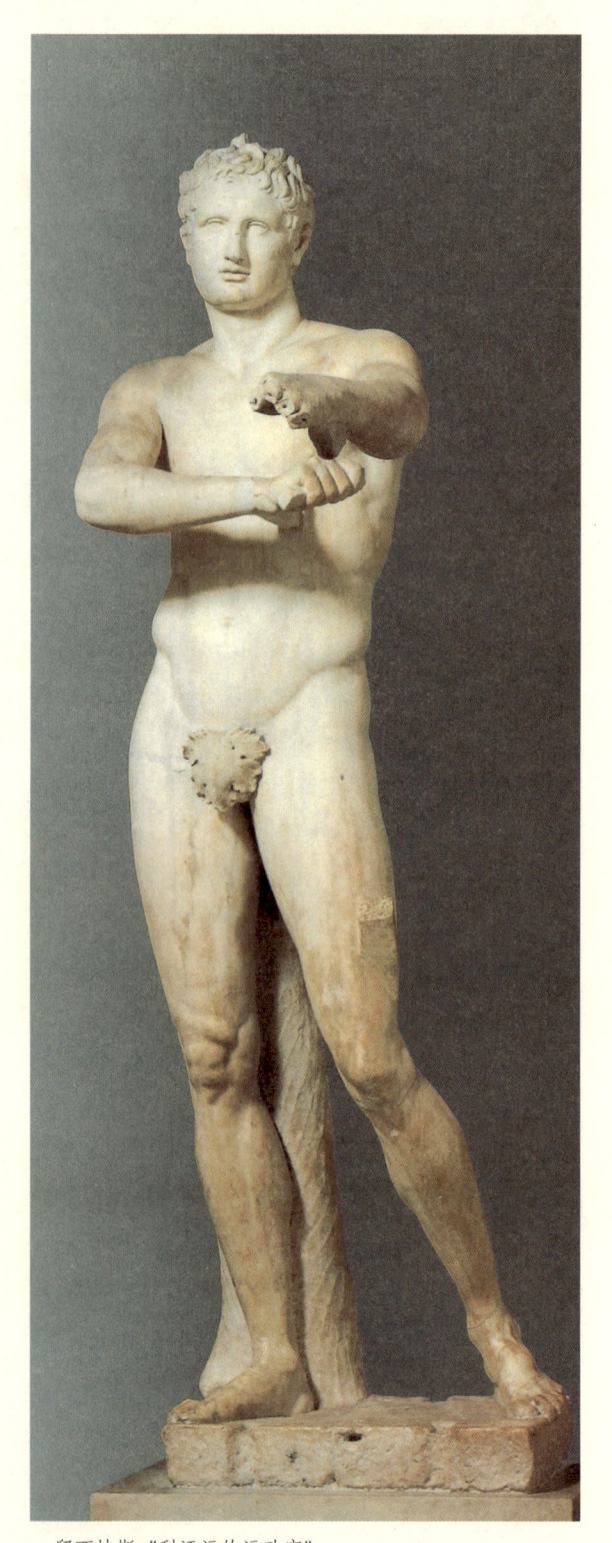

· 留西坡斯《刮汗污的运动家》

书现在已经失传了，但内容据说包括以下几点：

一是人体的头部与身长的比例要是七比一。

二是雕像的重心要放在一条腿上，另一条腿要彻底放松，头部最好也来点儿动作，这样全身既紧张，又松驰，既有动又有静，在矛盾对比之中能充分体现整个身体的动势。

三是不但手脚要变化呼应，而且肩、腰、臀、膝都要相应地运动变化，一句话，要让全身都动起来。

我们从他以后古希腊的雕像中可以看到，除了第一条不久就被留西坡斯变成了八比一之外，其他的法则都得到了普遍的运用。

这留西坡斯也是一位出色的雕塑艺术家，他有一件名作叫《刮汗污的运动家》，描绘一个参赛后的运动员用石片刮掉胳膊上的汗水。他被称为古典期的最后一位代表，据说一生创作了1500多件雕像，除了这件《刮汗污的运动家》的复制品外，还有《赛利纳斯与幼年的狄奥尼索斯》、《赫耳墨斯像》等也可能是他的作品，当然也都是罗马人复制的。

坡利克里特的持矛者至此完成了把运动作为雕像的重心这一神圣使命。

在这个时期的另一个伟大雕刻家，坡利克里特的师兄菲狄亚斯，我们还没有说它，我在这里也不准备说他了，因为他诚然伟大，然而并没有给我们留下一幅作品，甚至稍微出色点的复制品也没有，我只好怀着不忍之心暂且放下他了。但您不要失望，我在下面讲古典期的建筑时，还会讲他，因为他乃是古典期的艺术至尊之作——雅典卫城与帕特侬神庙的艺术总监。

从坡利克里特的持矛者身上，我们还要看到，虽然持矛者真的动起来了，动的幅度却还不大，只是迈开了小小的一步，躯干与脑袋也只是稍微地侧了一下，动得显然还不够，距使雕像大大地动起来的日子还颇有一段距离呢，直到差不多200年后才完成了这个过程。这时候一个无名雕刻家的雕像才真的让我们在雕像上看到了彻头彻尾的运动。

这是一尊正在跳舞的农牧之神的雕像，这个农牧神的名字叫潘，他大体上是个人，与人略微有点不同之处就是长着条羊尾巴。只见他仰首向天，挺起胸膛，一脸络腮胡子，像他的头发一样乱七八糟，双手往两边大张，做成个少林功夫中的黑虎掏心招式，左右腿前后相当大地叉开，并且都是脚尖着地，像正在奔跑跳跃。他全身的肌肉不再像《掷铁饼者》那般强健，而是相当干瘪，不过神情快活得很，恰像个喝足了老白干、喝得分不清东西南北、但仍快活得蹦蹦跳跳的糟老头子。

不久之后，即公元前3世纪后半期，运动不单走向了个体，而且走向了群体，这时开始出现了运动的群像，最有名的是高卢人群像。

这个群像来自于小亚细亚的希腊化城市帕伽马，是为了纪念他们对高卢人的胜利而雕刻的。高卢人大致就是现在法国

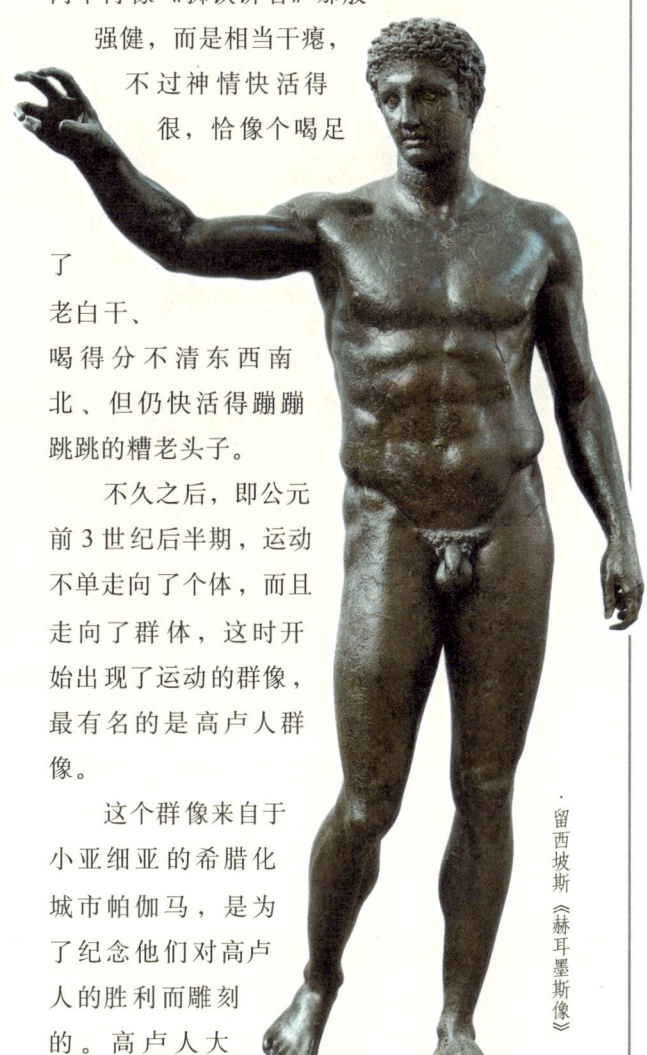

留西坡斯《赫耳墨斯像》

· 帕伽马是小亚细亚著名的古希腊城邦，这是它规模宏大的卫城和圆形剧场

人的祖先，那时还远没有希腊人文明，被希腊的文明世界称为野蛮人。不过像所有的野蛮人一样，高卢人是英勇无畏的。在这个群像里，高卢人身材巨大，极其壮健，全身近乎全裸，只有背上披着块小小的斗篷。看样子已经受伤不轻，他为了不让自己和妻子成为敌人的俘虏，先杀死了自己的妻子，然后自杀。妻子已经死了，正往地上倒去，丈夫一只手仍紧紧地抓着她，仿佛不让她一个人走，他的右手举起剑，已经刺到了自己的脖子。他高仰着头，眼中没有丝毫的惧怕，只有高傲与不屈。

整座雕像的人物都极富动感，充满了戏剧化的效果，与以前的雕像大不相同。

在所有这些伟大的雕刻艺术的最后，我们将以什么来结尾呢？我们将以《拉奥孔》来结尾。

《拉奥孔》描述的是这样一个悲惨的故事：

特洛伊战争进行了10年之后，还没有分出胜负，这原因不是交战的希腊人与特洛伊人，而是诸神，他们还没有决定让谁来获取这场战争的胜利，最后神们决定了，要让希腊人胜，于是启示希腊人制造了木马计。全体特洛伊人都被这个计策迷惑了，试问他们的心智怎能悖逆神意？但只有一个人，那就是拉奥孔，一位祭司，警告特洛伊人不要将木马带进城来。他的警告气坏了自以为聪明无比的神们，特别是希腊人的死党海神波塞冬，他派出了两条巨蛇，将年老的拉奥孔和他的两个

· 拉奥孔

儿子活活缠死了。

这是一尊看起来让人心酸的艺术品。拉奥孔双手都被巨蛇缠住了，他仍奋力想将它们扯开，但他没有这个力量，他的脸孔因痛苦而扭曲，那高仰的头、张开的嘴又像在为这惩罚的不公而呐喊。他的两个儿子一个已经死去，头无力地往后垂下了，另一个则还在作最后的挣扎，他的眼望着父亲，不知是想把父亲救出来呢还是想向他求救，或者想看他最后一眼。但他们都紧紧地被蛇缠住了，已经彻底绝望。

是的，绝望似乎是这座雕塑的主题，我们一看到它，就感到被绝望牢牢地缠住了，像蛇缠住他们一样。

据说天鹅在临死的时候，能唱出最美的歌声，所以西方用"天鹅之歌"来表达这样的东西：它们是美的，但距死亡已经不远。就像我们两句古诗所云："夕阳无限好，只是近黄昏。"

《拉奥孔》就是整个古希腊雕刻艺术的天鹅之歌、绝望之歌，走到这里，古希腊的雕刻艺术，乃至整个西方古代艺术已经日薄西山，再也没有希望雕琢出伟大的作品来了。

最美的雕刻

上面我们已经叙说完了整个古风期与古典期雕像艺术的发展过程。但大家是不是发现了一个毛病呢？就是这些雕像都有一个共同点：都是男人，而那许多伟大的描述女性的雕像，例如堪称美丽之最的米洛斯的维纳斯，都还没有影子呢！

请您不要着急，我也同样喜欢那些美得让人心慌的古希腊女性们的雕像，我们现在就专门来给大家介绍这些美丽的女神，它们乃是古希腊最美丽的雕像呢。

我们将把所有的女性雕像放到一起来说，并且从古风期一直说到古典期，甚至古典期之后的希腊化时期，就像上面谈雕像中运动的发展过程一样。

越来越性感的女神们 当我们谈雕像的发展过程之时，是把"运动"作为发展过程的一条总线索来谈的，那么我们现在谈女性雕像又是依据一条什么样的线索来说呢？

首先我要请您原谅，我这条线索有点儿特别，甚至有点儿"色情"，它就是衣服的多少。具体来说，我就是根据这些衣服从多到少以至于没有的顺序来说的。这个线索并不是我脑子里瞎想出来的，而是我看到，古希腊女性的雕像大体有这个规律。而且，随着衣服的越来越少，雕像上的女神也越来越美。

当然这也是"大体"，而不是绝对，因为即使当大多数女性已经大大方方地全部或部分褪去衣服之后，总还有些娇羞的淑女不肯这样做，还得劳驾雕刻家们把她们衣服雕将出来。当然即使加上衣服之后，她们也不失其美。

我们现在就来看一尊具体的雕像吧！

这是一尊古风期的雕像，作于公元前6世纪，像那个时期的男

·古风期的女性雕像

神雕像一样，全身笔直，头也是笔直的，被衣服包裹得严严实实，上身是件马夹似的东西，下身是裙子，马夹和裙子都十分朴素，唯一的装饰就是一些皱起的条纹。胸脯平坦得像飞机场或者搓衣板一样。她还双眼紧闭，没有丝毫的表情，活脱脱像个死人。

这样的雕像看起来不但谈不上美感，还让人丧气，我们还是不谈了吧。

第二件雕像只比前一座晚几十年，也属于古风期。不过可美得多了。她看样子是个十七八岁的少女，扎着好几根小辫子，像今天的新疆维吾尔姑娘一样，一张愉快的小脸，可惜鼻子被打掉了一小块，嘴角微微上翘，露出笑意，她的衣服也很不错，里面是件薄薄的、柔软的衬衣，外面斜披着件像是厚毛料织成的斗篷。但最大的改变是，她的胸脯不再是飞机场，而是隐隐地凸起，令人想起那下面一定有只发育得很好的小乳房。

·少女雕像

·女祖先维纳斯

第三座雕像作于公元前5世纪后半期，已经是古典期的作品了，与前面两座相比，这座女神像已经具有叫人心跳加快的美感了，所以被称作《女祖先维纳斯》。

以后大家还会看到许多的维纳斯，但这些维纳斯与那神话中的爱与美之女神维纳斯可不是一回事，她们并不是真的爱与美的女神，而只是对美丽的雕像上的女性的通称，就像有时也称美少

◎ 艺术篇／第二章／走向完美　237

年为阿波罗一样。

这位女祖先维纳斯比起前面两位女士来可要美得多了。她的头微微侧向左边,像在倾听一个公子哥儿的甜言蜜语,脸上似笑非笑,似瞋非瞋。她只披着件由一单块布做成的衣衫,那布薄得不能再薄,紧紧地贴在她的肢体上,把每个部位的曲线都展露无遗。尽管衣服已经是这样的薄,但她好像还嫌太热,抬起右手把那薄纱的扣子解开,轻轻揭起,好像就要把手松开,让美丽的胴体暴露无遗,而她的一只乳房已经悄然袒露。

从这3件作品我们可以看出什么来呢?我们看到的当然是她们的衣服越来越薄、越来越少,更重要的是,越来越美。

这里所表现的是什么呢?是古希腊人的自然主义,是他们对人类天然美的尊重,这种尊重将一直伴随古希腊的人们,使他们创造出一个比一个美丽的女神、一件比一件美好的艺术品。

前面几尊女性雕像的一个共同特点是它们都没有明确的作者,也许著名雕刻家都去雕刻男性雕像了吧!在雕刻领域有这样一个规律:在古风期和古典期前期的雕像大部分都是男性的,到了后来女性雕像兴起了,希腊人的口味终于变了,由崇尚男性的刚强之美到称颂女性的柔和之美。这也许与希腊自身有关,因为这时的希腊、尤其是创造艺术的雅典已经不再是一个武力强盛的国家,开始走向衰落,先是被瞧不起艺术的斯巴达人欺负,接着整个希腊都被腓力二世和亚历山大大帝征服,在这样的环境下,这些深感无力与无奈的人们怎有心情再去雕刻那些充满了力量与自信的男性雕像呢?于是,他们自然而然地转向柔弱然而美丽的女性雕像了。

《尼多斯的维纳斯》被称为希腊世界最美的雕像　这时第一个伟大的雕刻家是普拉西特列斯。

普拉西特列斯是雅典人,他的活动年份大约是公元前370年到前330年间,父子3人都是雕刻家:父亲是大凯菲索多托斯,两个儿子一个叫小凯菲索多托斯,另一个叫提马科斯,都是有名的雕刻家。这时候雅典人已经被斯巴达人打败了,一度那么强大的雅典业已衰落。普拉西特列斯是个大理石雕刻家,一生雕刻无数,除了美丽的女性雕像,他也刻男性雕像,不过从他的雕刻的男性身上,有名者如《赫尔墨斯与小酒神》、《萨提儿》,等等,我们看不到半点男性的刚健之美,

· 尼多斯的维纳斯

有的只是女性化的男性，像女性一般美丽而柔和，用我们现在的话来说都像"小白脸"。这两件雕刻，尤其是《赫尔墨斯与小酒神》非常有名，被广泛认为是现存唯一真的出自古希腊有名有姓的大雕刻家之手的原作。它描绘了神们的信使、兼管凡人做生意发财的年轻的赫尔墨斯奉宙斯之命，将还是个小不点的未来酒神狄奥尼索斯带到仙女们那儿去抚养，中途赫尔墨斯靠在一棵树上休息的情形。但见充满了女性温柔之美的男神赫尔墨斯右手举着串葡萄，正在逗抱在他左手上的小酒神，小酒神伸出手，好像正在说："给我、给我，我要吗！"

我们现在来看看普拉西特列斯的一座美丽的女性雕像吧，这就是他最有名的作品之一《尼多斯的维纳斯》，或者叫《尼多斯的阿佛洛狄忒》，这两个人乃是同一个人，本来叫阿佛洛狄忒，后来罗马人给她换个名字，叫维纳斯，其他什么都没换。我对罗马人改造希腊人的东西大都相当腹诽，认为不但没改好，反而改糟了，唯独对将阿佛洛狄忒改作维纳斯颇为同意，觉得这三个字比阿佛洛狄忒五个字叫来简单又动听。

这座雕像约作于公元前370年，高略微超过2米。只见这位美丽的女士全身一丝不挂，微微地向左偏着头，左手提着刚脱下的衣衫，右手轻轻挡住下体，好像在说："要是被人看见，那可羞死人啦！"她的上身稍稍向左偏斜，臀部却向稍稍右偏斜，左腿微提，像正要莲步轻移，重心放在右脚上。

· 赫尔墨斯与小酒神

在她的右边，衣衫下面，有只希腊人用来盛洗澡水的陶瓶。由此看来，普拉西特列斯所雕刻的乃是这位美女脱下衣服，正要踏进浴缸的一刹那——但伟大的艺术家使这一刹那成为永恒。

据说这座雕像创作出来后，尼多斯岛上的人把它买了去，"全世界许多人为了观赏这尊雕像，不畏艰险，航海来到尼多斯。她是这样的美丽，以致尼多斯的其他雕像都黯然失色，被人们忘记了"。这段话是伟大的古罗马作家、《自然史》的作者普林尼说的。人们写了大量的诗赞美她，其中一首借那爱与美的女神之口说："普拉西特列斯啊，你曾在哪里见过像我这样的裸体？"尼多斯城的大债主、比尼西亚的王尼古米底更是被她弄得神魂颠倒，他宣称如果尼多斯人把这座雕像让给他，他就取消尼多斯人的债务，这可是一笔大得吓人的钱。但尼多斯人不答应，他们宁愿勒紧裤带还钱。真是些爱美爱得糊涂了的人！

据传这是希腊世界最美的雕像，要是您看了觉得不过如此，可别怪我夸大其辞，您所看到的只是罗马人的复制品，史称"伟大"的罗马人搞政治还挺行，要他们弄艺术，那真是不怎么样，比希腊人差得太远了。

就艺术上而言，普拉西特列斯这尊雕像有何特别之处呢？我们在前面讲《持矛者》时，已经说过那位出色的坡利克里特第一次让雕像全身都运动起来，具体地说，是让躯干和四肢一起协调运动，为此他找到了"对偶倒列"的艺术表达方式，也就是说，让雕像身体往一边收缩，而不是直立，收缩的这边臀部隆起而肩膀稍稍下垂，另一边则腿部放松，这样就带动臀部下沉，而左手的上提则使肩膀耸起，这样，从四肢到躯干的线条都得以充分展开，全身提降结合、收放自如，使身体结构既有变化，又十分平衡，且富于美感。普拉西特列斯在这一点上可以说是完全模仿坡利克里特。然而他的模仿却不是一种单纯的模仿，

而是创造性的借鉴，他将对偶倒列由男性移于女性，使雕像充满了动人的美感，在这一点上更胜于坡利克里特本人，真可谓青出于蓝而胜于蓝。

与普拉西特列斯同一时代还有另一位出色的雕刻家，他的名字叫史珂帕斯，生于派罗斯岛。他也致力于雕刻女性，但他的作品与其说是美的，还不如说是充满激情的。与普拉西特列斯一起，他被麦加拉人请来雕刻爱与美之女神维纳斯。他也雕成了，但不知为何，他的雕像失传了，也许因为他雕像中的激情不是爱的激情，而是痛苦的激情，就像他所雕刻的《妞贝》群像与《美德勒》中所展现的一样。但这时，希腊人的生活中已经太多痛苦了，谁还会去崇拜一座把痛苦描述得那么真切吓人的雕像呢？尤其当旁边就有一尊如斯之美、如斯之甜的雕像，对那个如斯之苦的雕像他们也许看都不敢看一眼呢！

现在女性的雕像已经脱到头了，下一步该怎么脱？不是没有什么可脱的了吗？是的，所以，希腊只好不再脱了，相反，他们又开始给他们的雕像穿起衣衫来，不过大家放心，穿也等于没穿，一是只穿到了大腿上，而且好像正要落下来；二是加这点衣衫不是减少，而是增添了女神们的美，一如增添了她们的神秘一样。

现在我们来看一尊这样的女性雕像吧。

说实话，这是我在所有的古希腊雕像中，包括那些裸体的雕像，看到的最性感的雕像，她与以前的雕像不一样，激动观者的不但是美丽，而且是性感。

《米洛斯的维纳斯》是古希腊雕刻的绝响

现在我们要来看最后一尊古希腊的雕像了，这尊雕像将完成希腊艺术家们对美，不但是女性美，而且是整个美的向往，并且在以后的日子里改变男女之间的平衡，使人们发现，美，原来是更属于女性的。

这尊雕像大家可以猜猜是什么。有什么最著

·米洛斯的维纳斯

名的雕像直到现在我还没有解说呢？我想大家一猜就着——那便是《米洛斯的维纳斯》。

这座雕像的美是很难用言语形容的，然而我们只好用言语了。她的双臂已失，其中左臂已完全没有，右臂还剩下短短的一截，这丝毫没有减少她的美。她的头稍稍偏向左边，上身，到臀部以上为止稍稍偏向右边，而她的臀部又微微偏向了左边，这样全身就形成了一个"S"形。这种形状我们在前面《执矛者》和《尼多斯的维纳斯》身上已经看到过了，就是对偶倒列，通过这种方式，雕刻家将女性的曲线美以最完美的方式表达出来。她的衣裙已经掉到了大腿根部，上身纤毫毕现，于是她把左腿稍往前伸，好像要阻止衣裙继续危险的下滑。

神奇的是，这米洛斯的维纳斯虽然半裸，但我们从她身上却看不到半点肉感或性欲，甚至也没有羞怯，有的只是美丽与高贵，这种美丽与高贵是如此美丽、如此崇高而超凡脱俗，我们这些凡夫俗子面对她时，除了敬仰或者崇拜之外，还能有其他什么呢？至于邪念，那是不可能产生的。我们甚至于也不会去注意她美丽的眼睛、赤裸的胸脯和细腻的肌肤，在这里，美丽与高贵似乎成了一种单纯的感觉或者直觉，但这种感觉是如此深刻，使人终身难忘。

《米洛斯的维纳斯》高约2米，作于公元前2世纪后半期，现藏于巴黎卢浮宫。

这座雕像是怎么来的呢？让我们将历史的镜头推向遥远的1820年，爱琴海中的米洛斯岛。这天，也许是想方便

·巴黎卢浮宫内的展厅

◎ 艺术篇／第二章／走向完美　241

一下吧，当地一个农夫偶尔走进一个山洞，在黑暗中他感觉脚被绊了一下，一摸，觉得有点像人头，于是回家取来火，邀来人，挖开洞里的沙土一看，赫然是个裸体女人雕像。他就把她抬回了家，当然不是想把她当艺术品珍藏起来，而是想换几个钱花，这类雕像他们岛上以前也发现过，都给大家带来了几个酒钱。后来的经过相当复杂，甚至差点引起了一场战争，这里不能一一叙说，总之最后被当时最爱附庸风雅的法国国王路易十八弄到了手，藏到了卢浮宫。

后来有些雕刻家觉得这美丽的维纳斯断了胳膊挺可惜的，就想给她装上胳膊，他们想了几十个方案，设想她原来应该是个什么样的姿势，手应该是怎样放，例如一手扶着根柱子，一手捏着帕里斯判给她的金苹果，或者一手提着衣裙，另一只手放在老情人战神的肩头，等等，并且把这些方案一一实践模拟了一番，但都有一个共同结果：维纳斯不但没有因此增添美，反而变丑了——似乎她只有在这断了胳膊的情形之下才是最美的。

那么，这米洛斯的维纳斯当初到底是怎样的呢？她的胳膊又如何了？我是这样想的：那位无名的然而堪称天才的雕刻家本来给他的维纳斯雕上了胳膊，但他看来看去，觉得还不如没有的美，于是勇敢地卸掉了，2000年后罗丹在雕刻巴尔扎克像时也做过相似的事。

这位《米洛斯的维纳斯》诚然美得无与伦比，但她是否毫无瑕疵呢？我可以说，就美丽而言，她几乎是完美的，但就雕刻技法而言，这尊雕像却谈不上有什么创见，它只是将前人们的各种优秀技法重复使用一遍而已，她丰润的肌肤、宁静的神情到对偶倒列的姿势都是如此。

所以，《米洛斯的维纳斯》像《拉奥孔》一样，乃是美丽的古希腊女性雕像的天鹅之歌，从此，希腊的艺术家，像他们的祖国——光荣的希腊——失去了自由一样，失去了他们的天才，他们再也不能创造如诗如画如梦如幻般美丽的维纳斯。

然而，他们对女性美的崇尚并没有消失，这个传统将在西方延续下去，并在文艺复兴时期再一次绽放光芒，那时，将有新的维纳斯诞生，创造出《蒙娜丽莎》这样堪与《米洛斯的维纳斯》交相辉映的杰作。

· 卢浮宫展厅里的维纳斯雕像

第三章
神 庙

神庙是古希腊艺术的主要载体

从这个名字大家就可以知道，我这里所要说的不仅是古典期的神庙建筑，而是整个古希腊的神庙建筑。当然这个古希腊并不是泛指的古代希腊，那样的话我们得一直回到克里特去了，而是指的古风期与古典期合在一起的古希腊，只有雅典卫城及帕特侬神庙除外，我们后面要专门来说它。

我们这里所说的古希腊的神庙建筑，对于古希腊而言同时也是它整个的建筑艺术，因为对于古代希腊人，他们最辉煌的建筑只有一项——神庙。

而且，神庙也是古希腊艺术的主要载体，古希腊人在装饰神庙的过程中，用尽了他们所有的艺术匠思，建筑、绘画、雕刻等，无不在神庙中展现出它们最完美的形式。

· 奥林匹亚地方有十分悠久的文明，远在米诺斯文明时期这里就有神庙了，这是制作于公元前17世纪的饰物，奉献于当时的奥林匹亚的神庙

虽然只有一项，由于神庙建筑复杂，头绪繁多，说起来可不是一件容易的事。

我将试图从神庙的功能开始，先对神庙的一般功能与结构进行一下介绍，然后再具体地来看神庙的建筑，并且说一下这建筑伟大的艺术意义。

顾名思义，神庙应当是用来敬神的，古希腊的神庙也不例外。我们知道，古希腊有许多神，神王是宙斯，他的老婆叫赫拉，还有智慧之神、也是雅典城的守护神雅典娜，爱与美之女神阿芙洛狄忒，等等。虽然讲到为人行事，这些神们似乎并不值得崇拜，但古希腊人对他们还是很崇拜，为他们修建了大量神庙来祭拜他们。而且，与咱们中国人一个庙里可以敬上好几个神、若干个佛不同的是，古希腊人为自己的每个神都建立了不同的庙，不会让他们挤在一起，免得他们谁都要最好的房间，大吵大闹起来，据说这种争吵在神们常住的奥林匹斯山是几乎天天都有的事儿。于是，古希腊的神庙就格外多起来了。因为这么多神每一个都要庙，而且每座城市都有它的一套神庙系统，例如雅典城的宙斯神庙就是雅典人用来拜宙斯的，如果奥林匹斯人要拜宙斯，那你们还是老老实实地自己去建自己的宙斯神庙吧。

现在我要来消除大家一个可能的误解。咱们中国人拜神是在庙里面拜，要到庙里面神的膝下去磕头的，但人家古希腊人可不一样，他们的拜神不是在庙里面拜，而是在庙外面拜，至于神庙内部，一般人是进都不准进的。

由小而大、越来越美的神庙

古希腊神庙的结构有一个发展过程，这个过

程是很漫长的，大致可以分成4步：

第一步是最初的原始神庙，只有一间屋子，并且是间小草屋，墙是泥的、顶是茅草的，有一扇小门，里面搁着一尊小小的神像，神像也只是把一根木头或者石片稍稍雕琢了几下。

后来，也许是为了让管神庙的人进去给神掸掸灰尘前有个给自己抖雨水的地方，就在前面开了个小门廊。这个小门廊被称作前殿，而里面放神像的大房间则被称作正殿。这就是神庙发展的第二步了。

第三步，由于古希腊人对美的认识进一步发展，认为美就是对称，于是他们在神庙后面又加了一个门廊，与前面的一模一样，叫后殿。不过这后殿只是建来与前殿对称的，因此乃是盲人的眼睛、聋子的耳朵，没什么实际作用，只是用来增添一点对称美而已。

第四步，经过若干个世代后，希腊人对自己的神庙又不满了，觉得应该更加好看一点。用什么法子来让它们变得更美呢？有两个方法是可行的，首先他们把神庙建造得更大了、更雄伟了；其次当他们给神庙造门廊时——那门廊是要柱子才立得起来的，他们看到门廊加上柱子美得很，于是便想到若给神庙前后门廊的两侧也加上这样的柱子说不定也美，现在还可以看到这样前后门廊都有柱子的古老神庙的废墟。

最后一步，这时希腊人的要求更高了，决心要将他们的神庙建得更加堂皇。那又怎么办呢？很简单，他们已经学到经验了，一是更大；二是再多加些柱子。现在前后都有了柱子，再加就只剩下四周了。于是又出现了另一种神庙，神庙四周都绕着柱子，像篱笆一样，不过这些篱笆都是石头做的，壮观且美观。那些非常阔气的城邦，他们不但给神庙围上了柱子，甚至围了两层。至此，神庙的大致结构就稳定下来了：它们大都是相当雄伟的，外面绕着一排或两排立柱，而这些

绕柱也就成为了古希腊神庙的标志之一，有点像人的那张脸。

我以上的说法并不是纯粹的个人猜度，而是有例为证。如毕达哥拉斯的故乡、希腊萨摩斯岛上的赫拉神庙。最初它建于公元前750年左右，这时只有前后门廊有柱子。过了100多年，萨摩斯人把它变成了单列绕柱式的，也就是说四周围上了柱子，其中前后各有6根，两边各有18根。又过了百把年，它再变成了另一种样子，这样子大家可以猜得到，就是双排绕柱式的神庙，不用说看上去阔气得很。

我这里要提醒一句的是，在希腊人神庙这个不断趋向雄伟堂皇的过程里，在背后起作用的关键之点乃是希腊人的不断强盛。只有当他们有了更多的财富、更大的力量之后，他们才能建筑更大的神庙。

神庙的建筑式样大致确定之后，希腊人便开始将注意力集中到修饰上，他们深深知道，对神庙而言，最重要的其实并不是柱子的多少，而在于它是否美丽，更具体地说在于神庙之中的神像以及装饰神庙的雕刻是否出色。所以，希腊人最阔气的城邦雅典最大的神庙并不是双层柱子了，只是单层，但它依旧是整个古希腊最了不起的神庙。

我们现在来总结一下在用上了绕柱之后，古希腊人神庙之大体形象。

神庙是建在地基之上的，地基是石头的，一般分三级，就像三级台阶一样。神庙就居于最上一级台阶之上。

在这台阶之上我们就看到了通常都很巍峨的神庙，由一排大石柱围绕着，显得既坚实又美观。

· 神庙前的圆形祭坛和高大的石柱，仿佛在诉说着昨日的辉煌

◎ 艺术篇／第三章／神　庙　245

绕柱是古希腊神庙的"脸面"，它有三种主要形式

从上面对神庙的发展过程与大致结构的介绍，您可能看出来了，古希腊神庙的最大特色就是外面那些立柱，它们也是区别不同类型神庙的主要标志。因此，当我们具体地走近希腊神庙时，第一个要介绍的就是神庙立体的几种式样，您甚至也可以将之看作是古希腊神庙的几种式样。

朴实而粗壮有力的多利亚式柱 古希腊神庙绕柱的第一种式样是多利亚式。

多利亚这个名字我们听说过，迈锡尼人从历史舞台退出去后，希腊文明进入了一个黑暗期。这时整个希腊回到了更为原始的状态，既没有发达的文明，也没有强大的国家。这段时期约从公元前1000年开始。

这段时期的希腊人有两大支：一支是毁灭了迈锡尼文明的多利亚人，他们住在原来迈锡人住的希腊半岛上；另一支叫伊奥尼亚人，他们住在小亚细亚半岛西部和爱琴海中多如牛毛的大小岛屿上。

这毁灭迈锡尼文明的人虽然落后，但并不傻，毁了迈锡尼后，他们也发展了自己的文明，这种文明甚至比迈锡尼文明还厉害，就是我们正谈着的古希腊文明。

乍一看来，这些多利亚人柱子的总体特征是下部略粗上部略细，给人以朴素然而粗壮有力的

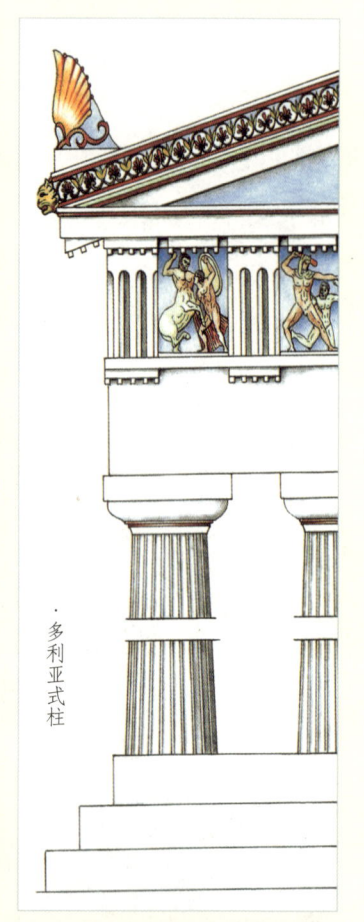

·多利亚式柱

·位于古称大希腊的意大利南部的海王神庙的废墟，这残存的石柱是典型的多利亚式风格

印象。

说它朴素，因为它浑身上下除了柱子上一排条纹，没有任何其他装饰，甚至连基座也没有，干干脆脆地立在台阶上，上面托着屋顶的地方也只是一块石头。说它粗壮，因为柱子直径比它的总长小不了多少，其长度大约只有底部直径的4到6倍。这样的形状就像一个膀大腰圆的人一样，看上去当然比较粗壮。

这样的柱子是怎么制成的呢？是用一块大石头凿成的吗？在绝大多数情况下不是，哪来这么多大石头。它们是用一截截单独的石块垒起来的，石块中间还被凿出了一个孔，垒好后再用一根铜或木棍将它们从上到下串起来，好增强稳定性。

您也许会想，这样垒起来的柱子牢固吗？会不会倒下来？这尽管放心，那些古希腊人的手艺高明得很，就是不用中间的棍子也会很牢固，我们现在都可以看到，那些神庙废墟里，屋顶啊、墙壁啊什么的可能都没了，但那些柱子依旧挺立，仿佛一直可以挺立到世界末日呢。

古希腊用多利亚似圆柱围绕的著名神庙有下面这样两座：

第一座是奥林匹亚的宙斯神庙。

奥林匹亚这个名字大家想必很熟悉，它与奥林匹克运动会有啥关系呢？当然有。事实上奥运会就是从它那里来的。

在古希腊，从公元前776年起，每隔4年都要在这里举办一次全希腊运动会，会上要举行跑步、打拳、标枪、铁饼之类的比赛，对获胜者还要进行奖励。不过奖励方式与现在有所不同，现在奥运会上得了奖牌的运动员们可以得到大笔赏金，有的达几十上百万元。但古希腊那时冠军的奖品也不过是把桂树叶子，将它们做成个圈儿，围在冠军的脑袋上，美其名曰"桂冠"，到现在还是西方人象征优胜的标志呢。

奥林匹亚这样一个重要地方的神庙当然要建得像样，否则其他城邦的人来看了不把这里的邦民们笑死才怪！

奥林匹亚神庙长超过60米，宽近30米，环绕它的柱子就是典型的多利亚式柱子。这些柱子高达10米，下面的直径有2米多，上面也差不多有2米，每根柱子上面有20条凹槽。

除了这些显得十分坚实伟岸的柱子外，神庙还有许多雕刻，里面则放着由伟大的菲狄亚斯雕刻的宙斯神像，合在一起真是内外俱美，博得了参加或参观奥运会的希腊人的交口称赞。

如果您对奥林匹亚这个地方感兴趣的话，可

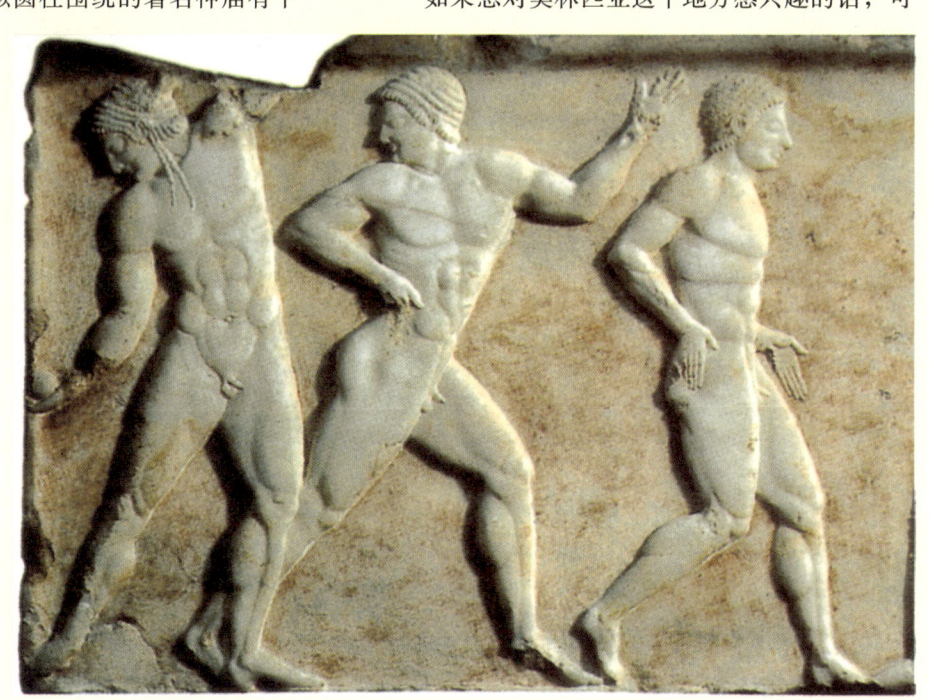

· 正在进行体育比赛的3个古希腊年轻人

以在后面我们游希腊时看到。

第二座神庙是科林斯城邦的阿波罗神庙。

阿波罗就是太阳神，宙斯的儿子，也是最被古希腊人崇拜的神之一。在古希腊有大量供奉他的神庙，这科林斯城邦的阿波罗神庙有一个特点：它的柱子不是像其他绝大多数神庙一样是用一块块的圆石头垒起来的，而是用整块的石料凿出来的，想想看吧，这要花多少的功夫，光是找那样大的石头的功夫就不得了了！每根石柱上也有20条凹槽，而且涂上了雪白的由大理石磨成的灰制作的灰浆。这些柱子到现在还有7根屹立着，在夕阳余晖之下美得让人心醉眼花。

苗条漂亮的依奥尼亚式柱 围绕古希腊神庙的石柱的第二种形式是伊奥尼亚式。

伊奥尼亚这个名字我们也早说起过了，它指的不是希腊半岛本土，是小亚细亚半岛西部沿海以及爱琴海中的大量岛屿这一带。顾名思义，这些柱子之所以叫作伊奥尼亚式，当然是因为它起源于伊奥尼亚地区。

较之多利亚式，伊奥尼亚式的柱子有以下几个特点：

一是它整体看上去要比多利亚式的柱子细长一些。它的高度是底部直径的8到10倍，而不是多利亚式的4到6倍。这样它看上去就不像个粗壮的汉子了，而像个苗条的女郎。

二是它上面的凹槽也要多一些，有的多到24条，并且凹槽之间凸出的线条没有锋利的棱角，而多利亚式是有的。

第三点，也是伊奥尼亚式柱子与多利亚式的柱子最大的不同点是它不再是朴素的，而是相当华丽的。在它的头上和脚底都有了漂亮的装饰。首先看它的脚底：这是用一整块大石头雕成的础石，它圆圆的，上面与下面都凸出来，中间则凹下去，上面凸出的部分还有一颗颗钉子似的花纹，这使柱的基础看上去挺牢固。再看看柱子的上面，

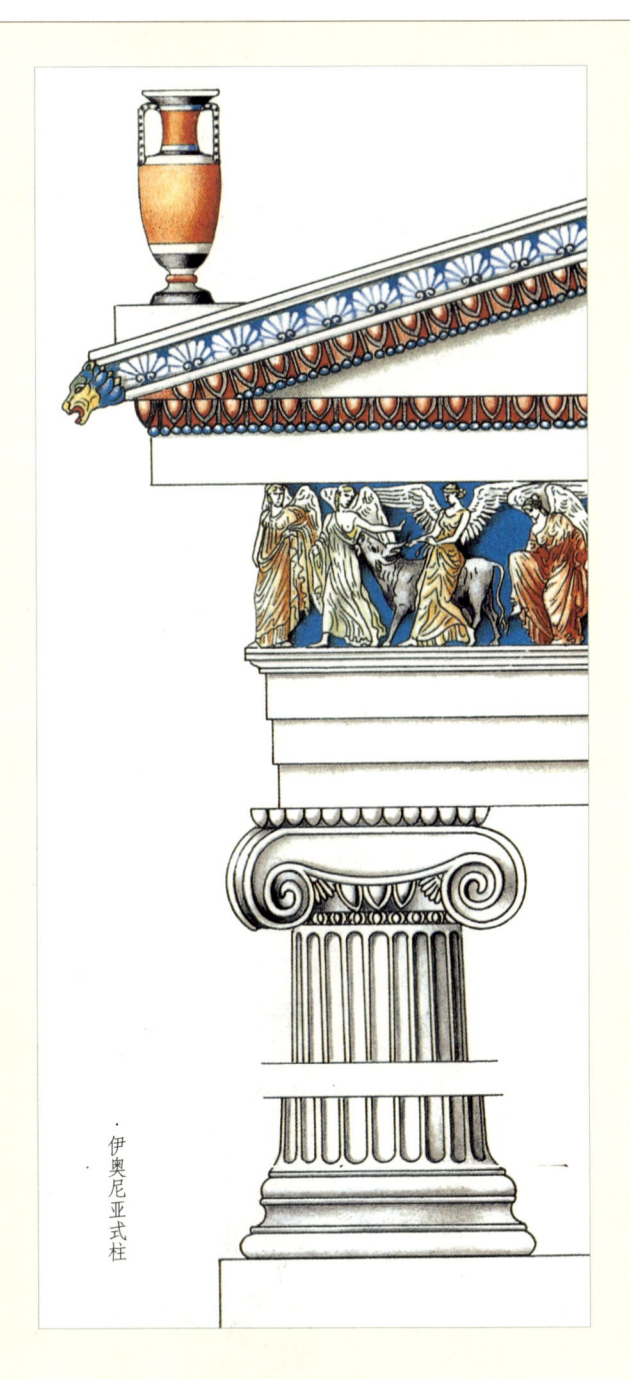

伊奥尼亚式柱

那可靓了。首先它柱子的最上头有一些漂亮的花纹，花纹上面更放着"涡卷"。涡卷是螺旋形的，往左右两边卷开成两个漂亮的小螺旋，有点像两颗卷心菜。

用伊奥尼亚式绕柱的神庙多得很，也许在3种绕柱中，前面的多利亚式、这里的依奥尼亚式，

·以弗所被称为阿尔忒弥斯热爱的以弗所，有大量的古代遗迹，这是其著名的塞尔苏斯图书馆残骸

加上后面还要说的科林斯式，用得最多的就是它。而所有古希腊神庙中规模最大、最美妙的神庙——帕特农神庙——用的就是伊奥尼亚式的绕柱，这我们后面再说。

另一座用伊奥尼亚式绕柱装饰的有名神庙就是以弗所的阿尔忒弥斯神庙了。

阿尔忒弥斯是宙斯的女儿，阿波罗的

· 科林斯式柱

孪生姐姐，职责是掌管大自然的生灵们：动物与植物。她的主要优点是贞洁，如果说爱神阿芙洛狄忒是淫欲的象征，她则是贞洁的表率。因为她喜欢打猎，因此又被称为狩猎女神。希腊人很崇拜这位女神，曾在以弗所建起一座雄伟的神庙来祭祀她，号称世界七大奇观之一。这座神庙的规模异常庞大，有100多根柱子绕着它——连帕特侬神庙都只有50根，大家可以想像神庙有多大！据说其中一根的底座上雕着一群美丽的少女，它的作者就是我们前面提过的古希腊有名的雕刻家史柯帕斯。

结构复杂的科林斯式柱 最后第三种绕柱形式是科林斯式。这也是最晚出现的一种，并且有时被认为是伊奥尼亚式柱的变种，所以算不上是

250 话说西方 *The Story of the West*

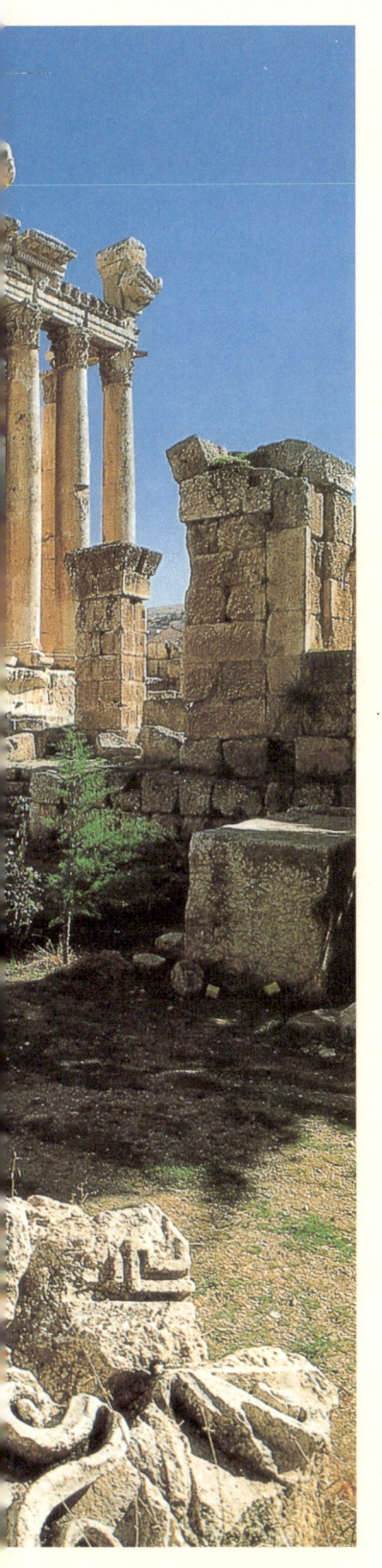

独立式样，但我这里还是把它单独列出来，因为它大有特色。

这种特色主要表现在柱头上。这柱头比较长，像一口倒扣着的钟，钟上面有略显古怪然而不失漂亮的装饰。它是由蕨一样的东西组成的，上面有卷起来的须根。这些须一般分为两层，每层有若干根，每一层的每一根都夹在另一层的两根中间。下面一层的须根还没长到上面的顶板就不长了，只有上面一层一直长到头，把上面神庙的顶板托住。不但如此，上面这层蕨头还长出两个花朵儿样的东西来，直直地再长上去，又把顶部再托了一遍。

· 这是一座有科林斯式绕柱的神庙，位于小亚细亚

不难看出，科林斯式乃是3种绕柱中最复杂的1种，是否是最好的就难说了，因为复杂不等于美丽。

这种形式直到古希腊的古典期过去后才大量使用，由于这时古希腊的神庙建筑已经走过了它的黄金时代，所以虽然用得不少，但似乎没有很著名的神庙用它。

雕刻为希腊神庙锦上添花

光有架子和柱子是建不成古希腊的神庙的。古希腊的神庙之所以了不起，除了它宏大的结构以及那些围绕着它的美丽的柱子外，还有一个重要因素就是它那些精美的雕刻。

前面我们已经谈过古希腊的雕刻了，但没有谈神庙的雕刻，我们特意将它放到这里来说。这样做的原因有三个：一是希腊神庙的主要精彩之处就是它的雕刻，说神庙不说其雕刻是不可想像的。二是这里要说的雕刻与前面所说的大不一样，前面那些雕刻是一个个完整的人的雕像，现在我们要说的是浮雕。

山墙、排档间饰与中楣 古希腊神庙主要有三个地方需要用浮雕装饰，即山墙、排档间饰与中楣。这三

· 15世纪时一个叫齐里亚科的学者所画的帕特侬神庙西正面素描，中间那个大三角形就是山墙了，不过他画得颇有些夸张

个概念对于我们比较陌生,下面我逐一解释一下。

第一个是山墙。古希腊神庙的屋顶就像中国式建筑的屋顶一样,也是斜的,同时屋顶下面的墙是直边的,这样就在墙与屋顶之间形成了一个三角形"△"。由于屋顶并不斜得很厉害,所以形成的三角形往往是钝角三角形,这个钝角三角形就叫山墙,它是每座神庙最需花功夫装饰的。

第二是"排档间饰"。这排档间饰的名字对我们这些非建筑专业的人士来说有点儿古怪,它并非每座神庙都有,主要是对于多利亚式神庙而言的。多利亚式神庙的大体结构是这样的:最下面是地基,然后是柱子,柱子上有一块方石垫着,在这块方石上有连成一体的长方形石块,名叫框缘。在这个框缘的上面就有间板了。为什么叫间板?顾名思义,它是位于两者之间,这两者就是"三楞板"。这三楞板上面常雕着些竖直的条纹,与下面的柱子有些相似,只是小得多了。这三楞板的安排是这样的:每根柱子的上方必有一块三楞板,在两根柱子之间也必有一块,由于三楞板的面积相当小,所以在两块三楞板之间常会留下一段空白,这个空白当然不是空的,人们早把它用石块装好了,这就叫间板。在古希腊人看来,如果把这石块空白着,不在上面雕点儿什么,那真是罪过呢,就像浪费粮食一样可耻。于是,这间板就被用浮雕装满了,它们就叫排档间饰。

第三个地方叫中楣。中楣主要是对于伊奥尼亚式神庙而言的。它的位置与前面的排档间饰所在的位置一样,不同之处就是要把那些三楞板搬掉后才称得上中楣,至于它的形状,不难看出,是一块长条"▭"。

在神庙的这三个地方,山墙、排档间饰与中楣,希腊人必会用浮雕装饰起来。

· 科孚岛现在仍是希腊的旅游胜地,上面古迹遍布,风景优美

我们现在就用一些例子来看看希腊人到底用什么样的浮雕来装饰它们的。

山墙的装饰 第一部分是山墙。

由于山墙是钝角三角形，如何在这样狭小的空间适合地进行雕刻是个大问题，但聪明的希腊人巧妙地解决了它，我们来看两块山墙吧。

第一块是科孚的阿尔忒弥斯神庙山墙。

我们先从中间看起。山墙中间，顶角下面，是一个吓人的妖怪。只见它圆睁双眼，那脸虽然分明是正对着我们，但双手双脚又是侧面对着我们，它前后张开，那小小的腿似乎正在拚命地跑呢。这个家伙到底是谁呢？如果我们再看仔细一点儿，就会发现它的头发有点儿特别，好像是一条条的蛇。这下熟悉古希腊神话的人就会明白了，它就是女妖美杜莎，她的标志就是头发是一条条蛇。在她的左边，有一个站立的男人，右边有一匹长着翅膀的马，像要把前蹄搭到她肩上。这人与马便是美杜莎的两个儿子。由之我们可以知道作者所描绘的是什么了，是美杜莎被帕修斯杀死的情形。帕修斯是古希腊传说中的英雄，就像阿喀琉斯或赫拉克勒斯一样。他杀死美杜莎，割下她的头后，他们哥俩便从妈妈的脖子里跳将出来。

再往两边还可以看到两匹怪兽，一左一右地趴在美杜莎两个儿子的两边，好像要保护这两个刚出娘胎的小东西一样。它们位于三角形两边的中间。

现在我们来看最边上的两个锐角，它们也没有空着。对着我们左边，看得见一个人正在杀另一个坐着的人，最左边的狭角上还有一个人躺着，双手抱在胸前，显然已经死了。对着我们的右边，有一个人正在舞动着什么，把另一个人打得单腿跪下了，还有一个人躺在最右边，也像死了。两个角所描绘的也是两个故事，左边的一个是特洛伊陷落的故事，那坐着的人便是特洛伊王、大阔佬普里阿摩斯。右边则是讲宙斯与巨人族战斗的故事，那巨人一族是由天父乌拉诺斯的血化成

· 这块彩陶板来自叙利亚一座神庙的山墙，描绘的也是美杜莎正在生她的马儿子

◎ 艺术篇／第三章／神庙　253

的，他们前来向宙斯寻仇，被新神王宙斯打败了。这些我们在前面也已经说了。

从上面我们可以看出山墙浮雕的艺术特点，主要就是相当巧妙地利用空间的变化去雕刻人物，并且让人物顺着空间的变化而改变姿势与大小等。如中间的美杜莎是站着的，普里阿摩斯老王是坐着的，最边上的人就是躺着的了，他们的身体也由大至小改变着。这种如何巧妙地利用有限的空间进行最有效的创作是所有这些装饰性浮雕，包括后面的排档间饰与中楣，所面对的一个主要问题，也因此成了体现希腊人聪明才智的一个契机。这些用一句中国成语来说就是"因地制宜"。

第二堵山墙是有名的，它就是奥林匹亚宙斯神庙东面的山墙。

在这山墙中我们首先看到最中间站着一个人，他裸着上身，比所有其他人都要魁梧。他的右边是一个左手挂着长矛的人，只见他仰着头，右手叉在腰间，有点儿骄傲。他的右边是一个女人，再往右是个单膝跪地的男人，再往右是几匹马拉着的战车，马头冲着山墙中间，战车后面有一个人，似乎在拉着缰绳，他后面是一个蹲着的人，最后角落里是一个躺着的人。

我们再看那最魁梧的人的左边，依次是：一个挂长矛的人，似乎裸着身体；一个姑娘，稍垂着头，害羞的样子；一个小孩子，坐在地上；几匹马拉的战车，马头冲着中间；一个老人，坐在地上，一手扶着拐棍，一手支着腮帮子，像个沉思的哲学家；一个蹲着的人；最角上，一个躺着的人。

我们不难想到这上面所描绘的也是一个古希腊的神话故事。不错，它描绘的是威诺冒斯与柏罗普斯赛车的故事。柏罗普斯与他受到神罚的父亲坦塔罗斯及子孙的事我们在前面也比较详细地提过。相传威诺冒斯是埃利斯地方的国王，他引以为骄傲的是两样东西：几匹跑得飞快的战马和美丽的女儿。他相信世界上再没有其他跑得那么快的马，也没有他那么好的驭手。他公开宣称，如果有谁能和他赛马，并且能在他之前到达科林斯地峡而没有被他杀死，他就把女儿嫁给谁。有不少勇敢的青年人想来娶美貌娇娘，顺便把王位也弄到手。但他们都失败了，被这个老王给杀了。这时，柏罗普斯来了，他与国王赛马赢得了胜利，国王也给海神波塞冬弄死了。这山墙上描绘的就是赛马前的情景。

看看这面山墙，再与前面的比较一下，两者的高下一目了然。主要有两点：一是这面山墙不再把三个杂七杂八的故事硬凑在相对狭小的山墙上，而只讲一个故事，所以它就能把这个故事相当完整地呈现出来。二是美感，前面那山墙我们看了后很难说有很多美感，只有几个怪模怪样的东西。第二座山墙就不同了。人看它的第一眼就会感觉到它很美。具体地说，这山墙有一种静态的美，我们看到，那里的每个人物都像被凝固在一个优美的瞬间，每一个人都用他们的静态体现着一种深刻的美，就像一句诗中所言的"秋叶之静美"。

排档间饰和中楣的装饰 说毕了山墙，我们再来说说排档间饰。

排档间饰实际上只是一个长方形方块，面积不大也不小，要一个画家在它上面画一幅画说明一个故事的场景是再简单不过的事了。对于伟大的古希腊艺术家当然更是小事，我们不需多说，且来欣赏一个具体的排档间饰吧。

这个排档间饰与前面的第二个山墙一样，来自于奥林匹亚的宙斯神庙，雕刻的是一条牛与一个人在殊死搏斗。只见人面朝我们，右手紧紧地抓住牛尾巴，左手已经没有了，好像是抓住牛的一条前腿，他高仰着头，浑身每一片肌肉都显出惊人的力量，他后面的牛看上去也力大无穷，它高举牛尾巴，后蹄着地，两条前蹄奋起，又弯过头来，要用角狠狠地将这个胆敢惹它牛大爷的家伙撞个血窟窿。

这个排档间饰描绘的是赫拉克勒斯驯服克里特岛上的神牛的故事，这是他要完成的12件业绩中的第七件，关于赫拉克勒斯及其12大业绩我们在前面也都有比较详细的讲述。

这幅排档间饰艺术上给我们最深印象的是它的力度，我们从赫拉克勒斯和牛身体的每一个部分都可以看出惊人的力，这力仿佛是火山的岩浆，随时准备喷射出来。

比起排档间饰来，中楣的雕刻就要复杂一点儿了，由于中楣乃是一个长条，有的长达几十米，但宽度不过一两米，要在这样的地方优美且和谐地雕刻当然要难一些，至少雕刻的东西要多得多。

也许由于中楣的这个难度，又放在老上面，有几个人看得清呢？所以艺术家及其城邦都不大愿意花太大力气弄这个东西，认为这是哥哥背弟弟媳妇过河——吃力不讨好的事儿。

不过，也有一个例外，这个城邦的人不惜花费最大的力气去完成它，其原因我想是因为想将他们的神庙建筑得完美无比，好光耀他们的伟大城邦。

这个城邦大家不难猜到，就是雅典，为了将

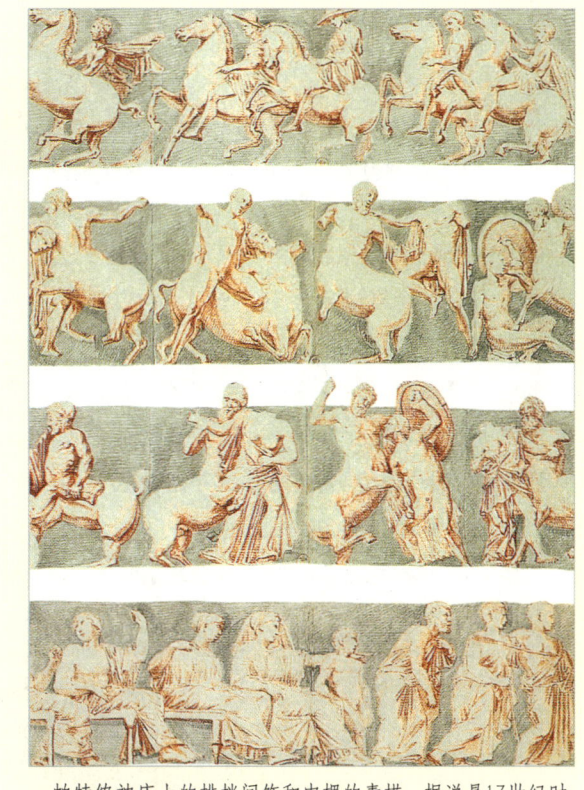

· 帕特侬神庙上的排档间饰和中楣的素描，据说是17世纪时的作品，那时的帕特侬神庙比现在要完整得多

他们的神庙弄成整个古希腊世界最了不起的神庙，他们甚至将难弄的中楣也弄得几乎尽善尽美。

他们的神庙当然就是雅典卫城上的帕特侬神庙了。

第四章
古希腊艺术之巅峰

雅典卫城巡礼

我们之所以要在这里将雅典卫城作为单独的一章来讲,其原因很简单,因为它不但是古希腊建筑艺术最杰出的代表,也可以说是整个古希腊艺术最杰出的代表。甚至可以说,当人们谈论古希腊艺术之时,在很大程度上谈论就是雅典卫城,就像人们谈论古希腊哲学时,很大程度上谈的就是苏格拉底、柏拉图与亚里士多德一样。

要了解雅典卫城,应当了解卫城的4个部分:第一部分是卫城所在的地理位置;第二是卫城的历史;第三是它整体的结构;第四是它上面具体的艺术品。我想,了解了这四点后,我们也就可以算了解雅典卫城了。

不过,关于雅典卫城的第一和第二项内容,即它的历史与现在的样子,我准备在后面讲希腊的地理,带着大家畅游希腊时才讲,我们在这里只讲第三和第四部分,即雅典卫城的结构与艺术,

· 远眺雄伟的雅典卫城

·远眺雄伟的雅典卫城

这才属于我们这一章应当讲的内容。

卫城的整体结构

这里我所介绍的雅典卫城乃是昔日被摧毁之前完整的卫城，我将它辉煌时的模样介绍给大家，因为正是那个卫城才代表了西方古典文明的最高峰。

完整的雅典卫城大体可以分成4个部分：

第一部分就是进入卫城时必经的大门。这是一扇很气派的大门，挺立着多利亚式的大柱，还有许多精美的雕刻。

第二部分是两座神庙，一座是奈基神庙，祀奉胜利女神奈基。

第三部分是另一座神庙，用来献给一个叫伊克瑞翁的希腊英雄。

第四部分即帕特侬神庙，献给雅典的保护神——智慧女神雅典娜。

这第四部分才是整个卫城的中心，甚至是整个古希腊艺术的中心，它代表着古希腊艺术黄金时代的最高成就。

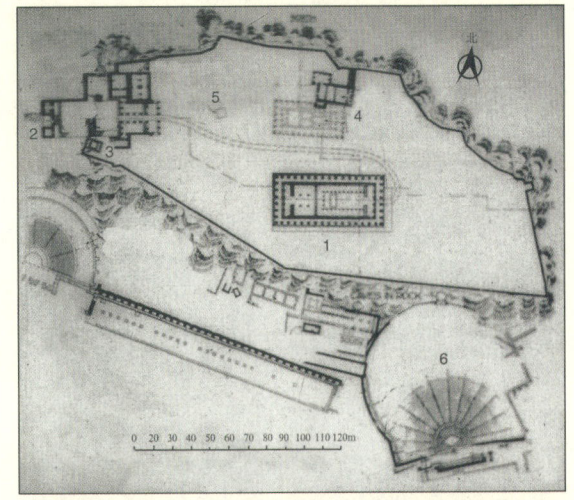

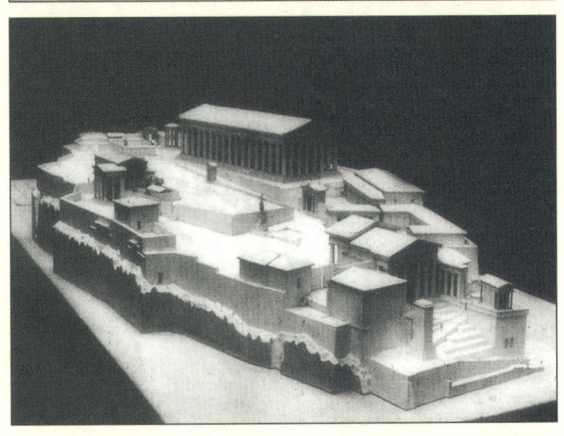

·雅典卫城平面图和复原图

◎ 艺术篇／第四章／古希腊艺术之巅峰　257

·卫城大门远眺

·胜利女神奈基神庙

雅典人修筑这4个部分时，没有破坏山的本来形态，而是依据其自然的起伏来修筑之，使得神庙与自然环境十分和谐。如此，建好之后，4座大建筑就错落有致地分布在整个山头之上。

最顶上是规模最大、也最重要的帕特侬神庙，它像一个天生的君主，君临卫城和整个雅典。在它的北面，稍下的位置上是比帕特侬神庙小得多的伊克瑞翁神庙。从伊克瑞翁神庙往西，也就是在帕特侬神庙的西北面，是奈基神庙，卫城大门就在奈基侧近。

我们现在来分别介绍一下各部分的大致结构，先从大门谈起。

一到卫城大门，迎面就是6根多利亚式的大柱子，高近9米，上面有水平梁和三角形的额梁。进大门后有一条宽敞的通道，它旁边有3对伊奥尼亚式柱子，通道两边以前都有建筑，其中左边建筑的墙上曾有古希腊著名画家波利格诺托斯的壁画，所以被称为"绘画馆"。

其次是与大门相距不远的奈基神庙，位于大门的西南端，它的设计师名叫卡里库拉斯，这是一座伊奥尼亚式建筑，神庙前后各有4根伊奥尼

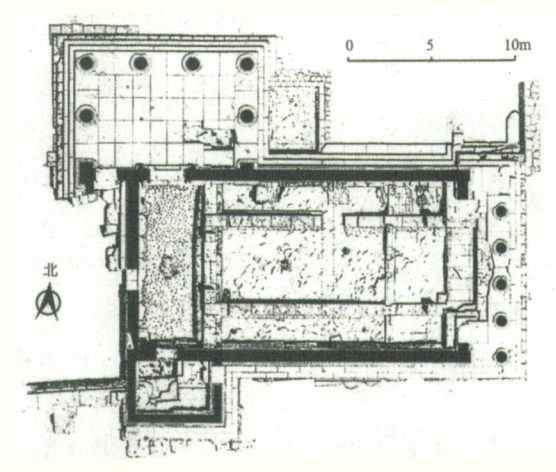

·伊瑞克翁神庙遗址平面图

·帕特侬神庙

◎ 艺术篇／第四章／古希腊艺术之巅峰　259

亚式大柱，由于上面的凹槽较深，反光能力很强。每天，在阳光照射之下，随着光线的西移，柱子也显现出奇妙的变化，十分有趣。在它的山墙与中楣之上精雕细刻着有关胜利女神奈基的故事，里面还有奈基美丽的雕像，引人入胜。

这些什么多利亚式、伊奥尼亚式，都是古希腊神庙石柱的建筑风格，有关古希腊建筑与雕刻的诸式样，以及一些专业名词，如水平梁、额梁等我们前面已经介绍过了。

奈基神庙之后是伊瑞克翁神庙。伊瑞克翁是传说中古雅典的王，他被埋葬于此。除了伊瑞克翁的事迹外，这里实际上也是帕特侬神庙的分庙，里面有雅典娜像，描绘她与海神波塞冬争当雅典保护神的情景。其建筑也极富特色：它不像一般建筑在平面上的神庙，而是建筑在两块高低不同的基石上。这使得它的各部分建筑顺着地形的差异显出高低大小的不同，而这又带来了柱子数量的不同。它的西面有3根柱子，与之相对的东面柱子足足多了一倍，南面也是6根，北面却只有4根。至于神庙内部，可以分成3间房子：西边房间里有一个长方形水槽，装的是盐水，以像征海水，供海神波塞冬享用；中间房子用来供奉波塞冬和伊瑞克翁；东面房间里有雅典娜像。

最后，我们来描绘一下最重要的帕特侬神庙。

也许大家心里早存着一个疑问了，为什么雅典娜神庙不像其他神的庙一样用其名字来直接称呼呢？而叫什么帕特侬。这个转换其实正反映了雅典娜在雅典人心目中特殊的地位，在古希腊语里，"帕特侬"就是贞女的意思，因此，帕特侬神庙意思就是贞女之神庙。这就是说，雅典娜不是一般的女神，而是贞洁的女神。

我们知道，古希腊的神们像凡人一样满脑子情欲，经常乱搞滥交，但这可不说明希腊人喜欢神们都像凡人一样放荡，相反，他们对那些贞洁

· 雅典卫城的柱子，您看得出它们有点儿斜吗？

的女神怀有更深切的敬意，而雅典娜便是所有女神中最贞洁的一个，于是雅典人便用帕特侬这个名字表达对这位贞洁的女神的特殊敬意。

帕特侬神庙是单排绕柱式建筑，即它的建筑外围只有一排柱子环绕。它的地基长约70米，宽约30米，大体上是多利亚式建筑，但也有伊奥尼亚风格的东西。它的绕柱是多利亚式的，前后各8根，左右各17根，直径近2米，高超过10米，这在多利亚式的柱子里是比较细长的一种。

帕特侬神庙的内部是这样的：它的长等于古希腊的100尺，所以又叫"百步殿"，左右两边各有两排与墙壁平行的柱子，西侧是一个放祭神用器皿的房间，由一些贞洁的处女来管理，名叫"贞女室"。

帕特侬神庙最有意思的建筑特色之一是很少用直线，例如它的地基并不是水平的，中间要高一点，它的正面绕柱，除了中间的两根是垂直的外，其他都有点向中心倾斜，各柱子的直径及柱子与柱子之间的距离也并不完全相等。但这一切不但没有使得整座建筑看起来零乱不堪，反而更显严整有度：那地基看上去仍是水平的，正面的绕柱看上去也是笔直的，柱子看上去也是一样粗的，柱子之间的距离看上去也是一样长的。

这就是建筑中的"视觉矫正"，它突出地显示了希腊人在他们的智慧达到高峰时，已经不但能尊重自然，而且能超越自然，并在这超越中达到与自然深刻的和谐。

山墙、排档间饰、中楣：处处是艺术的杰作

雅典卫城之所以了不起，其原因固然与它的建筑有关，但同样重要的是其装饰艺术的精美，这些装饰艺术作品体现了古希腊艺术的最高水准。它们现在虽然所遗无几，然其残存者的精美绝伦仍令千年之后的现代人惊叹不已，也令现代的艺术家自愧弗如，这情景有点像现代哲学家面对柏拉图或亚里士多德时的情形。

· 帕特侬神庙墙面浮雕

雅典卫城的装饰艺术品主要分两种：绘画与雕刻。绘画现已完全消失，所剩的只是"绘画馆"的名字而已。雅典卫城的4个部分都有雕刻，我们在这里要说的只是帕特侬神庙的雕刻，它足以代表整个雅典卫城的雕刻艺术。

帕特侬神庙外面三处地方有雕刻：山墙、排档间饰和中楣，最里面还有著名的雅典娜神像。

关于什么是山墙、排档间饰、中楣，我们在前面讲希腊古典时期的建筑艺术时已经说过了，可以去参考一下，我们现在来看看帕特侬神庙上这3处的装饰。

第一处是山墙。它的命运我们在上面已经说过了，那个威尼斯大军的统帅想把上面的波塞冬雕像拆下来做战利品，但工人在把它拆下来后，一个不小心，将它摔得粉身碎骨。所以我们现在没办法看到它——除了在大英博物馆里那个可怜的没了手、脚和头的河神。我们只能依据一幅大约作于17世纪的素描来看它。可以相信这素描是真的，因为那时整个山墙还完好无损地立在屋顶上呢。

这山墙的素描已经有些模糊了，从上面我们可以看到这样一些东西：最中间有两个人，一个是高大魁梧的裸体男人，另一位是穿着传统古希腊服装的女士，男左女右。女人的右边有一匹马，举起双蹄对着她，像要把她蹶一蹄子。马屁股后面是一些人，不断地变小，不断地把腰弯下去，最后一个人则干脆躺着。男人的左边也是些类似动作的人，也在不断地缩将下去，直至躺到角落里。

它所雕刻的是个有名的神话故事：雅典娜与海神波塞冬争当雅典城保护神的故事，这个故事我们在前面讲古希腊人的文学时已经说过了。

与一般神庙的山墙不同的是，帕特侬神庙的山墙特别大，至少要20个人才能将它填满，要把这20个人安排在如此狭小的空间里，并让每一个人都显得自然可不是容易的事，但在帕特侬神庙的山墙上做到了这一点，而且做得几乎完美无缺。

首先，它的人物该站的站，该坐的坐，该大的大，该小的小，无一不自然而合理。从每个雕

· 神庙美丽的女像柱

像看，例如那可怜的河神，虽然它的位置只是山墙的最角落，也最不重要，但如果把它单独列出来——像现在在博物馆里的情形一样，会感觉它并不是一个不重要的人物呢。但见它只剩下躯干的身体上，每一块肌肉都被精雕细琢了出来。

现在我们来看看雅典卫城的排档间饰。前面已经谈过排档间饰是怎么回事，它是块长方方形的石板，分布在神庙外墙的四周。在帕特侬神庙，这样的排档间饰有近百块。现在留下来的只是南面墙上的几块，打这几块上我们可以看到每块有一个人和一个人首马身的家伙在打架。这种人首马身的东西在古希腊是很有名的，有好的也有坏蛋，好的则帮助人类，如歌德在《浮士德》中提到过的喀戎。坏蛋则专门与人类为敌，它们最大的特点是好色，专抢人间美女。也爱喝酒，喝完酒后就撒酒疯。排档间饰描述的就是这类故事。例如有一次，一帮伽勒底人正在喝喜酒，一帮这样的怪物来了，他们不但抢酒喝，还要抢新娘子，于是迦勒底人便与他们干起仗来。

在一块排档间饰上，我们看到，一个本来披着件袍子的人，他的袍子已经掉到臂弯下去了，他面对着我们，双手后仰，几乎一丝不挂。他用左手揪住怪物的头，怪物扬起前蹄，奋力挣扎。人和怪物的脑袋都不见了，但像前面的河神一样，从这剩下的躯体上仍可以看到古希腊艺术巅峰期间雕像的艺术特色：这些雕像既符合严格的解剖学要求，具有强烈的自然主义色彩，同时它所描绘的躯体并不是实实在在的人的躯体，而是一种理想的人的躯体，是力与美完美的结合。

再说中楣，中楣上的雕刻原本长达近160米，高约1米，现在留下来的还不少，它所刻录的就是雅典人最重要的节日——泛雅典娜节游行的情景。以东面为中心，这里坐着此次游行的主角——雅典的守护神雅典娜，还有她的父亲万神之王宙斯，以及诸位神灵。神们的两边是祭司们，再往两边则是人间的头面人物和美丽的贞女们。游行从西面开始，这里的人们已万事俱备，只等起程，到了南面和北面，人们已经开始游行了，队伍浩浩荡荡向前挺进。

游行队伍的大致路线是：从西面出发，兵分两路往南北两面挺进，最后汇合到东面。在这里，他们终于看到了雅典人的保护神——雅典娜，但见她，这位集贞洁、智慧、美丽与勇敢四美德于一体的女神，从容地坐着，仿佛太阳一般闪射光焰。

除雅典娜外，这里还有大量人物、马匹和各

· 菲狄亚斯的雅典娜雕像复原图

式各样的物件，据说人物多达500人，马也超过100匹，他们如此众多，排在相对狭小中楣上却并不显拥挤。再看细节，尽管人物非常之多，然而每个人的每根头发都不是草草而成的，雕刻家似乎有的是时间，慢条斯理地把数不清的人物一个个细细雕来，把它们叠加在一起，显出惊人的华丽与解剖学般的精确。

正是在这里，古希腊艺术达到了它的顶点：将艺术美、自然美与人类的群体美融为一体。

以上就是雅典卫城的复原图了，也是古希腊艺术巅峰时期的形状。

古希腊最伟大的艺术家

关于菲狄亚斯的生平我们知之甚少且相互矛盾，他可能出生于公元前480年，逝世于公元前430年左右，是雅典人，可能是一个叫赫吉亚斯的人的弟子。他一生先在希腊各地漫游，到过许多地方，如德尔斐、底比斯、奥林匹亚等等，在那些地方搞雕刻。一方面由于他是当时公认的最伟大的雕刻家，另一方面由于他同伯利克里是好朋友，他被伯利克里聘为雅典卫城的艺术总监。雅典卫城所有的装饰艺术品都是在他的指导之下完成的。

不过，雕刻如此之多，当然不可能是他一个人完成的，甚至于没有一件是他独力完成的。这就产生了关于菲狄亚斯的一个怪圈：一方面有无数的艺术品挂着他的名号，他被称为艺术家之王，另一方面现在却找不到一件作品，哪怕像样的复制品，能够证明的确出自他之手，以让我们看到他的伟大。所以我们现在也只能"据传说"来描绘几件他的艺术作品：

他的第一件是奥林匹亚的宙斯神像，据说这件描绘万神之王宙斯的雕像高达近20米，内用青铜铸造，外用象牙作皮肤、黄金做衣服，曾被称作古代世界的第七大奇迹——也是唯一一座由个人创造的奇迹。

第二件是《列姆诺斯岛上的雅典娜贞女像》，这尊青铜雕像虽只有真人大小，但极其逼真，并且把人物的内在精神魔术般地赋予了雕像，这种将人的灵魂与精神赋予雕像，使之具有神奇的生命力正是传说中菲狄亚斯作品的主要特色，也是

卫城雅典娜像的古罗马复制模型

他能够超越于后世、他人的地方。

第三、第四、第五件就都与雅典卫城和帕特侬神庙有关了，分别是雅典卫城露天广场上的雅典娜神像、帕特农神庙上的装饰浮雕以及里面的雅典娜神像。

雅典卫城露天广场上的雅典娜神像据说高达9米，用青铜铸成，手执长矛，既像一位伟大的战士，又像一位含羞的美女，是两者巧妙的结合。

帕特侬神庙的装饰浮雕我们刚才已经说过了，现在我们要说的是帕特侬神庙内的雅典娜神像。

这也许是菲狄亚斯最有名的作品，也是整个雅典卫城最著名的艺术品。我们现在只可以看到它的一个模型了，而且是一个弊脚的模型，根本谈不上有原作的艺术魅力，只能通过它看看那如此著名的杰作的大致形状。

· 雅典卫城的雕刻，可以隐约看出菲狄亚斯作品的细腻与逼真自然

从这个模型上看，雅典娜的装束间于红装与武装之间，她头戴三角帽，每个角都是个小雕像，表情泰然，胸披铠甲，身着古希腊民族服装，胸脯像飞机场一样，毫无女性的特征，左手置于盾牌之上，盾牌上雕刻着希腊人与亚马孙人作战的情景，据说上面还包括伯利克里和菲狄亚斯自己，两人正以手中之武器向敌人投去。雅典娜右手托着一尊长着翅膀的胜利女神像，脚下是一个台座。

说实在的，虽然雅典娜神像被传得神乎其神，但从这个模型可半点也看不出来，它甚至连一个三流雕刻家的作品也比不上。

但据说其原作的确是惊人的，它高达12米，内部用青铜或木头雕刻而成，外面露出皮肤的地方以象牙雕刻，显得洁白无比，外面的衣服则是不折不扣的金子，是货真价实的金缕衣。

许多书上说，菲狄亚斯以他卓绝的天才，加上充裕的物质条件，终于创造出了前不见古人，后不见来者的震古铄金的巨作，攀上了古希腊艺术的巅峰！

那么，攀上了艺术之珠穆朗玛峰的菲狄亚斯命运又如何呢？是否躺在满身荣誉上过他的快乐日子呢？

不！远非如此。雅典卫城竣工后不久，他便被逮捕了，罪名是贪污了用来给雅典娜做衣裳的黄金，当然这个罪名是莫须有的，但他依旧被送进了监牢。为了证明自己的清白，菲狄亚斯脱下了雅典娜身上本来就可脱下的金缕衣，一称，与原来的金子等重，这才得以洗脱罪名。然而不久他又因为将自己和伯利克里的像雕刻在雅典娜的盾牌上而被控亵渎神圣，再次入狱。

此后他的命运就不可知了，有人说他就此死在狱中，有人说他被奥林匹亚人赎了出来，帮他们雕刻前面提到的伟大的宙斯神像去了。

但不管怎样，菲狄亚斯被雅典人逮捕了却是大家基本认可的事实，这不由令我们想起了前面说过的3位伟大的雅典人：苏格拉底、柏拉图与亚里士多德，他们都有过一个共同的命运——被雅典人迫害。

这些伟大的希腊哲学家与艺术家的共同命运又使我想起了希腊人的命运——他们进行了伟大的创造，他们的创造乃是西方乃至整个人类的巨大财富，然而它们却并没有给它们的创造者带来什么好处，相反，在创造成功之后不久便是创造者们失去自由之时。长达2000年之久，希腊人历经了各式各样主人的统治，罗马人、拜占庭人、奥斯曼土耳其人，却从来没能成为自己的主人，他们一度那么光辉灿烂的艺术也湮没在希腊大地的荒山野草丛中。

· 19世纪末一群发掘者在古希腊的遗址上

第五篇·科学篇
The Story of Science No.5

与哲学、文学与艺术比起来，古希腊的科学就显得差之远矣，因为我们今天仍可以津津有味地谈论古希腊的哲学、文学与艺术是何等的伟大，令人高山仰止，然而科学就不可以这样了。当今天的哲学家、文学家、艺术家在面对古希腊的哲学、文学与艺术的杰作时时自叹弗如、自惭形秽时，今天的科学家则大可以洋洋得意地说：古希腊的科学算什么，我们超过他们不知道多少倍了！

然而，这并不是说古希腊的科学真的不值一提，绝对不是如此。因为科学就像房子一样，哪怕百米大厦也是从地基开始一步步地建上来的，就如荀子所言：不积跬步，无以至千里；不积小流，无以成江海。

现代西方科学正是在古希腊的科学成就之上一步步地发展起来的，古希腊人不但是哲学、文学与艺术的天才，同样是科学的天才，他们在天文学、物理学、数学、地理学、生物学等方方面面都取得了巨大的成就，发现了许多基本的科学原理与定律，它们今天仍然犹如高楼大厦的地基一般，是各门自然科学必不可少的基础。

第一章
何为宇宙之中心？
古代希腊的天文学

科学一词在英语里称为"science"，它的意义大家都明白。但实际上这种理解并不精确。科学，其本来的意义乃是整个知识系统，包括人们对于世界的一切认知，不但包括有关自然万物的知识，也包括有关人类与社会的知识，不但包括物理化学，而且包括哲学文学，这些都可以谓之为科学。前者就是自然科学，后者就是人文与社会科学。这样才是对科学的完整理解。不过，因为某种原因，很可能只是习惯的原因，现在人们一般只将知识的某一部分，即有关自然事物的自然科学，谓之为科学，而将人文与社会科学从科学中划了出去，不再称其为科学。

这种划分法不但在中国、在汉语里如此，在西方也是如此。在西方的"专业科学语言"拉丁语中，科学即Scientia，它来源于Scire，即学或知，其本来意义即学识或者知识，所有的学问与知识都可称为"Scientia"，在德语里它的对应词是"Wissenshcaft"，也是同一个意思，在我们所熟悉的英语里，它即"science"，其本来意义还是这样。不过，像在汉语里一样，日常所称的"science"专门指有关自然的知识，即"natural science"，就是自然科学，这也就是我们在这里所称的科学。

·今日亚历山大港，它是古代希腊科学研究的中心

古希腊科学发展的一般线索

在古希腊，科学与哲学是不分家的，大部分哲学家同时又是科学家，几乎所有的科学家同时又是哲学家，在这些人中我们最为熟悉的也许是德谟克利特的原子说了，他以为世间万物均由原子组成，它的详情我们在前面已经说过了。千载之后，他的学说竟被现代物理学的发展得到了相当的确认，被证明有着惊人的准确度。

除德谟克利特外，古希腊还有许多伟大的科学家兼哲学家，例如数学家毕达哥拉斯，他对数字有一种近乎崇拜的喜爱，他认为只有数才是和谐的、美好的。他找了各种各样的数，如长方形的数、三角形的数、金字塔形的数等，它们都由一些数目小块构成，具有美的形状。他还认为10是最完美的数，因此天体的数目也应当是10。并且硬是臆造了所谓第十个天体"对地"。毕达哥拉斯最伟大的成就是发现了勾股定理。

除了这两位外，古希腊著名的科学家还有天文学家菲劳洛斯、医学家科斯岛的希波克拉底——他被尊为西方的"医学之父"，等等。

这些伟人之后，古希腊出现了另外3个更伟大的人物，就是我们熟悉的苏格拉底、柏拉图和亚里士多德了，特别是后两者，除了是伟大的哲学家外，同样是伟大的科学家。例如柏拉图，在他的"阿卡德米"里大教数学，包括算术、平面几何、立体几何等，另外还有天文学和声学等课程。在阿卡得米的大门口刻着这样的话：

不懂几何学者不得入内。

亚里士多德则是比乃师柏拉图更伟大的科学家，甚至可以说他主要是一个科学家，其次才是哲学家。因此，在亚里士多德的思想中，内容最丰富的不是形而上学的玄思，而是富于科学精神的观察与研究。亚里士多德将他的目光投向了整个自然界，把自然界的万千个体当作自己的研究对象，试图从中寻求知识与真理。在他的学园吕克昂，教学的主要内容不是阿卡得米的数学与政治，而是倾向于生物学、天文学、物理学等自然科学。

据杰出的罗马博物学家、《自然史》作者普林尼记载，亚里士多德手下有大批研究助手，包括为他抓各种动物的猎人、栽培植物的园艺工人、从海里捕捞各种海生动物的渔夫，加上其他辅助人员，达上千之众。他们不单在吕克昂里为他服务，而且遍布从希腊、小亚细亚直到埃及的广大地区。我们不难设想这些人可以为亚里士多德找到多少花鸟虫鱼、飞禽走兽，亚里士多德凭这些东西建立起了古代世界第一座大动物园和植物园，他的许多伟大发现也是从这些动植物身上得

· 亚历山大城的古迹

希波克拉底头像和希波克拉底誓言，现在西方的医生从业前都要据此宣誓

来的。

在亚里士多德的诸多著作中，有相当一部分是有关于科学的，如《物理学》、《论天》、《论生成和消灭》、《论宇宙》、《天象学》、《论感觉及其对象》、《论记忆》、《论睡眠》、《论梦》、《论呼吸》、《论颜色》、《动物志》、《动物的进展》、《论植物》、《论声音的奇异》、《机械学》、《论不可分割的线》，等等，多得很。从它们的名字我们就可以看出其研究领域包括天文学、气象学、动物学、植物学、生物学、生理学、声学、机械学、数学、物理学，等等。这些学科中的一大部分实际上就是由亚里士多德本人创立的，如动物学、植物学、物理学、生理学，等等。

关于亚里士多德的自然科学思想，我们在前面讲他的哲学时已经说过不少，例如他认为地球是宇宙的中心、关于第一推动的思想，等等。当然，那里谈得最多的还是他的哲学思想，如果您对亚里士多德感兴趣，可以去参考一下。

自从亚里士多德之后，古希腊文学、艺术与哲学就趋向衰落了，科学却不尽然，仍得到了相当的发展。只是这个时期的中心不再是雅典，而是埃及的亚历山大港。

亚历山大是位于埃及北部、濒临地中海的一个港口，一度是古代西方最富庶文明的地方。在这里活跃着许多伟大的科学家，像物理学家阿基米德、数学家欧几里得、解剖学家希罗菲卢斯，等等，他们使古希腊的科学进入了另一个高峰期，这个时期大致与所谓的希腊化时代一致，即从公元前3世纪到公元前2世纪左右。

这一时期之后，西方历史进入了另一个时期，即古罗马时期。不过，古罗马的科学同它的文学与艺术一样，大体是希腊人的翻版，而且远没有希腊人来得伟大。古罗马的科学著作是用拉丁语写成的，这个时期著名的科学家有卢克莱修，他的《物性论》既是伟大的哲学著作，也是伟大的科学著作。还有普林尼，他的《自然史》，或者译作《博物志》，是古罗马最伟大的科学著作，其中天文、地理、农业、医学等无所不包，最丰富的是生物学知识，整个第七卷到第十九卷都是介绍各种动植物的。动物中有各种哺乳动物、爬行动物、水生动物、鸟类，等等，当然也包括咱们人这种高级动物。植物的内容也同样广泛，甚至还谈到了各种矿物。一句话，凡我们这本书里所要论及的六大基础学科，它几乎无所不包。

我们知道，自然科学有六大基础学科，即天文学、地学、生物学、数学、物理学、化学，以

◎ 科学篇／第一章／何为宇宙之中心？　271

后，我们在讲西方各国的科学发展时，大体讲的就是这六大学科的发展。当然，不可能一一讲来，而只有当这个国家在这一领域出现了伟大的科学家、取得了伟大的成就时才讲，例如在古希腊出现了伟大的物理学家和数学家阿基米德，在英国出现了伟大的牛顿，如此等等。

在这六大基础学科中，天文学也许是第一个发展起来的，至少是最先发展起来的学科之一。

在古希腊，天文学与哲学是双胞胎

我们知道，古希腊第一位哲学家是泰勒士，他认为世界的本原是水。这位泰勒士不但是哲学家，还是天文学家，甚至称得上是古希腊第一位天文学家。他从埃及人和美索不达米亚人那里学到了许多科学知识，尤其精通天文学。最著名的传说是他曾利用自己的天文学知识制止过一场战争。

那时小亚细亚的美地亚人和吕底亚人之间爆发了残酷的战争，一直持续了5年，还没有平息的迹象。泰勒士看到老百姓受尽战争之苦，决心用他的天文学知识来让双方罢手。

一天，他跑过去告诉双方，神反对他们的战争，将会在某天用暂时夺走太阳的方法来惩罚他们。果真，到了那天，大白天时太阳突然慢慢从天空消失了，大地顿时像黑夜一样。吓坏了的吕底亚人和美地亚人立即化干戈为玉帛，好让神不要永远夺走他们的太阳。泰勒士之所以能这样"通神"，就是利用了自己的天文学知识，预知在

· 古画中的亚历山大城

那一天将会发生日食。

泰勒士以后，古希腊天文学发展更快，涌现了一大批杰出的天文学家。这些人的名字都很熟悉，就是我们在前面讲过的那些古希腊哲人们。

对这个现象大家当然不会感到奇怪。因为在古希腊几乎所有哲学家同时又是科学家，他们尤其通晓天文学，并且像有自己的哲学观念一样有独特的天文学理论，毕达哥拉斯、赫拉克利特、柏拉图、亚里士多德，等等，无不如此。特别是毕达哥拉斯，他在天文学与数学上都有很大贡献。例如他发现大地是球形的，理由之一是如果在大海上眺望远方驶来的船儿，一定会先看到它的桅杆。这个方法直到现在都是证明地球是一个球的最方便的办法。

至于亚里士多德的天文学思想，我们在前面讲他的哲学思想时已经专门讲过。

亚里士多德的这个思想曾经深深地影响了西方人对宇宙的观念。

亚里士多德首先把整个宇宙天体分成好多层，各层天体都是完美的球形，越往上天体就越神圣，创造世界的神处于最高一层的天体。

地球是宇宙的中心，太阳、月亮等其他所有天体都在绕地球转圈子。

以月亮为界，月亮以上的所有东西都是无死亦无生的，按佛家的话，都脱离了生死的寂灭轮回，"涅槃"了。

月亮下面的东西则有生有死，地球上的万物，包括我们人，是月亮下面的，自然都属于有生有死之列。

亚里士多德还认为，宇宙万物都是由5种元素构成的，这5种元素分别是：水、火、土、气和第五元素。

以月亮为中心，月亮以下的所有东西都是由水火土气4种元素构成的，月亮以上的其他天体则是由第五元素构成的。

水火土气4种元素不是永恒的，它们彼此相克相生，有重有轻，如火是最轻的，所以它总是向上运动。土是最重的，所以它总是往下掉。气比较轻。水比较重。

这些理论现在看来只能用一个词来形容：胡说八道。但却统治了整个西方人的思想近千年之久，并且这种统治远非仅仅是思想控制，而是残酷的肉体暴政。罗马教会运用宗教裁判所，对胆敢怀疑伟大的亚里士多德的人进行残酷斗争、无情打击，伟大的物理学家伽利略就因为反对亚里士多德被害得很惨！

当然我们不能说是亚里士多德这么坏，可以相信倘若亚里士多德自己是罗马教皇，他决不会将反对他的人烧死。我们也不能怪亚里士多德没有提出正确的宇宙论，应该说，在他那个时代提出这类学说是完全正常的，虽然也有人提出过日心说，但那与地心说一样，只是瞎猜。可以打个比方说，那些天文学家们是爱用抛硬币来赌博的人，他们用字一面代表地心说，以国徽一面代表日心说，亚里士多德猜了字一面，便选择了地心说，而毕达哥拉斯猜了国徽一面，便选择了日心说。

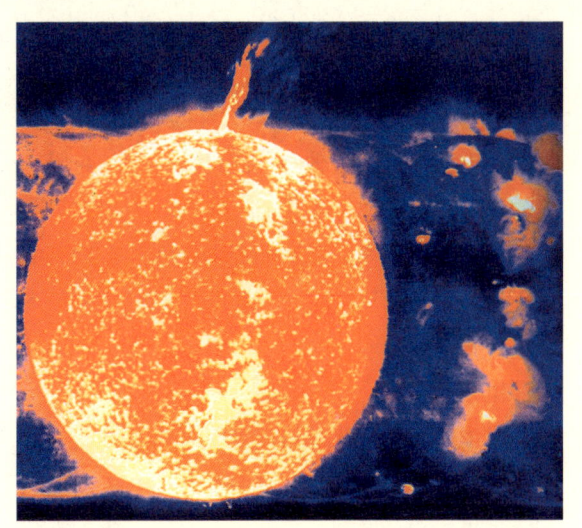

· 太阳和它的热辐射乃是地球的生命之源，这也许是原始日心说的起因

◎ 科学篇／第一章／何为宇宙之中心？

日心说起源于古希腊

除了上面那些，对于古希腊的天文学，我们听说最多的就是日心说与地心说了，这两者可以看作是古希腊天文学思想之神髓。

在天文学诞生之后，人类面对的第一个大的天文学问题就是哪个是宇宙的中心，地球还是太阳？关于这两个观念的争论很早以前就开始了，并成了古希腊天文学思想的主要脉络。

我们先来看日心说。

顾名思义，日心说就是认为太阳是中心的学说。特别要指出的是，这里的中心乃是整个宇宙的中心，也就是说，日心说认为太阳，而非任何别的天体，乃是整个宇宙之中心，除此之外的任何天体，包括地球与所有其他星星都在绕着太阳旋转。

在古希腊日心说的提出者是阿里斯塔库斯。

阿里斯塔库斯是希腊人，生于爱琴海上的萨摩斯岛，与毕达哥拉斯是同乡。关于他的其他情况现在所知极少。只知道他大约活动于公元前3世纪，曾因为自己的信仰被控罪。那使他受罪的学说就是日心说了。他认为，太阳乃宇宙之中心，它是寂然不动的，地球在绕太阳运转，同时地球还在绕自己的轴旋转。地球每年绕太阳转一圈，同时每天又绕自己的轴转一圈，这就是年与天产生的原因。据说他一生写过许多书，但现在只有一篇短文留传下来。他的思想主要保存在别人的著作里，特别是伟大的数学家和物理学家阿基米德的一本讲数学的妙语连珠的小册子《沙粒的计算》里。

阿里斯塔库斯还是第一个正儿八经地测量太阳、地球与月亮三者之间相对距离的人。测量的方法是用角距。例如，他设想月亮在上弦、下弦时，太阳、月亮、地球之间应当形成一个直角三角形，这样，只要再测量出另一个角，就能测量出三者之间的相对距离了，也就是距离之间的比值。他测量出地球与太阳及月亮之间的角距是87°，这样就算出了太阳与地球之间的距离是月亮与地球间距离的约20倍。他还用相似的方法测量了三者的体积，得出的结果是太阳的直径是地球的7倍，体积是地球的350倍。不用说这些结果都很不准确。但我们也应该看到，阿里斯塔库斯这个方法所基于之的理论却是正确的，结果不正确只是因为当时还没有必需的测量仪器使他能够得到可靠的测量数据而已。

阿里斯塔库斯的日心说虽然比地心说要正确得多，但当时根本没有得到应有的承认，相反，得到承认的是与他的理论截然不同的地心说。其原因十分简单：日心说与我们站在地球上的人所看到的景象不符。

我相信，因为这个原因，如果您对一个没上过学、不懂得科学的文盲说太阳是中心，地球是绕着太阳转的，他一定会哈哈大笑，说你瞎扯，明明太阳不是在天上绕着地球转吗！

地心说乃是古希腊天文学的最高成就

与日心说相对，地心说就是认为地球是中心的学说。它认为地球是静止的，太阳、月亮、行星等都在绕地球转动，而且转动的轨道是正圆且匀速的。

地心说在古代很长一段时期里牢牢统治着西方人的思想，被认为是理所当然的，就像我们今天认为太阳是太阳系的中心一样理所当然。

地心说的提出者与倡导者就不止1个了，主要有3个大家：欧多克索斯、喜帕恰斯、托勒密。

天文学家兼雅典立法官　3人中欧多克索斯的年龄最大。他大约活动于公元前4世纪上半叶，出生于小亚细亚的尼多斯。他不是亚洲人，而是希腊人。又名尼多斯的欧多克索斯，除他外古代还有另一个基齐库斯的欧多克索斯，是一个著名的探险家。

据说欧多克索斯家里并不富有，本来上不起学，一位有钱的医生看到他天资聪颖，就给了他一笔钱，使他能到雅典就学于著名的柏拉图学园。他是柏拉图的亲传弟子，学到了当时最先进的哲学与数学知识。后又游学埃及，从那里获得了天文学知识。

他在基齐库斯地方办过一所学校，后来又到了雅典，弃教从政，成为了不起的雅典立法官，受到全希腊的尊敬。公元前350年他逝世于家乡尼多斯。

欧多克索斯被尊为古希腊柏拉图时代最伟大的数学家和天文学家，他在两个领域内都取得了光辉的成就。

欧多克索斯可能是最先发明计算日地与月地真实距离的方法的人，只是数据像阿里斯塔库斯的相对距离一样不准确。他最有名的成就是设计了一个模型，用来解释天体运行的规律。

在欧多克索斯的模型里有27个球：太阳和月亮各3个，5大行星各4个，恒星一个，地球居于所有这些球的中心，但它是静止的，不算作一个球。我们要注意的是，这27个球可不是一个个并列的球，它们全部共用一个球心，像洋葱一样。

这些球都环绕地球旋转，但每层都有自己的旋转轴，也有自己的旋转方向。这样，根据不同的需要将它们的旋转轴调整到不同的位置就能够对当时人们所了解的许多天象进行比较合理的描述。至于具体如何描述，那可复杂得很，我们没有必要去懂，反正在今天看来都是瞎扯。

奇妙的本轮与均轮　欧多克索斯之后是喜帕恰斯。

喜帕恰斯是小亚细亚的尼西亚人，那里今天是土耳其的伊兹密尔港。对于他的出生时间现在还是一个疑问，但一般相信他大概生于公元前194年左右，死于公元前127年左右。

喜帕恰斯把他的许多时间都花在罗得岛上进行天文观测，并且取得了当时最丰硕的成果。他还不止一次地去过埃及，那里的亚历山大港已经成了西方科学研究的新中心。

据说喜帕恰斯曾写过多达14本著作，现在只有一本完整地流传下来。不过他的许多思想都记录在了托勒密的著作里。托勒密的名著《天文学大成》里有许多东西都来自于喜帕恰斯，并以喜帕恰斯的观测作为他立论的基础。

· 这就是罗得岛，山顶上比较适合天文观测

喜帕恰斯对天文学有多方面的贡献。例如他发现了岁差。制作了一张包含近千颗恒星的星表，表上相当精确地确定了诸星的位置与亮度。他还找到了求日地距离与月地距离的新方法，他又发明了以经纬度来测定地球上不同地点位置的办法，等等。他在数学和地理学方面也卓有建树。总之，他称得上是古希腊除托勒密之外最伟大的天文学家。

喜帕恰斯最重要的思想是他的地心说。

前面我们谈到欧多克索斯制作了一个地心说模型，那个模型虽然能够说明一些现象，但缺点也是明显的。例如依那个模型，天上的行星是只能进不能退，更不能停住不动，然而实际上却很容易观测到行星并不是这样运动的。因此这个地心说模型要改进，喜帕恰斯就提供了一个这样的改进模型。

这个模型的首要特点是有了本轮与均轮，它们将成为以后地心说的基石。

什么是本轮与均轮呢？喜帕恰斯认为，天体们在绕地球旋转时，并不仅仅作一种圆周运动，而是有两种：一种是环绕地球的圆周运动，这个运动的轨迹叫均轮，均轮的核心当然是地球。除此之外，天体们还有另一种运动——本轮运动。这就是说，天体并非直接绕地球进行圆周运动，而是直接绕一个小得多的圈子进行圆周运动，这个圈子就是本轮，其圆心的轨迹就是均轮。还有一点要强调的是，虽然地球处于均轮的核心，但并不位于圆周的圆心，而是有点儿偏离圆心。这样，当行星、太阳、月亮等运动时，由于有了本轮与均轮两种运动，就一下产生了许多复杂的运动现象，原来解释不清的行星的各种胡乱进退就能够得到解释了。对于月亮、太阳与行星在天上不同的运动特征，喜帕恰斯还根据这个模型提出了各种至少听上去有理的解释。

托勒密站在古希腊天文学发展的顶峰 上面两位古希腊天文学家都不是我们很熟悉的，托勒密就不同了，他的名字我们在中学时就久仰大名了。不过在西方历史上有名的托勒密多得很，足有10多个，大都是统治埃及的托勒密王朝诸帝，这个天文学家被称为"亚历山大港的托勒密"。

· 古代插图画中的托勒密

这位亚历山大港的托勒密是古代西方最伟大的天文学家，也是最伟大的科学家之一，他在科学界的地位犹如亚里士多德在哲学界的地位，在漫长的从古代到中世纪的千年岁月里无人敢与之比肩。

令人遗憾的是，虽然托勒密在西方科学界的地位如此之高，但我们对于他的生平所知甚至都不如前面几人。

首先，我们现在还不能确切知道他是什么地方人。有的书说他可能出生于埃及的托勒密城，这也许是从他的名字衍生出来的，也有人说他生于一个叫锡贝德的地方。然而《不列颠百科全书》、《美国百科全书》和《中国大百科全书》对这个问题均没有回答，因此那些答案自然不足为凭。可以肯定的仅仅是，托勒密是埃及人，他的科学活动也主要在埃及的亚历山大城进行。但他并不是埃及血统，讲血统而言他是希腊裔，讲政治身份而言他是罗马公民——在那个时代，这就标志着他是一个出身好且有相当社会地位的人。

他的出生与逝世年份同样不详，一个可能的数字是生于100年，逝世于170年。唯一可以断定的是他活跃于公元2世纪上半叶，因为在他的基本著作《天文学大成》里记载了他的天文观测记录，最早的一次是127年，最晚的一次是141年，并且是在亚历山大城完成的。这时正是罗马帝国强盛无比之时，著名的贤帝哈德良在位。

托勒密是一个多产的作家，仅仅流传到现在的著作就有14卷。其中最有名的是《天文学大成》、《地理》、《光学》，尤其是前两者，在千年岁月里都是西方人的"科学圣经"。

我们这里只谈他的《天文学大成》，它既是古代西方最伟大的天文学著作，也是最伟大的科学著作之一。

《天文学大成》在中文里有许多名字，有的译为《至大论》，有的译为《天文集》，等等。它有两个主要特色：一是用数学来解释天文学现象，并力图为诸天文学现象建立一个数学模型，使之可以通过这模型得到明晰的了解与解释。二是论述清楚，逻辑严密，在语言文字上也是不可多得的珍品。

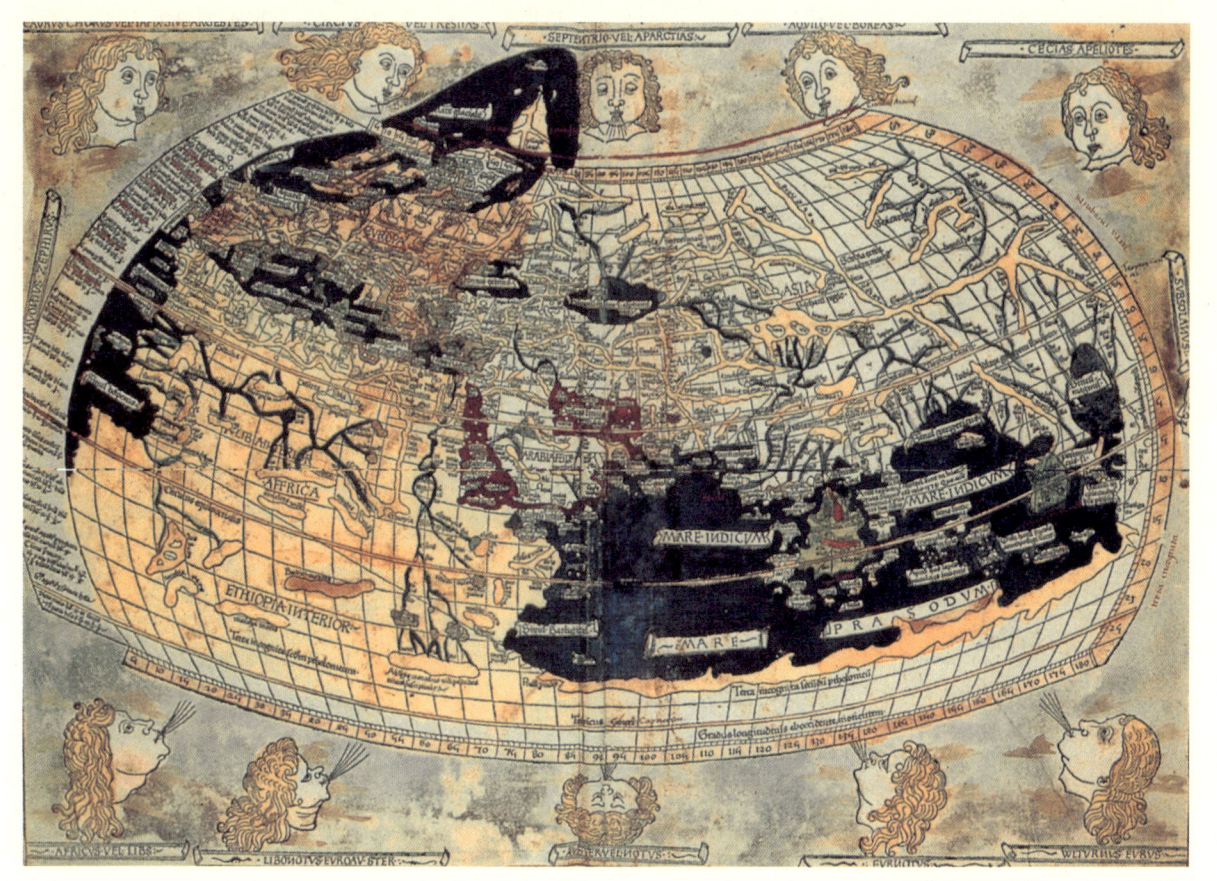

· 托勒密《地理学》上的一幅地图

◎ 科学篇／第一章／何为宇宙之中心？

《天文学大成》全书共分13卷，第一、第二卷是绪论。第一卷主要论述了他对于天地的总的观念以及他所运用的数学方法。其基本观念是地球乃宇宙之中心，也就是他的地心说。第二卷是一些基本定义和基础理论，还包括了一张表格，根据这个表格就能够计算某天在某纬度上白昼的长短。第三卷阐述了太阳的不规则运动和一年的长度。第四卷论述月亮的运动和每个月的长度，这里包括了他自己的一些重要发现。第五卷有他对太阳、地球和月亮面积的估计。还讨论了有关天文仪器，例如天球仪、象限仪，等等。第六卷论述了日食与月食的计算方法。第七、第八两卷是恒星目录，记录了1000多颗恒星在天球上的经纬度与亮度等。第九卷直至结束都是介绍有关行星运动的理论。

我们在这里只简单述说一下他的地心说。

我们先看一下这张图，它形象地说明了托勒密的地心说：

托勒密的地心说与前面喜帕恰斯的地心说有相似之处，但又大大改进了，它的要点如下：

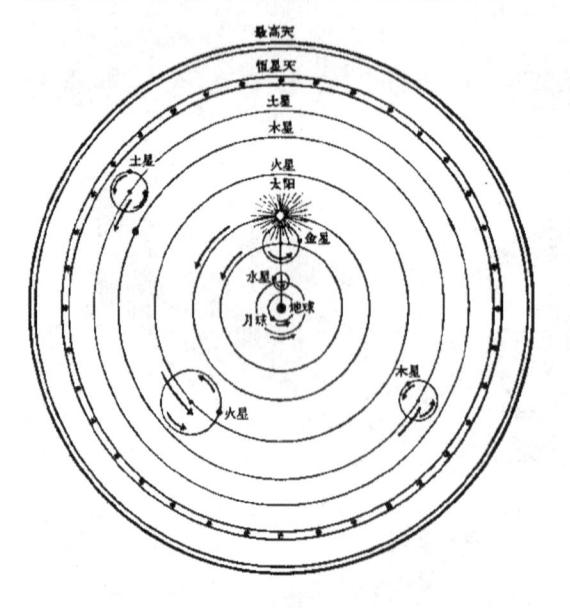

一是地球位于宇宙之中心，并且静止不动。

二是每颗行星都在本轮上匀速运动，本轮的圆心在均轮上运动。月亮则在一个特别小的本轮上运动，看上去只是一个点。太阳直接在均轮上运动。地球不在各个均轮之中心，而是偏离了中心的某点。运用这样的法子，托勒密就能够解释行星的各种古怪行为，例如顺行、逆行、静止等了。

三是水星与金星的本轮中心位于地球与太阳的连线上，本轮中心一年绕地球运行一圈，其轨迹当然就是均轮。火星、木星、土星在运行时，与其本轮中心之间的连线总平行于地球与太阳之间的连线，它们每年绕其本轮中心运行一周。

四是所有恒星都居于"恒星天"。这个恒星天像屋顶、蛋壳或者皮球，是一个固态的壳体，恒星们都牢牢地粘在这层壳壳上，就像我们把一些纸星星贴在墙面上做装饰一样。这个"恒星天"乃是天体运动的总动力，它每天要绕行地球一圈。不但如此，它还会带动所有的其他天体，就是太阳、月亮、行星等，每天也绕地球一圈，这就是我们看到的太阳、月亮和星星每天的东升西落。

这就是托勒密地心说的几个要点，这现在看起来虽然有点儿荒唐。然而如果你仔细考量，会发现它的优越之处。它几乎能够解释所有我们用肉眼所看到的天文现象，一些本来用地心说比较难以解释的现象经托勒密这样一弄也能得到解释了，如行星的逆行与顺行等。还有，我们在观测水星与金星时，总看到它与太阳相距不远，这是一个比较复杂的天文现象，托勒密也轻而易举地解释了：这是因为它们本轮的中心点永远与地球太阳构成直线，而这本轮又不大，因此两星与太阳的距离就总是很小了，这我们一看上面的图就明白。

如此等等，看上去都十分合理，难怪托勒密的地心说能够流行那么长的时间了。

第二章
数学是美与和谐的统一
古希腊的数学

古希腊无疑是西方数学的发祥地，不过它还有自己更古老的祖先，那就是古代埃及和美索不达米亚的更加古老的数学。

古埃及和巴比伦有趣的数学

古代埃及人在很早以前就发展了他们的数学，距今不会少于4000年，例如在古代埃及纸草书中，有不少是有关数学的。有些遗留至今。最有名者是所谓的哥莱尼谢夫纸草书和莱因德纸草书，前者现藏于莫斯科，后者藏于英国。后者也是最有名的古埃及纸草书之一，专门记载各种数学问题。由此可以看到古埃及数学的发展程度。它于19世纪中期在尼罗河畔被一个苏格兰古董商莱因德发现，故名为莱因德纸草书。有时也称为阿梅斯纸草书，因为大约在公元前17世纪时一位名叫阿梅斯的抄写员从更古老的纸草书上复制了它。在那时它就已经是一份古物了！

从纸草书上我们可以知道，在很遥远的古代埃及人就采用了我们现在通用的10进位制，也有了相当系统完整的数字系统，这些数字有的我们一看就明白，例如1用一条小竖线表示，2用两条、3用三条左右并列的小竖线表示，从4起到8就把小竖线分成了两层，4是上下各两条、7是上面四

· 金字塔和狮身人面像是古埃及文明的象征

·楔形文字

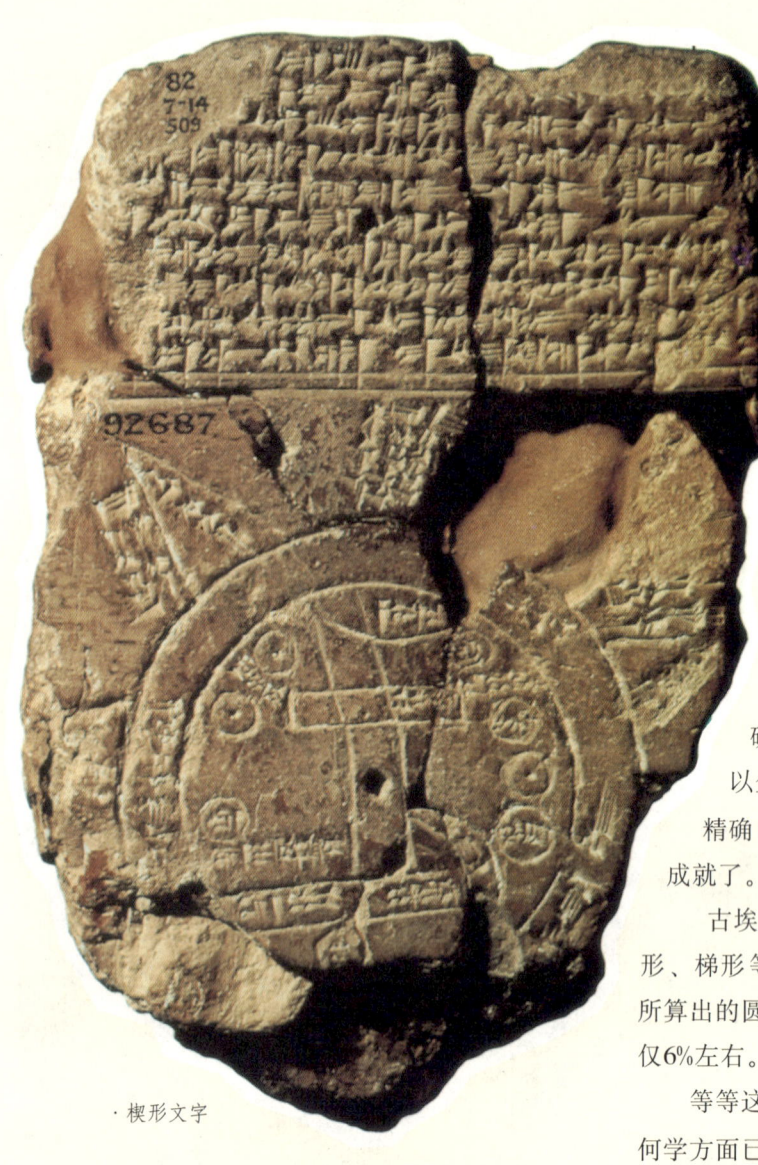

条下面三条,等等。9则用了三层每层三条来表示。10是一个"∩",100像一条盘着的小蛇"⌒",1000像一朵莲花"❀",1万则像一根伸出且屈曲的手指"🖐",10万是一只蹲着的青蛙"🐸",100万则是一个跪着的人"🙇"。如此等等。当要表示某数字时,就将上面这些符号叠加起来,例如11200就是从左至右排列着一根伸出的手指、一朵莲花、一上一下两条小蛇。如果要指明是11200只鸟呢,就在旁边再画上一只鸟。

在四则运算中,埃及人没有明确的除法,它被看作是一种乘法,也就是说,如果要表达16÷2=8,他们将写成8×2=16。这样的数字和运算很有趣吧?只是不太方便,用这样的法子是没办法发展复杂的数学系统的,连表达复杂的数字也难。

古埃及人在几何学上取得的成就比代数更大。

我们知道,古埃及最有名的东西是金字塔,例如建于距今近5000年前的由古埃及第四王朝第二代国王胡夫所建的大金字塔,高达近150米,底部每边平均长达230余米,而且其整体的几何形状极为精确,这样的金字塔在埃及还有许多。以金字塔那样巨大的规模而又保持着精确的几何形状就是一项了不起的几何学成就了。

古埃及人还能够正确地计算长方形、三角形、梯形等的面积,甚至能够求圆面积,他们所算出的圆周率约为3.16,与现在的精确值相差仅6%左右。

等等这些,说明古埃及人在数学,尤其在几何学方面已经取得了伟大的成就。

与古埃及人同时甚至更早一点,美索不达米亚的巴比伦人也发展了自己的数学体系。

他们的数学成就也记录在他们的文字——楔形文字里,并且将这些文字刻在泥板上,这种泥板经过晒干或烘烤之后能够比纸草书保持得更长久。在今天已经发现的约50万块这样的泥板文书中,约有400块是有关数学的。

巴比伦人的数学最有特色的一点就是不采用10进位制,而是采用60进位制。他们的数字体系比古埃及人的要简单一些,只有两个基本符号,一个像倒写的三角形"丫",另一个则像飞翔的小燕子"◀"。就是用这两个符号巴比伦人就能够方便地表示所有的自然数,而且看上去比古埃及人的要简明得多。另一个重要贡献是,巴比伦人已经有了0的初步概念,在他们的数字中,0被用空格来代表。对于加减乘除四则运算巴比伦人已经相当在行了,不仅如此,他们还发展了平方、立方等的运算,还能够求出平方根与立方根,甚至能够解一元二次、一元三次方程、二元一次方程组。

最具有争议的一点是巴比伦人是否已经知道类似于毕达哥拉斯定理的数值。我们知道,毕达哥拉斯定理就是直角三角形两直角边的平方和等于斜边的平方,即 $a^2+b^2=c^2$,它被称为毕达哥拉斯三数组,而在巴比伦人的一块泥板里已经有相当明确的表示,至少是暗示了它。

这一切都表示古巴比伦人在数学上已经发展到了一个相当高的高度,代表了远古数学,尤其是代数学的最高水平。

第一个数学家

古埃及人与巴比伦人消失在历史的长河之后,在科学史上崛起并占据统治地位的就是古希腊人了。

无疑,古希腊人的数学知识,就像他们的天文学知识一样,最初是来源于古埃及人和巴比伦人的。

·泰勒士

我们前面听说过的许多伟大哲学家和天文学家,例如泰勒士、毕达哥拉斯、柏拉图、亚里士多德、欧多克索斯、喜帕恰斯、托勒密,等等,同时也是数学家,甚至是了不起的大数学家,例如泰勒士、毕达哥拉斯、亚里士多德、欧多克索斯,等等,他们对数学的贡献不亚于其对天文学或者哲学的贡献。

泰勒士有时被认为是第一个伟大的几何学家,就像他是第一个伟大的哲学家一样。

泰勒士对数学的贡献有许多,第一件为人熟悉的恐怕要数他对金字塔高度的测量了。

金字塔高达100余米,又不能攀越上去,怎样才能知道它的高度呢?泰勒士想了一个好办法:他看到每年不同的季节人的影子是不同的,而到了秋分之后的某一天,影子的长度就会与金字塔的高度一样。这时候只要量一下金字塔影子的长度就会知道它的高度了。也许您会问:怎样才能知道哪天的影子长是同高度一样呢?这好办,你在太阳底下一站,看您的影子是不是同您的身高一样就行了。

从埃及回来后,泰勒士回来告诉大家的不只是金字塔的高度,还有一样更重要的东西——几何学。古希腊的第一个科学史家欧德谟斯曾写过一本《几何学史》,这本书现在已经失传,不过,另一位叫普罗克洛斯的,是雅典的柏拉图学园的导师,为这本《几何学史》写过一篇概要,现在却流传下来了。在《概要》中,他写道:

泰勒士是到埃及去将这种学问(即几何学)带回希腊的第一人。他自己发现了许多命题,又将好些别的重要原理透露给他的追随者。他的方法有些是具有普遍意义的,也有一些只是经验之谈。

如果这段话是真实的话,那么说泰勒士是古希腊数学之父也不为过呢!

据说由泰勒士发现或者从埃及带回来的命题主要有:1.圆的直径将圆平分。2.等腰三角形两

◎ 科学篇/第二章/数学是美与和谐的统一 281

底角相等。3.两直线相交，对顶角相等。4.有两角夹一边分别相等的两三角形全等。

这最后一个定理的影响也最大，现在人们还将用这种办法判明两三角形相等的定理叫泰勒士定理。

据说泰勒士还证明了半圆的圆周角是直角，这是第欧根尼说的，据说泰勒士发现这个之后，十分高兴，还按习俗宰了一头牛来庆祝。不过这传说人们有点儿怀疑，大概是第欧根尼氏一时记错了，把毕达哥拉斯的事放到泰勒士头上去了罢。

崇拜数字的人

泰勒士之后另一位伟大的数学家就是我们熟悉的毕达哥拉斯了。

毕达哥拉斯既是一位伟大的哲学家，又是一位伟大的数学家。他在这两个领域内的贡献并驾齐驱，难分伯仲。我们甚至可以说，毕达哥拉斯首先是数学家，然后才是哲学家，因为他的哲学如我们前面所言，是从数学出发的。

毕达哥拉斯认为，万物都是数，是由数经由各种各样的形式构成的。亚里士多德在《形而上学》第一章第五节中说道：

……在这些人之中，或在他们之前，有一些被称为毕达哥拉斯学派的人投身于数学研究，并最先推进了这门科学。经过一番研究，他们认为，数是一切存在的本原。

毕达哥拉斯还认为只有数才是和谐的、美好的。他找了各种各样的数，如长方形的数目、三角形的数目、金字塔形数目等，它们都是由一些数目小块构成的，具有美的形状。他还认为10是最完美的数，所以他认为天体的数目也应当是10。但那时人们能看到的只是9个，所以他又硬加了一个第十个，取名叫"对地"。

毕达哥拉斯的有些数学发现直到今天还在用着，如数的平方、立方这些词就是毕达哥拉斯造出来的。

毕达哥拉斯还提出了著名的"四艺"——算术、音乐、几何、天文。并将这四艺都与数学联系起来。将第一艺算术称为"数的绝对理论"，将第二艺音乐称为"数的应用"，第三艺几何称为"静止的量"，第四艺"天文"称为"运动的量"。后面这"量"其实也是数，只是因为这数与具体的图形及天体挂起钩来了，因此称之为量。这四艺乃是毕达哥拉斯规定弟子们必须学习的四大课程，他曰之为"四道"，即四条道路之意也。这种学习内容被西方人们沿用下来，直到中世纪，后来又加上了三艺：文法、修辞、逻辑，合称"七艺"，是中世纪有文化的贵族子弟所必习之学

· 毕达哥拉斯画像

问。大家知道，中国古代有六艺，即"礼、乐、射、御、书、数"，与西方的七艺中只有两项是共同的，即音乐和数学。由此可知，这数学在古代从东到西都受到人们高度的重视呢！

毕达哥拉斯最有名的发现还是所谓的毕达哥拉斯定理，就是直角三角形的两直角边平方之和等于第三边的平方，这也就是中国的勾股定理。

我们前面讲巴比伦人的数学成就时，曾说过他们可能发现了类似勾股定理的三组数 $a^2+b^2=c^2$，毕达哥拉斯虽然也去过巴比伦，但我觉得他不大可能是从巴比伦人那里剽窃来的。一则因为当毕达哥拉斯去巴比伦时，发现勾股定理的古巴比伦人——如果巴比伦人确实发现了的话——连同他们的发现早已经消失在历史的长河中了，而他们留下来的泥板文书即使那时发现了一些，那时的人们包括毕达哥拉斯也不可能读懂呢！二则我们应该相信毕达哥拉斯的人格。作为一个伟大的哲学家、科学家，他不大可能品德败坏到要靠偷窃他人的成果来为自己扬名。以他当时已有的地位，这也毫无必要。何况他发现勾股定理之后，还杀了100头牛来庆祝，这足以说明他对这个发现是如何的自豪，如果仅仅是偷来的，他会这样高兴得发狂吗？要知道，100头牛在当时可是一笔大得吓人的数目，一般的国王也拿不出来呢。

不过，由于对数字充满了崇拜，就像它们真的是神一样，传说毕达哥拉斯也做了一些不好的事。例如他的一个叫希伯斯的学生因为发现了无理数，曾被他威胁过不要将发现说出去，因为这个发现给他视之为神的数抹上了阴影。这数就是边长为1的正方形的斜边长，即 $\sqrt{2}$，这个数字正是根据毕达哥拉斯发现的勾股定理得出来的。

欧多克索斯的成就

毕达哥拉斯之后，前面我们讲天文学时说过的欧多克索斯也是一位了不起的数学家。

欧多克索斯对数学最主要的贡献是发现了比例理论，即等比定理。根据他的比例理论，人们更深刻地理解了什么是无理数，并且找到了一种方法，能够使无理数近似地表示为有理数。

欧多克索斯在几何学上也有重要贡献，特别

· 位于今天的萨摩斯岛上的毕达哥拉斯纪念雕像

是在求几何图形的面积与体积方面。例如他知道如何求解用直线围成的平面图形的面积，也知道如何求用直线和平面围成的立体几何图形的体积。他还找到了求用曲线围成的曲面平面图形，例如圆形的面积的方法，甚至发现了用曲线与曲面围成的曲面立体图形的体积的方法。在求曲面图形的面积与体积时，他所用的办法很像我们现在所用的"逐次逼近法"。什么是"逐次逼近法"呢？我们在前面所提的求圆的面积的方法就是如此。曲边形的面积是很难计算的，就是最简单的圆形也是如此，不可能像求正方形或者长方形的面积一样方便地求得精确值。只能用"逐次逼近法"。具体办法就是将圆内接上一个正若干边形，从正四边形、正五边形、正八边形，直到正n边形，显然，正n边形的边越多，即n越大，其面积就越接近圆的面积。

我们知道，用这种方法时实际上已经接触到了极限的概念：当n越大，正多边形的面积就越接近圆的面积，即它们之间面积的差异就无限地小，这个差异的极限就是0，而正n边形面积的极限就是圆的面积。

欧多克索斯用这种方法证明了三棱锥和圆锥的体积分别是同底等高柱体的体积的 $\frac{1}{3}$，他甚至还证明了圆的面积与其半径之平方成正比，只是证明不太严格而已。此外，欧几里得后来所用的将某些最简单的结论作为公理，然后以之证明其他的数学定理的方法，也是欧多克索斯最先运用的。

总之，欧多克索斯被称为古希腊最伟大的数学家之一绝非浪得虚名。

不过，古希腊最伟大的数学家还是下面这两位：阿基米德和欧几里得。

欧几里得建筑了美丽的几何大厦

欧几里得在古代数学史上享有无与伦比的大名，以至到现在数学都被分成两大部分：欧氏几何与非欧几何。所谓欧氏几何也就是欧几里得的几何，非欧几何当然就是非欧几里得的几何了。欧氏几何实际上囊括了我们平时所称的所有几何内容，也囊括了历史上绝大部分历史时期之内的几何，要知道，非欧几何直到距今约百年之前才诞生呢！

· 欧几里得

为什么欧几里得如此有名？所谓欧氏几何真是他发明的吗？当然不是。实际上由他亲自发现的理论并不多，他与其说是一个伟大的发现者，不如说是一位伟大的收藏家：他大量搜集别人发现的几何学理论，加以理解、融会贯通，然后分门别类地整理，使之明确化、系统化。而在他的这种系统化之前，几何学是零散的，没有完整的体系，甚至于没有所有理论都须基于之的公理。这样一来，几何学就像间基础不牢的屋子一样，摇摇欲坠；甚至于像一堆没有建成屋子的砖头、水泥、木料之类。欧几里得拿来之后，经过一番辛勤劳动，将这些砖呀水泥呀木料呀建成了一座漂亮的房子，因此，即使他并没有自己烧一块砖、买一包水泥、砍一根木料，这栋房子也得姓欧了！

欧几里得为几何学建成的房子名叫《几何原本》，简称《原本》，是整个古希腊数学的总结，也是千年以来几何学甚至整个数学的范本。

不过，在谈他的几何原本之前，我们还是先谈几句他的生平吧！

关于欧几里得的生平与他的成就实在不成正比，一方面是他的名字如此有名，另一方面关于这个名字的主人的生平与事业却知道得如此之少，即使在知道得不多的东西里矛盾也很多，可谓众说纷纭。

首先，我们不知道欧几里得是什么地方人，只知道他大概是希腊人，因为他早年曾求学于雅典。这也不能确定，谁说小亚细亚诸多希腊城邦的希腊人，或者现在意大利南部那时称大希腊的希腊人不能去希腊文明的中心雅典学习呢？甚至于当时非洲北部的埃及等地也生活着许多希腊人，他们同样可以去雅典留学呀，欧几里得也完全可能是这些地方的

· 欧几里得浮雕头像

人。总之，关于欧几里得的出生地是一笔糊涂账，哪本权威一点的书都不敢乱说的。当然，上述那些地方虽然地域不在希腊，但大部分都是希腊城邦，其人民讲种族而言也是希腊人，所以称欧几里得是希腊人总是没错的。

其次，我们也不知道他生活的精确年代。5世纪时，这时欧几里得已经死了几百年了，柏拉图学园的一个叫普罗克洛斯的导师，我们前面讲泰勒士的数学成就时刚提过他，他在其《概要》中说到，欧几里得是埃及托勒密一世时代的人。根据历史资料我们又知道，托勒密一世于公元前323年到前285年在位。《概要》又说阿基米德曾引用过欧几里得的著作，我们又可以知道欧几里得活动的年代比阿基米德要早一些，而阿基米德大致的生活年代是知道的，是公元前2世纪。由这些可以推测欧几里得的活动时期是公元前300年左右。在这个时期里，可以肯定他生活于埃及的亚历山大，职业是一名数学教师，主要教授几何学。

也正是从这《概要》里我们才知道欧几里得曾求学雅典，他在《原本》中引用过不少属于柏拉图学园一派的人物，像欧多克索斯就是，于是我们推测欧几里得可能也属于这一派。

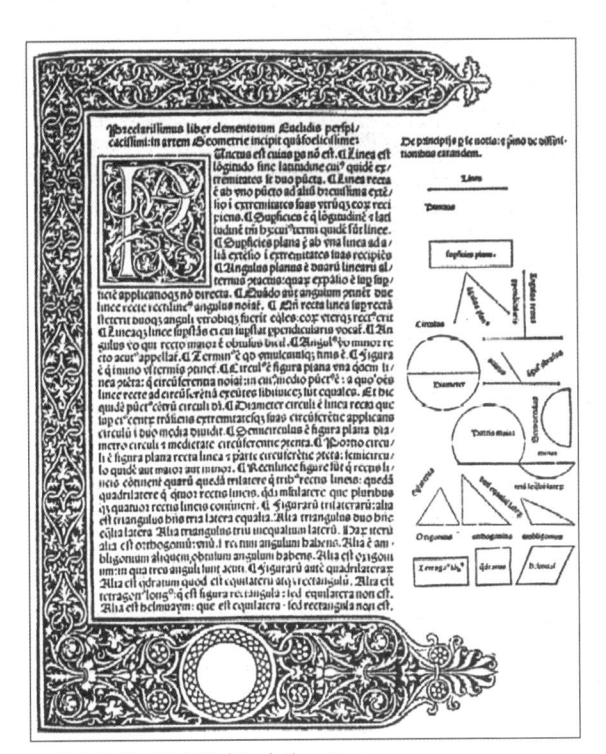

· 欧几里得《几何原本》中的一页

除了这些，我们知道的就是有关欧几里得的几则趣闻轶事了。

一则是有次托勒密王问欧几里得，除了《几何原本》之外，还有没有其他学习几何学的捷径。欧几里得回答说："几何无王者之道。"意思就是，在几何学里没有一条专供国王学习与轻松掌握之道，要学好几何学，唯一的途径就是像大家一样努力。这句话后来以"求知无坦途"的形式流传下来，成为西方的千古箴言。

另一则是某次欧几里得的一个才入门的学生问老师学了几何学有什么好处。欧几里得立即叫人给他三个钱币，说："他想从学习中获取实利呢！"这句话的意思就是追求知识的目的不应该是获取钱财之类的实利，而应当是追求知识本身。

我认为这句话的意义甚至比上一句还要远大。西方科学之所以从古代到现代得到巨大发展，其根本原因之一就是西方人有种科学精神：他们在研究科学、追求知识时，并不是为了获得功名利禄，而是为了科学与知识本身。正是这种精神才使得他们在研究科学、追求知识时，"衣带渐宽终不悔，为伊消得人憔悴"。相反，我们中国却好像没有这样的传统，我们的传统是"学而优则仕"，是"书中自有黄金屋，书中自有颜如玉"。学习是为了做官发财搞美女，这样的传统如何能够发展科学呢！

也许，研究科学就是为了研究科学，追求知识就是为了追求知识，没任何其他目的，包括即使许多西方科学家也免不了的成名成家之心，才正是欧几里得虽然在几何学里成就斐然，后人对他的生平事迹却知之甚少的缘故。因为他专心致志地研究科学，哪有闲工夫去为自己扬名立万呢！而且，即使在他的著作里，他也从来不自称是哪个公理定理的发现者或创立者，好像一切都是他人的功劳，他只是帮助整理了一下而已！在此我们应当再次向伟大的欧几里得致敬！

数学是美与和谐的统一

与欧几里得朦胧的人生形成鲜明对比的是他在《原本》里表达的理论体系的明确。

· 《几何原本》是数学之美与和谐的象征，它像灯塔一样为后来的数学家指明了航向

首先我们要明白，《几何原本》不同于一般的科学著作，像前面托勒密的《天文学大成》或者哥白尼的《天体运行论》，它确实不是一本原创性很强的著作，而是一部前人几百年间科学研究成果的大总结与大系统化。因此，在我们讲《几何原本》之前，不妨提几句它由之而来的背景。

我们前面刚讲过，泰勒士也许是古希腊第一个数学家，从他起到欧几里得数学发展已逾300年了，许多人为之作出了重要贡献，泰勒士从埃及带回来并且自己也发现了许多几何学命题。又如毕达哥拉斯，他发现了勾股定理，还将数字上升到了神的高度，试图通过数构建起关于世界的完美图像。后来的柏拉图及其学派，他们对数学的重视非同寻常，在其学园门口高镌着这样的口号："不懂几何学者不得入内。"这个学派的欧多克索斯创立了比例理论，并且尝试着为数学建立理论基础——公理。

等等上述这些背景都为《几何原本》问世奠定了坚实的基础，甚至可以说，由于上述因素的存在，将几何学更为系统化的条件已臻于成熟，而欧几里得抓住了这些机遇，将前人的伟大成就加以总结与系统化，终于完成了不朽巨著——《几何原本》。

《几何原本》最早的本子早已失传，我们现在看到的都是后来的各种修订本或译本。很早以前，古希腊就有人对《几何原本》作过修订、整理和注释，从而出现了不止一种本子，其中最著名者是一个叫塞翁的人作的，他为《原本》作了仔细且比较全面的校订与注释，并且有所补充。后来这个本子成为几乎所有流行的本子的基础。但塞翁是约4世纪的人，这时候欧几里得已经去世700来年了，所以他的本子的准确性还有待考证。现在最早的本子也许是19世纪在梵蒂冈发现的，它是拿破仑从意大利带回来的无数文物战利品之一，据科学史家考证，它可能比塞翁读过的本子还要古老。

我们知道，中世纪是一个黑暗的世纪，对科学研究尤其如此，那时大批科学古籍都在欧洲散失了。与此同时，阿拉伯人崛起强大，成为科学文化发达之地，那些阿拉伯学者读到欧几里得的《几何原本》后，深感兴趣，将之译成了阿拉伯文。后来，当文艺复兴开始，欧洲人重新重视科学后，就从阿拉伯人那里找回了《原本》，将之再译成了当时欧洲的通用学术语言拉丁语，第一个完整的拉丁文本是在12世纪初由英国经院哲学家阿德拉德译出来的。

此后，欧洲人对《几何原本》表现出了莫大的兴趣，等到谷登堡发明印刷术，印刷品流行后，印刷得最多的作品之一就是《几何原本》。据说到19世纪末，用各种版本印刷的《几何原本》达1000余种，也许是除了《圣经》之外印刷得最多的作品，至少是印刷得最多的科学作品。

一部纯科学的作品能够得到这么多读者的垂爱，一方面说明了《几何原本》之妙，另一方面也说明了欧洲人确是爱科学的民族，这也正是他

· 梵蒂冈博物馆，这里珍藏有无数的宝物，包括许多古代科学手稿

们日后强大的根本原因。

目前,《几何原本》诸多版本中最为权威的是由L.海伯格和H.门格等合作出版的《欧几里得全集》中的本子,它进行了相当全面的校订与注释,并且是希腊文与拉丁文的对照本。最好的英译本则是由希思据海伯格本译出来的,共分三卷,书名《欧几里得几何原本13卷》,1908年出版。这本书的主要特色是有一个长达150多页的导言,导言中总结了有关欧几里得研究的历史,并对每章每节作了十分详细的注释。

除了这几个西方通行的语种外,《几何原本》作为西方也是人类历史上最重要的科学经典之一,世界上各大语种几乎都有它的译本,例如中国据说早在元朝时就有了译本或者节译本,第一个完整的译本出现于17世纪初,由著名的意大利来华传教士利玛窦与中国古代最伟大的科学家之一徐光启合译。

还有一点很有趣的是"几何"这词的译法,这是西词汉译里少有的音译与意译俱到位的例子。几何之拉丁文是"geometria",徐光启与利玛窦据之译为"几何",是最前面两个音节的音译,同时,"几何"在汉语里又是多少之意,如"姑娘青春几何?"就是"姑娘你多少岁啦?"之意,这"多少"同时不言而喻也是所有数字乃至数学最基本的含意。这样音译与意译就完美地结合起来了。

《几何原本》共分13卷,第一卷又分为两节,第一节中首先给出了23个定义,例如什么是点与直线,什么是平面、直角、垂直、锐角、钝角,等等,这是几何学的最基本元素,对于这些元素,欧几里得没有用到任何公理与公设,因为它们甚至是比公理与公设更为基本的东西,只是一些直观的描述,连推理也没有,也不能有。

欧几里得给出的几个基本定义是:点是没有部分的东西,没有体积也没有面积或者长度等,

总之,是一个抽象的点。线则是单纯的长度,没有宽度,它是由无数点无曲折地排列而成的。

给出定义之后,欧几里得提出了他著名的5个公设。

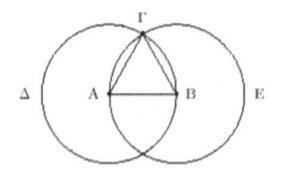

· 希腊文《几何原本》中的一页

什么是公设呢?它与公理有什么不同?这是一个问题。一般认为,所谓公理是自然之理,它不仅存在于数学之中,也存在于不懂数学的普通人所具备的常识之中,而公设则只存在于所要分析的学科之中,例如几何学的公设只存在于几何学之中,物理学的公设则只存在于物理学之中。

欧几里得共为几何学提出了5个公设:1. 给定两点,可连接一线段。2. 线段可无限延长。3. 给定中心和圆上一点,可作一个圆。4. 所有直角彼此相等。5. 如一直线与两直线相交,且在同侧所交的两个内角之和小于两个直角,则这两直线无限延长后必定在该侧相交。

这里要注意的是第二条公设,那里的线段实际上是我们所讲的直线。

5条公设里最不平凡的是第五条,它后来被称为平行公设或第五公设,有各种各样的表达形

式,总之是说明什么情况下两直线平行与不平行。其最简明的表达法是:经过直线外一点,只能作一条直线与已知直线平行。

看得出来,这第五公设与前面4条公设比起来复杂不少,欧几里得在这里也没有证明,也许是他认为无需证明,也许是他不能证明。后来人们觉得这个公设应该证明,于是力图用前面的4条公设来证明第五公设,但都归于失败。于是有人干脆否定了它,其结果就是非欧几何了。

在5条公设之后欧几里得又提出了5个公理:1.与同一个东西相等东西,彼此相等。2.等量加等量,总量仍相等。3.等量减等量,余量仍相等。4.彼此重合的东西相等。5.整体大于部分。

看得出来,这是比前面的5条公设更为简单的东西,是真正放之天下而皆准的"公理"。

在5条公理之后,欧几里得开始进一步提出命题,在第一卷里他共提出了48个命题,例如我们前面提过的泰勒士定理,即如果两个三角形的两边及其夹角分别相等,那么这两个三角形全等就是第四个命题。

第五个命题则是:等腰三角形两底角相等,两底角的外角也相等。由于在这里涉及了4个角,还有好多条线段与直线,因此在中世纪时,有些学生们学起来很是麻烦,老师教了很久也不明白。于是它便有了一个绰号"驴桥",我们知道驴子是怕过桥的,尤其是当桥稍微有点儿窄或者不稳时,就赖着不走了。现在,这"驴桥"喻指笨蛋的难关:这命题虽然有一丁点不好懂,但只有笨蛋才怕它,视它为难关。

在第二节中,欧几里得提出了与平行四边形、三角形等的面积、相等等相关的各命题。其中第四十七个命题就是著名的勾股定理,不过其形式不同于现在表达的勾股定理,它是这样表达的:"在直角三角形斜边上的正方形面积等于直角边上两正方形面积之和。"这仍可表达为$a^2+b^2=c^2$。

第四十八个,也就是第一卷最后一个命题则是勾股定理的逆定理。

第一卷是整部《几何原本》的基础,此后的诸卷就是以之为基础来论证的。它表达的清晰与论述的明白、逻辑的谨严也是整部《原本》的典范。有这样一个故事:据说英国著名的经验主义哲学家霍布斯有天偶然翻开了《几何原本》,随便看了几页,看到欧几里得的证明,觉得大不对头,怎么能够得出这样的结论呢?于是,他开始由后往前翻,看看这些证明的基础是什么,当他翻到最后时,终于彻底信服了!《原本》论证之严密由此可见一斑。

前面我们比较详细地讲述了第一卷,一方面是因为第一卷是全书的基础与典范,另一方面也是将之作为一个例证,让我们大概看到欧几里得是怎么说他的几何学的。至于后面的几卷,就只能一带而过了。

·著名英国经验主义哲学家霍布斯

第二卷比较短,只有14个命题。讲的是长方形的剖分,实际上则是用几何的方式来讲代数,是"几何代数学"。例如一个数就用一条有长度的线段来表示,两个数的乘积就说是长方形的面积,其两边分别是这两个数。如此等等,有意思吧!

第三卷和第四卷主要是与圆有关的内容,第三卷包括圆、弦、圆的切线与割线、圆心角与圆周角,第四卷讨论了给定一个圆之后,如何只用直尺和圆规作它的内接和外切正多边形的问题。这些内容,尤其是第三卷,就是我们在中学平面几何中所要学习的内容。

◎ 科学篇/第二章/数学是美与和谐的统一 289

第五卷是有名的精彩一卷，在这里欧几里得对欧多克索斯的比例理论作了十分精彩的解释与论证，被视为西方数学史上罕有的杰作。关于它还有一个故事：一个名叫布尔查诺的牧师兼业余数学家在布拉格治病。在浑身难受之时，顺手抄起了正在手边的一本《几何原本》，正好翻到第五卷，他读了欧几里得对欧多克索斯比例理论精彩解说后，不由大感痛快，病一下子好了！后来，他一生病就读这个第五卷，书到病除，屡试不爽。

第六卷也与第五卷相关，主要是应用欧多克索斯的比例理论来讲各种相似的几何图形及其面积。

第七、第八、第九三卷讨论的都是同一类问题，即数论。我们前面已经讲过了数论，知道它们虽然常只与正整数相关，看上去比较简单，然而实际上内里却有着九曲回肠，复杂无比。例如哥德巴赫猜想到现在也未能证明。这三卷共有约100个命题。第七卷介绍了求一个或多个整数的最大公因子的办法，现在它被称为欧几里得算法。第八卷有所谓连比例及相关的几何级数。什么是连比例呢？就是下面形式的比例：a:b=b:c=c:d，如果这样的比例成立，则a、b、c、d构成了几何级数。例如8:4=4:2=2:1就是连比例和几何级数。在第九卷中欧几里得提出了许多有关数论的重要定理，例如"任何大于1的整数都能按（实质上）唯一的方式表示成一些素数之积"。并且证明了素数有无穷个。

第十卷是最难懂、篇幅也最大的一卷，约占全书篇幅的1/4，包含的命题多达115个。论述有关无理量的问题。什么是无理量呢？就是那些不可能精确测量的量，例如直角边长为1的等腰直角三角形的斜边长。这是一个无理数，即$\sqrt{2}$。这卷中第一个命题就是："给定大小两个量，从大量中减去它的一大半，再从剩下的量中减去一大半，如此至于无穷，必会使得所余的量小于所给的任何量。"这也就是著名的"穷竭法"。我们只要稍微一想就可以发现它里面已经包括了无穷小的概念——小于所给的任何量，当然就是无限之小。更远地说，这个无限之小里头已经隐隐约约有了微积分中的极限概念。

《原本》的最后三卷，即第十一、第十二和第十三卷都是有关立体几何的。第十一卷讲空间中的平面、直线、垂直、平行、相交等关系，以及多面角、平行六面体、棱锥、棱柱、圆锥、圆柱、球等比较复杂的立体图形的体积计算等问题，特点之一就是通篇都用到了前面的平行公设。共有39个命题。

第十二卷则是对"穷竭法"的具体运用。所谓"穷竭法"，在这里就是指某一个图形，例如圆，被另一个图形，例如其内接正多边形，逐步"穷竭"，也就是慢慢地填满之意。此时这个正多边形的面积也就会越来越接近于圆的面积了。这是"穷竭法"最经典的运用。我们前面已经多次提及了这一方法。

最后一卷，即第十三卷，是有关正多面体的问题。

上面我们花不少篇幅讲了《几何原本》，之所以如此，不但是因为它是西方数学史上第一部经典，而且因为它也是典型的数学经典，从这里我们可以发现所有数学经典的影子，它就像一座标尺一样竖立在数学家的眼前，像灯塔一样指引着他们的数学发现与探索之路。

阿基米德的传奇人生

欧几里得之后古希腊第二个伟大的数学家是阿基米德。

阿基米德被广泛认为是牛顿以前最伟大的科学家，也是整个西方历史上最伟大的两三个数学家之一。他有多重身份：数学家、物理学家、发明家，等等，每一重身份在整个古希腊乃至整个西方世界都是顶儿尖儿的。我们完全可以在数学与物理学两个领域大讲他的生平，不过他毕竟在数学上做的研究更多一点，贡献也大一点，我们还是主要在这里说他吧！

与古希腊其他数学家甚至名人相比，我们对阿基米德的生平事迹要知道得多得多，也比较准确，主要是因为各处有关他的说法都大体一致。例如古罗马史学家李维和普卢塔克都对他的生平有所记录，特别是一位叫策策斯的12世纪的历史学家明确地说："智者阿基米德是叙拉古人，著名的机械制造师，终生研究几何，活到75岁。"

当然，这些准确性与一致性也只是相对而言，关于他的生平仍有许多不明确之处。首先是他的出生日期。一般说法认为他出生于公元前287年，他的父亲叫斐迪亚斯，与那位伟大的雕刻家名字相似，是一个天文学家，因此阿基米德可谓家学渊源。他是叙拉古人则无可怀疑。这座城市我们以后会多次提到，它位于意大利半岛之南的西西里岛上，那时是西西里岛主要的大城，曾经与迦太基人的统帅汉尼拔同盟反对罗马人。它虽然位于意大利，但仍然属于希腊城邦，那里与意大利南部一度统称大希腊，这些我们都已经说过了。

据说早年，可能是公元前265年左右，阿基米德曾去埃及的亚历山大城学习，我们知道欧几

· 阿基米德

· 西西里岛上的古希腊城堡遗迹，是那里的希腊人为了抵抗罗马人与迦太基人而建筑的

· 阿基米德螺旋泵

里得一度在那里做导师。只是阿基米德到那里时大师已经死了，阿基米德的老师乃是大师的弟子，因此他是欧几里得的再传弟子。

在亚历山大城，除学习当时最先进的科学知识外，阿基米德的另一个重大收获是结交了许多好朋友，如萨摩斯的科伦、多西修斯、厄拉多塞等，后来都成了数学家，即使在离开亚历山大城后，阿基米德仍经常与他们通信，他的作品大都是以与他们的通信的形式发表的。

阿基米德家在叙拉古有相当高的社会地位，而且与当时的叙拉古王希伦二世可能是亲戚，至少是朋友，两人来往十分密切。

在叙拉古，阿基米德全心全意地从事科学研究。他所做的事很多，归结起来有两大类，第一类是科学发明；第二类是科学研究。他发明的东西很多，大都非常实用，甚至发挥了重要作用。例如他发明了阿基米德螺旋泵，这种泵能够将船舱中的水排出去，现在还被广泛用于污水处理。它最大的特色是能够将水排出去的同时不会因为水中有杂质而阻塞。他还制造了许多天文仪器，有星球仪，也有能够演示太阳、行星、月亮等运动的仪器装置，后来这些仪器还被带到了罗马。不过阿基米德发明得最多的还是武器，后面我们会看到，当罗马人向叙拉古发动进攻时，阿基米德发明了许多十分厉害的守城武器，把罗马士兵打得落花流水。

阿基米德虽然凭着他的许多了不起的发明而在城邦赢得了声誉与尊敬，但他自己并不重视这些，认为那不过雕虫小技而已，不值得夸耀，更不值得为之著书记录。故此这些发明多半只是后人的传说而已，不像他的科学理论那样由自己写专著加以介绍。但由于这些传说彼此差别不大，我们可以相信大部分是真实的。

与阿基米德生平相关的具体事迹主要有三件：一是"我发现了！"二是"给我一个支点，我就可以移动整个地球！"三是叙拉古保卫战。

第一件事是，有一次，他的朋友或者亲戚叙拉古王希伦二世因为王位坐得很得意，决定建造一个华贵的神龛，在里头装上一顶纯金的王冠，作为感谢神恩的祭品。他找了一个金匠，把黄金交给了他，请他来打造王冠。金匠拿到黄金后，如期打好了王冠，交给了国王。国王看到王冠打造得精致美丽，十分高兴，打算好好奖赏打造它的匠人。可这时，有知道内情的人来告密说，金匠在打造金冠时捣了鬼，偷了一部分金子，而将

· 建于1988年的叙拉古考古博物馆，不用说里面有许多关于阿基米德的文献

等重的银子掺进了王冠的内里。

国王一听，十分愤怒，但金匠矢口否认，国王又不能将已打造好的金冠拆开。怎么办呢？他想到了阿基米德，于是找了他来，问能不能找个两全其美的法子：既能判定里头有没有掺银子，又不拆开做好的金冠。

阿基米德一时被难住了，说要先回去想想。从此这个难题充满了他整个的脑子，叫他日思夜

想，但始终不得其解。

一天，他去公共澡堂洗澡，在古代西方，公共澡堂是人们的生活重心之一，远不是现在仅供洗澡的样子。

在澡堂子里，阿基米德洗啊洗，可心里仍在想着金冠的事。这时他正躺在浴池里，水因为他身体的沉浮不断高低起伏，排出池外。突然，阿基米德仿佛感到脑袋受到猛地一击，不由醍醐灌顶、恍然大悟。只见他像青蛙一样蹦出池子，又像兔子一样窜出了浴室，口里大嚷道："Eureka! Eureka!"意思是："俺找着啦！俺找着啦！"

据说这样喊着时，他衣服都没穿呢，就这样赤条条地往家里冲去了。

阿基米德找着了什么呢？当然是找着了如何判定金冠有没有掺假的妙招。他的想法是这样的：同等体积下，金子比银子重；同等重量下，金子的体积则比银子的体积小。现在金冠里头如果杂有银子的话，那么它的体积肯定比同等重量的纯金大。这时，如果将金冠放到水里，它排出的水的体积肯定比一堆同等重量的纯金放到水里排出的水的体积大。反之，如果没有掺杂银子，两者排出去的水的体积就会一样大。

难题就这样迎刃而解了。

阿基米德的发现就是现在物理学里面的"阿基米德原理"，也就是浮力定理。

第二件事是一句豪言壮语："给我一个支点，我就可以移动整个地球！"

为什么阿基米德这样吹牛呢？大家都知道杠杆的原理，它可以用小小的力撬起大大的东西。而且如果有一个可靠的支点而且杠杆也足够长的话，它能够撬起的东西在理论上来说是可以无限之重的。

这杠杆的原理正是阿基米德发现的，他把这个发现告诉了希伦二世，并且说，杠杆能够轻松地撬起任何重量的物体，如果给他合适的支点与足够长的杠杆，他连地球都撬得起呢！希伦二世对他的话将信将疑。为了证明自己所言非虚，阿基米德便要国王从他的船队中选了一艘顶大的，有3根桅杆的货船，据说是国王为埃及的托勒密王特造的，体积巨大，下水时几乎动员了所有的叙拉古男子来拖它。现在阿基米德在安装好了他的一组滑轮后，竟然能够由他一个人轻而易举地

· "给我一个支点，我就可以移动整个地球！"

将大船拉上岸来，国王也能拖得动。顿时觉得自己成了大力士的国王高兴极了，大声向臣民们宣布："以后凡是阿基米德的话我们都要信。"

是不是真的有了一根足够长的杠杆之后，我们就能够撬起地球呢？当然不。有人计算过，如果要用60公斤力来举起质量约达6×10^{24}公斤的地球，哪怕只举高$\frac{1}{10000}$毫米，所需的杠杆长度将达10^{13}公里以上。这有多远呢？这样说吧，即使您像百米冲刺地一天冲刺24小时，也要花3万年以上才能跑完这段距离。

阿基米德生平的最后一个事迹是用自己的科学天才保卫家乡叙拉古，抵抗罗马人。

罗马人之所以进攻叙拉古的原因我们下卷在讲古罗马时就会说到。您将会知道，迦太基人是腓尼基人的后裔，他们以北非的迦太基城为中心建立了一个海上强国，地中海中的许多岛屿都归它所有。与此同时，罗马人也已经开始在地中海扩张，两国不可避免地产生了冲突。公元前264年，终于爆发了两国大战，由于罗马人称迦太基人为布匿人，史称第一次布匿战争，以后还有第二次与第三次布匿战争。

我们这里要说的这事发生在第二次布匿战争时。

这次战争中的英雄是汉尼拔，迦太基人的年轻统帅。公元前218年，年仅26岁的他率大军翻越白雪皑皑的阿尔卑斯山，杀入罗马人的老巢意大利。从此他在这片土地上纵横15年，这是西方军事史上最辉煌、也最悲壮的时期之一。

在意大利，汉尼拔几乎每战必捷，其中最有名的是"特拉西米诺湖之战"和"坎尼战役"。在这两场战役中汉尼拔取得了西方军事史上最伟大的胜利之一。特别是在坎尼战役中，8万罗马大军几乎被全歼，执政官包路斯战死，只有瓦罗等少数几个人逃掉。汉尼拔军死伤仅仅6000人。

如此辉煌的胜利震惊了整个意大利，一些本来与意大利同盟的大城，如卡普亚和叙拉古，投向了汉尼拔一边。罗马已处于被毁灭的边缘。然而汉尼拔接下来犯了两个错误：一是没有乘胜向罗马城发动总攻，毁灭罗马。二是没有全力援助受到罗马人猛攻的盟邦。后来证明这是更为致命的错误。

· 雄伟的阿尔卑斯山

认识到与汉尼拔硬拼只有送死的份后,罗马人采取了两手策略:一方面将罗马所有17岁以上的男子征入军队,另一方面再也不与汉尼拔军正面作战,而是加紧瓦解汉尼拔的反罗马同盟。方法是残酷报复那些与汉尼拔结盟的城市。首先是卡普亚,卡普亚忙向汉尼拔求援,在这种情况下,汉尼拔理当尽全力支援卡普亚,并且乘机与罗马军再决一战,消灭其有生力量。但不知为何,汉尼拔竟然只是向罗马城进行了一次虚张声势的进攻,这当然不能救卡普亚人。不久,卡普亚被罗马攻克,整座城市遭到毁灭。

在攻打卡普亚的同时,罗马人还向汉尼拔的

另一个主要盟友叙拉古发动了进攻。

这也就是阿基米德参加的叙拉古保卫战，发生在公元前213年。

罗马人这次来的目的是要毁灭叙拉古，面对祖国的生死存亡，阿基米德立即行动起来，参加了战斗。

当然，以他70余岁的高龄是不能亲自披铠甲上战场的，但他起的作用远远比一个士兵为大。

这次罗马人的统帅是马塞卢斯，他率军从海陆两地向叙拉古发动了猛攻。

叙拉古人的势力远不如罗马人，但他们仍奋起抵抗。有钱的出钱，有力的出力，有脑子的出脑子。阿基米德属于第三种。他用自己的天才设计了许多十分厉害的守城武器。例如他发明了一种大概类似于现在我们所用的起重机的设备，从城墙上伸出去，将罗马人的战舰抓起来，吊得高高的，再狠狠地摔下去，摔得粉碎。为了对抗这起重机，罗马人想出了一个好点子：他们将两艘大战舰锁在一起，这样就起不动了。但是，阿基米德早有准备，发明了一种抛石机，能够将巨大的石头抛出老远。因此，当罗马人的连锁战舰攻过来时，叙拉古城里突然飞出来一阵石雨，巨大的石头将罗马人的战舰打得千疮百孔、七零八落。阿基米德后来甚至发明了一种巨大的反光镜，能够像现在的放大镜一样将太阳光聚焦，再反射到罗马人的战舰上，让它们起火燃烧。

如此，罗马人怎么能够打破城池呢？罗马士兵们简直成了惊弓之鸟，一走近叙拉古的城墙就害怕，害怕里边会突然冒出来什么厉害武器。据说他们只要看到城里扔出来哪怕是一根绳子，也会吓得抱头鼠窜，惊呼："阿基米德又来了！"在普卢塔克所著的《马塞卢斯传》中记载，毫无办法的马塞卢斯嘲笑他那些无用的工程师说："我们还能同这个懂几何的'百手巨人'打下去吗？他轻松地坐在海边，把我们的船只像掷钱币似地抛来抛去，舰队被弄得一塌胡涂，还射出那

· 阿基米德的镜子

· 马赛克画《阿基米德之死》

么多的飞弹，比神话里的百手妖怪还厉害。"

那怎么办呢？罗马人终于想出了一个绝后计：只围不攻。将叙拉古城从海上与陆上重重包围，围个铁桶似的。

要知道叙拉古只是一座孤城，里头粮草甚至饮水都有限，在罗马人的围困之下不久便不支，城内也人心思变。后来，有一个叙拉古人叛变了，城门被打开，罗马人蜂拥入城，叙拉古城失陷了。这时已经是公元前212年甚至211年，如果仅凭叙拉古有限的军队如何守得了这么久！

阿基米德呢，他给杀了。关于他的死有不下10种说法。例如当罗马人冲入他的宅子时，他说："请让我做完这个试验！"但罗马士兵没有听他，一剑砍下了他的头。二是罗马人攻上来时他正在海边的沙滩上沉思数学，他在地上画了些公式与图形。一个罗马士兵向他冲来，要他走开，但阿基米德拒绝了，罗马士兵毫不客气地一剑砍下了老科学家白发苍苍的头。等等，众说纷纭，反正是死了。

也许是最伟大的数学家

既然阿基米德死了，我们且不再说他，来看看他的思想。

作为伟大的数学家，阿基米德留下的数学著作不下10种，基本上是希腊文手稿，也有拉丁文的译稿。现在的标准本是《阿基米德全集，包括阿基米德的〈方法〉》。其中《方法》是最新发现的珍贵手稿。它是1906年时一位丹麦哲学教授从土耳其首都伊斯坦布尔，即过去的拜占庭和君士坦丁堡，从一卷已经写上了基督教经文的羊皮纸上发现的。

在《方法》里，阿基米德着重阐述了如何求图形的面积与体积的问题。具体的做法是先将它们分成许许多多的小量，再用另一组微小量与之

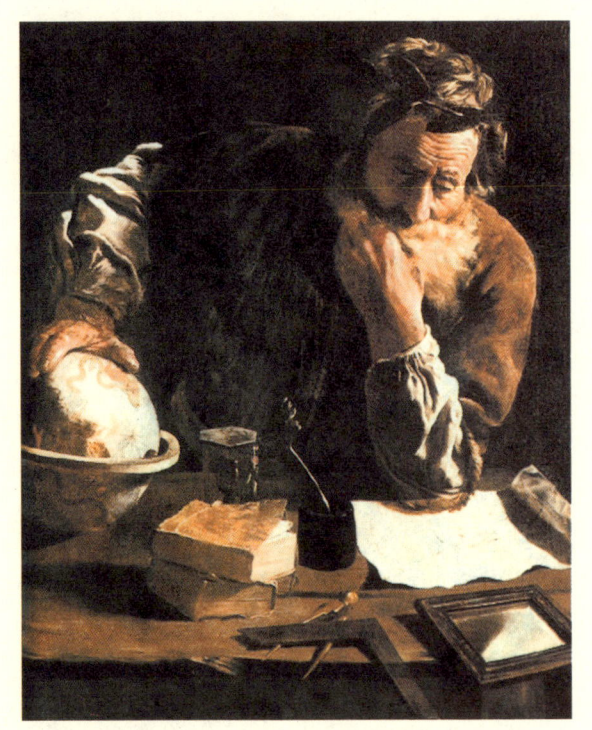

· 阿基米德在沉思

形成比较，使之形成某种相似与平衡，再用求后一组微小量——它通常是比前一组要容易求的——方法来计算前面所欲求的面积或者体积等。看得出来，这种方法颇像现在的微积分中求积分时所用的求曲边形面积的方法，也是先将之分成许多小长方形，然后计算其面积之和。因此，阿基米德的《方法》中实际上已经包括了微积分特别是积分的思想。这比牛顿或者莱布尼茨发明微积分要早上2000来年呢！此外，在另一部著作《论劈锥曲面体与球体》里，当讨论如何确定由圆、椭圆、抛物线、双曲线等绕其中轴旋转而形成的几何体的体积时，阿基米德也同样采用了类似于积分的方法。

阿基米德的第二部重要著作是《论球与圆柱》。

《论球与圆柱》共分成两卷，主要结论有两个：一是证明任何球体的表面积是其大圆面积的4倍，用我们现代的公式就是$s=4\pi r^2$。还有球体

◎ 科学篇／第二章／数学是美与和谐的统一　　297

阿基米德正在用圆规作图

的体积是球内切于之的圆柱体体积的 $\frac{2}{3}$，这样立即可以得出来球的体积是 $v=\frac{3}{4}\pi r^3$。

阿基米德对于后面这个结论十分满意，简直有些得意了，这对一向谦逊的他颇不常见。他甚至留下了指示，要在他的墓碑上画一个这样的球体及其外切圆柱的几何图形作为墓志铭。

阿基米德被罗马人杀死后有没有人来实现他的遗言，给他竖块这样的碑呢？

竖了。对于阿基米德之死，马塞卢斯也深感遗憾，他惩罚了那个竟敢杀死伟大的阿基米德的士兵，又寻来阿基米德的亲属，给予抚恤，并妥为安葬了他。他按照阿基米德的遗言，在坟前竖立了一块这样的墓碑。直到100年后，伟大的罗马演说家与学者西塞罗还在叙拉古的荒野之中找到了这座已经湮没在萋萋荒草丛中的墓，上面刻有球和圆柱的墓碑依然在目。

阿基米德的第三部重要著作是《圆的测定》。

这是一本比较薄的书，主要内容是对圆周率π的测定。阿基米德算出的值是介于 $3\frac{1}{7}$ 和 $3\frac{10}{71}$ 之间，这是当时最精确的值了，被称为"阿基米德圆周率"。阿基米德采用的办法是让圆的内接和外切正多边形的边数不断增加，从而得出了越来越精确的π值。这个办法也成为此后千余年里西方数学家们计算圆周率的标准方法。

除了这几部，阿基米德的著作还有许多，包括许多不朽的物理学著作，但我们这里就不多说了。

总之，阿基米德是整个西方数学史上最伟大的数学家之一，早在古罗马时期，伟大的古罗马自然学者普林尼就称阿基米德为"数学之神"。有人认为他的地位甚至要高于牛顿，就像一位叫E.T.贝尔的数学史家所言，任何一张列出有史以来最伟大的数学家的名单中，必定会包括阿基米德，另外两个通常是牛顿和高斯，不过若就他们的影响之于当代及后世的深远程度来说，3人中之最伟大者当推阿基米德。

第三章
阿基里斯永远追不上乌龟
古希腊的物理学

像哲学一样,物理学探求万物的本原。

西方物理学最早的源头与古代天文学、哲学相似,都是古希腊哲人们提出的对世界及其万事万物的来源、起因等的种种臆想,例如天地从何而来,是谁创造了万物,万物又如何从混沌之中有了秩序,什么是宇宙的中心,大地是什么形状,等等,这些想像与猜测都算得上是萌芽时期的科学思想,特别是萌芽时期的物理学思想。

我们知道,关于万物之起源,泰勒士说万物的本原是水,赫拉克利特则认为是火,亚里士多德更进一步,将构成宇宙的元素说成4种——水、火、土、气。他还说天上的星星由"第五元素"组成,它的另一个名字是"以太"。这个概念将对以后的物理学产生相当大的影响。

· 古希腊文明的象征与骄傲——山坡上的雅典卫城

德谟克里特的原子论也许是对物理学直接产生影响最大的哲学观念。他认为万物是由原子构成的,原子是一些有着各种各样形状的小粒粒,方的圆的扁的长的都有;它们是不可分的,内部没有一点空隙,无论用多锋利的刀也休想砍开;原子的数目比撒哈拉沙漠中的沙子还要多,数不胜数;与数目一样,原子的种类也无限地多;体积则有的大,有的小。等等等等,这些我们在前面都讲过了。

荒谬而驳不倒的佯谬

另一个古代哲学家,活动于公元前5世纪的埃利亚的芝诺,对早期的物理学思想也作出了贡献,他的贡献之特点在于狠狠地刁难了物理学家们一下。他提出了许多"佯谬",也就是一些一眼看上去是错的,但仔细一想却也不是完全没有道理,但终究又是没道理的怪问题。我们这里且提两个,第一个是阿基里斯永远追不上乌龟。

这个阿基里斯就是阿喀琉斯,特洛伊战争中最伟大的英雄,也是个飞毛腿。芝诺的意思是这样的:假设乌龟先跑1米,那么阿基里斯将永远追不上这只乌龟。为什么呢?我们先假设阿基里斯的速度是乌龟的2倍——事实上当然不止,但为了让大家容易看明白,我就这么说。乌龟先爬1米,阿基里斯再追。这样,当阿基里斯跑完这1米时,乌龟又爬了$\frac{1}{2}$米,当阿基里斯跑完这$\frac{1}{2}$米时,乌龟又已经爬了$\frac{1}{4}$米,当阿基里斯跑完这$\frac{1}{4}$米时,乌龟又已经爬了$\frac{1}{8}$米……如此下去可以至于无穷,因此阿基里斯永远追不上乌龟。

芝诺的话听起来很有道理，要驳倒他还真不容易呢，不信您可以试试，不过要注意，可不能光做个实验，对于这种佯谬，"实践是检验真理的唯一标准"是不适用的。

第二个是飞矢不动。

飞矢就是离弦之箭，按理当然不但是动的，而且动得飞快。但芝诺却证明它是不动的。他说：如果一件东西在某一瞬间占据一个与它自身相等的空间，它就是静止的。而飞矢在任何一个瞬间，占据的空间当然是与它自身相等的，因此，飞矢不动。

这个佯谬看起来不那么好懂。我们可以这样理解：假设飞矢要动，那么它要往前飞至少某段距离，例如$\frac{1}{100}$米，但在它到达这$\frac{1}{100}$之前，它必须先飞$\frac{1}{200}$米，又在它飞这$\frac{1}{200}$之前，它必须先飞$\frac{1}{400}$米……如此也可至于无穷，因此，飞矢是不可能动的。

芝诺这些佯谬无论在哲学史还是科学史上都难倒了许多智慧的脑袋，现在有人认为可以借助"辩证法"去推翻。但这个辩证法本身其实就是有问题的，它借助于一些不容分说的断言，并将之当成了不容怀疑的公理。例如一个东西同时既在某一处又不在某一处，这就是典型的辩证法思维。但请问：一个东西怎么可能既在某处又不在该处呢？它与我们的常识显然是违背的，在就是在，不在就是不在，在≠不在，我相信这是个常识。辩证法要讲道理，首先就必须推翻这个常识，即证明一个东西为什么可能既在一处又不在这一处。这个问题肯定是应当证明的，因为我们并没有这样的常识，它远不如欧几里得的几何公理"与同一个东西相等的东西，彼此相等"一样容易让人明白。甚至比欧几里得的第五公设还难明白。因此，如果不证明就将之当成公理，则无异于拿论点当论据。

据有的科学家说可以借助数学去推翻之，例如对第二个佯谬就可以用集合论与复变函数去推翻，那就更麻烦了。

看得出来，芝诺那些佯谬讨论的都是时间、空间、运动、无限、有限等问题，这些问题既属于哲学，又属于物理学，至今都是如此。

亚里士多德创立了物理学，但他的物理学思想满是谬误

比以上哲学家对物理学贡献更大的是亚里士多德。

前面我们已经比较详细地讲述了亚里士多德的人生及各种思想，这里我们只略述他的物理学思想。

我们知道，亚里士多德是古代西方哲学家之首，是他们中之最博学者，他的著作几乎囊括了当时所有的知识范畴。还有，虽然主要身份是哲学家，但在亚里士多德的思想宫殿中，内容最为丰富的并不是形而上学的玄思，而是对实在的自然界的观察与沉思。亚里士多德把他的目光投向了整个自然界，把自然界的万千个体当作自己的研究对象，试图从中寻求知识与真理。而在他的吕克昂里，教学的主要内容不是柏拉图阿卡德米的数学与政治，而是倾向于生物学、天文学、物理学等有关自然事物的学科。

· 希腊到处是起伏的群山，山下经常有修道院等古建筑与古代遗迹

在这些关乎自然的学科之中，物理学无疑是主体之一。在亚里士多德看来，物理学，即physics，乃是研究自然万物之理的学问，它与研究非自然的抽象之理的形而上学，meta-physics，相对，是一种"形而下学"。更具体地说，它研究的是自然万物的运动、发展、变化等，与自然万物与之息息相关的时间与空间也是亚里士多德十分关注的研究对象。

亚里士多德认为这些对象有一个共同特点：都多少与运动相关。

对亚里士多德而言，运动似乎是自然万物最重要的性质，一切事物都会有运动。同时运动也是具体事物的运动，它与时间和空间，尤其是时间，有着极为密切的联系。就如他在《形而上学》中所言："离开事物而独特存在的运动是没有的。"在《物理学》中又说："如果没有运动的存在，又怎能有时间？"因此，"时间是运动的数目，或者本身就是一种运动"。

此外，在具体的物理学研究上，亚里士多德还提出了几个有关运动的定律。例如在《物理学》中他提出了强迫运动定律。他说，设动力为α，运动物体为β，经过距离为γ，移动的时间为δ，那么同一个动力为α同一时间内将使$\frac{1}{2}β$移动2倍γ的距离，或在$\frac{1}{2}δ$的时间内使$\frac{1}{2}β$移动距离γ。亚里士多德认为，之所以如此，是因为我们在这里可以看到比例定律。在亚里士多德看来，比例定律是很神圣，也很美的定律。的确，我们在亚里士多德这简单的例子中可以看到一种简单而优美的比例，这种简单的、成比例的、从自然事物中来的数，也就是亚里士多德的比例定律了。

亚里士多德提到的第二个定律是著名的落体定律。这个定律您八成听说过，我记得初中的英语课本里就有这个故事，写的是伽利略为了证明亚里士多德的错误，在比萨斜塔将两个大小不同的铁球从塔顶丢下的事，以证明亚里士多德错了。

那么，亚里士多德到底是怎么说的呢，我们且来看看吧！

亚里士多德在其《物理学》第四卷中有这样一段话：

我看见一个已知重物或物体比另一个快有两个原因：或者由于穿过的介质不同（如在水中、土中或气中），或者，其他情况相同，只是由于各种运动物体的重量或轻量不同。

从这段话中可以看出来亚里士多德认为当其他情况相同，只有物体的重量不同时，重的物体将比轻的物体快。

后来，亚里士多德又将这个观念变成了一个比例定律，他在《天论》第一卷中说：

物体下落的时间与重量成正比，例如一物重量是另一物的两倍，则在同一下落运动中，只用一半时间。

这个比例定律在我们今天看来是没什么意思的，像亚里士多德的许多其他思想一样，简直荒谬，毋需多言。

古代世界最伟大的物理学家

亚里士多德之后，又一个对西方物理学的发展作出过重大贡献的人是阿基米德。

阿基米德在物理学上的贡献几乎与在数学上同样卓著，其贡献主要在于力学。

在古希腊，力学叫Mechanice，原意是"巧计"或者"机智"，即如何用巧计与机智来省力的意思。亚里士多德也关注力学，他曾写过一本书，叫《力学问题》，在其中提出过一个问题：如何用一个很小的力来移动一个很重的物体？

对这个问题阿基米德作出了很好的回答，那就是杠杆定律及其数学证明。

杠杆的存在是很古老的，很早以前人们就知道用杠杆能够省力，亚里士多德在《力学问题》

◎ 科学篇／第三章／阿基里斯永远追不上乌龟　　301

·这是埃依纳岛，希腊爱琴海中无数的美丽小岛之一

中也对之作过论述，他说：

被动物体与主动重物（重量）之比，等于臂长的反比，因为凡一物体离杠杆支点越远，它就越易移动。

这些论述都只是一些经验的认识，是一个人通过经验的观察就能得出的结论，但阿基米德不同，他第一个用数学的方法运用几何学证明了杠杆定律。

阿基米德先提出了7条公理，例如等重重物在等臂处平衡，不同臂时长臂占上风，等重重物后一方附加重物者占上风，等等。然后证明了杠杆定律：

可通约的两个重量，若反比于它们到支点的距离，将彼此平衡。

这里可通约的意思就是，若两个重量分别是2与4，显然这两个数是可以通约的，即变成1与2，这时，若它们到支点的距离分别是2与1，那么它们在杠杆上将彼此保持平衡。

我们还记得阿基米德关于杠杆有过一句著名的豪言壮语："给我一个支点，我就可以移动整个地球！"

阿基米德第二个对物理学的大贡献是浮体定律。

我们前面讲了阿基米德"俺找着啦！俺找着啦！"的故事。那么阿基米德找着了什么呢？就是找着了浮力定律。他在《论浮体》中证明了好几条命题，例如有一条是：

"位于同一水平的相邻粒子相互挤压，受压较少的粒子被受压较多的粒子挤压，个别粒子受液体的垂直挤压。"

另一条是："任何静止液体的表面都是以地球为心的球面。"

第三条是："若物与水的比重相等，则物体浸入水中后，不会高于液面。"

第四条："若物体比重比水的比重小，则物体只能部分浸入水中。"

第五条："用力将比液体轻的物体按入该液体后将受到一个向上的力，其大小等于与该物体同体积的液体超过物体的重量。"

这些命题中第一条是讲水的特性的，我们可以用想像力去了解它。第二条也是容易了解的，因为盛在一个碗里的水其实与大洋里的水也差不多的，受到的都是地心引力，因此都是球面，只是由于大洋大，我们看得出来是球面，碗则太小，看不出来是球面而已。但要知道，大洋之水其实就是无数碗这样的水组成的啊！至于后面两个命题，我想是很容易了解的。至于最后一条，它实际上涉及比重的问题，与证明金冠是否含有银有直接关系。

总之，像是数学之神一样，阿基米德也是古代西方世界的物理学之神，是古代希腊人向西方文明贡献出的又一巨人，不过，也像其他许多古希腊巨人，如苏格拉底、亚里士多德、菲狄亚斯一样，不得善终。

第六篇·地理篇
The Story of Geography
No.6

  前面几卷中我们讲了伟大的古希腊文明，现在我们要来看看这个诞生了伟大的古代文明的地方。所谓人杰地灵，到底希腊这片土地有何不同凡响之处，能够诞生这么多的人杰呢？

  然而，您看了一定会失望，因为，除了靠近大海，交通比较方便外，几乎无论从哪个角度讲，希腊似乎都不是一个能够诞生伟大的古代文明的地方。

  首先，它的土地不肥沃，绝大部分的土地是山区，土地贫瘠，山上树木都稀稀落落。

  其次，它的物产也不丰富，除橄榄外，几乎没有什么特别丰富的物产，矿产资源也只有大理石一项称得上丰富。

  再次，它的面积也不大，现在的整个希腊国土地面积13万平方公里，只有中国的安徽省那么大，古希腊文明的发展中心还只是其中的一小部分。

  所以，您看了这些后一定会更感奇怪，为什么一个这样的地方竟然能够诞生如此伟大的古代文明呢？

  我下面将分两章给大家讲解希腊，讲解它的自然地理与人文地理，然后带大家去领略那些我们久仰大名、如雷贯耳的名胜古迹。

第一章 希腊地理

希腊多山而贫瘠，昔日辉煌，今日是西方的穷国

前面我们看到了古希腊人在哲学、文学、艺术与科学上所取得的伟大成就，也许您会产生这样的疑问：为什么希腊人会取得如此伟大的成就呢？这与他们所处的自然环境有关吗？就像古代埃及人之所以产生了伟大的文明与尼罗河有关一样。还有，希腊的过去如此辉煌，现在又如何了呢？下面我试着来简单回答这个问题。

要回答这个问题，我们当然首先要看看希腊所处的地理环境。

希腊位于地球东北部、欧洲正南部，北面是其巴尔干诸邻国，东面隔着撒满岛屿的爱琴海是亚洲的小亚细亚半岛，它的南面隔着地中海与非洲遥遥相望，西面过了伊奥尼亚海后就是意大利了。

就经纬度而言，希腊大体位于东经20°到27°、北纬35°到42°之间，总面积13万平方公里多一点，比中国的安徽省略小。

从地图上看，希腊海岸线十分曲折，岛屿众多。

希腊的陆地边界比较简单，从西到东基本上是一个稍微有点弯的弧形，但是到了东端突然向北拐了一下，然后向东向南拐回来，像往北方邻国打进了一个小楔子。

与希腊在这个陆地边界接壤的国家有4个，从东到西依次是土耳其、保加利亚、马其顿、阿尔巴尼亚。

地图上一眼可见，希腊的海岸线除了东面有一小段不那么弯曲外，其他地方简直弯曲得一塌糊涂，主要是因为半岛太多，最大的有东边的卡启第吉半岛，它前面又往海中伸出了3个小半岛，就像3个手指头一样；还有南部著名的伯罗奔尼撒半岛，等等。这两个半岛面积大且海岸线也都十分曲折。

这样的直接结果是，希腊虽小，大陆海岸线却超过4000公里，若加上岛屿，海岸线总长达15000公里。

希腊岛屿众多，超过2000个。

希腊东面的爱琴海上，岛屿密密麻麻，一个接着一个，多得似乎人大可以从西岸的希腊起从一个

·希腊克里特岛山脉

◎ 地理篇／第一章／希腊地理　305

· 希腊三面环绕着美丽的蓝色海洋

岛跳到另一个岛，一直跳到东岸的小亚细亚半岛呢。这些岛屿虽然位于土耳其与希腊之间的海上，但几乎100%属于希腊，许多岛屿距土耳其的海岸线近在咫尺，但都是希腊领土。

就地形而言，希腊全国地形可以分成两大部分：大陆部分和岛屿部分。

多山而贫瘠的希腊半岛

大陆部分实际上是巴尔干半岛的尾端，地形以山地为主，约占了希腊 3/4 的国土，主体乃是品都斯山脉。

品都斯山脉从希腊的西北部与阿尔巴尼亚交界处往南延伸，纵贯西部，一直到达南部的伯罗奔尼撒半岛，几乎占了希腊大陆部分的一半。它南北长近300公里，平均宽约50公里，是年轻的褶皱山脉，构成了全国地形的骨架。正由于品都斯山脉如此年轻，是在近期的造山运动中形成的，这种十分剧烈的运动才使得希腊地形如此复杂多样。

从品都斯山脉往东是罗多彼山脉，它位于希腊东北部与保加利亚边界处，东西横亘，山体广

· 品都斯山脉的一段

阔，山顶既平又圆，比品都斯山脉要古老得多。

在这两座山脉之间有许多"山间盆地"，它们面积都比较小，而且彼此隔绝。但土地肥沃，对于缺少肥地的希腊来说十分宝贵。其中的塞萨洛尼基盆地在品都斯山东面，是全国最大的山间盆地。在它的东北面，高耸的群峰之中，有一座奥林匹斯山，海拔近3000米，是希腊的最高峰，古代希腊人认为它是众神的居所，万能的宙斯就带着他的神族住在山上。

除了以上两座山脉和那些山间盆地外，希腊也有一些平原，主要分布在爱琴海沿岸，狭小而分散，自古就很富饶。

举世闻名的希腊诸岛

希腊大批的岛屿可以分成两大部分：一是大陆以西的依奥尼亚群岛，它位于伊奥尼亚海中。伊奥尼亚海是人们对于希腊西海岸与意大利半岛南部之间那片大海的称呼。伊奥尼亚群岛的众岛屿一般都比较靠近海岸，数目不是很多，沿着大陆从西北往东南伸展。主要大岛有科孚岛和凯法利尼亚岛。

伊奥尼亚群岛是地质活跃地区，地震时有发生。

希腊岛屿的第二大部分就是位于爱琴海中的那一大群了，它们像繁星一样遍布整个爱琴海，被分成三大群岛，分别是北部的北斯波拉泽斯群岛、西南的基克拉泽斯群岛、东南的佐泽卡尼索斯群岛，此外还有南部巨大的克里特岛。

这些岛屿中有许多是很著名的，例如萨莫斯岛是哲学家毕达哥拉斯的故乡，米诺斯岛上曾经发现过著名的大理石雕像《米洛斯的维纳斯》，等等。不过最有名的还是东南角上的罗得岛和南面的克里特岛。罗得岛之所以有名，主要是因为它上面曾经有过一座太阳神巨像，它被称为古代世界七大奇迹之一。克里特岛就不用说了，古希腊文明中之最早者乃是克里特文明。

适宜户外活动的气候

希腊像楔子一样伸进地中海，因此它的气候是典型的地中海式气候。什么是地中海式气候呢？这种气候可以用两句话说明：夏季炎热干燥，

· 地中海式气候的夏天，希腊海岛上的游人正在享受阳光

◎ 地理篇／第一章／希腊地理　307

·伊奥尼亚群岛的美丽风光

冬季温和多雨。

这个气候的另一个特点是四季不甚分明，一年基本上只有冬夏两季。在夏半年，由于副热带高气压的控制，一天到晚晴空万里，烈日炎炎，降水稀少，十分干燥，7月份的平均气温约为26℃左右。到冬半年时，温暖的西风自海上徐徐而来，带着大量水汽，因此不但气候温和，而且雨量充沛，1月份的平均气温约为8℃左右。

在地中海式气候下，由于地形的关系，各地之间气候尤其是降水的差距相当大。地中海式气候的降水之源是由西风从海上带来的水汽，因此西面靠海迎风的山坡是近水楼台先得月，把很大一部分降水留了下来。这样，越往东去降水也就越少了，尤其是大陆内地山坡背风的一面，降水更是稀少。

在希腊，这个迎风靠海的地方就是伊奥尼亚群岛和大陆的伊奥尼亚海沿岸，这里降水最多，直到品都斯山脉西侧，年降水量约为1000毫米左右。一到山脉东侧，由于背风离海，降水稀少，年降水量通常不到西侧的一半。特别是雅典一带，由于它的东西两面都有高地阻隔，降水更少，是全希腊下雨最少的地方。

对于人类来说，希腊的气候是很适宜的，除了夏天有点热，一年中大部分时间阳光明媚，加上靠近海洋，清风拂面。在这样的天气里坐在阳台上聊天或者去户外搞搞各种活动都是很令人精神舒畅的。也许这就是古希腊人爱在大街上谈哲学、辩政治甚至演戏剧的缘故吧！

与气候和降水关系密切的是植被，那些降水多的地方植被自然茂盛，不过这样的地方希腊并不多，因为早在几千年前就被开垦出来搞农业，这乃是希腊文明的物质基础。大片的森林只有希腊大陆北面的山区里才有，森林覆盖率约为国土面积的20%。月桂、橄榄和橡树是希腊分布最广的树木，前两种是鼎鼎大名的，前者象征胜利，

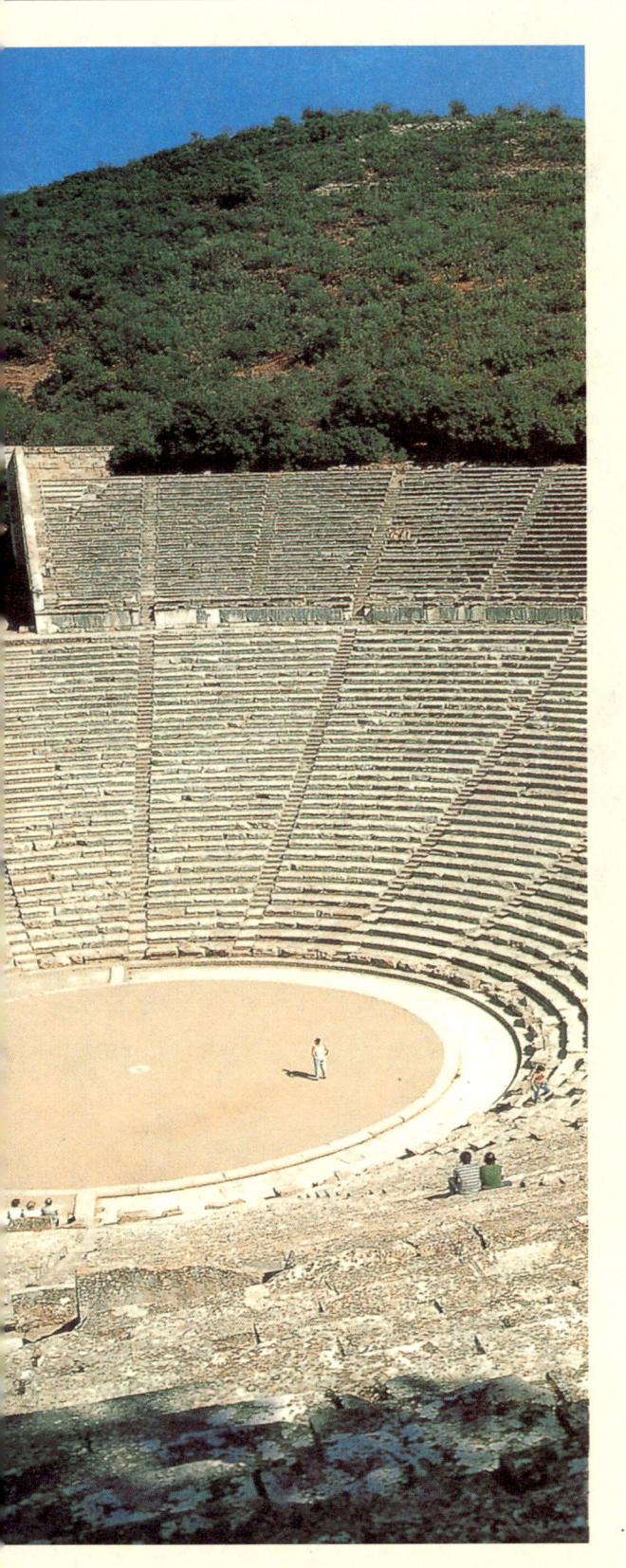

后者象征和平，古希腊如此，现在依然如此。

总的说来，现在希腊的森林和树木都相当少，尤其在经济文化发达的地区如此。由于几千年以来文明鼎盛，文明的人需要大量木材，用来取暖、做饭或者建筑，这样，一代又一代，树木们有什么机会花百十来年去长成参天大树呢？因此，除了偏僻的大山外，希腊大部分地方的山上都是光秃秃的，零乱的白石头间点缀着几株小树、几丛青草，显得贫瘠而荒凉。

如此可见，整体而言，希腊的自然条件根本谈不上多么优越，然而古希腊人为什么竟能取得如此伟大的成就呢？

我们现在就来探讨一下这个问题，来分析一下在希腊的自然地理与人文地理之间存在的关系。

这种关系的重要性可以简而言之地说：希腊之所以取得如此伟大的人文成就，与其自然地理环境有十分密切的联系。

希腊的两个地理之间紧密相关

我们前面说过，希腊是多山的，只间或有些比较肥沃的山间盆地，而且彼此之间交通不便。希腊大部分地区的土地都是贫瘠的。

这造成了两个后果：一是由于前者，希腊虽然一度文明鼎盛，倘若联合起来，其力量将足以建立一个强大的帝国，然而那样的地形使得希腊始终未能形成统一的希腊帝国。这就造成了一个奇特的现象，虽然希腊人在漫长的历史时期里十分强大，然而这种强大主要是文化与经济上的发达，却并未表现在政治与军事上。即使在他们打败波斯人之后也并没有顺理成章地展开对失败者的征服，而是回到自己的国家，专注于自己城邦

· 希腊到处有古迹，相对来说，山上的树倒不多

◎ 地理篇／第一章／希腊地理　311

- 就地形而言，希腊主要是山与海的国度（左上图）
- 腓尼基人使用的22个字母（右上图）
- 穿民族服装的希腊族妇女（左下图）

的建设或者城邦之间的内讧了。

二是我们说过，希腊半岛并不是块肥沃的宝地，相反，它到处是石头山，大部分土地很贫瘠。同时，希腊人性欲旺盛，又不懂得避孕措施，那孩子生了一个又一个，饿得嗷嗷叫。怎么办呢？希腊人只好将目光瞄准了辽阔的大海，大批希腊人被迫去海外谋生。

这又与希腊的自然环境相关了。我们知道，希腊半岛深深扎入大海，海岸线漫长，极大地方便了希腊人去海外谋生。

这种海外谋生的直接后果是，在环地中海的许多地方，例如小亚细亚西部、意大利、高卢南部，就是今天的法国南部，都出现了许多希腊城邦。这些城邦到海外后仍与母邦密切联系，大量贸易，这就大大促进了航海业的发展。另一方面，这些海外的希腊城邦同本土的希腊城邦之间并不总是亲睦的，经常发生摩擦乃至战争，特洛伊战争就是这样发生的，特洛伊称得上是希腊海外城邦中之最强大者。

同样由于濒临地中海，地中海周围有着人类两个最古老的文明——古埃及文明与古巴比伦文明，因此古代希腊人得以方便地经由地中海汲取两大文明之菁华，进而缔造自己的文明。例如希腊人的语言希腊语的形成过程就是：古巴比伦楔形文字→腓尼基语→古希腊语。

由上可见，濒临地中海这个自然地理因素乃是希腊人得以发展他们光辉灿烂的古代文明的基本前提。

希腊人的种族、信仰与语言

现代希腊的行政区划包括10个省，下面又分为55县，再下面又有两个级别的城镇，大的叫德摩斯，小的叫德姆那。

希腊总人口近1100万人，每平方公里约80人，人口密度不大，我们中国面积只有它的70多倍，人口却是它的100倍都不止呢。

希腊人的出生率与死亡率都比较高，都接近千分之十，这样一来人口自然增长率就不是很高了，约千分之四。希腊人的寿命相当长，男的75岁，女的达80岁。

希腊的人口分布十分不均，全国大部分地区人烟稀少，少数土地肥沃的地方，例如伊奥尼亚群岛、塞萨洛尼基盆地和雅典一带人口则十分稠密，且集中在几个大城市里，其中塞萨洛尼基和雅典两个城市的人口加起来就超过了全国总人口的1/3。

由于希腊的经济在欧洲算是比较落后的，因此每年都有不少人移民到其他经济发达的欧洲国家和美国、加拿大等。

虽然经济欠发达，然而希腊人大都能受到良好的教育。原因主要有两个：一是希腊人传统上就很重视教育，把教育看作是完善人生与恢复昔日光荣的最重要工具。二是政府十分重视教育，为此不惜重金。在希腊，上小学与中学是免费的，上大学则实行奖学金制度，绝大多数贫困学生都能够申请到足够的奖学金读完大学。

这样的结果是，希腊虽然经济比西欧发达国家要落后许多，但完成中等教育的人数的比例甚至高于发达的西欧国家，能上大学的人的比例也不低于发达国家。

希腊全国共有约15所大学，著名者有雅典大学、塞萨洛尼基的萨洛尼卡大学、克里特岛上的克里特大学、亚里士多德大学等。前国家主席江泽民曾经在2000年4月访问克里特大学，当时希腊方面接待这位最尊贵的客人的首席代表并不是当地政府的最高官员，而是克里特大学的校长。这足见希腊人对教育的重视了。

除了以上政治含义的希腊人，即希腊公民外，"希腊人"另有一个很重要的含义，就是种族上的希腊人。

种族上的希腊人就是那些伟大的缔造了西方

·户外边喝咖啡边聊天是希腊人的最爱之一

·希腊正教的信徒正在庆祝复活节

◎ 地理篇／第一章／希腊地理　313

文明的古希腊人的后裔，这些希腊人占现在希腊总人口的绝大部分，约95%。除这种希腊人外，在希腊还有许多其他少数民族，人数最多的是土耳其人，其他还有人数很少的马其顿人、罗马尼亚人和阿尔巴尼亚人等，这些人都是白种人，属欧罗巴人种。

希腊人之所以在希腊占有如此高的比例，在不小的程度上是人为造成的结果。其中影响最大的一次是1923年希腊同土耳其签订了条约，把境内的60多万土耳其人送回土耳其，而把土耳其境内的150多万希腊人接了回来，这样才造成了今天如此"纯洁"的希腊人之国。

希腊人大都信仰属于基督教的希腊正教，因此希腊正教也是希腊的主要宗教。

信仰希腊正教的人比希腊人占的人口比例还要大，这是因为除希腊人外，希腊其他种族的人，例如保加利亚人信仰的同样是正教，土耳其人信仰的则是伊斯兰教。

领导希腊信仰的组织叫希腊正教会，它是按照俄罗斯东正教会模式组建的国家教会，全国共分81个大小教区。希腊正教会的特点是不独立于政府，虽不受其他东正教会控制，但受政府制约，其主要使命之一是保持人民对国家与政府的忠诚。雅典大主教是希腊的最高宗教领袖，正教的教士们可以结婚，但结婚后就不能有正式的教阶了。

同种族和宗教相类的是语言。其实在任何一个国家，种族、宗教与语言大都是一致的，例如同一个种族的人大都说同一种语言并且信仰同一宗教，特别是种族与语言更是密不可分，因为说同一种语言乃是成为同一个种族的基本标准之一呢，虽然这个标准不是绝对的，但基本上如此。例如汉族人为什么是汉族人？因为说汉语呗！希腊人为什么是希腊人，因为说的是希腊语。

希腊语是希腊的主要语言，希腊人都说希腊语，即使不是希腊人，例如马其顿人，由于生活在希腊，平常也说希腊语。对于非希腊人的我们，希腊语虽然不会说，但至少识得几个希腊字母，如 α β γ δ ε ζ ω φ υ π ρ ξ λ θ 等等，都是我们上数理化课时常要用到的，它们就是希腊字母，希腊语共有24个字母，其中7个是元音。

希腊语是一种非常古老的语言，远在公元前14世纪就已经出现了，是现代西方通行的几乎所有语言，如英语、俄语、法语、德语等的老祖宗。

希腊语的发展大致经过了四个阶段，即古代希腊语、古希腊共同语、拜占庭希腊语、现代希腊语。其中古代希腊语又可以分成迈锡尼希腊语和古典标准希腊语两种。古代希腊人中，迈锡尼人，即前去征讨特洛伊的古希腊人，所说的希腊语就是古代希腊语中的迈锡尼希腊语；古希腊伟大的哲学家们，例如泰勒士和柏拉图，说的则是古代希腊语中的古典标准希腊语；亚历山大大帝说的则是古希腊共同语；东罗马帝国的人说的是拜占庭希腊语；此后的希腊人说的就是现代希腊语了。

但这可不等于说现代希腊人讲的完全是同样的语言，相反，现在希腊人所说的现代希腊语又可以分为颇不相同的三大类：第一类是各种方言，这些希腊语的方言彼此之间差别很大，听起来简直像两种不同的语言；第二类是通俗希腊语，它通行于全希腊，几乎每个希腊人都懂；第三类则是"纯净希腊语"。它是由希腊的思想家们本着弘扬优秀的古希腊文化而提倡的希腊语，主要用于科学出版物中。

您发现没有？这种情形很类似于中国的现代汉语。现代汉语也有各种方言，如广东话、海南话、湖南话、北京话，等等，它们之间的区别也很大，听起来几乎是两种不同的语言。汉语有普通话，全国哪儿的人都听得懂，这就类似于通俗希腊语了。至于类似于纯净希腊语的汉语倒没有，但我觉得这恰恰是一种缺陷，因为就书面语而言，自从文言文消失之后，我们确乎没有一种标准而纯净的书面语，也没有哪个作家或者学者的语言被大家认为是标准的书面语，可以作为范本来效法的。

相对落后的经济

古代希腊虽然一度是欧洲最发达的国家，然而自那以后再也没有光辉岁月了。在政治上，自从公元前388年马其顿国王腓力二世在咯罗尼亚之役中大败雅典和底比斯联军后，希腊就再也没有独立过。此后的2000多年间，他们先后被马其顿人、罗马人、土耳其人统治，直到1832年才正式独立，建立了现代的希腊国家。

现在，在经济上，比起欧洲发达国家来，希腊依旧贫困落后，不过比起咱们中国这样的第三世界国家，希腊还算是比较先进的，目前其人均国民生产总值有约9000美元，是中国的近10倍。

在希腊的经济各部门中，工业占主导地位，但农业的地位也很重要。

希腊土地并不肥沃，而且成片耕地很少，耕地主要分布在那些分散的小山间盆地里，能够得到充分灌溉的土地还不到耕地总面积的1/4，这种种因素对农业发展十分不利。然而希腊传统上还是农业国家，现在希腊有约20%的劳动力从事农业，农业产值占国民生产总值的1/6。

希腊比较有特色的农业部门是果树栽培，它

·停泊在希腊港口的大型豪华邮轮，航运业是希腊少数发达的经济部门之一，拥有庞大的船队

·桑托林尼岛风光，旅游业是希腊外汇的主要来源

的土质种粮食作物不大合适，种果树却很好，栽种最为广泛的是果类是橄榄和葡萄。

还在荷马时代希腊人就爱上橄榄了，把它当作和平的象征。橄榄树又叫油橄榄，是一年四季绿油油的树，小小的叶子，结着好看的小果子，这种小果子像我们中国的油菜子、花生或者芝麻一样能榨出香喷喷的油来，欧洲人平常做菜就用这种油。橄榄树全身都是宝，不但所产的油，橄榄油，品质非常高，比我们常吃的猪油、菜籽油甚至花生油都好，更利于健康，它的树干还是优良的木材。

除橄榄外，希腊人种得最多的是葡萄。葡萄主要用来酿酒，其他的用来吃或晒成葡萄干。希腊的葡萄酒产量虽大，但由于希腊人爱喝酒，所以并没有多少供出口，都进希腊人自己的肚子了。

希腊的畜牧业主要是养羊。希腊人很早很早

· 伊奥尼亚海中美丽而幽静的伊萨基岛

以前就开始养羊了，它的土地有四成是牧场，主要分布在那些小山坡上，这些山大都是石头山，上面只有一些稀稀拉拉的青草。

说起希腊的矿产资源，它唯一可以引为自豪的只有一样，就是大理石。希腊的大理石自古以来就享誉西方世界，不过这享誉最主要的原因不

· 游客正在欣赏米诺斯岛迷人的风光

是它的储量与质量，而是它雕刻出来的作品。古希腊伟大的艺术家们，如菲狄亚斯、坡利克里特、米隆等，他们的大理石雕像精美得无与伦比，冠绝古今。

看到这里大家也许会感到奇怪：既然希腊的农业矿业牧业等等都不怎么发达，希腊人靠什么来过日子呢？——靠旅游业！

作为文明古国，希腊的名胜古迹可谓数不胜数、美不胜收，从北面的众神之家奥林匹斯山到南面的斯巴达，从西面的奥林匹亚到东面的雅典，再加上爱琴海诸岛，像克里特岛、罗得岛，还有毕达哥拉斯的故乡萨莫斯岛，等等，哪里不是顶儿尖儿的名胜古迹？无论是其建筑还是雕塑，都美轮美奂，令人叹为观止，每年都要吸引大批游客像朝圣般朝希腊蜂拥而来，使希腊成为世界上最受游客青睐的国家之一，为希腊带来巨额外汇，也使旅游业成为其国民经济的支柱。

为了方便游客们观光，希腊人努力发展运输业，并特别发展了海洋运输业，因为希腊到处近海，全国离海最远的地方也不到200公里。希腊人拥有世界上规模最大的船队。

希腊政府

说了希腊的经济，我们再略微谈几句希腊的政治。看看希腊现在有一个什么样的政府，实行的是什么样的政治制度。

希腊当然是西方资本主义国家，实行民主政治，在这个国家里普通公民是国家的主人，其标志就是民主选举，无论总理还是省长、市长、村长，都由老百姓来选，老百姓选谁就是谁，这是希腊基本的国家政治制度。

更具体地说，希腊是多党制的代议制国家，议会是国家的立法机构，且是一院制的，没有上下两院或者参众两院之分，共有议员300名，议员由人民直接选举产生。哪个党在议会中赢得最多的席位就由哪个党的领袖担任总理，负责管理国家的内政外交等。由议会选举出一个总统，希腊的总统并没有实权，只是"虚权总统"，是名义上的国家元首。司法权隶属于法院，最高司法权属最高法院，另外政府也拥有相当大的司法权。

长期以来希腊的执政党一直是"泛希腊社会主义运动"，不过这种社会主义同我们中国的社会主义是大不相同的，是欧洲相当流行的民主社会主义，也就是略微有一点社会主义气息的资本主义政府，其社会主义气息主要体现在尊重普通人民的福利并把相当一部分经济实行国有化。

至此，我们似乎已经把希腊的方方面面都讲完了，述说了希腊的地形地貌、语言文字、工业农业、政治体制，等等。不过我觉得还有一个缺点，就是大家读过之后是不是对现在的希腊，它的城市与乡村，名胜与古迹等，有一个清晰的了解呢？就像您曾经去希腊旅行过十天半月一样？没有吧？所以我现在就要弥补这个缺陷，自己作导游，在这本小小的书上带大家来一趟"希腊之旅"，作为大家以后去希腊的旅行指南吧！这样的一番内容对于我们进一步了解希腊一个真实的、现实的希腊是很必要的呢。

如果您要问，我们在前面已经介绍过希腊，为什么还要后面专门再讲一下希腊呢？原因很简单：前面所讲的希腊是过去的希腊，现在所讲的希腊是现在的希腊。

第二章

希腊的考古之旅

希腊有许多地方我们已经久仰大名，现在就带您去一览它们的庐山真面目

我们这次的希腊之旅总的线路是一个中心，若干个基本点。

一个中心就是雅典，若干个基本点就是希腊其他地方的名胜古迹了。

我把这些中心和基本点分成四大块：

第一大块是雅典及其周围的古希腊遗迹，这也是本次旅行的重中之重。

第二大块是北方区，包括雅典往北的整个希腊地区，共有5个景点，我们从北往南数。

第一个景点最北，是希腊的第二大城萨洛尼卡；第二个是奥林匹斯山，众神的居所；第三个是温泉关，这个地点使您想起了勇敢的斯巴达人吧；第四处是德尔斐的阿波罗神庙，大家记得它门楣上那句不朽的铭文吗？最后一个是雅典稍北的马拉松。

第三大块是伯罗奔尼撒半岛。伯罗奔尼撒半岛虽然不大，上面的名胜古迹可不少，而且都是我们耳熟能详的，这里且提提它们的名字

· 每一届奥运会的圣火都在希腊的奥林匹亚点燃，这是希腊的圣火采集女郎正在借助阳光点燃奥运圣火

· 奥林匹亚遗址

吧：科林斯、迈锡尼、奥林匹亚、梯林斯、斯巴达。

最后一大块是希腊诸岛，这些岛中许多都是举世闻名的休闲旅游胜地，不但景致优美，名胜古迹也非常多，我们主要去其中的3个玩玩：第一个是我们前面提过的罗德岛；第二个是克里特岛，诞生克里特文明的地方；第三个是桑托林尼，它被称为爱琴海中的经典小岛，景色如梦。

现在就请跟我这个导游来上车开游啦！

旅游须知

现在我们已经上了车，正在驶向目的地的路上，按规矩导游要先向大家讲几点注意事项。俗话说，入乡随俗，入国问禁。知道这些对于我们旅途的顺利是十分重要的。

总的说来，希腊人是典型的地中海人，待人像地中海的太阳一样热情，十分好客。他们也非常注重个人之间的友谊，但由于一些历史、文化和宗教等方面的原因，我们在那里旅游以及与当地人交往时应注重以下问题：

一是希腊大多数人信奉希腊正教，因此我们参观教堂时女士应穿长裙，胳膊不可外露，而且女士也不要站到圣坛后面去。

二是希腊由于长期受土耳其统治，与尊重妇女的英法不同，是个大男子主义传统很深的国家，男士对女士往往不够尊重，而且把骚扰女士看成小事一桩甚至是男人的权利。为了避免受到男人骚扰，女士单独外出时最好不要步行，要坐出租车，在外面就餐时最好选择一些较高档次的餐馆，

· 安静美丽的雅典小街

·今日雅典市中心的景象

们中国不一样，在希腊的餐馆或酒吧里就餐应当付给服务员小费，一般不要少于餐费的15%。

末了一点是希腊人都爱午睡，而且睡得还挺久，中午1点到4点之间最好不要去理他们，也不要去商店买东西。当然去了他们也会卖给你，只是打扰人家的睡眠总不那么好吧？

注意了这些后，相信您可以在希腊畅通无阻地旅行了，而且包您玩得愉快，因为希腊的确是一个迷人的国家呢！

我们第一个去处是雅典。

雅典的环境很适宜于户外活动，这对他们的文明形态产生了很大影响

这里的男士大多很有修养，不会骚扰你。

三是希腊人特喜欢吸烟。商务谈判和社交活动中都喜欢吸烟，甚至吃饭的时候也吸上几口。在公共场所里也有禁止吸烟的标志，但男人们往往视而不见。因此在与当地人交往中不必对他们到处吸烟的习惯感到奇怪。

四是希腊短缺外汇，因此当地的商店很欢迎你用美元或英磅等硬通货结账付款。对了，与我

雅典位于希腊南部阿提卡半岛上一个干燥的山间盆地里，南距爱琴海的法利鲁湾不到10公里，雅典附属的海港比雷埃夫斯港就在湾内。

经纬度上，雅典居于北纬38°线和东经24°线的交叉点附近，与中国的兰州和青岛大致是同一个纬度。

雅典是比较典型的地中海式气候，冬天温和

多雨，很少霜冻，但偶尔会下雪，1月的平均气温约9℃，最低0℃。夏季炎热干燥，7月平均气温约28℃，最高气温37℃。年平均气温18℃。年降水量400毫米左右，集中在冬季，夏天基本无雨。

雅典的夏天虽炎热，但由于大海近在咫尺，无论白天还是黑夜，都有凉爽的海风吹来，特别是到了夜晚，没有了炙烤大地的太阳，清凉的海风徐徐而来，沁人心脾。因此雅典人大都是夜猫子，一天从晚上8点开始。那时候大街上人流熙熙攘攘，大家听音乐、聊天、争着请朋友喝一杯，一直快活到很晚。

这种适宜户外活动的气候对希腊人和希腊文明的影响是十分强烈的。我们知道，在古希腊，悲剧家的演剧是在露天剧场的，公民大会是在城市广场进行的，艺术家的作品——主要是大理石雕像——也大都是摆在露天供人们欣赏的，连哲学家的辩论也都是在通衢大道上进行的。如果没有希腊这种适宜于户外活动的气候，那些代表着希腊文明的东西将会是什么样子呢？还会有如此之美吗？甚至说，还会存在吗？这都是很难说的了。

当然，历史是不能假定的，我们现在只能说：雅典的环境很适宜于户外活动，这对他们的文明形态产生了很大影响。

雅典的交通

雅典的城市分成两大部分：一个是雅典市区；二是比雷埃夫斯港。雅典市区人口近百万，与比雷埃夫斯结合起来称为大雅典，面积约430平方公里，人口达300余万，占全国人口的1/4

· 雅典的户外咖啡馆

雅典城区

◎ 地理篇／第二章／希腊的考古之旅　321

强。

　　雅典周围依傍着4座小山，分别叫伊米托斯山、帕尔尼斯山、艾加莱奥斯山和彭特利库山，从这些山上望过去，雅典显得有些荒凉。不过这是一种深藏美的荒凉，当你仰望那些掩映在丛林或者高耸于山顶的废墟时，仿佛要被这荒凉之美征服

·今日雅典鸟瞰

· 从空中俯瞰以议会大厦为中心的雅典城

· 今日比雷埃夫斯港

了呢。

　　雅典市区有两条小河,西边的一条叫基菲索斯河,一年有半年只是涓涓细流。东边一条叫伊利索斯河,经常连水都没有。它们把雅典市区大体划分成三块。雅典主要的建筑与名胜是中间那块,位于两条小河之间。

　　雅典有一个天然的市中心,那就是雅典卫城,卫城的意思是说它可以拱卫雅典。

　　为什么它可以拱卫雅典呢?因为它建于一座小山之上,居高临下,俯瞰雅典,是雅典城独一无二的战略制高点。

　　至少从文化方面来说,这座小山是全世界独一无二的小山,是一座名副其实的宝山,它有两个特出的优点:

　　一是山虽小,四周却是悬崖峭壁,高150余米,耸立在周围的平地之上,只有一条小路可以通达山顶,只要守住了它,敌人就甭想攻上山去,

◎ 地理篇／第二章／希腊的考古之旅　323

·早期奥运会比赛的情形

真是一夫当关，万夫莫开。

二是这小山不但高耸，它的顶竟然还是平的！这样就有另一个大好处了——上面好建房子。雅典人正是利用了这个长处，在上面大建特建，建成了举世无双的雅典卫城。

我们参观雅典，主要当然是去雅典卫城，它是不折不扣的西方文明之圣城，就像麦加是伊斯兰教的圣城、耶路撒冷是基督教的圣城一样。

这座小山的名字叫阿克罗波利斯山。

雅典卫城位于前面说过的两条小河之间，它的北面，阿克罗波利斯山坡下不远，集中了雅典几乎所有重要建筑，例如宪法广场，与它相邻的是老王宫，现在是国会大厦。

同样隔老王宫不远，有一条赫罗底斯·阿提库斯街，19世纪末在那里建起了一座新王宫，现在是总统府。

阿提库斯街通向泛雅典娜节体育场。这可是一个庞然大物，足足能容纳7万人观看比赛，它是由一位希腊裔的百万富翁捐资兴建的，就建在千年之前希腊人曾在那里举行各种竞赛的老地方。

1896年，在这个体育场召开了第一届现代奥林匹克运动会。

不过，奥运会的祖祠并不在这里，而在我们后面将要介绍的奥林匹亚。

距体育场不远，沿着不长的帕尼匹斯蒂米奥大街，雅典科学院、希腊国家图书馆、雅典大学三足鼎立，尤其是雅典大学，它是用采自彭特利库山的大理石建造的，有许多美丽的柱廊，上面有镀金的精美雕刻。

雅典市政厅、希腊民族博物馆、国家考古博物馆与它们比邻而立。

上面这一大群使人肃然起敬的名字同雅典卫城一起构成了雅典的中心区，也是全希腊的中心区。

过了这个中心区就是雅典的商业区和居民

·雅典科学院

324　话说西方 *The Story of the West* >

区，这里就与别的城市没多大不同了，一样鳞次栉比的高楼大厦，中间夹杂着贫民的小屋。

由于是国际旅游大都市，雅典的交通建设搞得相当不错，有铁路贯通全国各地。海上交通就更发达了，希腊拥有世界上最庞大的船队之一，设备一流的比雷埃夫斯港可以通向全世界。

雅典还是世界最重要的空港之一，亚非欧三大洲的许多航线都经由这里，把这里当成主要中转站。乘客们如果想到全世界的任何地方，如果不能直飞，基本上都可以先到雅典，并在这里找到他要乘的航班，还可以顺便逛上两三天，看看文明圣迹，真是一举两得。

关于雅典的交通图我就介绍到这里了，下面我要给大家讲解让雅典成为雅典、希腊成为希腊、西方成为西方的雅典卫城了。

关于雅典卫城的艺术，它辉煌时期的模样——那也代表了古希腊艺术的最高成就，我们在前面讲古希腊的艺术时已专门讲过了，这里不再赘述，这里我们只讲讲雅典卫城的历史以及它现在的模样。

· 雅典现代化的商业大街

· 游客们正在步入卫城的入口——山门

雅典卫城史

很早以前，阿克罗波利斯山上就有神庙与卫城了，公元前480年波斯人第二次侵入希腊时，将它彻底捣毁了，顽强的雅典人决定重建卫城，并且要将它建得比原来更大、更辉煌壮丽，好让全世界都看到雅典的光荣。

此时的雅典之所以能够成功地进行卫城这样浩大的工程，多亏有个伟大的领袖伯利克里，正是他领导雅典进入了黄金时代。他是一个虽出身贵族，但热衷于民主政治的人，有两样杰出的本事：演讲与知人。出色的演讲使他能在民主政治下凭嘴巴将雅典公民团结在他的旗帜下，听他发号施令，出钱出力来建筑雅典卫城；杰出的知人本领使他可以为如此庞大工程找到最合适的负责人。他找到了建筑设计师伊克底鲁，雕刻家菲狄亚斯。这两个人是当时最了不起的建筑师与雕刻家，尤其是菲狄亚斯，被称为古希腊最伟大的雕刻家。

俗话说，巧妇难为无米之炊，有了伊克底鲁和菲狄亚斯，要建成雅典卫城还得有一样东西——建筑材料。这好办，因为雅典有彭特利库山，山上就有顶好的大理石。

上述三样找全后，雅典人开始了他们伟大的建筑工程，可以想像这个工程花费的时间与金钱是非常庞大的。花钱多少我们没法知道，建设时间据说长达42年，从公元前448年开始直至公元前406年才基本峻工。

建筑好后的雅典卫城大体可以分成四个部分：

第一部分就是进入卫城时必经的大门。这是一扇很气派的大门，挺立着多利亚式的大柱，还有许多精美的雕刻。

第二部分是两座神庙，一座是奈基神庙，祀奉胜利女神奈基。

第三部分是另一座神庙，用来献给一个叫伊克瑞翁的希腊英雄。

第四部分即帕特侬神庙，献给雅典的保护神——智慧女神雅典娜。

这第四部分才是整个卫城的中心，甚至是整个古希腊艺术的中心，它代表着古希腊艺术黄金时代的最高成就。而且，当我们谈论雅典卫城时，一般而言谈的就是它。至于其他三个部分，倘若搁在其他地方将会成为那里的光荣与艺术的象征，因为它们也是十分精美的，然而它们不走运，与帕特侬神庙列在一起，这就像本来是小家碧玉的美人儿到了美若天仙的公主身边做侍女，自然相形见绌，无人喝彩了。

雅典卫城建好后，不但雅典人以之自豪，也成了全希腊人的骄傲；不但成了祭拜神灵的地方，也成了雅典人的生活与政治中心。每天络绎不绝的人像一条河往卫城流去，有的来向智慧的雅典娜求签问卦，有的来谈情说爱，更多的只是来看看，并且骄傲一番。

每年雅典人都要在卫城举行大量的公共活动，其中最重要的是每9年才举行一次的泛雅典娜节。

泛雅典娜节是雅典人最重要的节日，到了这

· 帕特侬神庙下游人如织

一天，雅典人倾巢而出，来到卫城，举行各式各样的庆祝活动，快活一番，最有名的是两样：一是运动会，这是雅典人的全运会，全雅典最健壮的男人们都来参加，有赛跑、铁饼、标枪、打拳、赛马等项目，获得胜利的人虽然只得到一个桂树枝编的圈儿套在头上，但那荣誉可大得很。

另一样是向全体雅典人的保护神雅典娜献祭。这也是泛雅典娜节最重要的活动，是节日的高潮。这天，全体雅典人都聚集在帕特侬神庙大门外的广场上，他们的祭品并不昂贵，只是一件由雅典全体童女共同绣制的桔黄色长袍，但它象征着全体雅典人对他们的保护神的纯洁童贞的爱。

即使在雅典已经失去了独立，雅典人已经沦为亡国奴的日子里，泛雅典娜节仍在举行着，直到公元3世纪才最后中止，前后延续700年之久。

雅典卫城如此壮观，但它的命运却是悲惨的，屡经劫难。

第一次是公元前404年，雅典最终被斯巴达人击败，斯巴达人摧毁了保护雅典的长城，雅典卫城也第一次遭到损害，不过斯巴达人并非没教养的野蛮人，所以损害不算严重。

后来统治雅典的马其顿人和罗马人都是希腊文明的崇拜者，都没有破坏卫城。

第一次对卫城造成较大破坏的是希腊日渐众多的基督徒。公元500年左右，他们将帕特侬神庙改成了基督教堂，把所拜的对象由雅典娜变成了圣母马利亚。为此他们把大门由朝东改成了朝西，内部装修也被改得符合基督教口味。非凡的雅典娜雕像早已不见，美丽的壁画也消失了，变成圣徒的画像。

又过了1000多年，15世纪，奥斯曼土耳其帝国占领了希腊，奉安拉为唯一神的穆斯林又将神庙由基督教堂改建成清真寺。我们知道，清真寺的内部是很朴素的，什么神像都没有，因为穆斯林们不崇拜任何偶像。他们便把原来基督教堂里的绘画雕像全弄掉，还在神庙另一头建了座宣礼塔，向穆斯林提醒祷告的时辰。

此时，虽然内部那些伟大的雕像与壁画全没了，但雅典卫城的建筑本身并没有遭到很大破坏，甚至相当完好。

17世纪时，雅典卫城遭受了第一次整体性的大破坏。这一年，威尼斯人与土耳其人开战了，威尼斯雇佣军在一个叫柯尼希斯马克的人的统领下包围了雅典，困守危城的土耳其人看到帕特侬神庙地势高，墙壁又坚固无比，就用它作火药库。这年9月26日，威尼斯人攻城，向火药库开了炮，结果一炮中的，土耳其人的火药库完了，装火药的帕特侬神庙也完了。

没了火药的土耳其人终于投降，威尼斯人看到帕特侬神庙西面山墙上的海神波塞冬雕像挺不错，就想把它当战利品运回去，但刚拆下来，那些工人一个不小心，雕像从他们手里往大地扑去，粉身碎骨。

再过了200来年，到了19世纪，一个英国佬来了，名叫埃尔金，他是掠夺文物的老手，把最后几块好点儿的雕刻全拆走了，它们至今还在大英博物馆，被称为埃尔金石像。

不久希腊爆发了独立战争，一直打了8年。参加这场战争的除了希腊人外，还有一个英国人——拜伦勋爵，最后死在希腊人的军营中，他写过一首最美的诗篇《哀希腊》。我们后面讲英国的文学时会用这首诗，很优美动人的，大家可以去欣赏欣赏。

最后，1832年，希腊人终于在被异族统治2000多年后重获独立与自由。

此时雅典卫城已成废墟。

现在的雅典卫城是什么样的呢？我们也来看一眼吧！

登上阿克罗波利斯山，我们能看到的是帕特

◎ 地理篇／第二章／希腊的考古之旅

· 这就是雅典卫城现在的样子

· 萨洛尼卡著名的白塔

侬神庙残余的庞大柱廊,虽然里面已经空空如也,但仍然可以感受到她当初的美貌,就像我们从古希腊的传说中可以神会海伦的美貌一样。

不过,一想起那如花容颜已被无情岁月摧残得如此荒凉,心中仍一片凄然,仿佛眼泪已经涌上心头,还是不说下去了罢。

怀着满腹惆怅,我们走下阿克罗波利斯山,离开了雅典,开始新的旅程。

按照拟好的路线,我们下一站要去的是希腊北部的萨洛尼卡。

这里预先要说明的是,下面我们要介绍的景点只是我们要去参观的一部分,有一部分在这里就略过了,为什么呢?因为那些地方我们在前面已经介绍过了,例如神秘的奥林匹斯山、温泉关旧战场、马拉松、斯巴达、梯林斯,等等。我们在下面要介绍的只是前面没有介绍过而又值得一去的好地方。

这里有间浴室,人们在里面洗了整整700年的澡

萨洛尼卡是老名字,它现在的名字叫塞萨洛

·这是萨洛尼卡街头的一个杂货店

尼基,不过老名字好读也好记,听起来也比较亲切,我还是用它吧。

萨洛尼卡位于希腊北部像伸出的3根手指头的卡启第吉半岛西北端,南面是一个小海湾,叫塞尔迈湾,北面则是两个小平原,是希腊的鱼米之乡。萨洛尼卡工农业都比较发达,人口近40万。

萨洛尼卡是雅典的第二大城市和第二大港口,第一大城和第一大港分别是雅典和比雷埃夫斯港。它也是一座古城,至今建城已经超过2000年了。与希腊许多早已经湮没在萋萋荒草丛中的古城不同,萨洛尼卡如今还是一座大城,从过去到现在一直富庶繁荣。

直到20世纪初萨洛尼卡才成为希腊的一部分,此前它有过许多主人,如保加利亚人、诺曼底人、威尼斯人等,东罗马帝国和奥斯曼土耳其帝国曾长期统治它,在这里还曾经生活过大量的犹太人。15世纪时,当西班牙人把犹太人赶走后,萨洛尼卡人收留了他们,他们在这里一直生活到20世纪,直到1941年,德国纳粹占领这里,萨洛尼卡的犹太人夹杂在其他几百万犹太人里,被消灭了。

在萨洛尼卡有大量古迹,有古希腊的、威尼斯式的、拜占廷式的,等等。最主要的古迹是一段用石头和砖块砌成的城墙,长约4公里。城墙最高的地方有10米,宽约2米半。上面建有40座雕楼,位于东南角上的特里格尼翁雕楼和东北角的白色雕楼保存得相当完好。城墙与雕楼大部分已经有1500多年的历史,属于罗马帝国晚期建筑,还有一部分建于拜占庭和奥斯曼土耳其时代。不同时期的建筑风格交错在一起,更增添了它的魅力。

城里顶有趣的是一间浴室,它并不大,由门厅直接进去就是左右分列的两个穹顶热浴池。了不起的地方是:在它的浴池下面烧了火,暖气通过特别的地下循环系统进入上面的房间,使之温暖宜人。

浴室建于13世纪末,直到1941年还在使用,人们在里面洗了整整700年的澡。

萨洛尼卡这些古迹保存得相当好,被联合国教科文组织整体地列为世界文化与自然遗产。

这里另一个值得看看的地方是亚里士多德大学,光这个名字就够威风吧!它的哲学、神学与考古学等专业在世界上都是有名的,校园里边的建筑也很美。

神秘的奥林匹斯山

我们下一个要逛的地点是奥林匹斯山。在色

· 这就是神秘的奥林匹斯山

· 德尔斐遗址远眺

萨利盆地东北面，高耸的群峰之中，有一座奥林匹斯山。它位于北纬40°、东经22.5°附近，往东距塞尔迈湾不远，与萨洛尼卡遥遥相对，海拔近3000米，是全希腊最高峰。

"奥林匹斯"的希腊语意为"发光"，前面我们在讲古希腊的历史、文学与哲学中，我们曾多次提到过这座山，足以说明它在古希腊的地位。它乃是众神之居所，与古希腊神话息息相关，而古希腊神话对于古希腊文学、哲学与历史等的意义是不言而喻的，可以说要超越任何一个实实在在的人。

为什么古希腊人认为奥林匹斯山是众神之居所呢？原因之一当然是因为它乃全希腊最高峰，是神们理想的居所。第二个原因是这座山确实看起来也适合神仙住呢。我们知道，神的一大特点是神秘，而这正是奥林匹斯山的特点：它的山顶终年积雪，山上一年四季云雾缭绕，气候变幻莫测，显得十分神秘。

温泉关的旧战场

温泉关位于雅典西北，距雅典130多公里。左面是高耸的卡利兹罗蒙山，右边是茫茫爱琴海，两者之间只有一条十分狭窄的通道，自古就是南北希腊之间的咽喉、兵家必争之地，如今则是怀古的好去处。现在您还可以看到李奥尼达简陋的坟墓和一块纪念当年斯巴达人英勇事迹的碑，由青铜和大理石筑成。

世界的中心——德尔斐

德尔斐这个名字大家听得耳朵都痛了吧？它在古希腊可是大大有名，我们在讲古希腊哲学时就曾说过，德尔斐的阿波罗神谕说：没有比苏格拉底更聪明的希腊人了，还提到过德尔斐的阿波罗神庙和它门楣上那句不朽的铭文："人啊，你要认识自己！"

阿波罗神庙在古希腊有许多座，德尔斐是其中最重要者，是阿波罗发布神谕的地方。它位于希腊的福基斯地区，东距雅典100多公里，往南10来公里就是大海，它周围的山叫帕尔纳索斯山，是七位文艺女神缪斯的香闺所在。

古希腊人有一个观念，认为德尔斐乃世界的中心。据说有一次宙斯放出两只雄鹰，分别从东西方起飞，宙斯使它们都朝世界的中心飞去，结

· 这个东西制作于公元前5世纪，可能就是那个"世界之脐"的形象

果它们相会于德尔斐，希腊人便在那里放了一块巨石，名叫"脐石"，意即此处乃全世界的肚脐眼儿。

还有一个传说称德尔斐的神谕本来是由大地女神该亚发布的，神庙则由她的孩子，一条叫皮同的巨蟒，守卫着，后来阿波罗杀了皮同，夺了神庙，并在这里发布他著名的神谕。

据现在的考古发掘显示，德尔斐从迈锡尼时代起就有人居住了。让德尔斐大出其名的是公元前582年在这里举办了"泛希腊皮同竞技大会"，这大约相当于今天中国的全运会。此后每4年都在这里举行一次。

这时的希腊，下至普通公民，上至国家大事，人们都要来向阿波罗问谶，德尔斐神谕的影响遍及整个希腊。

后来，随着基督教的传播，作为异教圣殿的德尔斐日渐式微，最终沦为帕尔纳索斯山陡峭山坡上的废墟。

现在我们来德尔斐能看到什么呢？只能看到四周高山怀抱，中间一座稍微矮些的高山的平顶

之上，有一个用大石头砌成的阔大的圆圈，中间又砌了一个圈。原来想必都是高耸而庄严的，如今剩下的圈只是底座。在它们的旁边有3根巨大的石柱，高高地叠立在那里，上面横亘着3层紧叠在一起的石梁。它们2600多年前就已经叠在那里了，至今屹立如斯。想到它们原来是何等宏大的规模，如果却只余下这断壁残垣。我不由想起了《牡丹亭》里的句子："原来姹紫嫣红开遍，似这般都付与断井颓垣。"

马拉松之战的遗址

马拉松距雅典不远，在它的东北方向32公里处，现在这里是一个宁静的小镇，位于坦荡的马拉松平原，依然可以看到埋葬战死的雅典人的小丘。

离开了雅典之北的希腊，现在我们往南，去看看伯罗奔尼撒半岛。

伯罗奔尼撒半岛虽然不大，上面的名胜古迹可不少，同样是我们耳熟能详的，例如科林斯、迈锡尼、奥林匹亚、梯林斯、斯巴达，等等。

在古希腊，科林斯仅次于雅典和斯巴达

第一个要看的是科林斯。

科林斯在古代希腊是一座非常著名的城市，也许仅次于斯巴达和雅典。它位于伯罗奔尼撒半岛顶北面，它的旁边就是著名的科林斯地峡，从地峡过去往东不到100公里就是雅典了，科林斯坐落在一个海拔不到100米的台地上。

由于科林斯雄踞于通向伯罗奔尼撒的咽喉要道，无论从伯罗奔尼撒半岛进入北面的中央希腊还是从北面的中央希腊南下伯罗奔尼撒半岛，都要经过这里，因此科林斯自古就是战略以及通商的要地，远在公元前3000年就已有人在此安家。后来，科林斯城邦通过扩张占有了爱琴海中不少岛屿，终于成为地中海西部一霸和贸易的中枢。

公元前6世纪时，一个叫佩里安德的暴君统治科林斯，他在科林斯地峡两边的两个海湾之间修了一条石路，这条路不是用来供人走的，而是

· 科林斯的黄昏

供船走的。原来，这个聪明的家伙，将石路修整得很平滑，又派了许多人把船只在东边的科林西亚湾和西边的萨罗尼科斯湾之间拖来拖去，省掉了绕行整个伯罗奔尼撒半岛的艰苦航程。他由此获得的拖船费兼过路费之多可想而知。此时科林斯在希腊的地位甚至高过雅典，这样的情形一直要延续到公元前6世纪下半叶，雅典才在航海和商业方面超过了科林斯。

于是在科林斯和雅典之间发生了激烈的竞争，经常引发危机。希波战争后，科林斯在伯罗奔尼撒战争中与斯巴达人结盟，后来它又反过来与其他城邦联合打败了斯巴达。不过这时的科林斯并非军事上十分强大的城邦，只是仗着它优越的地理位置出力罢了。

到公元前338年，科林斯被马其顿国王腓力征服，失去了独立，从此成为马其顿人忠实的同盟者。又过了200来年，由于反对罗马，科林斯

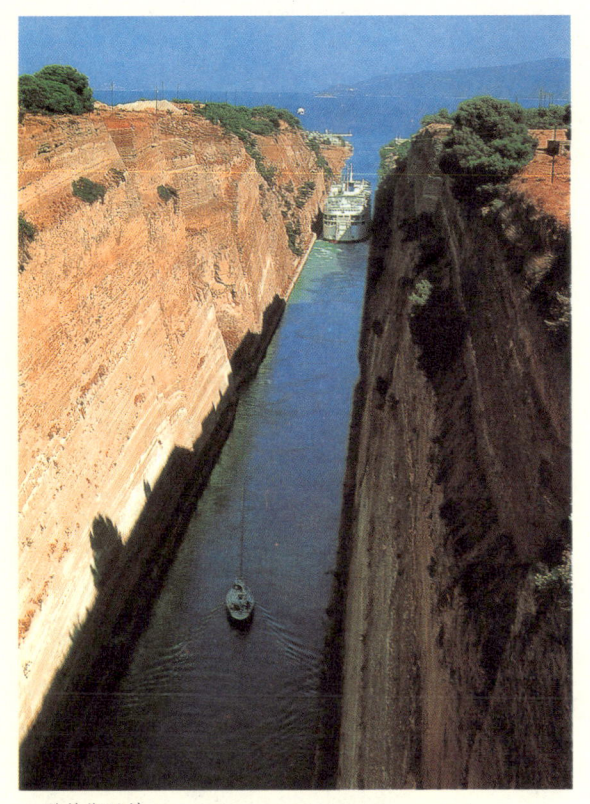

· 科林斯地峡

· 科林斯古城的废墟

被罗马人毁灭了。直到百年之后才被重建,它的重建者乃是伟大的凯撒。

成为罗马人的属地后,科林斯又繁荣起来,持续了整个罗马时代和几乎整个中世纪。科林斯作为希腊的一部分被新兴的奥斯曼土耳其帝国征服后,直到希腊独立,它只是希腊一个普通的小城了。

现代科林斯于19世纪得到重建,此前的一场大地震把它夷为了平地。现在科林斯仍然是希腊南北之间的交通枢纽,是伯罗奔尼撒半岛盛产的水果、葡萄干和烟草的大出口港,人口有2万多。

科林斯保留着许多古代遗迹,例如有一座阿波罗神庙、一座古老的剧院、一座由岩石砌成的音乐厅,等等。其中的阿波罗神庙尤其有名,它位于科林斯中央区的废墟上,保留下了整整7根巨大的圆石柱——德尔斐神庙都只有3根呢,石柱与其他废墟一起组成了神圣的荒凉。

阿伽门侬的故国迈锡尼

现在的迈锡尼遗址坐落在科林斯往南的地方,周围是肥沃的阿尔戈斯平原,它不再是城镇,纯粹是个古迹,里头有著名的迈锡尼狮子门,有施里曼发掘过的古墓。

· 今日迈锡尼有许多露天的咖啡座

· 赫拉神庙,它是现代奥运会圣火点燃处

· 如茵绿草中的古代奥林匹亚运动场遗址

现代奥运会的祖祠奥林匹亚

奥林匹亚就是古代希腊举办奥运会的地方,是现代奥运会的祖祠。

从公元前8世纪直到公元4世纪末被信奉基督教的罗马皇帝狄奥多西一世明令禁止,在长达1200余年间,希腊人在这里每4年举行一次宗教节日,其中的一个节目叫竞技会。就是那些身体最强壮的人来举行各种竞赛,如标枪、铁饼、跑步、射箭、战车赛等,它们就是今日奥运会比赛的前身。

从19世纪开始,各国的考古学家在这里不停地发掘,发掘出了当初举行各项比赛的场地,甚

◎ 地理篇／第二章／希臘的考古之旅　335

至包括伟大的菲狄亚斯的工作间——那时，每当竞技会举行时，雕塑家都要来，把获得冠军的人的健美形象用大理石永远保存下来。

这些场所现在经由考古学家的积极修复，甚至可以继续搞比赛呢，2004年雅典奥运会时就有几个项目在这里举行。

但在奥林匹亚，最宏大、最了不起的建筑不是竞技场，而是宙斯神庙。

这座宙斯神庙建于公元前5世纪，长60余米，宽近30米，围绕它的柱子是典型的多利亚式，高达10米，下面的直径有2米多，上面稍微小点儿，每根柱子上有20条凹槽。除了这些堂皇的柱子外，神庙上还有许多雕刻，里面则放着由伟大的菲狄亚斯制作的宙斯神像。

神像被称为古代世界的七大奇迹之一，通体用黄金和像牙制作，呈坐姿，右手托着胜利女神像，左手持权杖，美得令人头晕目眩。

奥林匹亚位于伯罗奔尼撒半岛的西部，往西10多公里就是伊奥尼亚海的东岸了。

有围墙的梯林斯

现在的梯林斯位于像个手掌的伯罗奔尼撒半岛的大拇指与食指之间那条缝隙里，从它往北，跨过大拇指就是科林斯了。它巨大的圆形城墙遗迹如今坐落在一块足有80米高的巨岩上，从那里可以眺望蔚蓝的地中海。

斯巴达如今只是拉哥尼亚平原上一座寒碜的小城

伯罗奔尼撒半岛四周有一些小型平原，这些

· 今日斯巴达，近处是狩猎女神神庙遗址

平原中的一个叫拉哥尼亚平原，它位于半岛南部，在它上面，一条小河边，有一个地方叫斯巴达，昔日与雅典争雄的斯巴达如今只是茫茫平原上的一个相当寒碜的小城而已，人口只有1万多。

怎么样？小小的伯罗奔尼撒半岛真是玩得累人吧？实际上这里还有许多这类名胜，例如巴赛有保存得非常好的阿波罗伊庇鸠鲁的多利斯神殿，还有埃皮达鲁斯建于公元前4世纪至今仍在使用的剧院，不过这些我们都不去看了，没时间呢。

下面我们要离开大陆，到海上去了，去看看爱琴海中如繁星般的岛屿。

我们第一个要去的岛是罗得岛。

· 罗得岛上的中世纪古堡

罗德岛上的太阳神巨像

罗得岛位于爱琴海的东南角，是一个挺大的岛，面积将近1400平方公里，隔希腊本土很远，隔土耳其却很近，但它可是地道的希腊领土，上面生活的也是地道的希腊人。

打很早以前开始，罗得岛就闻名地中海了，公元前3世纪时它成为海上强国和希腊化世界的文化中心之一，为人类贡献了三样好东西：

一是它的海洋法。作为海岛，罗得岛的航海业一向十分发达，船多事故当然也就多，

· 罗得岛一向有发达的文化，这是制作于公元前7世纪的著名的罗得岛Levy酒壶

加上海盗横行，使罗得岛很早就制定了海洋法以处理相关事宜，如倘若船沉货没损失由谁来承担，怎样承担，等等，这是世界上最早的海洋法。后来，当罗得岛成为东罗马帝国的一部分时，帝国在全境推行罗得岛的海洋法，又由于这个海洋法制定得合情合理，得以渐渐在整个西方世界推行起来。

罗得岛为世界贡献的第二样好东西是它的演讲术学校。我们知道，演讲与辩论在古希腊十分盛行，尤其在实行民主制的地方，如雅典，你要当官或者当了官后想通过一项什么法令，都得靠嘴巴子打动公民们，这样就需要演讲术了。也因此，古希腊有许多专门教演讲术的学校和教师，例如那位提出"人是万物的尺度"的古希腊哲学家普罗泰戈拉就是这样的教师。

罗得岛上就有这样的演

◎ 地理篇／第二章／希腊的考古之旅　337

讲术学校，而且十分出名，培养出了一些伟大的学生，例如凯撒和伽图。还有一个是卢克莱修，古罗马最伟大的哲学家，《物性论》的作者。

罗得岛对世界的第三大贡献，也是最著名的贡献，是一座雕像。

公元前4世纪初，罗得岛遭到敌人入侵，被围困了整整一年，围困解除后，为了纪念战事，也为了感谢神的帮助，罗得岛人决定制作一座空前庞大的太阳神雕像，作者是罗得岛上一个叫查理的雕塑家。雕像的整体原料为青铜，里面再用铁来加固，用石块来加重。雕像历时12年完成，制成后高度超过30米，加上下面同样高耸的底座，巍峨无比。它屹立在罗得岛港湾的入口，双腿前后叉开，左手臂弯里搁着神杖，右手伸向前方，头上戴着像纽约自由女神像那样的冠冕，背后有披风，整座肖像除这件披风外一丝不挂。

雕像竖立50余年后，罗得岛发生了大地震，结果雕像被震倒了，倒在地上，但并没有粉碎，然而罗得岛人无力再把它立起来，就这样在地上躺了几乎整整1000年，直到653年，阿拉伯人占领了罗得岛，由于需要用铜铸造兵器，就把它打碎了当废铜出卖，据说打下来的铜要用1000匹骆驼才能运走。

克里特岛上的迷宫

离开罗德岛后，我们要往西行，去比它更有名

·古堡内的情形

·克里特岛蔚蓝的海水和悬崖峭壁

迷宫遗址

的克里特岛。

克里特岛东西长达260多公里，南北宽只有12至56公里，像一根带枝丫的棒子，面积近9000平方公里。在前面讲古希腊的文学与历史时，我们说过宙斯诞生在克里特岛上一个山洞里，赫拉克勒斯也曾在这里驯服过一头公牛，还有，宙斯同欧罗巴女士生的儿子米诺斯王建立了极其雄伟的克诺索斯城，在城里使古希腊的鲁班代达罗斯建筑了著名的"迷宫"，用来关他的老婆与一头公牛相好生的儿子、牛头人身的怪物弥诺陶洛斯。这个时期米诺斯王是爱琴海的"海霸"，他控制着爱琴海，拥有最先进的文化，这段文明从公元前2000年左右开始延续了五六百年，史称克里特文明。

克里特文明也被称为米诺斯文明，它在许多方向都取得了巨大的成就，例如建筑、绘画、雕

·这是一枚古希腊的钱币，上面描绘的就是迷宫复杂的结构

·迷宫中王宫的废墟

刻乃至房屋的建筑，等等。其中最有名者当然是建筑，这个建筑简直同埃及的金字塔一样有名，它就是克诺索斯宫，又叫作"迷宫"。

我们去克里特岛，逛的自然是这个迷宫了。

大约在公元前2000年开始迷宫所在的地方第一次建造了宫殿，可是战争和大火将它毁了，后来克里特人又在废墟上重建了新宫，这就是迷宫，这也就是后来伊文思博士挖出来的那个。与旧宫相比，这个新宫的样子没什么差别，只是要大得多。我们现在来大致地描绘一下它吧。

迷宫背靠着一座山，总体来说，它宠大而结实。它的墙壁是一些大石块，许多足有一米厚。依据复原后的遗址来看，东西长大约有150米，南北宽约100米，建筑面积至少在16000平方米以上。它最令人叫绝的地方不是大，而是古怪。也许由于不经意地乱建，也许像传说中的一样，是为了关什么怪物，总之它里面的房子啦、走廊啦、园子啦，多得令人眼花缭乱，分布也古古怪怪。我现在也只能大致地说说它。

它的中间有一个长达50米，宽近30米的大院子，我们就以这个院子为中心来看其他地方。

院子北面有一个小小的剧院，像古希腊所有的剧院一样，是露天的，大家就坐在星光或阳光下看戏，除了这个剧院外，北面还有一些小屋子，是下人们住的地方。

与北面隔得最远的院子南面就是国王一家住的地方了，如寝宫、饭厅、厕所等，还有国王祭神用的地方，叫双斧宫。

东面除了些房子外，还有一道又窄又陡的台阶，连通王宫与山下。

西面是国王藏金银财宝的仓库，另有一座大庙。

以上就是迷宫的大体构造。也许您会觉得住在这样一个怪地方简直是活受罪，但实际上相反，它是一个住起来相当舒服的地方。首先，它安全。

想想看吧，一米厚的石头墙什么大炮能打穿？何况那时还没有大炮。小偷也不敢进来，怕出不去。其次，这是一个讲卫生的地方。它有下水道、自来水、暖气，甚至还有"电梯"，当然不是用电来发动的，但用处是一样的，也能把人直直地送上楼去。怎么样？简直像四星级宾馆吧？

迷宫里还出土了不少美妙的壁画和雕刻，这些都收藏在附近一座博物馆里，距迷宫只有几公里。我们可以先在那里参观参观，了解一下迷宫的有关情况，并记住出迷宫的路，免得参观时迷了路。

路线小结

以上逛了这么多地方，您还记得它们吗？我

· 斯巴达王李奥尼达雕像

◎ 地理篇／第二章／希腊的考古之旅　　341

现在根据参观顺序描述一下线路，好让您不致昏了头：

我们第一个去的地方是雅典卫城。

其次往北，在这北方区共去了两个地方：萨洛尼卡和德尔斐。

再次是南方区，也就是伯罗奔尼撒半岛区。我们也去了两个地方：科林斯和奥林匹亚。

最后一个大区是环希腊诸岛，我们去了爱琴海中两个岛屿：罗得岛和克里特岛。

爱琴海中的经典小岛桑托林尼

不知您留意没有，我们在希腊旅行了这么多地方，这些地方有一个共同特点，就是它们都是古迹，是人类用自己的双手创造出来的卓越的文化遗产。

但作为旅游，这似乎缺乏一样旅游最经常看到的东西——美景，那些不是以其伟大的文化价值吸引我们，而是因其诱人的美丽风光而吸引我们之处。

现在我就要带大家去一个这样的地方，这就是被称为爱琴海中的经典小岛的桑托林尼。

桑托林尼是一个呈新月形小岛，面积不到100平方公里，居民不到1万，然而它也许是全希腊风光最迷人的地方。

在很远的古代，这里曾经是一个火山频繁的地方，在岛的南端现在还有古代火山爆发的遗迹，桑托林尼对面不远处还有另一个小岛——火山岛，那上面全是像被烧焦了的木头似的嶙峋焦黑的火山岩，寸草不生，令人触目惊心。

岛的北端有个叫奥牙的小镇，到处是漆成白色的小屋，错落有致地依山而列，像一排排着洁

· 桑托林尼岛的美丽风光

· 桑托林尼岛的悬崖

· 桑普林尼岛的迷人风光

白礼宾服的侍者等待游客们的光临。每当夕阳西下、晓月初升的时分，古老的村子更加宁静，更显古老，是住客们怀古的绝妙好处。怀古伤神之后，您便可以马上去体验一下现代生活了。就在桑托林尼的东南面，有一个"黑沙滩"，是著名的海水浴场。为什么叫黑沙滩呢？因为这儿的沙

· 桑托林尼岛的白屋

·马拉松之战遗址

粒全是黑色的，很不平凡吧！恐怕全世界也独此一家，别无分店呢！漆黑的沙粒与蔚蓝的海水并列，形成了奇特而有趣的对比。

桑托林尼最令人感叹的还是西边的菲拉镇。也许由于古代火山爆发引起的剧烈地震吧，桑托林尼岛仿佛自海中腾空而起，直上蓝天300米。这样就在岛的西岸就形成了一道高达300米的悬崖绝壁，菲拉镇就建在这堵悬崖之上。从这里极目远眺，爱琴海迷人的景致尽收眼底，偶尔从蓝顶小教堂传来祈祷的钟声，洗尽尘世烦嚣。

如果从相反的方向，即自海上去望镇子，会看到巍巍悬崖上一排排洁白的小房子，令人仿佛觉得它们不是建在人间，而是建在天上呢！

◎ 地理篇／第二章／希腊的考古之旅

图书在版编目（CIP）数据

希腊的故事：希腊的历史、文化与地理／文聘元著．
上海：上海社会科学院出版社，2008（话说西方：1）
ISBN 978-7-80745-329-1

Ⅰ.希... Ⅱ.文... Ⅲ.文化史–古希腊 Ⅳ.K125
中国版本图书馆CIP数据核字（2008）第192631号

话说西方·第一卷
希腊的故事——希腊的历史、文化与地理

丛书策划：	张广勇　朱金元
丛书题签：	文怀沙
著　　者：	文聘元
责任编辑：	张广勇
整体设计：	闵　敏
版面制作：	闵　敏　闵伊娜
印刷监制：	沈　阳　朱晓颖
出版人：	承　载
出版发行：	上海社会科学院出版社
	上海淮海中路622弄7号　电话 63875741　邮编 200020
	http://www.sassp.com　E-mail:sassp@online.org.cn
经　　销：	新华书店
印　　刷：	上海丽佳制版印刷有限公司
开　　本：	810×1060　1/16
印　　张：	22.25
插　　页：	2
字　　数：	520千字
版　　次：	2009年5月第1版　2009年5月第1次印刷

ISBN 978-7-80745-329-1/K·049　　定价：62.00 元

版权所有　翻印必究